行政案件
跨区划管辖改革的
探索与实践丛书

行政审判
实务问题解答

主　编：程　琥
副主编：陈良刚　石东弘　武　楠　张勤缘
编　辑：周孟伟　李世邦　张　玮　李振凡
　　　　王　娟

中国法制出版社
CHINA LEGAL PUBLISHING HOUSE

探索设立跨行政区划的人民法院和人民检察院。随着社会主义市场经济深入发展和行政诉讼出现，跨行政区划乃至跨境案件越来越多，涉案金额越来越大，导致法院所在地有关部门和领导越来越关注案件处理，甚至利用职权和关系插手案件处理，造成相关诉讼出现“主客场”现象，不利于平等保护外地当事人合法权益、保障法院独立审判、监督政府依法行政、维护法律公正实施。

全会决定提出，探索设立跨行政区划的人民法院和人民检察院。这有利于排除对审判工作和检察工作的干扰、保障法院和检察院依法独立公正行使审判权和检察权，有利于构建普通案件在行政区划法院审理、特殊案件在跨行政区划法院审理的诉讼格局。

——摘自习近平《关于〈中共中央关于全面推进依法治国若干重大问题的决定〉的说明》

前 言

全面深化司法改革，是党中央作出的重大战略部署，是全面深化改革、全面依法治国的重要组成部分。党的十八大以来，以习近平同志为核心的党中央高度重视司法改革，就司法改革作出一系列重要部署。2014 年年底，根据党中央的统一部署和最高人民法院的部署要求，北京市第四中级人民法院（以下简称北京四中院）、上海市第三中级人民法院（以下简称上海三中院）依托铁路中级法院相继成立，成为首批跨行政区划的试点法院。北京、上海两地跨行政区划法院成立后，初步构建起了“普通案件在行政区划法院审理、特殊案件在跨行政区划法院审理”的诉讼格局。北京四中院自挂牌履职以来，根据党中央的要求，按照市委和最高人民法院的统一部署，在市高级人民法院的具体指导下，积极探索行政案件跨区划集中管辖改革，通过集中管辖以区政府为被告的一审案件，探索出具有首都特色的管辖制度和丰富的改革经验，取得了突破性进展。总体而言，北京四中院行政案件跨区划管辖改革呈现出以下几个特点：

一是坚持推动改革顶层设计和基层探索实践相结合。行政案件管辖适用“原告就被告”的管辖原则，根据《行政诉讼法》的规定，行政案件由最初作出行政行为的行政机关所在地人民法院管辖。由于基层法院审理以当地行政机关为被告的行政案件时，容易受到地方保护和行政干预的影响，造成行政诉讼出现“主客场”现象，并进而导致行政诉讼“立案难”“审理难”“执行难”的问题发生。为改变被告行政机关所在地法院管辖行政案件易受干预的局面，人民法院积极开展提级管辖、异地交叉管辖、相对集中管辖等多种形式的管辖制度改革。2008 年 1 月，最高人民法院出台了《关于行政案件管辖若干问题的规定》（现已失效），充分吸收了“提级管辖”和“异地交叉管辖”的成功经验，大大缓解了立案难的状况，促进了裁判标准的统一，保证了人民法院的公正审判。2013 年 11 月，党的十八届三中全会通过的《中共中央关于全面深化改革若干重大问题的决定》提出：“探索建立与行政区划适当分离的司法管辖制度，保证国家法律统一正确实施。”“探索建立与行政区划适当分离的司法管辖制度”是党中央关于司法管辖制度改革的最初构想。2014年10月，党的十八届四中全会通过的《中共中央关于全面推进依法治国若干重大问题的决定》进一步提出：“探索设立跨行政区划的人民法院和人民检察院，办理跨地区案件。”由此，党中央以全会决定提出探索设立跨行政区划人民法院的改革部署。根据党中央的改革精神，2014年11月1日，第十二届全国人大常委会第十一次会议审议通过了修改后的《行政诉讼法》，其第十八条第二款规定：“经最高人民法院批准，高级人民法院可以根据审判工作的实际情况，确定若干人民法院跨行政区域管辖行政案件。”这一规定为行政案件跨区划集中管辖改革提供了充分的法律基础。根据党的十八届三中、四中全会部署，中央全面深化改革领导小组第七次会议于2014年12月2日审议通过《设立跨行政区划人民法院、人民检察院试点方案》，着手部署开展跨行政区划法院的筹建工作，在上海铁路运输中级法院加挂上海市第三中级人民法院牌子，在北京铁路运输中级法院加挂北京市第四中级人民法院牌子，作为跨行政区划法院的先行试点。2014年12月28日，上海三中院正式挂牌成立；2014年12月30日，北京四中院正式挂牌成立，迈出了我国跨行政区划司法体制改革坚实的第一步，两家法院共同肩负起为我国跨行政区划法院建设提供可复制、可推广经验的重任。2015年6月，最高人民法院印发《关于人民法院跨行政区域集中管辖行政案件的指导意见》（法发〔2015〕8号）明确规定：“已经设立跨行政区划人民法院的北京、上海，可以逐步将行政案件向跨行政区划法院及两地铁路运输基层法院集中。”北京四中院立足跨区划法院功能定位，不断优化行政案件管辖格局。自建院以来集中管辖以北京市区政府为被告的第一审行政案件。经最高人民法院指定，自2017年10月26日起管辖审理天津铁路运输法院审理的环境保护行政案件上诉案件，标志着北京四中院依托跨区划法院职能定位服务保障京津冀协同发展战略，在“跨”字上迈出更加坚实的一步。随着2018年9月北京互联网法院成立，北京四中院管辖涉互联网行政案件的上诉案件。截至目前，北京四中院案件管辖改革不断深化，行政审判格局持续优化，行政案件已经形成以北京各区政府为被告的一审行政案件、天津环保行政案件的上诉案件、涉互联网行政案件的上诉案件共同组成的行政案件管辖格局，审级相对完整，初步建立起“普通案件在行政区划法院审理，特殊案件在跨行政区划法院审理的诉讼格局”。

二是坚持一体化落实各项改革部署和破解行政审判难题相结合。牢牢把握跨区划法院改革总体部署，深入推进司法体制综合配套改革，从夯基垒台到立柱架梁，稳步搭建跨区划法院发展框架，不断深化司法改革向纵深推进；推行专业化审判，组建“一审一助一书”的“1+1+1”新型审判团队11个，做到“繁案精审、简案快审”，行政法官办理一审行政案件从建院前年均50件上升至改革后年均200余件，法定审限内结案率100%。充分发挥行政法官专业会议作用，近5年来共召开行政法官会议150余次，就一系列重大疑难复杂法律问题展开研讨，统一裁判尺度。充分发挥跨区划法院行政审判职能作用，针对长期以来困扰行政审判的立案难、审理难、执行难问题，以改革思维破除影响司法公正和制约司法公信的障碍。自挂牌履职以来，北京四中院率先实行立案登记制，严格按照相关法律和司法解释规定的受案范围和法定程序受理各类行政案件，依法保护当事人的诉权，积极引导诉讼群众依法理性解决行政争议，行政案件立案率从建院前的不足三分之一上升至90%以上。2015年，北京四中院共受理以区县政府为被告的一审行政案件1397件，占受理案件总数的73.8%。是2014年全北京市法院受理同类行政案件总数216件的6.5倍，占2015年北京全市各中级人民法院受理一审行政案件（不包括北京知识产权法院受理的知识产权行政案件）总数的54.27%。2016年，受理一审行政案件2893件，比2015年又增长了107.09%，达到2014年同类案件总数的13.4倍；2017年，受理一审行政案件1722件，同比下降40.5%；2018年，受理一审行政案件1686件，同比下降2.1%；2019年，受理一审行政案件1749件，同比上升3.7%。此外，为进一步方便当事人行使诉权，积极采取各种司法为民、便民、利民措施，率先在北京建立首家驻院法律援助工作站，引入执业律师等第三方力量合力化解行政争议，当事人满意度达98.6%。依托智慧法院建设，不断完善行政案件登记立案程序，简化立案环节，创新立案方式，努力为群众提供便捷高效的诉讼服务。同时，及时公开立案程序，推行权利告知、风险提示、诉讼引导等措施，方便人民群众依法顺利行使诉权，将保护人民群众合法权益贯穿行政诉讼全过程。通过严格司法审查，不断加大对行政机关依法行政的监督力度，对于违法或者明显不当的行政行为判决撤销、确认违法或无效、变更或重新作出行政行为；对于行政主体行政不作为，依法判决其履行法定职责或确认违法，有效维护人民群众合法权益，有力促进行政机关依法行政，推动法治政府建设。在审结的一审行政案件中，2015年判决行政机关败诉案件，占全部实体判决案件的25.24%；2016年判决行政机关败诉案件，占全部实体判决案件的14.3%；2017年判决行政机关败诉案，占全部实体判决案件的17.6%；2018年判决行政机关败诉案，占全部实体判决案件的11.4%；2019年判决行政机关败诉案，占一审全部实体判决案件的12.6%。这些数据说明，通过严格司法监督倒逼政府依法行政，政府依法办事意识和水平明显提升，跨区划法院在监督依法行政、防止权力滥用、促进法治政府建设等方面发挥着重要作用。行政审判涉及人民群众生产、生活的方方面面，对于依法落实国家保障和改善民生政策具有重要意义。长期以来，诸如劳动和社会保障、教育、卫生、城建、公安、环保等涉民生案件在法院受理的行政案件中的占比一直很高。通过依法稳妥审理一大批涉民生的棚户区改造房屋征收补偿、征地拆迁案件，将服务保障民生贯穿于审判的整个环节。在严格司法审查基础上，摒弃就案办案、机械办案思维，将行政争议实质性解决贯穿于审判全过程，近5年来释法说理达5万余人次，有超过10%的案件通过协调和解方式解决，人民群众在行政审判中的获得感、幸福感、安全感明显增强，人民群众依法理性维护自身合法权益意识明显增强，出现了“三降一升”，即实现行政案件上诉率、改判发回率、申诉率下降，服判息诉率上升的良好发展势头。实践已经证明，跨区划法院在保护行政相对人合法权益、促进行政争议实质性化解、推动法治政府建设方面显示出越来越突出的作用和成效。

三是坚持创造可复制、可推广的机制制度和树立良好品牌形象相结合。北京四中院牢牢把握中央批准设立跨区划法院的改革初衷，在“跨”字上做文章，在“特”字上下功夫，创造可复制、可推广的机制制度，树立司法改革良好的品牌形象。北京四中院挂牌履职以来行政审判取得显著进步，积累了宝贵经验。主要包括以下经验和体会：（1）把党对法院工作的绝对领导作为行政审判工作始终沿着正确方向前进的根本政治保证。坚定正确政治方向，坚定不移地贯彻执行党的路线方针政策，对于行政审判工作中的重大问题、重大部署、重大审判活动以及有重大影响的案件审理，要及时请示报告，积极争取党委领导、人大监督、政府的支持配合以及社会各界的理解支持。（2）把服务党和国家工作全局作为行政审判工作的指导思想。自觉将行政审判置于党和国家中心工作和经济社会发展全局中去思考、去谋划，防止出现就案办案、就法论法、案结事不了的现象，努力实现办案的法律效果、政治效果和社会效果的有机统一。主动将行政审判融入党和国家工作大局，为首都经济社会发展提供有力司法服务和保障。围绕“放管服”改革，依法妥善审理涉及政府职能调整、简政放权等方面的新类型案件；围绕乡村振兴、乡村治理，依法稳妥审理涉及要求政府履行监督职责、村务公开等行政案件；围绕加强产权保护，依法妥善审理涉及企业房屋征收和土地腾退案件；围绕生态环境保护，依法稳妥审理环境资源保护行政案件；围绕城市管理，依法稳妥审理涉小区停车管理行政案件；围绕文化引领，依法妥善审理涉及非物质文化遗产名录行政案件；围绕公共资源供给，依法稳妥处理涉教育、医疗、食品、药品监管等行政案件，及时回应人民群众在教育、医疗等方面的司法需求；围绕“疏解整治促提升”专项行动、轨道交通建设、城市副中心建设、北京冬奥会筹办等重点工作，充分发挥审判职能，注重处理好保障公民个人权益和维护公共利益的关系，为相关工作顺利推进作出积极贡献。（3）把公正与效率作为行政审判工作的生命线。让人民群众在每一个司法案件中感受到公平正义，是司法工作的崇高目标。行政诉讼当事人，一方是处于相对弱势的行政相对人，另一方是处于相对强势的行政机关，人民群众对司法公正的期待更为迫切，行政审判工作更要千方百计地维护司法公正。设立跨行政区划人民法院的初心和使命是消除重大案件审理中的诉讼“主客场”现象，破除地方保护和行政干预，切实维护司法公正和社会公平正义。在强调司法公正的同时，也要注意提高审判效率，为当事人提供及时的、便捷的司法救济，确保人民群众的合法权益得到及时实现。只有坚持公正与效率相结合，行政审判工作才能赢得当事人和社会的依赖与尊重，司法的公信力和权威才能真正建立。（4）把正确处理监督和支持的关系作为全面发挥行政审判职能的重要原则。行政审判不仅要加强对行政行为的监督、纠正违法行政行为、依法维护广大人民群众的合法权益，还要依法支持合法行政行为、支持行政机关依法行政，维护正常的行政管理秩序。（5）把改革创新作为推动行政审判工作向前发展的不竭动力。推动行政审判工作向前发展，必须主动适应新情况、新问题，积极推进思想理念和工作实践创新。加强对行政审判新难问题的调查研究，及时总结成功做法和经验，加强顶层设计，适时试点推广。（6）把建设一支革命化、正规化、专业化、职业化的过硬法官队伍作为确保行政审判事业持续发展的重要基础。全面实现行政审判体系和审判能力现代化，圆满完成各项行政审判工作任务，归根到底，要靠行政法官队伍整体素质能力的提高。注重实战、实效，切实提升行政法官专业化水平。（7）把营造良好司法环境作为行政审判健康发展的必要条件。作为执行同一法律法规、追求同一法治目标的国家机关，行政与司法具有协调一致、取得共识的前提和基础，应当相互理解和良好合作，积极构建行政与司法良性互动机制。连续4年对社会公开发布行政审判年度报告和典型案例，并创造性地为16区政府发布司法审查报告及建议书，发挥个性化“法治体检表”作用，司法建议回函率100%；持续推进行政机关负责人出庭应诉，负责人出庭应诉的案件数量不断增多，实现行政机关工作人员出庭率100%，16区政府负责人出庭率100%，彻底改变“告官不见官”的局面，“关键少数”以上率下、带动区域整体法治水平提升的作用得到进一步发挥；积极参与各区政府常务会议会前讲法工作，选派资深行政法官向各区政府常务会议通报涉诉情况并以案释法，实现16区政府常务会议会前讲法全覆盖；被上级机关确定为北京市依法行政教育基地，充分利用行政案件数量较多、类型较为丰富、社会关注度较高等特点，着力将行政案件庭审打造成全民共享的法治公开课，充分发挥“审理一案、教育一片”效果，有超过6000多名省部级、厅局级领导干部、行政执法人员到法院旁听案件；2017年12月14日，司法部、全国普法办会同最高人民法院组织落实普法责任制部际联席会议成员，来院旁听一场行政案件庭审，并以落实“谁执法、谁普法”责任制、推动领导干部尊法学法守法用法为主题，现场召开座谈会，100余位部级和局处级干部在院共上法治宣传教育课；获得各类奖项100余个，荣获第四届“中国法治政府奖”、两次获得全国检法系统“十佳新媒体案例奖”，中央电视台晚间新闻、中央和本市主要新闻媒体广泛宣传报道北京四中院行政审判工作，北京四中院行政审判的标杆和品牌效应正在逐步形成。

面对全面深化改革进程中的种种困难，面对新时代人民法院行政审判工作的一系列深刻变化，人民法院跨区划法院改革取得了开创性的历史成就。① 实践证明，探索设立跨行政区划法院的司法改革方向是正确的，成效也是突出的。北京四中院自挂牌履职以来，一体化落实各项改革部署，在司法管辖制度改革、司法能动作用发挥、司法环境优化及司法队伍建设方面取得了积极成效，为全国范围内的跨区划法院改革和司法体制改革积累了可复制、可借鉴的经验。但不可否认的是，跨区划法院的设置及管辖是一项有中国特色的司法制度，作为一项新生事物缺乏既有的经验可供遵循，尽管自挂牌履职以来取得了较为突出的成效，但直辖市作为跨区划法院试点还存在一定的局限性，案件管辖的原则和标准也有待进一步明确完善，对其发展定位、组织体系、管辖范围、审理机制等基本问题的认识和解决也需要进一步突破。② 以北京四中院为例，当前困扰和制约跨区划法院行政审判职能充分发挥的主要矛盾和问题有：（1）设立跨区划法院的法律依据尚不明确。专门法院在《宪法》和《人民法院组织法》中有充分的宪法法律依据，但法律对跨区划法院的规定不够清晰明确，跨区划法院的法律性质是专门法院还是地方法院并不明确，跨区划法院与地方法院、专门法院之间的关系没有捋顺。（2）跨区划法院案件管辖范围不够清晰。案件管辖标准与跨区划法院的职能定位不一致，案件管辖不完整，集中不到位，实践中跨区划法院案件管辖范围

---

① 最高人民法院行政审判庭：《行政诉讼跨区划管辖改革实践与探索》，人民法院出版社2018年版，第3页。

② 最高人民法院行政审判庭：《行政诉讼跨区划管辖改革实践与探索》，人民法院出版社2018年版，第182页。

与地方法院管辖范围切割不够明确，易受地方保护、行政干预、具有专门化审判特点未被充分考虑，一些应由跨区划法院管辖的特殊案件，如重大环境保护、食品药品安全行政案件以及符合标准的重大行政案件均尚未纳入管辖范围。(3) 跨区划法院与行政案件跨区域集中管辖改革结合不够紧密，通过跨区划法院改革实现行政审判体制改革的目标尚待推进。应当说，在地方法院内部实现行政案件跨区域集中管辖虽然取得一定效果，但是地方法院审理行政案件容易受到地方保护和行政干预的顽疾是难以根除的。行政案件跨区域集中管辖改革是行政审判体制改革的初级阶段，属于过渡性制度安排，不能替代跨行政区划法院改革。[①] 当前需要尽快推动设立跨行政区划法院，将地方法院跨区域集中管辖行政案件向跨行政区划法院转移，否则前期行政案件集中管辖改革成果将面临前功尽弃的危险。(4) 跨区划法院综合配套改革亟待加强。跨区法院与行政区划法院在功能定位、整体布局、组织体系、机构设置、案件管辖等方面不同，跨区法院内设机构、法官选拔和任命、综合保障等方面应有其特殊性，当前与跨区法院职能发挥相适应的综合配套机制需要尽快建立起来。以行政法官队伍建设为例，目前行政审判骨干力量还不够稳定，行政法官队伍与跨区划法院建设发展还存在一定程度的不适应。对于行政案件跨区划集中管辖而言，最大的挑战莫过于案件实现集中，而行政法官却没有有序流动到跨区划法院或集中管辖法院。通过专业化的行政法官队伍建设，提升行政审判专业化水平，是未来行政审判应对挑战、健康发展的必然方向。

北京四中院自挂牌履职以来高度重视学习型法院建设，大兴学习和调查研究之风，承担并完成中国法学会、最高人民法院、司法部、北京市人大、北京市政府等中央和本市重大课题项目10余个，在调查研究中锻炼培养队伍，形成一批优质调研成果；充分运用北京教育研究资源聚集的优势，加强与多所高校合作，加快推进高层次行政审判人才培养，努力培养更多在全国叫得响、立得住的审判业务专家；认真总结审判经验，充分发挥法官会议在统一裁判尺度方面的重要作用，不断解决审判实践中的新问题。在北京四中院挂牌履职五周年之际，组织编辑出版《行政案件跨区划管辖改革的探索与实践丛书》(以下简称《丛书》)，旨在全面展示北京四中院推动行政案件跨区划集中管辖改革，特别是跨区划法院改革的重大成果、先进经验。《丛书》围绕北京四中院行政审判实践中的新情况、新问题，选择一些在法律适用上具有典型意义、有指导作用的相关专题和典型案

---

① 程琥：《行政审判专门法院：行政诉讼体制改革的关键》，载《学习时报》2015年10月29日。

例，组织行政庭、立案庭的法官、法官助理就有关内容撰写稿件，编辑成书，在于以典型案例指导审判实践、统一裁判标准、促进依法行政、提升法治意识、锻炼培养队伍。这些来自审判一线的同事熟悉审判工作，也勤于思考，热爱学习，善于研究，感谢他们在繁忙的审判工作之余所作的理论探索和实务总结。《丛书》共包括《行政审判典型案例评析》《行政审判裁判要旨精粹》《行政审判前沿问题探讨》《行政审判实务问题解答》四卷。《行政审判典型案例评析》围绕北京四中院审结生效的裁判文书，挑选具有典型意义的案例，撰写案例评析；《行政审判裁判要旨精粹》从具有典型指导意义的裁判文书，总结归纳裁判要旨；《行政审判前沿问题探讨》围绕当前行政审判前沿实务问题进行调查研究、撰写实务论文；《行政审判实务问题解答》围绕当前行政审判实践中的疑难问题，采取一问一答形式，简答明了，便于理解把握。但是囿于知识储备和审判业务水平能力的限制，特别是一些新生力量加入后对行政审判学习培训还不够及时，以至于有的案例分析还不够深入，裁判要旨的提炼不够精准，调研报告和实务论文水准有待加强，特别是对于一些审判实务问题解答不够准确。当然，瑕不掩瑜，相信这套书的编辑出版，对于认真总结和全面回顾北京四中院作为全国首批跨区划法院开展行政审判工作，特别是北京市作为首善之区推动依法行政和法治政府建设所取得的各项成果，宣传普及行政执法与行政诉讼知识，提高行政执法和行政审判队伍素质，增强全民尊法学法守法用法的自觉性，大兴学习和调查研究之风都大有裨益。中国法制出版社为《丛书》付梓出版做了大量审校工作，在此一并致谢。衷心希望这种好的学习和调查研究风气能够继续保持和发扬下去，并深深植根于跨区划法院行政审判实践的沃土之中，成为一朵鲜艳的法学理论与审判实践相结合的奇葩，为深化依法治国实践，推动跨区划法院管辖改革，建设法治政府，推进依法行政作出应有的贡献。

编者

2020 年 1 月

目 录

Contents

案例索引

第一章　导　　论

1

如何理解行政纠纷多元解决机制?

“行政纠纷”非法律上的用语，可以用“行政争议”一词来替换。它是指国家行政机关以及其他行使国家行政职权的组织在行政管理过程中与公民、法人或者其他组织之间的纠纷。行政纠纷具有以下特征：

一、就纠纷当事人而言，一方必然是行政主体

所谓行政主体，是指依法行使行政职权，从事行政管理活动的主体，通常为行政机关，也包括根据法律、法规、规章履行行政职能的社会团体和组织，如村民委员会。另一方为行政相对人，是指受行政行为约束或影响的公民（包括外国人、无国籍人）、法人或者其他组织（包括企业、事业单位、社会团体等，甚至可能为受行政管理活动影响的行政机关）。

二、行政纠纷的产生是利益之争的结果

当前行政纠纷鲜少表现为国家利益与集体利益之间的矛盾冲突，行政相对人一般主要维护自己的合法权益，即私益性的主观权利，但是也不排除特定组织为维护国家利益或社会公共利益而产生的争议。根据《行政诉讼法》第二十五条第四款的规定，人民检察院在履行职责中发现生态环境和资源保护、食品药品安全、国有财产保护、国有土地使用权出让等领域负有监督管理职责的行政机关违法行使职权或者不作为，致使国家利益或者社会公共利益受到侵害的，应当向行政机关提出检察建议，督促其依法履行职责。行政机关不依法履行职责的，人民检察院依法向人民法院提起诉讼。

三、行政纠纷必须以存在行政主体特定的作为和不作为为前提

依纠纷的产生理论，纠纷一般是因行政相对人认为自己某项受法律保护的权利受到行政机关的侵害而引发的，而侵害是由行政机关作出的行政行为或者相应的不作为造成的。因此，行政纠纷是行政主体在行政管理过程中因实施行政管理而产生，以一定的行政行为为前提，行政纠纷双方的法律地位往往不对等。在解决纠纷时，立法有意识地“矫正”行政管理中权利义务的不对等。比如，赋予行政相对人特殊权利，加重行政机关的举证责任等。

四、行政纠纷是具有法律意义的纠纷

行政纠纷的具体内容是行政行为的合法性和合理性，也即行政行为对当事人的权利义务产生了影响，有可能造成权利义务的增加、减损、灭失。只有当事人认为法律上的权利义务受到侵害，且侵害主体为行政机关，才会造成行政纠纷。行政纠纷的解决后果通常是对引发纠纷的行为合法性、合理性作出一定的法律评价，对行政纠纷是否违法或不当进行司法监督。

行政纠纷产生的背景十分复杂，行政管理者和被管理者都有自己的利益和人格，因此在任何国家、任何地域，行政纠纷都是难以避免的。同时解决特定历史时期高发、多发的行政纠纷综合病症，并没有单独的良药，必须依赖于一个系统的治疗方案，需要一系列相配套的制度和措施，也可称为行政纠纷多元解决机制。依传统行政法学基本理论，行政诉讼的纠纷解决机制，实际上也是公民权利的救济机制，学者对纠纷解决机制具体类型的划分基本是一致的。譬如姜明安教授在《行政法与行政诉讼法》一书中认为：行政救济按照当事人的请求权，可以分为申诉控告救济、申请行政复议救济、提起行政诉讼救济、请求国家赔偿救济。其中申诉控告又可细化为向人大常委会申诉、信访、向行政监察机关提出控告、向行政主管部门申诉等。①

面对复杂多样的矛盾纠纷，党的十八届四中全会通过了《中共中央关于全面推进依法治国若干重大问题的决定》，提出要“完善调解、仲裁、行政裁决、行政复议、诉讼等有机衔接、相互协调的多元化纠纷解决机制”。党中央、最高人民法院相继出台文件，对多元化纠纷解决机制工作进行了全面部署。中共中央办公厅、国务院办公厅联合印发的《关于完善矛盾纠纷多元化解机制的意见》（中办发〔2015〕60号）对人民法院在多元化纠纷解决机制改革中的功能和作用给予了准确的定位，即“人民法院要发挥司法在矛盾纠纷多元化解机制中的引领、推动和保障作用，建立健全诉讼与非诉讼相衔接的矛盾纠纷解决机制”。最高人民法院将“健全多元化纠纷解决机制”纳入司法体制改革的整体设计，在《关于全面深化人民法院改革的

① 姜明安：《行政法与行政诉讼法》，北京大学出版社、高等教育出版社2015年版，第360—363页。

意见——人民法院第四个五年改革纲要》（法发〔2015〕3 号）中明确提出要“继续推进调解、仲裁、行政裁决、行政复议等纠纷解决机制与诉讼的有机衔接、相互协调，引导当事人选择适当的纠纷解决方式。推动在征地拆迁、环境保护、劳动保障、医疗卫生、交通事故、物业管理、保险纠纷等领域加强行业性、专业性纠纷解决组织建设，推动仲裁制度和行政裁决制度的完善。建立人民调解、行政调解、行业调解、商事调解、司法调解联动工作体系。推动多元化纠纷解决机制立法进程，构建系统、科学的多元化纠纷解决体系”。此外，最高人民法院还出台了《关于人民法院进一步深化多元化纠纷解决机制改革的意见》（法发〔2016〕14 号），从加强平台建设、健全制度建设、完善程序安排、加强工作保障等方面对地方各级法院的多元化纠纷解决机制改革给予具体指导。为贯彻落实中央和上级文件精神，各地都在探索进一步深化多元化纠纷解决机制改革的路径。以北京市为例，全市法院经过积极探索，在诉讼服务中心、诉调对接平台和诉调对接机制建设等方面取得了较大进展。多元化纠纷解决机制建设经历了从理论到实践、从试点到示范、从改革探索到制度建设的过程，目前正在着力开展分类型调解、繁简分流和专业调解工作，力求充分发挥法院在多元化纠纷解决机制中的引领、推动和保障作用，尽快使这项改革体现出实际效果。

我们既要重视法院以行政诉讼方式化解行政纠纷，同时也要正确认识司法的功能，承认司法的局限性，司法究其根本是争议解决的最后一道防线，而不应当也不可能成为解决行政纠纷的第一线。在当前历史背景下，更要强调重视发挥行政权自身解决纠纷功能，加强行政机关的自我审查和内部控制是当前中国的必然选择，也是外部控制得以有效运转的必要依托，我们仍然倡导一个运行良好的纠纷解决机制需要通盘考虑和科学规划，将各种纠纷解决机构的职能定位予以科学划分，防止彼此间推诿责任，久拖不决的现象，为人民群众勾画一个清晰的行政纠纷解决路线图。一个协调、科学、可持续的行政纠纷解决机制的构建对于引导群众通过理性合法方式维护自身合法权益，对于行政机关运用法治思维和法治方式化解矛盾纠纷意义重大。

（撰写人：张玮）

2

行政诉讼是什么?[①]

从司法审判意义上讲，行政诉讼与民事诉讼、刑事诉讼并列为我国审判制度的三大诉讼种类。行政诉讼是指公民、法人或其他组织认为行政机关、法律法规、规章授权的组织或者工作人员在行使行政职权过程中侵犯了自己的合法权益，向国家审判机关提起诉讼，由国家审判机关行使行政审判权解决行政争议的司法活动。行政诉讼的特征是指行政诉讼自身具有的区别于其他诉讼形态的特点，在我国其特征可以从以下诸点进行论述：

一、行政诉讼的被告是行政主体

根据我国目前行政诉讼法律的规定，行政诉讼的被告恒定是行政管理活动中行使职权的行政机关以及法律、法规、规章授权的组织，即行政主体。行政诉讼的原告恒定是行政管理活动中与行政主体相对应的、权利义务受到行政行为实际影响的行政相对人以及其他与行政行为有利害关系的公民、法人或者其他组织。行政机关以及法律、法规、规章授权组织作为行政主体时，只能是行政诉讼中的被告，不能以原告身份对包括公民、法人或者其他组织在内的行政相对人提起行政诉讼。这是因为行政主体掌握国家的行政权，不仅有国家强制力作为后盾，而且有具体的行政职权，如行政处罚、行政强制执行等，依靠自己的职权和力量就可以实现行政管理活动，维护行政管理秩序；但是，相较而言，行政相对人缺乏相应的手段保护自己的合法权益，而且现代法治国家不允许私力救济，行政相对人对行政主体作出的行政行为不服时，依靠自己的力量不能实现充分的救济，因此各个国家都设置了有关的制度保障行政相对人的权益，监督行政主体合法行使职权。不过，行政机关或者法律、法规、规章授权的组织也可能成为行政诉讼的原告，但这并非对行政诉讼法原告主体资格相关规定的突破，因为此时该行政机关或者授权组织是以机关法人身份出现的行政相对人，和普通的相对人没有本质差别。

此外需要指出的是，《行政诉讼法》修订增加了“行政公益诉讼”制度作为第

① 参见马怀德主编：《行政诉讼法学》（第五版），北京大学出版社2019年版，第2—5页。

二十五条第四款，赋予人民检察院以维护国家利益或者公共利益为目的，针对行政机关在生态环境和资源保护、食品药品安全、国有财产保护、国有土地使用权出让等领域中履行监督管理职责时违法行使职权或者不作为提起行政公益诉讼的原告主体资格，可以说是对行政诉讼原告主体资格有条件、有限度的突破。

二、行政诉讼解决的是行政争议

根据前文所述，所谓行政争议是指国家行政机关以及其他行使国家行政职权的组织在行政管理过程中与公民、法人或者其他组织之间的纠纷，其在结果上体现为行政相对人或者利害关系人认为行政主体的行政行为侵犯了自己的合法权益。在争议发生后，行政相对人或者利害关系人将行政争议提交与纠纷双方无利害关系的中立第三方——国家司法机关，由其通过审查行政行为的合法性和合理性，依照法定的诉讼程序定分止争，解决争议双方的矛盾的一系列活动就是行政诉讼。因此，行政诉讼解决的是行政争议。

不过，行政争议的概念要比行政诉讼法规定的受案范围大，并非所有的行政争议都能通过行政诉讼解决。根据特定的历史条件和现实条件，只有符合法律规定的行政争议才能进入司法审查程序，这一方面反映了时代发展的阶段性和渐进性，可诉行政争议的范围逐渐扩大；另一方面也反映了行政权和司法权的关系，司法权对行政权的干预和监督存在一定限度，否则有取代行政权之嫌。我国现行行政诉讼制度就明确将国防、外交等国家行为，行政法规、规章或者行政机关制定、发布的具有普遍约束力的决定、命令，行政机关对行政机关工作人员的奖惩、任免等决定以及法律规定由行政机关最终裁决的行政行为等排除出行政诉讼受案范围。

三、行政诉讼是法院行使行政审判权的活动

行政审判权是指人民法院专门审理行政案件、解决行政争议的权力，属于国家审判权的一部分，其实质是对公民权利的救济和对行政职权运行的监督。由法院行使行政审判权，对行政行为进行司法审查，是区分行政诉讼与行政复议的关键。行政复议是行政机关内部的监督审查，除部分复议终局的情况外，经过行政复议的案件如果当事人不服，仍然要经过法院的行政审判才能尘埃落定，法院运用行政审判权对行政案件进行审理后作出的裁判具有终局效果。我国采取在人民法院内部设置专门的行政审判庭来负责审理行政案件、具体行使行政审判权的体制。

《行政诉讼法》第一条规定，为保证人民法院公正、及时审理行政案件，解决行政争议，保护公民、法人和其他组织的合法权益，监督行政机关依法行使职权，根据宪法，制定本法。可以说，行政诉讼具有“一体三面”的作用，兼具解纷、监督和救济的功能，在解决行政争议、监督行政权力运作和提供救济途径保障公民权利三个方面均不可或缺。

(一) 行政诉讼的解纷功能

行政诉讼制度首先是一种诉讼制度，与民事诉讼、刑事诉讼相对，其是为解决行政争议而设立的，最理想的裁判结果是“案结事了”，实质化解双方的矛盾纠纷。所以，行政诉讼的首要功能和作用是解纷，即解决行政争议。就解决行政争议而言，其并非行政诉讼所独有的功能，我国正在建立完善矛盾纠纷多元化解机制，除了行政诉讼制度以外，其他解纷制度还有协调和解制度、申诉制度、信访制度和行政复议制度等，行政诉讼作为一种行政争议解决制度，属于多元化解决矛盾纠纷体系中的一部分，只是整个解纷机制的一个环节。

不过，行政诉讼与所有其他解决行政争议的制度相比较，其独有的特征或者优于其他解纷机制的方面在于：其一，行政诉讼是整个解决行政争议机制中的最终环节。这里的“最终环节”，并非指行政诉讼是每一个行政争议解决的必经环节。因为我国行政诉讼不实行“穷尽行政救济原则”，行政争议发生后，行政相对人可选择任一行政争议解决途径，其选择了行政复议或其他途径，如争议得以解决，即无须再提起行政诉讼；如争议得不到解决，只要未超过诉讼时效，且争议属于行政诉讼受案范围，其仍可提起行政诉讼，通过诉讼途径解决。但是，如果其先选择了行政诉讼，即使对诉讼结果不服，也不能再寻求行政复议或其他途径处理了。其二，行政诉讼较其他行政争议解决途径，程序最为严格，地位最为中立，从而裁决最为公正、权威。其三，行政诉讼较其他行政争议解决途径，可能耗时较长，花费较大，成本较高。因此，行政相对人在行政争议发生后，是选择行政诉讼还是选择其他行政争议解决途径，应视案件的具体情况而定。我们强调行政诉讼在整个解纷机制中的重要作用，并不是主张不加分析地将行政诉讼作为唯一的解纷途径或无条件的最优解纷途径加以选择。

(二) 行政诉讼的监督功能

行政诉讼的第一作用是解纷，但行政诉讼的解纷功能是通过对行政行为的司法审查实现，即行政诉讼中法院要审查被诉行政行为的合法性，根据不同情况，作出驳回、撤销、确认或变更判决，对行政机关作出的行政行为和行政机关的依法行政进行外部监督，从而行政诉讼具有了第二种功能和作用，即行政法治监督。我国行政法治监督的整体机制包括权力机关监督、检察机关监督、人民法院监督、监察机关监督以及社会舆论监督，行政诉讼只是整个行政法治监督机制的环节之一，不是行政法治监督机制的唯一环节，它不能取代其他监督环节。当然，其他监督环节也不能取代行政诉讼监督，行政诉讼监督在整个法律监督机制中具有重要地位，发挥着极为重要的作用。

（三）行政诉讼的救济功能

行政诉讼兼具三种基本功能和作用：解纷、监督和救济。在此三种功能和作用中，为合法权益受到行政主体的行政行为侵犯的行政相对人及利害关系人提供法律救济无疑是行政诉讼最基本的功能和作用。行政相对人提起行政诉讼，其最根本、最直接的动因是认为行政主体实施了违法侵犯自己权益的行政行为，并对此不服，其最根本、最直接的目的是请求法院撤销或改变行政主体对自己做出的违法侵权的行政行为，或确认该行为违法，责令行政主体赔偿自己因其违法侵权行为所遭受的损失，即为自己提供法律救济。行政诉讼的若干具体制度如举证责任倒置等都体现了这一要求。当然，我们说行政诉讼是一种行政法律救济制度，并不意味着行政法律救济仅限于行政诉讼一种途径，行政诉讼制度只是整个行政法律救济机制中的一个环节，整个行政法律救济机制除行政诉讼外，还包括声明异议、申诉、控告、检举、行政复议等多种途径。不过依据司法最终原则，行政诉讼是保护公民、法人和其他组织合法权益的“最后一道防线”，也是最重要的法律救济制度。①

（撰写人：万颖颖）

3

行政诉讼与民事诉讼、刑事诉讼有哪些区别？

行政诉讼、民事诉讼与刑事诉讼并列为我国三大诉讼制度，三大诉讼制度既有共性，又有区别。从概念上来讲，民事诉讼是指人民法院在当事人和全体诉讼参与人的参加下，依法审理和解决民事纠纷的活动，以及由这些活动所发生的诉讼关系。刑事诉讼是指审判机关（人民法院）、检察机关（人民检察院）和侦查机关（公安机关，含国家安全机关等）在当事人以及诉讼参与人的参加下，依照法定程序解决被追诉者刑事责任问题的诉讼活动。行政诉讼是指公民、法人或者其他组织认为行使国家行政权的机关和组织及其工作人员所实施的具体行政行为，侵犯了其合法权利，依法向人民法院起诉，人民法院在当事人及其他诉讼参与人的参加下，依法对被诉具体行政行为进行审查并作出裁判，从而解决行政争议的活动。这三种

① 参见姜明安主编：《行政诉讼法教程》，中国法制出版社2015年版，第9—13页。

不同的诉讼之间的主要区别是：

一、诉讼目的不同

民事诉讼所审理的是民事案件，提起民事诉讼是基于一方当事人的民事实体权利受到侵害或与另一方当事人就实体权利义务关系发生争议，因此，民事诉讼所要解决的是平等主体之间的民事权利和义务的争议；刑事诉讼所审理的是刑事案件，其要解决的是涉嫌犯罪的人是否确实犯罪、犯什么罪以及应处何种刑罚问题，结果是宣告被告无罪或有罪而处以一定的刑罚，因此审理刑事案件的目的是查明犯罪事实，正确适用法律，以惩罚犯罪，保护人民，保障国家安全和社会公共安全，维护社会主义社会秩序；行政诉讼所审理的是行政案件，法院审理行政案件的目的是保护公民、法人和其他组织的合法权益，维护和监督行政机关依法行使职权，通过维持或撤销行政机关的行政行为或判决行政机关作出一定的行政行为，给予或不给予相对人行政赔偿等裁判结果，对行政机关的行政行为以及相应的不作为是否合法、正确进行监督。

二、提起诉讼的主体不同

民事诉讼中双方当事人都可以提起诉讼，原告起诉后，被告可以反诉，双方当事人处于平等的法律地位。刑事诉讼除自诉案件由被害人向人民法院提起诉讼外，均由人民检察院提起公诉，被告是被指控触犯刑法的犯罪嫌疑人。而提起行政诉讼则是基于行政相对人或者利害关系人对行政机关作出的行政行为有异议，因此行政诉讼中的原被告都是恒定的。原告只能是认为行政行为侵犯其合法权益的行政管理相对人或者利害关系人（包括公民、法人或其他组织），被告只能是实施该行政行为的行政机关或法律、法规、规章授权行使行政权的组织。原被告不能颠倒，行政主体也不能提起反诉。

三、举证责任不同

在民事诉讼中，谁主张权利谁负责举证，不论是原告还是被告，其举证一般规则都是“谁主张，谁举证”。在刑事诉讼中，公诉人负有提供被告人有罪的证据，并加以证明的责任，被告人不负举证责任，但可以提出自己罪轻或无罪的材料为自己辩护。在行政诉讼中，一般情况下被告对其作出的行政行为负有举证责任，应当提供作出该行政行为的证据和所依据的规范性文件。不过，在起诉被告不履行法定职责的案件中，原告应当提供其向被告提出申请的证据；在行政赔偿、补偿的案件中，原告应当对行政行为造成的损害提供证据。

四、适用的法律不同

民事诉讼主要适用民事实体法规范和民事程序法规范，包括《民法总则》、

《民法通则》、《侵权责任法》、《物权法》和《民事诉讼法》等。刑事诉讼主要适用《刑法》和《刑事诉讼法》等。行政诉讼主要适用法律（如《行政诉讼法》）、法规、民族自治地方的自治条例和单行条例等，对于规章参照适用。

五、调解适用范围不同

民事诉讼中，调解是一项基本原则，在自愿和合法的基础上，只要案件性质适合调解，人民法院均可以进行调解。特别是对于离婚案件，人民法院必须首先进行调解。刑事诉讼中，对附带民事诉讼部分可以进行调解；对《刑事诉讼法》第二百一十条前两项规定的自诉案件，可以进行调解；对公诉案件和《刑事诉讼法》第二百一十条第三项规定的自诉案件，不适用调解。行政诉讼中，人民法院审理行政案件，一般不适用调解。但是行政赔偿、补偿以及行政机关行使法律、法规规定的自由裁量权的案件可以调解。

六、审判组成人数不同

民事诉讼及行政诉讼中组成合议庭的成员人数是三人以上的单数即可，没有更具体的人数要求。刑事诉讼中人民法院组成合议庭的成员人数除了须是单数外，还要求：对于第一审案件，基层人民法院、中级人民法院由合议庭审判时应由三人组成，高级人民法院、最高人民法院由合议庭审判时应由三人至七人组成；对于第二审案件，合议庭应由三人至五人组成。

七、公开审理的情况不同

民事诉讼中，涉及国家秘密、个人隐私的案件或者法律另有规定的案件，应当不公开审理；当事人申请不公开审理的离婚案件、涉及商业秘密的案件，可以不公开审理。刑事诉讼中，涉及国家秘密、个人隐私的案件，以及 14 岁以上不满 16 岁未成年被告人的案件，应当不公开审理；提出的确属涉及商业秘密的案件，应当不公开审理；16 岁以上不满 18 岁未成年被告人的案件，可以不公开审理。行政诉讼中，人民法院公开审理行政案件，但涉及国家秘密、个人隐私和法律另有规定的除外，涉及商业秘密的案件，当事人申请不公开审理的，可以不公开审理，由人民法院决定。

八、在强制执行方面也有所不同

在行政诉讼中，除人民法院外，有强制执行权的行政机关也可以成为执行机构（仅限于本机关作出的行政行为）。而民事诉讼中的强制执行机构只能是人民法院。另外，行政诉讼的强制执行除对财产权外，还可以对人身自由进行，如强制拘留、强制服兵役等；而民事诉讼的强制执行只能对财产权进行，不能涉及人身。

（撰写人：孙大申）

4

行政诉讼和行政复议有哪些区别？

行政诉讼与行政复议都是我国对受到行政公权力侵害的公民、法人或者其他组织合法权益进行法律救济的制度。我国的行政诉讼是指公民、法人或者其他组织认为行政主体的行政行为侵犯其合法权益，依法向人民法院提起诉讼，由人民法院对行政行为是否合法进行审理并作出裁判的制度。行政复议是指公民、法人或者其他组织认为具体行政行为侵犯其合法权益，依法提出复议申请，行政复议机关依法定程序对引起争议的具体行政行为的合法性和适当性进行审查并作出裁决的制度。行政诉讼与行政复议各自独立又相互衔接模式设计得科学、合理，既有利于维护行政机关的执法权威，又有利于对公民、法人或者其他组织受到行政公权力侵害的合法权益予以救济。行政诉讼和行政复议有两项重要共同性，一是解决行政争议上的共同性，两者解决的问题都是行政争议，复议决定起着相当于司法裁判的作用。二是法律监督上的共同性，两者生效的裁决或裁判对双方当事人具有拘束力，复议监督同样发挥着审判监督的作用。两者的不同点主要有以下几个方面：

一、法律立场不同

行政诉讼属于诉讼救济的范围，而行政复议则属于行政救济的方式。诉讼救济的特点在于当事人针对违法的行政行为请求法院依法加以审查并作出裁判。而行政救济则是当事人对于违法和不当的行政行为请求行政机关予以纠正。由此决定了两者在受理机关、申请理由、裁决性质等方面存在差异。首先在受理机关上，行政诉讼的受理机关是人民法院，行政复议的受理机关则是作出具体行政行为的行政机关所属的人民政府或其上一级主管部门。其次在申请理由上，人民法院所受理的行政案件，只是行政相对人或者利害关系人认为行政机关的行政行为侵害其合法权益的案件。而复议机关所受理的既有行政违法案件，也有行政不当案件。最后在裁决性质上，法院作出的为判决或裁定，而复议机关作出的为复议决定。行政诉讼实行二审终审制度，而行政复议则实行一裁终局制度。

二、立法技术不同

首先是受案范围不同。《行政诉讼法》2014 年修改之后，将权益保护的范围由

“人身权、财产权”扩大至“人身权、财产权等合法权益”，行政复议的受理范围则相对较广，两者受案范围出现趋同现象。不过在特定领域，如行政协议、行政机关滥用职权排除或限制竞争等方面，行政诉讼受案范围广于行政复议。其次是审查依据不同，行政复议法律适用的范围要比行政诉讼的范围广。行政诉讼法主要以法律和行政法规、地方性法规、民族自治地方的自治条例、单行条例为依据，对于规章参照适用；而行政复议机关审理复议案件，则以法律、行政法规、地方性法规、规章以及上级行政机关依法制定和发布的具有普遍约束力的决定、命令为依据。

三、审查内容和强度不同

人民法院审查行政行为的合法性以及达到一定程度的合理性和适当性（即明显不当），行政诉讼活动及其过程主要都是围绕着行政行为的合法性进行审查的，因此解决行政纠纷、维护相对人合法权益的方法就是对行政行为是否合法作出明确的判断。而行政复议作为行政机关的内部监督和救济制度，在行政系统内运行，对当事人的救济范围更加广泛，可对行政行为进行全面审查，既要审查合法性也要审查其是否适当。

总体来说，行政诉讼是由独立于行政机关的人民法院通过司法程序来解决行政纠纷，司法程序相对正规、复杂，但公正性和可靠性更强，有司法强制力作为后盾。而行政复议具有行政性和司法性的双重特征，与法院的司法审查制度相比，程序较为简便，程序设置便于专业性和法律性相结合，更好地克服法官只具有法律性，而缺失专业性的弊端。作为内部监督，其结果也更容易得到行政机关的执行。两种制度性质不同，各有所长。综观世界范围，现代国家一般均同时创设两种制度，并科学设置衔接模式，更好地发挥两种制度的优势。

（撰写人：张玮）

5

如何理解行政诉讼合法性审查原则？

法律上的“原则”一词产生于近代，含义为规则之源或者根本规则。[1] 具体来说，原则是指可以作为规则的基础或本源的综合性、稳定性原理和准则，是构成一

---

① 徐国栋：《民法基本原则解释——成文法局限性之克服》，中国政法大学出版社2001年版，第7页。

个法律体系的立足点或基干的根本规则。其对于法律活动具有普遍指导意义，是司法机关在审理和解决纠纷争议过程中必须遵循的基本原则。

《行政诉讼法》第六条对合法性原则进行了规定，“人民法院审理行政案件，对行政行为是否合法进行审查”，这一原则被称为“行政审判的核心和基本原则”。[①] 合法性原则的确立具有两方面重要意义：一是为法院针对行政行为行使司法审查权提供了法律上的支持；二是确定了法院在行政案件中司法审查权运用的方向，避免了“法官和行政机关一道审原告”现象的发生，更有利于彰显和实现“保护合法权益、监督依法行政”的立法目的。[②]

合法性审查原则具有以下三方面内容：

一是人民法院在行政诉讼中的直接审查对象是被诉行政行为。2014 年修改后的《行政诉讼法》将先前“具体行政行为”修改为“行政行为”，进一步扩充行政诉讼的可诉范围，更具合理性，也更符合审判实践。行政行为应包含以下三个要素：必须是拥有行政管理职权的机关、组织和个人所实施的行为；必须是与行使行政职权有关的行为；必须是对公民、法人或者其他组织权利义务产生实施影响的行为。[③]

二是人民法院的审查重点为被诉行为的合法性。行政案件的当事人一方是国家行政机关，其依法享有自己专门的行政管理职权，这作为一种国家权力即使在诉讼中也不能被削弱或取消。行政诉讼多涉及对行政机关所作行为是否合法适当的争议和纠纷，法院较于合理性审查，在合法性审查上更加具有经验，基于此，被诉行为的合法性应为法院的审查重点。合法性审查属于法院管辖范围，合理性属于行政机关的裁量范围；法院对于合法性审查更有经验，行政机关对于合理性审查更具专业知识。

三是对于合法性的审查应贯穿于行政诉讼的全过程。其中审理过程是典型的对行政行为进行合法性审查的过程，同时，在立案阶段和执行阶段，也都贯穿着对行政行为的合法性审查。“审查”不同于“审理”，其判断依据应为被诉人认为的行政行为，是根据起诉人主观意思确定起诉的做法。这样更符合行政诉讼的实质。

（撰写人：程曼）

---

① 罗豪才：《序》，载蔡小雪：《行政审判中的合法性审查》，人民法院出版社 1999 年版，第 1 页。

② 李广宇：《新行政诉讼法逐条注释》（上卷），法律出版社 2015 年版，第 52 页。

③ 江必新、梁凤云：《行政诉讼法理论与实务》，法律出版社 2012 年版，第 46 页。

6

如何理解行政诉讼诉权保护原则?

行政诉讼同刑事诉讼、民事诉讼一样，都是国家审判活动的组成部分，三者之间存在许多共性，因而具有一些指导诉讼活动的共同基本原则，主要包括人民法院依法独立行使审判权；以事实为依据，以法律为准绳；实行合议、回避、公开审判和两审终审制；当事人在诉讼中的法律地位平等；使用本民族语言文字进行诉讼；当事人有权进行辩论；人民检察院有权对行政诉讼实行法律监督等原则。上述原则集中规定在《行政诉讼法》第四条、第五条、第七条至第十一条。除了上述三大诉讼共有之一般原则，行政诉讼基于本身的特殊性，还具有不同于其他诉讼活动的特有的基本原则，以下具体介绍诉权保护原则。

行政诉讼所处理的案件当事人是作为行政主体的国家行政机关与授权组织一方和作为行政相对人与利害关系人的公民、法人或者其他组织等非行政机关一方，双方之间的法律地位是不平等的。基于此，有必要对处于劣势的一方当事人进行诉权保护。在我国，《行政诉讼法》第三条就体现了当事人诉权保护原则。该条从起诉方—法院—被诉方这三个角度对诉权保护进行了全方位规定，主要包括起诉权保障原则、不得干预受理原则以及行政机关负责人出庭应诉制度三个方面的内容。

在起诉权保障原则方面，《行政诉讼法》第三条第一款予以明确，即“人民法院应当保障公民、法人和其他组织的起诉权利，对应当受理的行政案件依法受理”。这一宣示性的规定对于解决行政诉讼立案难问题、扭转“信访不信法”局面具有重要作用。起诉权保障原则主要包含以下两方面内容：第一，人民法院应当保障公民、法人和其他组织的起诉权利。人民法院作为国家设立的裁判机关，保障公民、法人和其他组织的起诉权利是人民法院义不容辞的法定职责。这一点主要体现在将一般情况下的起诉期限由 3 个月延长为 6 个月、对可以扣除和延长起诉期限的特殊情况进行了明确规定、允许当事人口头起诉等方面。第二，对于应当受理的行政案件依法受理。法院对于符合受理条件的行政案件，必须予以受理，不得采取“不接收起诉状、不收取材料、不作裁定”等违法做法，具体体现在对于裁定不予立案的案件应说明理由、允许一定条件下的“飞跃起诉”[①]、适度扩大行政诉讼受案范围、明确对规范性文件可以附带进行审查等方面。

在不得干预受理原则方面，《行政诉讼法》第三条第二款规定：“行政机关及其工作人员不得干预、阻碍人民法院受理行政案件。”根据《宪法》和《人民法院组织法》的规定，普通法院属于地方法院，受到地方政府人财物的管理和制约，导致行政诉讼中实现当事人诉讼地位平等极为困难。不得干预受理原则的确立在法律层面上抑制了行政机关对于司法独立的侵蚀，有利于维护司法的中立性、公正性。这一原则与上述起诉权保障原则之间存在有机联系，实质上仍是为了保护诉权的有效行使。

行政机关负责人出庭应诉原则是指在行政诉讼案件中，一般应当由行政机关负责人出庭应诉、参与案件庭审的制度，其是保障诉权实现的一个重要原则，在2014年修改后的《行政诉讼法》实施时上升为法律的刚性规定，被规定于第三条第三款，明确要求“被诉行政机关负责人应当出庭应诉。不能出庭的，应当委托行政机关相应的工作人员出庭”。考察一些行政诉讼制度比较发达的国家，均无行政机关负责人必须亲自出庭的硬性要求。因此，这一制度被认为“体现了浓郁的本土特色和时间智慧”“有望进一步推动中国本土行政审判模式的生成”。[②] 行政机关负责人出庭应诉，有利于行政机关负责人客观、全面地了解本单位的执法现状和存在的问题，有助于提高行政执法水平，促进依法行政，从源头上减少行政争议。另外，该项制度有助于密切“官”民关系，疏导群众情绪，高效地解决行政争议，促进社会和谐。以该制度在北京四中院行政案件审理中的实施情况为例，相较于2015年仅有个位数行政机关负责人出庭应诉的情况，2016年和2017年数量均有明显上升，已实现北京十六区政府覆盖率100%，制度成效明显。

（撰写人：程曼）

---

① 《行政诉讼法》第五十二条规定，人民法院既不立案，又不作出不予立案裁定的，当事人可以向上一级人民法院起诉。

② 章志远：《行政机关负责人出庭应诉制度的法治意义解读》，载《中国法律评论》2014年第4期。

7

起诉不停止执行原则是如何在行政诉讼中予以适用的？

“起诉不停止执行”原则是指在诉讼期间，不停止行政行为的执行。行政行为一经作出，即推定为有效，不因相对人对该行为提起诉讼而停止。该原则的设置原因为，行政机关代表国家，具有国家权威性，因此行政行为一经作出，便假设其符合法律规定，是合法的，要求被尊重与被承认执行。若因行政相对人的起诉行为便停止执行，会损害法律秩序的稳定性，直接影响国家行政管理的效力，社会和公众的利益也难以得到保障。[①] 另外，当前的法律体系中，存在着错误矫正机制，即国家赔偿。如果法院经过审理认为行政行为违法的，可以判决撤销，同时造成损失的，应当予以赔偿。[②]

我国《行政诉讼法》对该原则进行法律层面上的肯定。2014 年修改后的《行政诉讼法》第五十六条规定：“诉讼期间，不停止行政行为的执行。但有下列情形之一的，裁定停止执行：（一）被告认为需要停止执行的；（二）原告或者利害关系人申请停止执行，人民法院认为该行政行为的执行会造成难以弥补的损失，并且停止执行不损害国家利益、社会公共利益的；（三）人民法院认为该行政行为的执行会给国家利益、社会公共利益造成重大损害的；（四）法律、法规规定停止执行的。当事人对停止执行或者不停止执行的裁定不服的，可以申请复议一次。”本条规定了起诉不停止执行原则，即“诉讼期间，不停止行政行为的执行”，同时，也规定了一些不停止执行的例外情形，这些例外情形构成了暂时法律保护制度。一般情况下，行政相对人向法院起诉行政机关时，行政行为并不停止执行，这是由行政行为效力决定的。行政行为的效力包括确定力、拘束力和执行力，这意味着在违法或者不当的行为被撤销或者变更之前，并不因行政相对人的意思表示而影响其执行。[③] 当然，这种绝对适用原则的方式容易引发形式正义与实质正义之间相背离的问题，与注重填补权利保护漏洞这一当代行政诉讼总的趋势相左。因此，就要充分

---

① 胡康生主编：《行政诉讼法释义》，北京师范学院出版社 1989 年版，第 71 页。

② 顾昂然：《新中国的诉讼、仲裁和国家赔偿制度》，法律出版社 1996 年版，第 101 页。

③ 黄杰主编：《行政诉讼法释论》，中国人民公安大学出版社 1989 年版，第 97 页。

认识到例外条款的重要性。

例外条款实质上体现的是暂时法律保护理念，其含义为“暂时法律保护公民在某一程序进行期间，免受一个决定的执行或其后果的影响，或者保障公民——在一个诉讼具有既判力的终结之前——所具有的某一特定权利或某一事实状态”。[①] 该理念是在司法最终裁判之前暂时性地为公民提供某一特定权利保护，暂时性地阻止执行的发生。另外，一定程度上可以实现权利保护的效率。[②]《行政诉讼法》第五十六条规定了四种例外情形，具体来说：

第一种是被告认为需要停止执行的。行政机关具有决定是否执行行政行为的权力，其可以在诉讼外决定，也可以向法院提出，这中间并不需要法院进行实质上的审查。当然，在具体的程序上，如果被告认为需要停止行政行为执行的，应由被告决定后告知原告，并书面报告人民法院。[③]

第二种是原告或者利害关系人申请停止执行的。《行政诉讼法》中加入了“利害关系人”，可以称之为一个亮点。原告或者利害关系人向法院申请时，法院认为该行政行为的执行会造成难以弥补的损失，并且停止执行不损害社会公共利益时，裁定停止执行。也就是说，法院在审查时，要符合两个条件才能作出停止执行的裁定：一是行政行为的执行会造成难以弥补的损失；二是停止执行不损害社会公共利益。这中间需要法院运用比例原则在私人利益和社会公共利益之间作衡量。在具体的程序上，原告在向人民法院提起停止执行申请后，法院应在 3 日内作出裁定是否停止执行。

第三种是人民法院认为该行政行为的执行会给国家利益、社会公共利益造成重大损害的。该条款的设计主要是为了在原被告均未提出停止执行需求时，若此时国家利益、社会公共利益存在发生重大损害的危险，法院可以依职权停止执行，这对于行政监察机关行使行政权以及维护法院权威具有一定作用。

第四种是法律法规规定停止执行的，法院和行政机关应依照其规定，不能违背。

当然，从上述例外条款的规定可见，法律的规定还较为原则，不够完善，一些具体的实务问题需要进一步明确。例如，是否可以将停止执行变更为暂缓执行，这些需要在大量案件实践以及理论探讨中进一步明确。

（撰写人：程曼）

---

① ［德］弗里德赫尔穆·胡芬：《行政诉讼法》，莫光华译，刘飞校，法律出版社 2003 年版，第 487 页。

② 李广宇：《新行政诉讼法逐条注释》（上卷），法律出版社 2015 年版，第 441 页。

③ 江必新等编著：《行政诉讼难题解答》，中国人民公安大学出版社 1992 年版，第 153 页。

8

行政诉讼的基本制度有哪些？

行政诉讼基本制度是行政诉讼基本原则的具体化，细化于法律规则当中，是整个行政诉讼法的基本框架，根据《行政诉讼法》确立的基本原则，我国行政诉讼实行合议、回避、公开审判、两审终审、诉讼不停止执行等基本制度。

一、合议制度

合议制度是指人民法院对行政案件的审理，由审判员或审判员与陪审员依照法定人数和组织形式组成合议庭进行。行政诉讼采用合议制，是由行政诉讼的性质所决定的。行政案件技术性、知识性较强，而且行政诉讼的当事人一方为行政机关，独任审判难以胜任。采用合议制有利于行政案件的公正解决。《行政诉讼法》第七条从原则上对该制度予以规定，并在第六十八条进行细化："人民法院审理行政案件，由审判员组成合议庭，或者由审判员、陪审员组成合议庭。合议庭的成员，应当是三人以上的单数。"不过，在适用简易程序审理的行政案件这一例外情况下，由审判员一人独任审理，可以不采用合议制度。合议庭实行少数服从多数的表决方式确定案件的裁判结果，审判委员会在审判业务上对合议庭进行指导和监督。

二、回避制度

在行政诉讼中，回避制度是指承办行政案件的审判人员和其他有关人员遇有法律规定应当回避的情形时，需经过法定程序退出诉讼活动的制度。我国《行政诉讼法》第七条、第五十五以及《最高人民法院关于适用〈中华人民共和国行政诉讼法〉的解释》（以下简称《行诉解释》）第七十四条分别对回避作了明确的规定。

第一，回避适用于审判人员、书记员、勘验人、鉴定人和翻译人员等。第二，回避的条件是审判人员或其他有关人员与本案有利害关系或者其他关系，可能影响公正审判。第三，回避分为自行回避和申请回避两种。前者是指审判人员认为自己与本案有利害关系或者有其他关系，应当主动申请回避。后者是指诉讼当事人认为审判人员和其他人员与本案有利害关系或者其他关系，可能影响公正审判，有权申请回避。第四，当事人申请回避，应当说明理由，并在案件开庭审理时提出；回避事由在案件开庭审理后知道的，应当在法庭辩论终结前提出。第五，被申请回避的人员在人民法院作出是否回避的决定前，应当暂停参与本案的工作，但案件需要采取紧急措施的除外。第六，院长担任审判长时的回避，由审判委员会决定；审判人员的回避，由院长决定；其他人员的回避，由审判长决定。第七，人民法院对当事人提出的回避申请，应当在申请提出的3日内，以口头或书面形式作出决定。对当事人提出的明显不属于法定回避事由的申请，法庭可以依法当庭驳回。第八，申请人对驳回回避申请决定不服的，可以在接到决定时向作出决定的人民法院申请复议一次。复议期间被申请回避的人员不停止参加本案的工作。人民法院对复议申请应当在3日内作出复议决定，并通知复议申请人。

三、公开审判制度

人民法院审理行政案件，以公开为原则，不公开为例外，即人民法院公开审理行政案件，但涉及国家秘密、个人隐私和法律另有规定的除外；涉及商业秘密的案件，当事人申请不公开审理的，可以不公开审理。公开审理是贯彻公开审判的最主要形式，除法律规定不公开的案件外，应当一律公开审理。诉讼程序既要求有一定的封闭性，保障审判组织能够独立审判，同时也要求对社会保持适度的透明，以便接受社会监督。公开审理并不意味着开庭过程的各个阶段包括开庭、质证、举证、辩论、判决、裁定都必须公开。在行政审判实践中，合议庭评议必须秘密进行，不受公开原则的限制。公开审理有两层含义：一是对当事人和所有诉讼参与人公开，也即案件的审理必须在当事人和其他诉讼参与人的参加下进行。依法公开审理的案件应当在开庭3日以前公告，公告应包括案由、当事人姓名或者名称、开庭时间和地点。二是对全社会公开，对社会公开是指庭审若需社会上与案件无关人员旁听，经法庭许可，新闻记者可以记录、录音、录像、摄影、转播庭审实况。外国记者的旁听按照我国有关外事管理的规定办理。①

四、两审终审制度

两审终审制是指在行政诉讼中，行政案件经过两级人民法院的审理即告终结。《行政诉讼法》第七条对此作出了规定。按照这一原则，当事人对第一审行政判决、裁定不服的，可以向上一级人民法院提起上诉，启动二审程序。第二审人民法院的判决、裁定是终局判决、裁定，对此，当事人不得再提起上诉。另外，最高人民法院是国家最高审判机关，最高人民法院作出的一审判决、裁定，当事人不得上诉。《行政诉讼法》规定的第二审程序是依照我国国情设置的，经历了一个发展变化的历程。现行《行政诉讼法》根据我国的司法实践，参考外国立法规定了二审程序。

---

① 具体可参见2009年最高人民法院发布的《关于司法公开的六项规定》中的相关要求。

《行政诉讼法》第八十五条规定，当事人不服人民法院第一审判决的，有权在判决书送达之日起15日内向上一级人民法院提起上诉。当事人不服人民法院第一审裁定的，有权在裁定书送达之日起10日内向上一级人民法院提起上诉。逾期不提起上诉的，人民法院的第一审判决或裁定发生法律效力。目前，行政诉讼的二审实行全面审查原则，也即对一审裁判和被诉行政行为的合法性进行审查，不受上诉请求范围的限制。

五、诉讼不停止执行制度

诉讼不停止执行制度是行政诉讼中的一项特别制度，《行政诉讼法》第五十六条明确规定："诉讼期间，不停止行政行为的执行……"这一制度设立的主要原因有三个：其一，是由行政行为所具有的效力先定性决定的。行政机关的行政行为一旦作出，就假设符合法律规定，是合法的行政行为，对于行政机关本身和行政相对人具有拘束力，应遵照执行，行政行为具有行政拘束力和执行力，不因原告提起诉讼而失效。其二，行政行为是依据行政权作出的，具有国家权威性。行政机关作出的行政行为是代表政府为了维护国家和社会的公共利益而形成的，具有权威性，要求被尊重、被承认执行。否则，如若当事人起诉即停止执行，就会使法律秩序处于不稳定状态，影响国家行政管理的效力。其三，存在错误矫正机制，如果行政行为最后被确认违法或撤销，同时造成损失的，应当予以赔偿。值得注意的是，诉讼不停止执行存在以下例外情形：（1）被告认为需要停止执行的；（2）原告或者利害关系人申请停止执行，人民法院认为该行政行为的执行会造成难以弥补的损失，并且停止执行不损害国家利益、社会公共利益的；（3）人民法院认为该行政行为的执行会给国家利益、社会公共利益造成重大损害的；（4）法律、法规规定停止执行的。当事人对停止执行或不停止执行的裁定不服的，可以申请复议一次。

（撰写人：张玮）

9

我国行政诉讼法实施中面临哪些突出问题？

我国行政诉讼制度经历了一个不断发展、不断完善和不断进步的历程。《行政诉讼法》自1990年正式施行以来，行政相对人从最初的不敢告、不会告、不愿告，到目前希望通过合法理性的行政诉讼渠道解决行政争议，行政机关则从最初的不应诉、不出庭、不执行法院生效裁判到积极主动应诉、自觉接受司法监督，这无疑是一个巨大的历史进步。全国受理一审行政案件数量从1990年的1.3万件增长到2016年的22.5万件，增长幅度大大高于同期的民事案件和刑事案件。但是我们也必须看到，行政审判还面临很多挑战和困难，譬如党的十八届四中全会所指出，行政诉讼比较突出地存在"立案难、审理难、执行难"问题（即"三难"问题），人民群众对行政诉讼在权利救济、解决争议方面发挥的作用还有较大期待。《行政诉讼法》在实施过程中的主要问题大致体现在以下几个方面：

一、"三难"问题这一行政审判的痼疾仍未消除

一方面，立案登记制在有效解决行政诉讼立案难的同时，也带来了一定的"副作用"。由于法院在立案阶段的审查程度更低，可能有更多不符合法定起诉条件的案件得以立案并进入诉讼程序，经法院依法审查起诉条件后裁定驳回原告起诉的案件数量可能随之增多。换言之，立案后经过漫长的一、二审程序后，纠纷却未必能够被真正导入诉讼解决渠道，公民、法人或者其他组织提起诉讼的预期目的也就可能随之落空，导致诉讼程序出现空转问题。另一方面，《行政诉讼法》建立的旨在有效化解争议的新机制尚未充分发挥应有的功能作用。例如，《行政诉讼法》第三条第三款明文规定："被诉行政机关负责人应当出庭应诉。不能出庭的，应当委托行政机关相应的工作人员出庭。"应当说，行政机关负责人出庭应诉有利于解决行政争议、促进依法行政和密切官民关系，但实践中这一制度的落实仍不尽如人意。总体而言，行政机关负责人出庭应诉的案件数量和比例还不高，"告官不见官"的局面尚未得到根本性扭转。又如，规范性文件附带审查机制被视为《行政诉讼法》2014年修改后的亮点之一并被誉为法治政府建设的重要"推动器"，实践中行政机关依据规范性文件作出行政行为的情形亦不鲜见，但法院启动对规范性文件合法性审查的案件比例并不高。再如，2014年修改《行政诉讼法》为有效解决民行交织问题，确立了行政诉讼中一并解决民事争议的新机制，但实践中一并解决民事争议的案件数量还不多，这一机制发挥的作用仍很不到位。

二、部分当事人滥用诉讼权利的现象逐渐增多，多元纠纷化解机制仍未完全建立

一是2014年修改后的《行政诉讼法》的实施激发了人们通过行政诉讼维护自身权益和监督行政机关依法行政的热情，但司法实践中在一定程度上流露出"动辄就起诉"的倾向，滥用诉权、恶意诉讼的情形也有所显现。例如，将同一行为拆分为多个中间性环节分别提起诉讼且经法院释明后不予调整；向明显不具有相应职责的行政机关反复提出履责申请并进而提起诉讼；在不具有法定回避事由的情况下反复申请回避等。从裁判结果看，2015 年全国法院审结的一审行政案件中，裁定驳回原告起诉的比例明显高于 2014 年，这既与立案登记制有关，也与极少数当事人滥用诉权有关。二是从行政诉讼与其他机制的关系看，行政争议多元解决的机制仍未得到普遍建立。《行政诉讼法》通过新增复议机关作为共同被告制度所要达到的立法目的也未能得到全面实现。根据 2015 年全国复议案件统计数据，尽管复议机关的纠错率由 2013 年的 8.28% 和 2014 年的 10.03% 大幅增加到 2015 年的 22.43%，但行政复议案件的数量并未因此增加，远远无法形成部分学者提出来的行政复议案件数量 10 倍于行政诉讼案件数量的理想分布格局，一审行政诉讼案件数量反而是行政复议案件的 1.5 倍，很难说明行政复议发挥了解决行政争议的主渠道作用。《行政诉讼法》拓宽了行政诉讼调解的适用范围，行政赔偿、行政补偿和行政机关行使法律、法规规定的自由裁量权的案件均可以调解。但从司法实践看，不仅行政诉讼案件的撤诉率出现较大幅度下降，以调解书方式审结的行政案件数量并未出现明显增加，并且行政诉讼案件上诉率、申诉率仍在高位运行，行政争议解决的效果仍不理想。

三、行政诉讼“三高一低”的状况尚未得到有效改观，行政审判的质效亟待提升

随着行政诉讼案件数量持续大幅攀升，一些法院行政审判法官的人均办案数量和工作负荷超过刑事审判法官和民事审判法官，案多人少的矛盾日益突出。同时，由于级别管辖的调整，四级法院行政案件数量呈“倒金字塔”分布，与尽量将矛盾纠纷化解在基层的整体司法理念不合拍。例如，北京法院 2014 年、2015 年、2016 年分别受理一审行政案件 5015 件、10550 件、10226 件，其中中级人民法院受理的一审行政案件数量分别为 642 件、2574 件、3045 件，占比由 2014 年的 12.80% 陡增到 2015 年的 24.40% 并进一步提升到 2016 年的 29.78%。从审判质量看，2014 年修改后的《行政诉讼法》实施以来，各级人民法院通过加强培训学习解决了层出不穷的新情况、新问题，但毋庸讳言，审判质量总体上仍有较大提升空间。从二审改判发回情况看，2015 年全国法院对上诉案件发回重审率和改判率也明显高于 2014 年。同时，对各地法院所作裁判文书的实证分析表明，司法尺度不统一的情况仍较为突出。从审判效率看，简易程序并未得到充分利用，提升审判效率的作用受到较大制约。从审判效果看，行政案件上诉率高、申诉率高、信访率高和服判息诉率低的“三高一低”状况仍未得到有效缓解，行政审判的公信力亟待提升。最后，从行政审判队伍的状况看，总体而言行政审判队伍量小质弱的局面未能改观。

（撰写人：张玮）

10

行政诉讼法修订的主要内容和基本精神是什么?

1989年颁布的《行政诉讼法》的施行，在解决行政争议、推进依法行政、保护人民群众合法权益等方面发挥了重要作用，在我国法治国家建设中具有里程碑式的意义。但是，随着经济社会的转型和急速发展，《行政诉讼法》实施中的不适应、不协调的问题日益突出，表现为行政诉讼存在“立案难、审理难、执行难”等突出问题。修改这部“古老”的《行政诉讼法》已然迫在眉睫，颁布新行政诉讼法被学者寄予厚望。这部被誉为“依法治国的抓手和试金石”的法律应当契合司法改革的主旋律，致力于解决行政诉讼“三难”问题，将行政权力真正关进笼子里，实现对公民、法人和其他组织权益的有效救济。

一是厘清修法思路，契合国家战略和发展需要。《行政诉讼法》自1989年颁布以来，经历中国社会经济深刻变革，这次修订并不能简单地理解为立法机关所从事的“建构性”的修法活动，必须结合司法解释、理论研究、司法实践的变迁进行汇总和糅合。在国家治理体系现代化的大背景下进行《行政诉讼法》的修订，应当与社会发展需求相适应，与司法改革的推进相契合，与国家的大政方针相统一。在“深改元年”（2014年）这一重要时间节点通过的《行政诉讼法》，应当与国家法治发展同频共振，与党和国家关于法治的战略思想高度统一。

二是要回应行政与司法实践需求，提升法律条文的可操作性。1989年《行政诉讼法》的规定较为原则、简单，而且颁布20多年来未曾修改，给行政审判带来了很多困扰。最高人民法院为了满足行政审判的需求，制定了大量的司法解释并作出了许多请示批复意见。在这些司法解释和请示批复中，既有对《行政诉讼法》条文的适用解释，也在个别地方对现行制度作了一定创新。在2014年修法过程中，也需要对这些改革创新的经验予以归纳总结，上升为法律，并通过相应的制度设计予以保障。

第十二届全国人大常委会第十一次会议表决通过了《全国人民代表大会常务委员会〈关于修改中华人民共和国行政诉讼法〉的决定》，新法自2015年5月1日起施行。这是党的十八届四中全会后中国立法机关修改的第一部法律，也是《行政诉讼法》颁布实施25年来作出的首次修改。此次修改的主要内容有：

一、扩大被告、原告和第三人范围

第一，完善行政诉讼被告制度。现行《行政诉讼法》[1] 第二十六条第二款规定，经复议的案件，复议机关决定维持原行政行为的，作出原行政行为的行政机关和复议机关是共同被告；复议机关改变原行政行为的，复议机关是被告。这一修改强化了行政复议机关的责任，通过将决定维持原行政行为的复议机关列为共同被告，促使行政机关在审查行政行为的合法性、合理性上变得主动负责，在一定程度上倒逼行政机关提高行政复议质量，使行政纠纷的解决更加便捷。

第二，扩大诉讼原告和第三人的范围。根据2014年修改前的《行政诉讼法》，依照本法提起诉讼的公民、法人或者其他组织是原告。同提起行政诉讼的具体行政行为有利害关系的其他公民、法人或者其他组织，可以作为第三人申请参加诉讼，或者由人民法院通知参加诉讼。2014年修订后，扩大了原告主体资格的范围，明确行政行为的相对人以及其他同行政行为有利害关系的公民、法人或者其他组织，有权提起诉讼。同时，细化第三人制度，规定公民、法人或者其他组织同被诉行政行为有利害关系但没有提起诉讼，或者同案件处理结果有利害关系的，可以作为第三人申请参加诉讼，或者由人民法院通知参加诉讼。人民法院判决第三人承担义务或者减损第三人权益的，第三人有权依法提起上诉。

二、完善起诉期限和形式制度，强化法院受理职责，破解“立案难”

第一，延长起诉期限，简化起诉形式。根据2014年修改前的《行政诉讼法》，“公民、法人或者其他组织直接向人民法院提起诉讼的，应当在知道作出具体行政行为之日起三个月内提出。法律另有规定的除外。因不动产提起诉讼的案件自行政行为作出之日起超过五年提起诉讼的，人民法院不予受理”。2014年修订时在第四十六条将一般起诉期限由3个月延长为6个月，明确因不动产提起诉讼的案件的最长起诉期限为20年，其他案件的最长起诉期限为5年。同时，新法增加一条作为第五十条，明确起诉方式，规定起诉应当向人民法院递交起诉状，并按照被告人数提出副本。书写起诉状确有困难的，可以口头起诉，由人民法院记入笔录，出具注明日期的书面凭证，并告知对方当事人。

第二，确立立案登记制度。《行政诉讼法》第五十一条规定，人民法院在接到起诉状时对符合本法规定的起诉条件的，应当登记立案。对当场不能判定是否符合本法规定的起诉条件的，应当接收起诉状，出具注明收到日期的书面凭证，并在7日内决定是否立案。不符合起诉条件的，作出不予立案的裁定。裁定书应当载明不

---

[1] 《行政诉讼法》后又于2017年修改，仅于第二十五条增加了一款。

予立案的理由。原告对裁定不服的，可以提起上诉。起诉状内容欠缺或者有其他错误的，应当给予指导和释明，并一次性告知当事人需要补正的内容。不得未经指导和释明即以起诉不符合条件为由不接收起诉状。对于不接收起诉状、接收起诉状后不出具书面凭证，以及不一次性告知当事人需要补正的起诉状内容的，当事人可以向上级人民法院投诉，上级人民法院应当责令改正，并对直接负责的主管人员和其他直接责任人员依法给予处分。

第三，扩大受案范围。首先《行政诉讼法》第二条对原法作出修改，其中第一款将“具体行政行为”的规定修改为“行政行为”。“行政行为”的概念较“具体行政行为”更为广泛，既包括作为，也包括不作为；既包括行政法律行为，也包括事实行为；既包括行政机关单方作出的行政行为，也包括行政机关签订、履行协议的行为，使得行政诉讼受案范围更具包容性。同时《行政诉讼法》第十二条将明确列举属于行政诉讼受案范围的行政行为类型由 8 项增至 12 项。

三、完善管辖、裁判类型等制度，强化行政机关应诉职责，破解“审理难”

第一，关于行政案件管辖，新法将第十七条改为第十八条，增加规定：“经最高人民法院批准，高级人民法院可以根据审判工作的实际情况，确定若干人民法院跨行政区域管辖行政案件。”

第二，关于诉讼中的期限，新法将答辩期限延长至 15 日，相应内容修改为：被告应当在收到起诉状副本之日起 15 日内向人民法院提交作出行政行为的证据和所依据的规范性文件，并提出答辩状。一审审理期限延长至 6 个月，二审审理期限延长至 3 个月。

第三，关于被告的应诉任务，强化负责人出庭应诉责任，新法第三条第三款规定，被诉行政机关负责人应当出庭应诉。不能出庭的，应当委托行政机关相应的工作人员出庭。并增加规定人民法院对被告经传票传唤无正当理由拒不到庭，或者未经法庭许可中途退庭的，可以将被告拒不到庭或者中途退庭的情况予以公告，并可以向检察机关或者被告的上一级行政机关提出依法给予其主要负责人或者直接责任人员处分的司法建议。

第四，关于诉讼期间行政行为的执行，新法将原法第四十四条改为第五十六条，增加例外规定，并规定当事人对停止执行或者不停止执行的裁定不服的，可以申请复议一次。增加一条作为第五十七条，人民法院对起诉行政机关没有依法支付抚恤金、最低生活保障金和工伤、医疗社会保险金的案件，权利义务关系明确、不先予执行将严重影响原告生活的，可以根据原告的申请，裁定先予执行。当事人对先予执行裁定不服的，可以申请复议一次。复议期间不停止裁定的执行。

第五，关于适用调解、民事争议处理，原法第五十条规定，人民法院审理行政案件，不适用调解。第六十七条规定，赔偿诉讼可以适用调解。新法改为第六十条第一款，修改为："人民法院审理行政案件，不适用调解。但是，行政赔偿、补偿以及行政机关行使法律、法规规定的自由裁量权的案件可以调解。"增加第六十一条，规定"在涉及行政许可、登记、征收、征用和行政机关对民事争议所作的裁决的行政诉讼中，当事人申请一并解决相关民事争议的，人民法院可以一并审理……"。

第六，关于简易程序，新法增设简易程序，规定人民法院审理"被诉行政行为是依法当场作出的""案件涉及款额二千元以下的""属于政府信息公开的"案件时，认为事实清楚、权利义务关系明确、争议不大的，可以适用简易程序，由审判员一人独任审理，并应当在立案之日起45日内审结。

第七，关于裁判类型，新法丰富撤销判决的适用情形，将"明显不当"作为撤销判决的适用情形之一；明确变更判决的适用情形，增加规定"行政处罚明显不当，或者其他行政行为涉及对款额的确定、认定确有错误的，人民法院可以判决变更。人民法院判决变更，不得加重原告的义务或者减损原告的权益。但利害关系人同为原告，且诉讼请求相反的除外"。增加给付判决的规定作为第七十三条，规定："人民法院经过审理，查明被告依法负有给付义务的，判决被告履行给付义务"。对于确认违法或无效判决，新法增加三条作为第七十四条、第七十五条、第七十六条，并规定了适用情形。

四、加大拒绝执行行为打击力度，强化行政机关执行职责，破解"执行难"

新法将原法第六十五条第三款作为第九十六条，增加规定："行政机关拒绝履行判决、裁定、调解书的，第一审人民法院可以采取下列措施：……（三）将行政机关拒绝履行的情况予以公告；……（五）拒不履行判决、裁定、调解书，社会影响恶劣的，可以对该行政机关直接负责的主管人员和其他直接责任人员予以拘留；情节严重，构成犯罪的，依法追究刑事责任"。

（撰写人：张玮）

11

当前人民法院审理行政诉讼案件的基本情况如何?

一、行政案件受案数量情况

行政案件包括民告官的诉讼案件和行政机关申请法院强制执行的非诉案件。过去，全国法院每年受理一审行政诉讼案件长期徘徊在10万件左右，非诉案件在15万件左右。党的十八大以来，全面依法治国深入推进，立案登记制全面实施，行政案件数量快速增长。据统计，2013年全国法院受理一审行政案件为123194件，2014年上升为141880件。2014年修改的《行政诉讼法》全面实施后，行政案件出现大幅增长，2015年达到220398件，2016年创历史新高为225485件。行政诉讼"立案难"问题得到基本解决，不立案、不收材料、不出裁定的"三不"现象明显减少。行政案件的快速增长，一方面反映了新行政诉讼法和立案登记制改革取得了显著成果，另一方面也说明人民群众越来越多地选择理性维权，这对于全民守法的法治氛围的形成具有重要意义。但同时也应看到，行政案件收案数量与刑事、民事案件相比仍然不多，多年来始终不到全部案件的2%。与行政执法总量和行政执法侵权现象相比，仍有较大上升空间。

二、行政案件受案类型情况

人民群众司法需求日益多元，行政案件类型呈现多样化，从原因上分析，行政案件可分为三类：一是公民、法人和其他组织起诉行政机关违法实施行政行为、侵害其合法权益的案件。此类传统行政案件约占一审行政案件的76%，涉及行政管理的领域广、行政行为的种类多。如2016年涉及行政处罚的比率为8.8%、行政许可比率为1.2%、行政裁决比率为5.2%、行政强制比率为7.7%，涉及城市建设的约占32%，农村集体土地征收的约占18%，工伤认定和社会保障的约占6%，国有资源及环境保护的约占3%，与上述领域相关的政府信息公开案件约占8%。这些案件绝大多数与民生基本权益保护直接相关，当事人起诉愿望强，处理不慎容易引发群体性纠纷。二是公民、法人和其他组织起诉要求行政机关履行法定职责的案件。此类案件又称为行政不作为案，近几年总体呈上升趋势，占比从2013年的9.4%升至2016年的近20%。在不作为案件中，因土地征收、房屋拆迁引发的案件占70%

以上，其中涉及相关政府信息公开的又占近三分之一，反映出该领域矛盾纠纷相对集中。三是因行政协议的效力及履行等引发的行政诉讼案件。此类案件又称为行政合同案件，主要涉及行政机关与公民、法人和其他组织签订的具有行政法上权利义务内容的协议所引发的纠纷，仅为4%左右。随着配套规则的进一步完善，实践中房屋土地征收补偿协议、特许经营协议、公私合作协议以及其他行政协议纠纷日益增多，将逐步成为今后行政案件的主要类型之一。

三、行政案件处理情况

人民法院依法审理行政案件，坚持依法裁判和协调化解相结合。近两年，全国法院系统审理的行政案件中通过实体审理判决行政机关败诉的比率较新法实施前有所上升，2013 年为 8.6%，2014 年为 12.7%，2015 年为 14.68%，2016 年为 14.62%，总体呈上升趋势。2010 年至 2014 年，全国法院以撤诉方式审结的一审行政案件 27.7 万件，占全部一审行政案件的 30.23%。2014 年修改后的《行政诉讼法》实施后，全国法院一审行政案件撤诉的比率虽然有所下降，但仍在高位运行，2015 年为 21.35%，2016 年为 19.65%，占全部一审行政案件的五分之一。

四、行政机关负责人出庭应诉情况

《行政诉讼法》第三条将被诉行政机关负责人应当出庭应诉明确为法律义务之后，最高人民法院与国务院法制办等有关部门密切协同，积极推动行政机关负责人出庭应诉制度的落实。各级行政机关高度重视，认真落实行政机关负责人出庭应诉制度。地方各级人民法院纷纷制定出台促进行政机关负责人出庭应诉的制度规定，为行政机关负责人依法出庭应诉提供保障。行政机关负责人出庭应诉已逐渐成为常态。北京市平谷区人民法院 2015 年审理的行政案件中，行政机关负责人出庭应诉 96 件，出庭应诉率为 63.6%；2016 年 4 月 11 日，贵州省副省长陈明鸣代表贵州省政府，赴贵阳市中级人民法院出庭应诉一起普通征地拆迁行政案件，成为首个出庭应诉的副部级领导干部，在社会上引起广泛关注和强烈反响，具有非常积极的示范和标杆意义。首长出庭应诉制度已向常态化方向发展。

（撰写人：张玮）

第二章 受案范围

12

如何理解和把握行政诉讼受案范围?

行政诉讼受案范围又称行政诉讼范围或者行政诉讼主管范围，是指人民法院受理行政案件的范围，亦即受到行政权侵害的公民、法人或者其他组织就其受到侵害的合法权益可以向人民法院提起行政诉讼的范围。主要解决人民法院对行政机关的哪些行为拥有司法审查权力的问题。它规定着司法机关对行政机关行政行为的监督范围，规定着司法机关对行政机关之间处理行政争议的分工和权限，规定着行政终局裁决权的范围。由此可见，行政诉讼受案范围涉及的对象包括行政相对人、司法机关、行政机关三方。具体而言，行政诉讼受案范围是行政相对人能够通过行政诉讼途径维护自身受到行政侵害的合法权益事项的范围；是法院应当依法受理并作出审判的行政诉讼案件的范围；是行政机关作出的哪些行政行为可以受司法监督的范围。①

所谓受案范围的确定方式指的是行政诉讼受案范围在一国行政诉讼法体系中的具体表现形式，所要解决的是以何种方式可以恰当地、完整地并且准确地将受案范围表达出来的问题。就行政诉讼受案范围的确定方式而言，目前主流观点主要有概括式、列举式、混合式几种。

概括式即对行政诉讼受案范围的归纳、总括，指出哪一类行政行为可以提起行政诉讼，内容比较抽象。例如，德国是采取概括式列举方式的典型国家，德国的《行政法院法》对受案范围的规定即体现了概括式规定的特点。通常认为，概括式规定能够比较全面地囊括行政诉讼案件受案范围，但是，由于概括式规定原则性较强，对有些案件是否属于行政诉讼受案范围争议性较大，容易出现立案不明问题。

---

① 江必新、梁凤云：《行政诉讼法理论与实务》（第三版），法律出版社2016年版，第171页。

列举式即对可以或不可以提起行政诉讼的案件范围逐项列出，内容较为具体，又分为肯定的列举和否定的列举。例如，匈牙利、波兰即采用列举式。列举式规定具体、明确，能够清晰辨别行政诉讼的受案范围，但我们不能对所有的行政诉讼受案范围进行详尽列举和穷尽列举，难免发生遗漏，随着社会的发展，需要不断进行修正，以适应社会发展需求，难以保持法律的相对稳定性，不能全面地保护公民的合法权益。

混合式即概括式和列举式的综合，又称结合式、折中式，它既有概括式的一般规定，也有列举式的规定，规定相对比较全面。例如，美国《联邦行政程序法》对司法复审案范围即采取混合式。

混合式规定结合了概括式规定和列举式规定的优点，能够比较合理全面地确定行政诉讼受案范围，但应该看到，每一种规定方式都不可能完美无瑕，都存在自身缺陷。也有人认为，世界各国确定行政诉讼受案范围的方法主要包括两个方面：一是通过立法进行确定，二是通过判例进行确定。这是从法律渊源的角度对行政诉讼受案范围确定方式的分类，而概括式、列举式、混合式规定则是从立法模式的角度对行政诉讼受案范围确定方式的分类，二者并不存在冲突。

对于行政诉讼受案范围，我国《行政诉讼法》第二条第一款进行了概括规定："公民、法人或者其他组织认为行政机关和行政机关工作人员的行政行为侵犯其合法权益，有权依照本法向人民法院提起诉讼。"第十二条通过肯定式的列举方式确认行政机关作出的行政处罚、行政强制、行政许可、确认自然资源所有权使用权决定、征收征用补偿决定、不履行法定职责、侵犯经营自主权、行政机关滥用权力排除竞争、违法要求履行义务、行政给付、行政协议等行为属于人民法院行政诉讼的受案范围；第十三条列举了国防、外交等国家行为；行政法规、规章或者行政机关制定、发布的具有普遍约束力的决定、命令；行政机关对行政机关工作人员的奖惩、任免等决定；法律规定由行政机关最终裁决的行政行为，对这些事项提起诉讼的，人民法院不受理。

行政诉讼的受案范围是受到行政权侵害时受司法保护的范围。按照法治原则，行政行为侵犯了公民的合法权益，都应当受到监督，公民都应当得到司法救济，因此行政诉讼的受案范围应当是非常宽的，不应当限定哪些受理，哪些不受理。但实际上，行政诉讼受案范围的确定，受行政争议的特点，法治发展的阶段性等诸多因素的影响。目前我国仍处于并将长期处于社会主义初级阶段，我国还在法治国家建设的过程中，扩大受案范围不能做到"一步到位"，而是要循序渐进逐步扩大。①

① 信春鹰主编：《中华人民共和国行政诉讼法释义》，法律出版社2015年版，第36页。

《行政诉讼法》2014年修改后，已将行政诉讼受案范围逐步扩大，具有更大的包容性。首先是将“具体行政行为”的规定修改为“行政行为”，这里的行政行为既包括作为，也包括不作为；既包括行政法律行为，也包括事实行为；既包括行政机关单方作出的行政行为，也包括行政机关签订、履行协议的行为。其次是将列举的可受理的行政诉讼受案范围由8项增加到了12项。立足实际，进一步严格了行政机关职权的行使，扩大了行政诉讼受案范围。同时，仍然保留了“人民法院受理法律、法规规定可以提起诉讼的其他行政案件”的兜底条款，这就大大丰富了行政诉讼受案范围，也为以后的立法扩大受案范围留下了空间。

行政诉讼受案范围是行政诉讼中的重要环节，指导着法院对行政诉讼案件的受理与审判，保障着行政相对人的权益。相对人有获得司法救济和公正审判的权利是现代法治国家的一项基本特征，也是司法权威和尊严的力量来源。因此，完善行政诉讼受案范围，体现我国依法行政的进步，也是依法治国进程的重要标志。

（撰写人：王娟）

13

如何识别和把握“行政行为”？

2014年11月1日，第十二届全国人民代表大会常务委员会第十一次会议对《行政诉讼法》进行了修正，2015年5月1日起正式施行。修改后的《行政诉讼法》将“具体行政行为”一律修改为“行政行为”，实现了“行政行为”学术概念与法律概念的统一，对我国行政行为理论的发展产生了深刻影响。新《行政诉讼法》中的“行政行为”不同于原先的“具体行政行为”，其内涵和外延都明显宽于后者。“行政行为”是大陆法系行政法学的核心概念之一。“行政行为”一词最早源于法国行政法上的行政处理，最终由日本学者将其直译为行政行为。受大陆法系国家和地区影响较大的我国行政法学界，最初引进了“行政行为”一词，并一直沿用至今。法国、德国、日本和我国台湾地区关于行政行为的各种定义几乎都曾被我们的行政法学界借鉴，并于20世纪末期前曾先后形成了最广义说、广义说、狭义说和最狭义说。

从传统意义上来说，行政行为是指行政主体在实施行政管理活动的过程中，通过行使行政职权或履行行政职责作出的对外发生法律效果的处分行为。行政行为包含主体要素、公法要素、处分要素和效果要素四个要素。

一、主体要素

行政行为的主体要素是指行政机关以及法律、法规、规章授权组织等行政主体。行政行为作出的主体不仅仅限于行政机关，因为法律法规在特定的情形下，可能将一些行政事务授予其他组织或者个人行使。[①] 需要强调的是，如果不是功能意义上的行政机关作出的行为，如各级人大、政协作出的行为，则不属于行政行为。如果是非行政机关作出的行为，只要其属于功能意义上的行政机关，应当认定为行政行为。例如，基层群众性自治组织、行业协会、行政性公司、行政公产管理机关以及事业单位等在法律法规授权的情况下，可以作出行政行为，也就具有可诉性。

二、公法要素

行政行为的公法要素是指行政行为必须依据行政法等公法来实施。行政行为主要是行政机关适用行政法律规范的行为。但是，这并不意味着行政机关作出的行政行为必然具有法律依据。[②] 如果行政机关作出的行政行为没有法律依据，则会影响到行政行为的合法性和有效性。公法要素实际上排除了行政机关依据民事法律规范作出的行为。例如，行政机关作为民事主体订立合同的行为。同时，这一公法要素也排除了行政机关作出的国防、外交等国家行为。

三、处分要素

行政行为的处分要素是指行政机关就特定的行政事项，单方面作出的确认或者创设权利义务的行为，这种行为是行政机关对于行政相对人权利、义务的处分，是行政机关为发生特定法律效果而作出的改变原有法律关系的行为。[③] 这一要素排除了行政机关作出的观念通知行为、单纯执行行为、重复处理行为以及作出行政行为之前的准备性行为。

四、效果要素

行政行为的效果要素是指行政行为是以发生特定公法意义上的法律效果为目的的行为，这一要素包含了两个层面：一是该效果须是法律效果，而非事实效果；二是该效果是公法上的效果，而非内部行政、司法上的效果。这一要素是行政行为与事实行为之间最关键的区别。[④] 例如，公安机关执法人员采取的殴打等暴力行为，

---

① 江必新、梁凤云：《行政诉讼法理论与实务》（第三版），法律出版社 2016 年版，第 190 页。
② 江必新、梁凤云：《行政诉讼法理论与实务》（第三版），法律出版社 2016 年版，第 191 页。
③ 江必新、梁凤云：《行政诉讼法理论与实务》（第三版），法律出版社 2016 年版，第 191 页。
④ 江必新、梁凤云：《行政诉讼法理论与实务》（第三版），法律出版社 2016 年版，第 191 页。

城管机关采取的强行掠走财物的行为。很难说行政机关采取这些行为是为了发生特定的法律效果，但是由于其在事实上发生了人身权、财产权受到侵害的法律效果，属于事实行为。

而在我国现行法框架下，以行政行为统领行政诉讼受案范围，即当公民与行政机关之间产生行政争议后，还需要具备争议是由行政行为引起这一条件，才构成行政诉讼。因此，出于扩大行政诉讼受案范围的目的，对于行政行为，立法上持更为宽泛的观点。根据《中华人民共和国行政诉讼法释义》一书在第二条释义中的解释，可以从以下几方面来理解"行政行为"：一是行政行为不包括行政机关的规范性文件；二是行政行为既包括作为，也包括不作为；三是行政行为包括事实行为；四是行政行为包括行政机关签订、履行协议的行为。① 根据这一表述可以看出，为达到扩大行政诉讼受案范围这一目的，《中华人民共和国行政诉讼法释义》对"行政行为"是一种广义的理解，不仅包括法律行为，还包括事实行为，与德国、日本行政法上传统的"行政行为"有明显的区别，行政行为的内涵更为丰富，外延更为广泛。

当然，限于我国法治发展程度，并非所有的行政行为都具有可诉性。根据《行政诉讼法》第二条规定，行政相对人认为行政机关和行政机关工作人员的行政行为侵犯其合法权益，有权依照行政诉讼法，向人民法院提起诉讼。这一规定强调了行政相对人提起行政诉讼需要依照行政诉讼法的规定进行，包括必须符合《行政诉讼法》第十二条的肯定式列举的规定和第十三条否定式列举的规定。《行政诉讼法》第十二条的内容主要分为两个部分，一是行政相对人对于涉及人身权和财产权方面的行政案件，可以提起行政诉讼；二是对于法律法规规定的，由人民法院审理的其他行政案件，可以提起行政诉讼。按照新行政诉讼法的规定，可诉性行政行为的范围主要包括：（1）行政处罚行为，即行政拘留、罚款，暂扣或者吊销许可证和执照，责令停业停产，没收非法所得，没收非法财物，警告等行政处罚行为；（2）行政强制行为，即限制人身自由或者对财产的查封、扣押、冻结等行政强制措施和行政强制执行行为；（3）行政许可行为，即申请行政许可，行政机关拒绝或者在法定期限内不予答复，或者对行政机关作出的有关行政许可的其他决定不服的；（4）确认自然资源所有权使用权决定，即行政机关作出的关于确认土地、矿藏、水流、森林、山岭、草原、荒地、滩涂、海域等自然资源的所有权或者使用权的决定；（5）征收、征用决定及其补偿决定；（6）不履行法定职责的行为；（7）侵犯经营自主权的行政行为；（8）行政机关滥用权力排除限制竞争的行政行为；（9）违法要求履行义

① 信春鹰主编：《中华人民共和国行政诉讼法释义》，法律出版社2014年版，第8—9页。

务的行政行为；（10）行政给付行为；（11）行政协议；（12）其他行政机关侵犯人身权、财产权的行政行为。

（撰写人：王娟）

14

行政机关内部行为是否可诉?

行政机关的行为可以分为外部行为和内部行为。行政机关行使公共权力的行为，属于外部行为；行政机关对本机关的人事、财务、工作生活等方面的管理行为，属于内部行为；行政机关在行政管理过程中形成的具有法定效力和规范体式的公文文书等行为，也属于内部行为。《行政诉讼法》第十三条第三项对内部行为予以排除式规定，明确行政机关对行政机关工作人员的奖惩、任免等决定不属于人民法院行政诉讼受案范围。立法机关的理由主要是两点，一是内部行为不具有外部性，二是内部行为存在内部的救济机制。具体来说，首先，内部行为只影响行政机关的内部，并非行政机关对外履行的行政管理职能，对行政机关外部的公民、法人或者其他组织不发生权利义务关系，因此法院对行政机关的内部行为不应过问干预。其次，行政机关工作人员如对行政机关向其作出的奖惩任免等决定不服，根据有关规定有权向其上级行政机关或者人事、监察机关提起申诉。根据《公务员法》的规定，公务员对处分、辞退或者取消录用、降职、免职、定期考核为不称职、申请辞职或者提前退休未予批准，未按规定确定或者扣减工资、福利、待遇等不服的可以向原处理机关申请复核，对复核结果不服的可以向同级公务员主管部门或者作出该人事处理的机关的上一级机关提出申诉，也可以不经复核，直接提出申诉；对省级以下机关作出的申诉处理决定不服的，可以向作出处理决定的上一级机关提出再申诉。行政机关对处分不服，还可以向行政监察机关申诉。

对于内部行为与外部行为的划分标准，学术界主要提出了以下三种观点。第一种观点认为是否属于内部行为，主要是看其作用的对象，如果是对公民、法人或者其他组织作出的行政行为，属于外部行为，如果是以行政机关及其工作人员作为作用对象，则是内部行为。第二种观点认为是否属于内部行为，主要是看行政法律关系主体中是否存在从属关系，如果在行政法律关系中行政机关与相对方具有从属关系，则作出的行为是内部行为；如果在行政法律关系中行政机关与相对方之间不存在从属关系而存在管理与被管理的关系，则属于外部行为。第三种观点认为是否属于内部行为，主要是看行为是否发生于行政机关内部，是否基于行政隶属关系，是否仅仅影响行政机关内部实务。如果行政机关作出的行为发生于行政机关内部，基于行政隶属关系仅仅影响行政机关的内部事务，属于内部行为，否则就属于外部行为。我们认为是否属于内部行为，应当从行为的法律性质来看。根据《行政诉讼法》的规定，内部行为的作出主体仅仅局限于行政机关，如果我们从保护行政相对人的合法权益的善良意愿出发，内部行为仅仅是指行政机关作出的行为但是在事实上并非只有行政机关与行政相对人之间形成行政法律关系，一些被法律、法规、规章授权的组织也具有行政管理职能，其针对特定人作出的行为，亦有内部行为。以行政机关为例，如果行政机关作出的行为仅仅是在行使行政机关内部的管理职能，其性质属于内部行为，如果行政机关作出行为时，影响到了行政机关内部工作人员受《行政诉讼法》保护的合法权益，则此行为不是行政机关内部的管理行为，而是一种可诉的行政侵权行为。①

综上所述，并非所有的内部行为都适宜法院进行司法审查，同样地，并非所有的内部行为都应排除于司法审查范围之外。对于部分内部行为，可以纳入行政诉讼受案范围，不能认为行政机关作出的行为，如果属于内部行为，就一概排除司法审查，必须根据案件的具体情况，且依据一定的标准来进行判断。

例如，2003 年 12 月 1 日，最高人民法院行政审判庭作出《对人事争议仲裁委员会的仲裁行为是否可诉问题的答复》，主要内容是：人事争议仲裁是人事主管部门对当事人的人事争议进行的人事裁决，该裁决直接涉及当事人的人身权、财产权，根据《行政诉讼法》和《最高人民法院关于人民法院审理事业单位人事争议案件若干问题的规定》，侵犯其人身权、财产权的，可依法提起行政诉讼，但国家行政机关与其工作人员之间发生的人事争议和事业单位与其工作人员之间因辞职、辞退及履行聘用合同所发生的争议除外。可见最高人民法院并没有认为人事争议属于完全的内部行政行为，而是根据其是否侵犯行政相对人受到行政法保护的权益来认定是否具有可诉性。

又如，《最高人民法院行政审判庭关于开除公职是否属于受案范围请示的答复》（〔1997〕行他字第 28 号）中最高人民法院认为，关于人事主管部门针对企事业单位的工作人员作出的行政处分决定，应该属于人民法院的受案范围。理由主要是：第一，《行政诉讼法》和司法解释认为所谓内部行为是指行政机关对其工作人

① 江必新、梁凤云：《行政诉讼法理论与实务》（第三版），法律出版社 2016 年版，第 425—426 页。

员作出的影响其权利义务关系的决定，并不包括行政机关针对行政机关之外的公民的决定；第二，人事部门作出的行为具有很强的外部特征，企事业单位的工作人员在事实上处于行政相对人的法律地位；第三，将此类行政案件纳入行政诉讼受案范围，有利于保护相关公民的合法权益。①

此外，行政机关在行政管理过程中形成的具有法定效力和规范体式的公文文书，包括命令、决定、指示、公告、通知、报告、请示、批复、函、会议纪要等，也属于内部行政行为，一般情况下不产生外部法律效力。按照《行诉解释》第一条第二款第五项之规定，行政机关作出的不产生外部法律效力的行为，不属于人民法院行政诉讼的受案范围。故上述行政机关作出的内部行政行为，在不产生外部法律效力的前提下，不属于人民法院行政诉讼的受案范围。例如，函主要是用于不相隶属的行政机关之间的商洽工作、询问和答复问题或者向有关主管部门请求批准等信件；会议纪要主要用于记载和传达会议情况和议定事项，是针对会议情况及会议结论进行的记录行为。两者不对外发生法律效力，故一般情况下不具有可诉性。

但是需要注意的是，在司法实践中，对上述内部行政行为是否具有可诉性，不能仅仅从名称或者形式上判断，应根据具体的内容加以判断。如果行政机关以批复、函或者会议纪要等内部行为的形式确定行政相对人的权利义务关系，对行政相对人产生了实际影响，应当属于可诉的行政行为。例如，行政机关内部讨论关于停止某国有土地的有偿出租，但未直接向原承租人下发该文件，对当事人不会产生法律上的利害关系，属于一种尚未外化的行政行为，但是，该行政行为外化后具有可诉性，如停止有偿出租的决定经上级机关核准后向原承租人送达，即对其权利义务产生实质影响，则属于行政诉讼的受案范围。又如，批复主要适用于上级行政机关对下级行政机关的请示所作出的答复意见，属于行政机关内部处理行政事务的文件，对外部行政相对人的合法权益不发生法律效力，亦不属于人民法院行政诉讼受案范围。但是，如果行政机关的上述批复送达了行政相对人，且申请批复的下级行政机关并不能违背上级行政机关的意志，则可以视为上述批复属于本质上针对行政相对人的法律行为，属于可诉的行政行为。

（撰写人：王娟）

① 江必新、梁凤玉：《行政诉讼法理论与实务》（第三版），法律出版社2016年版，第435页。

15

如何认定过程性行政行为?

行政行为不是一个单一、孤立、静止的行为，而是一系列不断运动、相互关联、具有承接性的过程，这些过程又构成一个多层次的、极为复杂的系统。[①] 因此行政行为是由一个或多个不同的过程行为相互联系的过程，而过程性行政行为表现为阶段性、程序性或者预备性的特点，没有独立的法律效力，不能对当事人的实体权利义务产生实质的影响，也称为“不成熟”的行政行为。现行《行政诉讼法》并未对过程性行政行为作出明确的规定，但可以从相关条文中推出且显见于相关司法解释中。根据《行政诉讼法》第二条的规定，公民、法人或者其他组织提起行政诉讼，前提是“认为行政机关和行政机关工作人员的行政行为侵犯其合法权益”。而过程性行政行为对当事人的实体权利义务不产生实际影响，因此不属于行政诉讼受案范围。此外，《行诉解释》第一条第二款第六项也对过程性行政行为的可诉性予以明确规定，强调行政机关为作出行政行为而实施的准备、论证、研究、层报、咨询等过程性行政行为不属于人民法院行政诉讼受案范围。

一、过程性行政行为的判断标准

为避免司法审查给行政程序带来的混乱，如果行政机关未对行政相对人作出结论性决定，则认为此时属于未成熟的行为。[②] 但是，随着时代的发展，行为是否“成熟”的标准也在不断地发生变化，很多时候，形式上的过程性行政行为也会对当事人的实体权利义务产生实质影响。因此，为了更好地维护当事人的合法权益，应综合考虑行政行为的形式外观和实质因素。从形式外观上，判断某一行政行为是否处于一个完整的行政行为的预备阶段和中间环节，在整体中是否不可分割，是否适于司法审查；在实质因素上，进一步考察过程性行政行为是否产生独立的法律效力，是否对当事人权利义务产生实际不利影响。只有同时具备了行政外观和实质影响的行政行为才具有可诉性。

---

① 朱维究、胡卫列：《行政行为过程性论纲》，载《中国法学》1998 年第 4 期。

② 薛刚凌：《行政诉权研究》，华文出版社 1999 年版，第 187 页。

二、过程性行政行为的常见类型

一是告知行为。告知行为是行政机关在行使行政权力时，将某行政行为通过法律规定的形式向相对人公开，以使相对人知悉的过程，该告知行为依附于一个独立的行政行为，没有其他行政行为为依托，该告知行为就成为无源之水、无本之木。例如，在行政征收过程中，行政机关向被征收人张贴征收公告；在行政复议案件中，复议机关向复议申请人邮寄“补正告知书”“中止复议通知书”等。

二是初步行为。初步行为表现为行政行为作出过程中的初始阶段和最初环节，该环节为行政行为不可或缺的部分，但并非独立的行政行为，对当事人的实体权利没有实质的影响。如在房屋征收决定作出之前的入户调查、人员登记；颁发土地所有权证书之前所涉及的调查表等初步调查行为。

三是中间行为。中间行为是行政机关作出行政行为过程中的具体步骤，且该步骤不能独立于原行政行为而存在，如在房屋征收案件中没有进行听证程序；在房屋征收补偿过程中，评估机构的评选过程有瑕疵；在治安管理处罚过程中没有听取当事人的陈述和申辩等。

四是后续行为。后续行为是行政行为作出后，必然会引起的其他行政行为，是成熟行政行为的延续或者扩展，具备行政行为的过程性特征，也不是一种独立的行政行为。如行政机关在注销房产登记行为后，作出原房产证作废的行为即一种后续行政行为。

上述行政行为对当事人权利义务的增减无实质影响，不是一个独立、成熟的行政行为，不具有可诉性，不属于行政诉讼受案范围。但是在例外情形下，如果表面上具有过程性行政行为的特征，而实际上影响了行政相对人的权利义务，则具有可诉性。

（撰写人：赵赫）

16

对道路交通事故责任认定不服是否可诉？

交通事故责任认定是公安交通管理部门运用一定的专门知识和技术手段在查明交通事故原因之后，根据当事人的违章行为与交通事故的因果关系以及违章行为在交通事故中的作用，进而确定责任分配的行为。根据《道路交通安全法》第七十三条、《道路交通安全法实施条例》第一百零九条、《道路交通事故处理程序规定》第四条之规定，公安交通管理部门是唯一有权认定交通事故责任的行政机关。此职权具有专属性，即任何其他行政机关不具有行使此项职权的资格，这也是权责一体化、明确化的要求。从职权的来源来看，交通事故责任认定不同于技术鉴定，后者是依据申请人的委托，具有任意性，且所作出的鉴定意见尚需要在法庭审理的过程中质证、认证，在严格意义上对当事人不具有拘束力。

道路交通事故发生后，一项重要工作就是分析事故成因，以各方行为对事故发生的作用力大小，认定各方的过错比例。然而，现场勘查的粗细，证据收集的全面与否，处理事故的交警业务水平高低，科学技术与认知能力等因素，都会影响责任认定的质量。于是，对于交通事故责任认定，在实践中难免纷争不绝。

早在1992年，最高人民法院、公安部联合发布的《关于处理道路交通事故案件有关问题的通知》就明确地指出，对责任认定不服，不得提起行政诉讼或民事诉讼，法院有权不采信公安机关出具的责任认定。上述立场受到不少的批判和质疑。有人认为，公安机关责任认定的法律效力尚未最后确定（因为法院在民事诉讼中可以撤销），从而实际上使交通事故责任认定的争议长期处于悬而未决的状况，而且，在民事诉讼中处理交通事故责任认定争议对当事人极为不利。因为交通事故发生后，大量资料和证据都由公安机关掌握，受害人可能死亡，也可能因伤被送进医院，加害人有的因报警、抢救等原因对现场情况也不一定掌握，无论让哪一方当事人来举证都很困难。当事人无法举证时虽可申请法院调查取证，但败诉风险很大，这显然不利于保护当事人的合法权利。

2002年，《最高人民法院公报》刊载了“罗伦富不服道路交通事故责任认定案”,[①] 清晰地表明了最高人民法院的基本立场。在“罗伦富不服道路交通事故责任认定案”中，二审法院明确指出道路交通事故责任认定是可诉的，“对道路交通事故进行责任认定，是公安机关根据行政法规的授权实施的一种行政确认行为。该行为直接关系到发生道路交通事故后，当事人是否构成犯罪以及应否被追究刑事责任、是否违法以及应否被行政处罚、是否承担民事赔偿责任或者能否得到民事赔偿的问题，因此它涉及当事人的权利和义务”。但是，公报案件仅有指导意义，特别是关于交通事故责任认定行为的可诉性问题，最高人民法院一直未作明确规定，以至于面对相同或者类似的案件，在全国各地出现不同的裁判结果，法院之间存在较大的意见分歧。最高人民法院在无法作出统一规范的情况下，允许各级法院根据裁

---

① 参见《最高人民法院公报》2002年第5期。

判能力和裁判环境进行尝试，这正是在《最高人民法院公报》上刊登罗伦富案的背景。

然而，2003 年《道路交通安全法》第七十三条明确了交通事故认定书的性质，是“作为处理交通事故的证据”。在 2004 年最高人民法院召开的全国法院行政审判工作座谈会上，最高人民法院有关负责人阐述了最高人民法院对交通事故责任认定问题的司法政策：“最高人民法院正在就此问题研究制定相关的司法解释，在司法解释正式出台之前，对此类案件，以暂不受理为宜，对已经受理的应当尽快审结，已经判决的仍然有效。”2005 年全国人大常委会法制工作委员会作出《关于交通事故责任认定行为是否属于具体行政行为，可否纳入行政诉讼受案范围的意见》，明确答复责任认定“作为处理交通事故案件的证据使用”，“不属于具体行政行为，不能向人民法院提起行政诉讼”。但是，这个批复仅是咨询意见，不是正式的法律解释，所以，实践中的分歧仍旧没能从根本上得以消除。到目前为止，最高人民法院没有以司法解释的形式对这个问题作出规范，更没有对这个问题作出理论上的解释。不过，目前全国法院对这类案件一般不予受理。

我们认为，交通事故责任认定行为作为一种典型的准行政行为，对公民权利、义务不产生直接影响，不会直接改变公民权利义务状态。但这种行为可能对公民的权利、义务产生间接的影响。其不可诉的理由主要包括：首先，交通事故现场容易发生移动、容易被破坏，一旦破坏则无法恢复，一般不具有复勘的可能性。而且，交通事故瞬间发生，目击证人极少，就连当事人也未必能说得很清楚。对事故成因的分析，多依赖事后的技术鉴定、专业判断。其次，交通事故责任的判定是行政权力范围内的问题，行政机关是交通事故责任认定的专家，而法官不是，法官不应当以自己的判断来取代行政机关的判断。最后，公安机关的道路交通事故责任认定往往是对事故成因率的划分，而不是对法律责任的划分，而事故成因率的判断不等于法律责任的判断。比如，在未成年人闯红灯横穿马路被撞的事故中，造成事故的主要原因是未成年人闯红灯横穿马路，而驾驶者躲闪不及是造成事故的次要原因。但是从法律角度来分析本案，我们会发现，根据民事侵权理论，驾驶者在无过错的情形下应当承担更多的法律责任，未成年人则承担较少的法律责任。公安机关交通事故责任认定，通常只涉及事故的成因率，因此属于对事实问题的判断。

（撰写人：王娟）

17

对火灾事故责任认定不服可否提起诉讼?

由火灾引发的行政诉讼主要涉及火灾原因认定和火灾责任认定。火灾原因认定是指公安消防机构对发生的火灾事故，通过现场勘查、调查访问、物证分析和模拟实验等方法，对能够证明火灾原因的因素和条件进行科学的分析推理，从而确定起火原因的过程。火灾责任认定则是指公安消防机构在查明火灾事故事实后，根据当事人的行为与火灾事故之间的因果关系，以及其行为在火灾事故中所起的作用而作出的结论。

公安部1987年3月公布的《消防条例实施细则》（已失效）第五十六条规定，消防监督机构应当组织查明起火原因，作出技术鉴定。火灾原因查明后，应当根据事故的性质、情节和后果，依法对有关责任者提出处理意见。但是前述规章并未明确火灾原因认定和火灾事故责任认定是否可以提起行政复议和行政诉讼。1991年9月2日，公安部发布了《消防监督程序规定》（已失效），该规定第二十七条规定，公安消防监督机构对已经查明原因的火灾应当出具《火灾原因鉴定书》或《火灾原因认定书》。第二十八条规定，公安消防监督机构在查清火灾原因和确定责任后应当写出专题调查报告，并向起火单位及其上级主管部门填发《火灾事故责任书》。该规定第三十四条则明确规定，公民、法人或者其他组织，如果对公安消防监督机构的具体行政行为不服，可以依法向上一级公安消防监督机构或者主管公安机关申请复议。上一级公安消防监督机构或者主管公安机关自接到复议申请之日起一个半月内作出复议决定。可见，该规定对火灾原因认定和火灾事故责任认定的可复议性和可诉性是肯定的。但是，公安部在1994年2月5日下发了《关于对火灾原因鉴定或认定和火灾事故认定不服不属于申请复议范围的通知》（已失效）。该通知规定火灾原因鉴定或认定和火灾事故责任认定不属于申请复议范围，当事人对火灾原因鉴定或者认定和火灾事故责任认定不服的，可以向当地主管公安机关或上一级公安消防监督机构申请重新鉴定或者认定，当地主管公安机关或上一级公安消防监督机构的重新鉴定或者认定为最终鉴定或者认定。

在司法实践中，有的高级人民法院就火灾事故责任认定的可诉性问题向最高人民法院请示。山东省高级人民法院认为，公安机关对火灾责任认定是公安机关在消防管理中，对特定的当事人及特定的事故所实施的行政行为，是对当事人法律地位及权利义务关系作出的一种确认，一经作出即具有公定力，对当事人产生羁束力并影响当事人的财产权和人身权，故该行为属于行政诉讼受案范围。1996 年 2 月 6 日山东高院向最高人民法院请示，1996 年 8 月 27 日，最高人民法院行政审判庭作出《关于公安机关对火灾事故责任认定是否属于行政诉讼受案范围等问题的答复》（〔1996〕法行字第 3 号答复），主要内容为：经征求全国人大法工委和国务院法制局等方面的意见，对公安机关作出的火灾事故责任认定、火灾原因鉴定或认定以及交通事故责任认定纳入行政诉讼虽在理论上有一定的依据，但目前对该问题的认识分歧较大，且实践中也难以形成共识，暂不纳入行政诉讼受案范围，一些地方法院已经受理和审理此类案件，请你院视情况作出决定，并总结经验。可见最高人民法院当时认为，对这一问题虽然在法理上有依据，但由于各方对此没有形成共识，各地法院可以采取先行试验积累经验的办法。①

火灾事故责任认定是公安消防机构基于《消防法》第四条的授权实施监督管理的行政行为，它是一种典型的依职权行政行为。同时，火灾事故责任认定也属于行政确认行为，即行政机关对行政相对人的法律地位和权利义务进行甄别，并确认或者否定的行政行为。确认行为的特点是确认主体是行政机关或者被法律、法规、规章授权的组织。确认的内容是确定或者否定行政相对人的法律地位，或者权利义务关系。确认行为不同于纯粹的技术性鉴定，而是行政机关作出的具有法定确定力的行为。根据《消防法》和《火灾事故调查规定》，火灾原因认定和火灾事故责任认定涉及了行政相对人在火灾事故中的权利义务，对行政相对人的人身权和财产权具有一定的羁束力，甚至直接确定了行政相对人是否应当承担法律责任以及法律责任的种类和大小，这种羁束力显然属于“产生了实际影响力”。例如，《火灾事故调查规定》（2009 年）第四十一条规定，公安机关消防机构在火灾事故调查过程中应当根据下列情况，分别作出处理：（1）涉嫌失火罪、消防责任事故罪的，按照《公安机关办理刑事案件程序规定》立案侦查，涉嫌其他犯罪的，及时移送有关主管部门办理；（2）涉嫌消防安全违法行为的，按照《公安机关办理行政案件程序规定》调查处理，涉嫌其他违法行为的，及时移送有关主管部门调查处理；（3）依照有关规定应当给予处分的，移交有关主管部门处理。可见这两种规定都意味着特定的行政相对人应当承担法律责任并确定了法律责任的大小；受害人可以据此提出索赔；法院可以据此作出裁判；公安机关消防机构可以据此作出处罚等。因此火灾事故责任认定的可诉性在法律上不存在障碍。

① 江必新、梁凤云：《行政诉讼法理论与实务》（第三版），法律出版社 2016 年版，第 399 页。

最高人民法院认可了下级法院受理该类案件，2002年6月20日，最高人民法院行政审判庭作出《对公安消防机构作出的火灾原因重新认定决定是否属于行政诉讼受案范围的电话答复》(〔2002〕行他字第4号)。答复的主要内容是公安消防机构作出的火灾原因重新认定决定属于行政诉讼受案范围，并要求请示法院对该类案件受理和审判中的问题作进一步的探索实践。

(撰写人：王娟)

18

道路交通扣分行为是否可诉?

道路交通扣分行为或称记分行为，规定于《道路交通安全法》第二十四条第一款，公安机关交通管理部门对机动车驾驶人违反道路交通安全法律、法规的行为，除依法给予行政处罚外，实行累积记分制度。公安机关交通管理部门对累积记分达到规定分值的机动车驾驶人，扣留机动车驾驶证，对其进行道路交通安全法律、法规教育，重新考试；考试合格的，发还其机动车驾驶证。《机动车驾驶证申领和使用规定》在第五章“机动车驾驶人管理”的第一节中，对“记分”的主管部门、周期及后果等制定了详细的规则，并通过附件四《道路交通安全违法行为记分分值》，分别列举了五种分值(12分、6分、3分、2分、1分)所对应的记分情形。该记分行为虽然是由公安机关交通管理部门予以执行，但是其是否属于行政诉讼的受案范围，无论是在行政法学理论上还是在行政诉讼司法实践中，都存在着较大的争议，主要有以下两种观点。

一、记分行为系一种行政许可监督行为，不可诉

持该观点者认为，首先，从法律规定的内容来看，记分行为不属于行政处罚。《行政处罚法》第八条列举了七种行政处罚：警告；罚款；没收违法所得、没收非法财物；责令停产停业；暂扣或者吊销许可证、暂扣或者吊销执照；行政拘留；法律、行政法规规定的其他行政处罚。记分行为不属于《行政处罚法》第八条明确列举的前六项处罚种类，且《道路交通安全法》第二十四条第一款明确将累积记分制度排除于行政处罚的范畴之外，二者是并列的地位，因此也没有法律直接将记分行为规定为一种行政处罚。其次，从记分行为的后果来看，其不会直接剥夺相对人的驾驶资格，而且记分行为可以逆转，甚至清除。根据《机动车驾驶证申领和使用规定》相关条款的内容，机动车驾驶人在一个记分周期（即从机动车驾驶证初次领取之日起计算 12 个月为一个记分周期）内记分未达到 12 分，只要缴纳所处罚款的，下一个周期，记分予以清除。即便于一个记分周期内累积记分达到 12 分的，机动车驾驶人在一定日期内参加道路交通安全法律、法规和相关知识学习并通过相关知识的考试，交通管理部门清除记分并发还其机动车驾驶证。就算考试不合格，也不当然剥夺其驾驶资格，而是可以继续参加学习和考试。对于一个记分周期内有两次达到 12 分或者累积记分达到 24 分以上的，也只是再增加一项道路驾驶技能考试。因此，记分行为多数情况下仅是对机动车驾驶人起到提示其谨慎驾驶的作用，较为严重的情况下也只是通过学习和考试的方式督促其改正，是对机动车驾驶人的一种监督检查行为，不能单独就记分行为而提出行政诉讼。

二、记分行为系一种行政处罚，可诉

持此观点者认为，累积记分系为了遏制交通违法行为，保障道路交通安全，由公安机关交通管理部门予以执行的一项制度。首先，从该项制度的管理主体及目的来看，显然具有行政性。其次，从记分行为导致的效果来看，其并非对机动车驾驶人的权利义务不产生影响，累积记分制度实质上是将驾驶资格的权限予以量化。即便是记分没有达到 12 分，这种记分也会对机动车驾驶人产生一种类似于警告的处罚效果，随着记分分值的增加，驾驶权限将持续受到限缩，达到 12 分之后，驾驶资格实际上处于一种暂停的状态，甚至有可能彻底停止，类似于“暂扣或吊销”的效果。因此，累积记分制度虽然较为特殊，但从其实质影响来分析，可以发现其具备行政处罚所有的最显著的特点——惩戒性，再结合其主体、目的和手段等方面的因素，记分行为应当被视为一种行政处罚，可以单独就记分行为提出行政诉讼。

上述两种观点对记分行为性质的认定，都有各自的道理，但又都有各自的不足，第一种观点过于拘泥于法律对记分行为规定的形式，第二种观点过于夸大记分行为产生的实际影响。《行政诉讼法》第十二条虽然对行政诉讼受案范围采取了列举的方式，但其共性是公民、法人或者其他组织的人身权、财产权等合法权益受到行政机关行政行为所侵害。因此，对于记分行为是否可诉，我们应当以此为标准，结合现实情况展开分析并加以判断。

对于道路交通违法未达到 12 分的情形，很少会有机动车驾驶人仅对记分行为有异议而就处罚决定提起行政诉讼，此时的记分行为，仅仅起到提示机动车驾驶人应当严格遵守交通规则、谨慎小心驾驶的作用，且这种提示也只存在于一段时间内，超过一定周期就予以清除。而且遵守交通规则、小心驾驶本身也是驾驶人应当承担的义务，因此不宜认定此时的记分效果具有惩戒性。即便驾驶人对处罚决定提出行政诉讼，往往也是对公安机关交通管理部门就交通违法行为的认定或者所作出的罚款等基础内容不服，而根据《机动车驾驶证申领和使用规定》第六十七条之规定，机动车驾驶人对道路交通安全违法行为处罚不服，申请行政复议或者提起行政诉讼后，经依法裁决变更或者撤销原处罚决定的，相应记分分值予以变更或者撤销。此时，将记分行为成立与否，附随于整个处罚决定成立与否的审查，能够对当事人的合法权益起到实际有效的司法保护作用。

机动车驾驶人单独就记分行为持异议而提起行政诉讼，表明其对道路交通违法行为的基本事实不持异议，且认可交通管理部门对其所作出的罚款。而其之所以仍然对处罚决定不服提出诉讼，系此刻记分行为对其驾驶权利已经产生了相当重大的影响，甚至比罚款这一类行政处罚的惩戒性更为严厉，即累积记分达到 12 分等情形。因为依据《机动车驾驶证申领和使用规定》第七十八条之规定，在一个记分周期内有记满 12 分记录的，车辆管理所应当注销持有大型客车、牵引车、城市公交车、中型客车、大型货车驾驶证的驾驶人最高准驾车型驾驶资格，并通知机动车驾驶人在 30 日内办理降级换证业务。同样地，依据第七十九条之规定，机动车驾驶人在实习期内发生道路交通安全违法行为被记满 12 分的，注销其实习的准驾车型驾驶资格。因此，在类似情形下，笔者认为，记分的累积实际上最终产生一种严苛的行政处罚的惩戒效果，对相对人的权益产生了重大的影响，故允许当事人单独就记分行为不服提起行政诉讼并纳入行政诉讼受案范围，符合行政诉讼法的目的，也是全面保护当事人权益的一种体现。

（撰写人：胡荣）

19

对安全事故报告的行政批复不服可否提起诉讼？

《行政诉讼法》第二条是对行政诉讼受案范围的概括性规定，该条明确“公民、法人或者其他组织认为行政机关和行政机关工作人员的行政行为侵犯其合法权益，有权依照本法向人民法院提起行政诉讼”。《行诉解释》第一条第二款第五项、第十项规定“行政机关作出的不产生外部法律效力的行为”“对公民、法人或者其他组织权利义务不产生实际影响的行为”不属于行政诉讼受案范围。根据上述规定可以得知，行政诉讼的一个重要目的是排除非法行政行为对行政相对人权利义务的不利影响，因此，对相对人的权利义务产生实质影响成为提起行政诉讼的前提之一和判断行政行为是否具有可诉性的重要标准。

国家行政机关在行使社会治理职能时，因为存在很多技术性问题以及上位法尚未明确的问题，适用相关法律、行政法规和地方规章不能得到直接有效的解决，当执法活动落实到具体相对人时，需要向上级请示，运用上级行政机关的批复来解决这些问题。这些行政机关的批复一方面解决了下级机关执法时的困惑，另一方面也可以作为下级行政机关的执法依据，下级机关依上级机关的批复作出行政行为。根据2007年6月1日起施行的《生产安全事故报告和调查处理条例》的规定，生产安全事故报告是指生产经营活动中发生的造成人身伤亡或者直接经济损失的生产安全事故的报告。该条例第三十二条规定："重大事故、较大事故、一般事故，负责事故调查的人民政府应当自收到事故调查报告之日起15日内做出批复；特别重大事故，30日内做出批复，特殊情况下，批复时间可以适当延长，但延长的时间最长不超过30日。有关机关应当按照人民政府的批复，依照法律、行政法规规定的权限和程序，对事故发生单位和有关人员进行行政处罚，对负有事故责任的国家工作人员进行处分。事故发生单位应当按照负责事故调查的人民政府的批复，对本单位负有事故责任的人员进行处理。负有事故责任的人员涉嫌犯罪的，依法追究刑事责任。"根据上述规定，安全事故批复是对调查组事故调查报告中所作的事故原因、事故性质和事故责任认定等的批复。笔者认为，对安全事故报告作出的行政批复是有关机关后续作出行政处罚的依据，还在行政机关内部运作，并未对相对人的权利义务产生实际影响，或者说其对相对人权利、义务产生的影响处于不确定的状态，需要后续的行政处罚予以最终的明确。被处罚人如果不服，可以起诉处罚决定，在审查处罚决定的依据时会审查到事故批复。因此，在批复未以行政处罚为载体送达相对人时，由于只是行政内部运作程序，不能也没有必要对行政机关内部的针对安全事故报告作出的行政批复提起行政诉讼。

不过，现实中有许多行政行为，虽从形式上看是内部批复，但其通过某种形式外化后，如果行政管理相对人对此不主张异议，将直接承担不利后果，法律虽未明确规定外化的行政行为是否可诉，但经过理论界和实务界的不断探索，已形成共识，只要是对公民、法人或者其他组织的权利义务产生实际影响的行政行为，都应纳入行政诉讼的受案范围，只有如此才能更好地实现行政诉讼的法律效果（参见案例1）。最高人民法院最终也通过第22号指导案例"魏永高、陈守志诉来安县人民政府收回土地使用权批复案"确定了这样的裁判要点：地方人民政府对其所属行政管理部门的请示作出的批复，一般属于内部行政行为，不可对此提起诉讼。但行政管理部门直接将该批复付诸实施并对行政相对人的权利义务产生了实际影响，行政相对人对该批复不服提起诉讼的，人民法院应当依法受理。同时，该案裁判理由部分明确表示：批复属于内部行政行为，不向当事人送达，不对其权利义务产生实际影响时，一般不属于行政诉讼受案范围。但当行政机关没有制作并送达对外发生法律效力的法律文书，直接将批复付诸实施，对行政相对人权利义务产生了实际影响，则认定批复已实际执行并外化为对外发生法律效力的具体行政行为。行政相对人因此提起行政诉讼，人民法院应当依法受理。不过，需要强调的是，可诉的内部行政行为是经行政机关依职权外化的，区别于一些相对人通过不正当手段，如私下打听索取，甚至窃取一些内部文件等不正当手段获取的内部行政行为。因尚无法证明这些内部行政行为必将对其权利义务产生实际影响，不应将其列为行政诉讼受案范围。

【案例 1】延安宏盛建筑工程有限责任公司诉陕西省延安市安全生产监督管理局生产责任事故批复案①

【案情简介】2007 年，延安宏盛建筑工程有限公司（以下简称宏盛公司）在村民安置建设工程中发生长子县“10·21”建筑工地塔式起重机倒塌事故，延安市安监局、技术监督局、城乡建设局、公安局等单位组成事故调查组，向延安市政府作出《长子县“10·21”建筑工地塔式起重机倒塌事故调查报告》，该报告认为，事故是一起安全生产责任事故，直接原因是塔吊安装队没有安装资质，并按照《生产安全事故报告和调查处理条例》的规定，报请延安市政府批准。随后，延安市安监局作出了《关于长子县“10·21”建筑工地塔式起重机倒塌事故调查报告的批复》（以下简称《批复》），同意事故调查报告中对事故原因的分析、对事故性质和事故责任的认定。后长子县监察局将《批复》的内容告知宏盛公司，并向其送达了《批复》的复印件。宏盛公司向陕西省安全生产监督管理局提出行政复议，陕西省安全生产监督管理局作出《行政复议决定》，对《批复》予以维持，宏盛公司不服诉至法院。

【裁判理由】本案《批复》虽然未由延安市安监局正式送达给宏盛公司，但作为事故调查成员单位之一的县监察局将《批复》作为谈话内容，告知宏盛公司，并送达了复印件，已将批复的内容外化，而《批复》中将宏盛公司列为责任单位，并要求给予处罚，为宏盛公司设定了一定的义务，《批复》与宏盛公司有利害关系，对当事人权利义务产生实际影响，属于可诉的行政行为。所以该案属于人民法院行政诉讼的受案范围。

（撰写人：王娟）

---

① 《中国行政审判指导案例》（第一卷），中国法制出版社 2010 年版。

20

小区业主委员会备案行为是否可诉?

《物业管理条例》第十六条规定，业主委员会应当自选举产生之日起30日内，向物业所在地的区、县人民政府房地产行政主管部门和街道办事处、乡镇人民政府备案。在审判实务中起诉行政机关备案行为的案件屡见不鲜，但是法律上并未明确小区业主委员会备案行为的法律性质。备案不具有法律的一般禁止的前提，与许可更侧重于事前审查相反，备案更重视事后的监督检查，因此区别于严格意义上的行政许可。关于小区业主委员会备案行为是否可诉存在两种观点。一种观点认为，被告对小区业主委员会的变更、备案行为仅是一种告知行为，并非行政许可，根据《物权法》《物业管理条例》等法律规定，业主委员会的成立决定权属于业主大会业主。通过业主大会行使选举和罢免业主委员会委员，以及变更业主委员会的权利。故业主委员会委员资格来源于业主大会的选举和授权，并非源自行政机关备案或批准，故不属于行政诉讼受案范围。另一种观点认为，业主委员会需经过备案程序才能进行业主委员会印章刻制，对外以业主委员会名义从事相关工作和活动，虽然备案行为不直接决定业主委员会是否成立，但对业主委员会对外活动产生直接影响，属于人民法院行政诉讼受案范围。

审判实务的观点为：虽然行政机关对业主委员会的备案行为不直接决定业主委员会是否成立，但其是物业管理行政主管部门对业主委员会是否依法成立、是否具备主体资格等一系列事实及法定要件的确认，其结果会对业主或其他利害关系人的权利义务产生实际影响，属于可诉行政行为。

还需要明确的是，对行政主体不予办理业主委员会备案行为提起的诉讼，原告应为业主大会选举产生的业主委员会。因业主委员会与行政主体对业主委员会不予备案的行为有法律上的利害关系，故具有行政诉讼原告资格。[①] 而其他小区业主对此类诉讼不具备诉讼主体资格。只有在业主委员会不起诉的前提下，专有部分占建筑物面积过半数或者占总户数过半数的业主可以提起诉讼。

---

① 参见《北京市高级人民法院关于行政审判适用法律问题的解答（五）》，《最高人民法院关于适用〈中华人民共和国行政诉讼法〉的解释》第十八条。

【案例2】明月湾小区业主委员会诉北京市某区某镇政府撤销备案行为案[①]

【案情简介】北京市某区某镇政府（以下简称镇政府）于2016年1月12日作出《公告》，载明："2014年8月6日，明××小区在镇政府办理了明××小区业主委员会备案。由于接到该小区业主实名举报，经镇政府核查，存在以下问题：一、该小区在召开首次业主大会前没有进行业主专有面积表决权数和业主表决权数的公示和公告，不符合京建发〔2010〕739号文第十六条的规定。二、首次业主大会业主表决同意的业主专有面积数和业主人数没有达到建筑物总面积和业主总人数的50%以上，不符合京建发〔2010〕739号文第十七条的规定。为了维护法律法规的严肃性，依据《北京市住宅区业主大会和业主委员会指导规则》的有关规定，镇政府决定：撤销明××小区业主委员会备案并收回业委会印章。"明××小区业主委员会（以下简称业委会）向一审法院起诉，诉镇政府行政行为违法，请求判令：1. 撤销镇政府2016年1月12日的公告；2. 要求镇政府在明××小区进行公示，就作出撤销业委会备案并收回业委会印章的行为作出检讨道歉，挽回影响。

【裁判理由】依照《业主大会和业主委员会指导规则》第六条规定，物业所在地的区、县房地产行政主管部门和街道办事处、乡镇人民政府负责对设立业主大会和选举业主委员会给予指导和协助，负责对业主大会和业主委员会的日常活动进行指导和监督。第三十三条规定，业主委员会应当自选举产生之日起30日内，持下列文件向物业所在地的区、县房地产行政主管部门和街道办事处、乡镇人民政府办理备案手续：（一）业主大会成立和业主委员会选举的情况；（二）管理规约；（三）业主大会议事规则；（四）业主大会决定的其他重大事项。第三十四条第一款规定，业主委员会办理备案手续后，可持备案证明向公安机关申请刻制业主大会印章和业主委员会印章。《北京市住宅区业主大会和业主委员会指导规则》第五条规定，街道办事处、乡镇人民政府应当依据法律、法规、规章和本规则，本着依法行政、合理行政、程序正当、高效便民、权责统一、政务公开的原则对业主大会、业主委员会的成立及活动提供协助、指导和监督。街道办事处、乡镇人民政府对业主大会、业主委员会作出的违反法律、法规和规章的决定，应当及时责令限期改正或者撤销其决定，并通告全体业主。第六条规定，业主大会、业主委员会的成立及活动的法律服务工作和物业管理纠纷人民调解工作应当接受司法行政主管部门的指导和监督。第二十四

① 详见北京市第二中级人民法院（2016）京02行终1452号判决书。

条规定，管理规约、业主大会议事规则和业主委员会委员选举事项全部通过的，业主委员会自首次业主大会决议作出之日起30日内，持以下材料向物业所在地街道办事处、乡镇人民政府备案：（一）筹备组出具的由组长签字的业主大会成立和业主委员会选举情况的报告；（二）业主大会决议；（三）管理规约、业主大会议事规则；（四）业主委员会委员名单。材料齐全的，街道办事处、乡镇人民政府应当当场予以备案，出具书面备案证明，并在备案后7日内将备案材料抄送区县房屋行政主管部门，将有关情况书面通报物业所在地公安派出所、社区居民委员会。第二十五条规定，业主委员会凭街道办事处、乡镇人民政府出具的备案证明，向区、县公安分局申请刻制业主委员会印章。从上述规定可以看出，镇政府对于其辖区内业主大会和业主委员会的成立和活动负有协助、指导和监督职责，并享有对依法成立的业主委员会进行备案的职权。业主委员会需经过备案程序，才能进行业主委员会印章刻制，对外以业主委员会的名义从事相关工作和活动。虽然备案行为不直接决定业主委员会是否成立，但却对业主委员会对外活动产生直接影响，故镇政府对自身作出的备案行为，经审查确有错误的，应当享有自行纠正的权利。

（撰写人：张勤缘）

21

如何判断行政机关“协助执行”行为的可诉性？

行政机关依据人民法院的生效裁判、协助执行通知书作出的执行行为属于协助执行行为，其实质是司法行为的延伸，而非行政行为。行政机关对上述法律文书不具有审查的权利，程序启动权也不在行政机关，行政机关没有独立的意志，权利人认为执行错误的，可以向人民法院提出执行异议救济，而非通过行政诉讼予以救济。因此，《最高人民法院关于行政机关根据法院的协助执行通知书实施的行政行为是否属于人民法院行政诉讼受案范围的批复》明确规定，行政机关根据人民法院的协助执行通知书实施的行为，是行政机关必须履行的法定协助义务，不属于人民法院行政诉讼的受案范围。但如果当事人认为行政机关在协助执行时扩大了范围或违法采取措施造成其损害，提起行政诉讼的，人民法院应当受理。相同的规定还有《最高人民法院关于审理涉及农村集体土地行政案件若干问题的规定》第二条："土地登记机构根据人民法院生效裁判文书、协助执行通知书或者仲裁机构的法律文书办理的土地权属登记行为，土地权利人不服提起诉讼的，人民法院不予受理，但土地权利人认为登记内容与有关文书内容不一致的除外。"2018 年《行诉解释》颁布，在其第一条第二款第七项针对上述情况作出了明确统一的规定，行政机关根据人民法院的生效裁判、协助执行通知书作出的执行行为，不属于人民法院行政诉讼的受案范围，但行政机关扩大执行范围或者采取违法方式实施的除外。因此可以说，行政机关的协助执行行为不具有可诉性没有争议，不过仍有三个问题需要明确。

第一，并非所有的生效法律文书都能够引起物权变动。生效的法律文书包括判决书、裁定书、裁决书、调解书，这些法律文书又分为不同的类型。而能够作为行政机关变更登记依据的法律文书，一般是那些能够引起物权变动的确认类（确认法律关系存在与不存在）和形成类（变更或消灭当事人之间原有民事法律关系）判决书、调解书。这种法律文书明确了物权的变动和设定的内容。它通常表述为"某某享有某块土地的使用权，某房屋归某某所有"之类的确认权利的话语。此外，部分裁定书也能够引起物权变动，例如《最高人民法院关于人民法院民事执行中拍卖、变卖财产的规定》第二十九条第二款规定，不动产、有登记的特定动产或者其他财产权拍卖成交或抵债后，该不动产、特定动产的所有权、其他财产权自拍卖成交或者抵债裁定送达买受人或者承受人时起转移。也就是说在民事执行程序当中作出的拍卖成交或以物抵债的裁定，也是能够引起物权变动的法律文书。

第二，行政机关在协助执行过程中扩大执行范围或者采取违法方式实施的行为具有可诉性，如何判断扩大执行范围？一般来讲，协助执行通知书应当是法院判决书、调解书的具体化，同时可以基于执行的需要改变判决书、调解书指向的对象，如判决书确定的内容是金钱给付，由于被执行人没有金钱可供执行，人民法院可以裁定执行其依法所有的房屋和依法享有的土地使用权等物权，折抵金钱。法院作出裁定后，可依据裁定书确定的内容向土地登记机构发出协助执行通知书。因此，土地登记机构按照协助执行通知书记载的内容办理，不属于登记内容与有关文书不一致的情形。即使协助执行通知书内容与判决书明显不同，甚至冲突，按照司法优越的原则，土地登记机构亦应按照协助执行通知书的要求办理，不过可以同时向发出执行通知书的法院提出审查建议。[①]

---

① 江必新主编：《最高人民法院〈关于审理涉及农村集体土地行政案件若干问题的规定〉理解与适用》，中国法制出版社 2013 年版，第 32—35 页。

第三，撤销变更协助执行行为以及不履行协助执行义务的行为是否具有可诉性？根据《最高人民法院行政审判庭关于行政机关撤销或者变更已经作出的协助执行行为是否属于行政诉讼受案范围请示问题的答复》，行政机关认为根据人民法院生效裁判或者协助执行通知书作出相应行政行为可能损害国家利益、公共利益或他人合法权益，可以向相关人民法院提出建议；行政机关擅自撤销已经作出的行政行为，相对人不服提起行政诉讼的，人民法院应当依法受理。根据《最高人民法院关于行政机关不履行人民法院协助执行义务行为是否属于行政诉讼受案范围的答复》，行政机关不履行协助义务的，人民法院应当依法采取执行措施督促其履行；当事人请求人民法院判决行政机关限期履行协助执行义务的，人民法院不予受理。但当事人认为行政机关不履行协助执行义务造成其损害，请求确认不履行协助执行义务行为并予以行政赔偿的，人民法院应当受理。

综上，行政机关协助执行行为，是行政机关必须履行的法定协助义务，系司法行为的延伸，不属于行政司法审查权审查的范围，原则上不属于行政诉讼受案范围，但行政机关在协助执行的过程中存在扩大协助执行通知书的范围或违法采取措施造成损害的情形除外。

（撰写人：张勤缘）

22

如何理解信访处理行为的可诉性？

社会矛盾的处理方式多种多样，信访作为其中之一，越来越多地应用于行政管理过程中。在审判实务中，原告向行政机关提出履职申请或者提出查处违法事项，行政机关通过信访途径进行处理，起诉人不服就信访处理行为提起行政诉讼的情形屡见不鲜，因此信访处理行为的可诉性成为一个争议问题。

根据《信访条例》第二条规定，信访是指公民、法人或者其他组织采用书信、电子邮件、传真、电话、走访等形式，向各级人民政府、县级以上人民政府工作部门反映情况，提出建议、意见或者投诉请求，依法由有关行政机关处理的活动。相应地，行政机关对信访事项依法登记、受理、交办、转送、答复、复查、复核等行为都属于信访处理行为。《信访条例》第三十四条规定：“信访人对行政机关作出的信访事项处理意见不服的，可以自收到书面答复之日起 30 日内请求原办理行政机关的上一级行政机关复查……”第三十五条规定：“信访人对复查意见不服的，可以自收到书面答复之日起 30 日内向复查机关的上一级行政机关请求复核……”由此可见，信访人对信访处理意见不服的，有申请复查和复核两种救济途径，但是并没有提起行政复议和行政诉讼的救济途径。因此，通常情况下，信访处理行为均是不可诉的行政行为。

对此，《最高人民法院关于不服县级以上人民政府信访行政管理部门、负责受理信访事项的行政管理机关以及镇（乡）人民政府作出的处理意见或者不再受理决定而提起的行政诉讼人民法院是否受理的批复》明确规定：“一、信访工作机构是各级人民政府或政府工作部门授权负责信访工作的专门机构，其依据《信访条例》作出的登记、受理、交办、转送、承办、协调处理、督促检查、指导信访事项等行为，对信访人不具有强制力，对信访人的实体权利义务不产生实质影响。信访人对信访工作机构依据《信访条例》处理信访事项的行为或者不履行《信访条例》规定的职责不服提起行政诉讼的，人民法院不予受理。二、对信访事项有权处理的行政机关依据《信访条例》作出的处理意见、复查意见、复核意见和不再受理决定，信访人不服提起行政诉讼的，人民法院不予受理。”《行诉解释》也在第一条第二款第九项中明确了“行政机关针对信访事项作出的登记、受理、交办、转送、复查、复核意见等行为”不属于人民法院行政诉讼的受案范围。因此可以说，信访处理行为一般情况下不具有可诉性。

但是，在现实生活中，也存在行政机关为了避免诉讼，故意将履责事项作为信访事项，依照《信访条例》处理的情况。在这种情况下，行政机关以信访的名义，实际上行使了行政管理职权，并对相对人权利义务产生了影响，本质上并非对信访事项的处理，其可诉性不可一概予以否定。因此，信访处理行为不具有可诉性存在例外情形，法院在受理当事人就信访处理行为提起的诉讼时，不应机械地以信访处理行为的外观将其挡在司法审查门外，应综合考虑该行为是否对当事人的实体权利义务产生影响。每个信访案件是否可诉，根据《行政诉讼法》中行政行为的特征，可从几个方面加以判断：第一，主体标准。可诉性信访处理行政行为是具有国家行政管理职权的机关或相关组织实施的行为。第二，内容标准。可诉性信访处理行政行为必须是行政机关或相关组织行使与国家行政管理职权有关的行为。第三，结果标准。可诉性信访处理行政行为是行政机关或相关组织针对相对人的申请所采取的具体措施，该措施将直接或间接影响行政相对人的合法权益。

因此在判断信访处理行为是否可诉时，主要看其是否为行政机关或者法律、法规、规章授权组织行使行政职权作出的对当事人的权益产生实际影响的行为。对于当事人就某些问题向行政机关提出意见、建议或进行咨询的情形，行政机关以书面形式作出了解释、说明等，这应属于一种单纯的答复行为，该答复行为因欠缺完整意义上行政行为的全部特征，对行政相对人的权利义务不产生实际的影响，根据《行诉解释》第一条第二款第九项“行政机关针对信访事项作出的登记、受理、交办、转送、复查、复核意见等行为”，不属于人民法院行政诉讼的受案范围之规定，不具有可诉性。行政机关或者法律、法规、规章授权组织对当事人的申请事项作出具有处分当事人权利义务的行政行为，因其对当事人的权益产生实际影响，所以具有可诉性。

【案例3】张真某诉江西省定南县岿美山镇人民政府信访事项办理意见案①

【案情简介】2005年林改时，第三人张善某提出自己在江西省定南县石（坳）彻塘有自留山与原告在荷树岭的山相邻，并申请发放林权证，由此与原告发生争执。在经村干部多次调解无效的情况下，原告张真某于2009年3月20日向被告定南县岿美山镇人民政府提出书面调处申请。被告受理后，根据双方提供的自留山证对争议现场进行了勘察，并结合第三人林权申请表有14户村民签字的情况，于2009年9月23日作出了岿府发〔2009〕46号信访事项办理意见书，将争议山场确认给第三人所有。原告不服，向定南县人民政府申请复议。

【裁判理由】对于行政机关以信访答复的形式行使《信访条例》规定之外行政管理法上职权的行为，不能因其在信访程序中作出而排除于行政诉讼受案范围之外。本案被告作出的信访事项办理意见书貌似信访性质的答复，实质是山林权属争议调处决定，其明确认定将争议山场归第三人张善某所有，已经给原告张真某造成了实际影响，作为行使行政职权的行政机关在其职权范围内，作出对相对人权益产生实际影响的行为，属于行政诉讼法和最高人民法院司法解释规定的行政诉讼受案范围。

（撰写人：赵赫）

① 参见最高人民法院行政审判参考性案例123号，江西省定南县人民法院（2010）定行初字第4号行政判决书。

23

对征收“公告”不服是否可诉?

公告，顾名思义，即针对公众的告知，凡是与公告内容有关的人都受到政府公告的约束。常见的公告有征收土地公告和征收房屋公告。《土地管理法》第四十七条规定，国家征收土地的，依照法定程序批准后，由县级以上地方人民政府予以公告并组织实施。《国有土地上房屋征收与补偿条例》第十三条第一款规定，市、县级人民政府作出房屋征收决定后应当及时公告。公告应当载明征收补偿方案和行政复议、行政诉讼权利等事项。上述规定中的公告行为是否为可诉的行政行为？实践中有两种观点。一种观点认为公告具体规定了征收人、被征收人、有关部门及其他利害关系人等的相关权利义务，并能产生法律效果，属于可诉的行政行为；也有人认为，公告是将征收决定规定的征收事项在不改变其内容的情况下复制成公告，并将其内容予以公示，属于程序性告知行为，对当事人没有实质影响，不具有可诉性。

根据行政诉讼法，判断是否可诉的一个标准是该行为是否对特定人作出，并对其实体权益产生实际影响。一般来说，公告是行政主体依照法律规定作出的一种通知或者告知行为。根据前文问题15所述，告知行为属于过程性行为的一种，仅为阶段性行为，不具有成熟性，对是否会影响实体的行政决定还不具有确定性，未对相对人权利义务产生实际影响，同时从维护行政效率，避免因行政相对人滥行法律救济延误或阻碍行政程序的进行，促使法院将程序行为与实体决定一并审查等方面考量，程序性行政行为不具有可诉性。[①] 如《最高人民法院关于审理行政许可案件若干问题的规定》第三条明确规定，公民、法人或者其他组织仅就行政许可过程中的告知补正申请材料、听证等通知行为提起行政诉讼的，人民法院不予受理。因此，含有行政行为的公告作为告知行为的一种，依附于行政行为，本质上是行政行为的生效要件和载体，其目的在于使相对人知悉某一行政行为，实际上是一种程序性行为或者阶段性行为，具有补充性和辅助性的特点，未确定行政相对人实体权利义务关系，不具有最终决定的效力，因此不具有可诉性。相对人实际上是对行政行

---

① 蔡小雪、郭修江：《房屋征收案件审理指引》，人民法院出版社2015年版，第20页。

为不服，应当以最终的行政行为为诉讼标的提起诉讼。

以国有土地上房屋征收公告为例，根据《国有土地上房屋征收与补偿条例》第十三条第一款的规定，市、县级人民政府作出房屋征收决定后应当及时公告。公告应当载明征收补偿方案和行政复议、行政诉讼权利等事项。也就是说，公告中应当明确，被征收人对市、县级人民政府作出的房屋征收决定不服的，可以依法向作出房屋征收决定的市、县人民政府的上一级人民政府申请行政复议或者依法向人民法院提起诉讼，复议和诉讼的标的都是房屋征收决定。因此房屋征收公告仅是将征收决定中规定的征收事项，在不改变其内容的情况下予以公示，其性质属于告知，并不对被征收人及其他利害关系人产生实际影响。真正对被征收人和其他利害关系人产生实际影响的是征收决定以及后续的房屋征收行为。故被征收人及其他利害关系人，只能对征收决定或者后续的征收行为提起诉讼，而不能对公告提起诉讼。

【案例 4】张某诉大石桥市政府征地公告案①

【案情简介】2010 年 5 月 13 日，辽宁省人民政府作出辽地政字〔2010〕458 号《关于大石桥市实施县、乡级规划批次用地的批复》。同意将大石桥市钢都管理区和平村宅基地与汤池镇刘家沟村工矿用地共 48.4039 公顷集体土地征为国有，作为大石桥市实施县、乡规划建设用地。2010 年 5 月 20 日大石桥市政府作出大政土告字（2010）23 号征收土地公告（简称 23 号公告）。将辽宁省政府批准的征收土地方案内容和有关事项予以公告。原告张某的宅基地以及房屋在征收范围内。张某称其于 2014 年 12 月 11 日通过信息公开的方式获取 23 号公告。于 2015 年 1 月向法院提起诉讼请求确认 23 号公告违法。

【裁判理由】依据当时生效的《最高人民法院关于执行〈中华人民共和国行政诉讼法〉若干问题的解释》② 第一条第二款第六项规定，行政行为对公民、法人、其他组织的权利义务不产生实际影响的，不属于人民法院行政诉讼的受案范围。人民政府根据《土地管理法》第四十七条，以及《土地管理法实施条例》第二十五条规定，依法发布征收公告的行为，仅仅是将批准征地机关、批准文号、征收土地的用途、范围、面积以及征地补偿标准、农业人员安置办法和办理征地补偿期限等事项，在被征收土地所在地的乡、镇、村予以公示告知的行为，对被征收人权利义务产生实际影响的是征收土地批复及后续相关的征收土地行为，而非征收公告。因此，张某对公告提起的行政诉讼不属于行政诉讼受案范围。

---

① 详见最高人民法院（2016）最高法行申 1963 号行政裁定书。

② 已被《行诉解释》废止。

> 但实践中公告行为不可诉作为通常标准存在例外情形。第一，在土地征收中，被征收人以征收公告内容与征收批复中的征收土地范围、用途、面积、补偿标准内容不符为由提起诉讼的，属于人民法院受理范围。第二，如果政府未作出征收决定，而是在征收公告中载有征收决定的内容的情况，此时公告确定了被征收人及其利害关系人的权利义务关系，并对他们产生了直接的法律后果，此类公告是可诉的。

（撰写人：张勤缘）

24

征地批复是否可诉?

是否产生法律上的效果是行政行为的重要特征之一，可诉的行政行为必须是行政机关作出的发生行政法律效果的行为，也就是对行政相对人的权利、义务关系产生调整的行为。行政机关的公文是行政机关在行政管理过程中所形成的，具有法定效力和规范体系的公务文书，是依法行政和进行公务活动的重要工具。其中包括了命令、议案、决定、指示、公告、通知、通报、报告、请示、批复、函、会议纪要12种公文。批复主要是用于上级行政机关对下级行政机关的请示作出的答复意见，属于行政机关内部处理行政事务的文件，系内部规程文件，对外部行政相对人的合法权益不发生法律效力。[①] 征地批复实际上是作出征收决定的前置行为，前置行为在行政机关内部运行，或在不同的行政机关运行，不会向行政相对人公布，需要等到征收决定作出后才会对行政相对人产生法律上的影响。

征地批复是否具有可诉性存在不同的意见：第一种意见认为，《行诉解释》第一条第二款第五项规定，行政机关作出的不产生外部法律效力的行为不属于人民法院行政诉讼的受案范围。征地批复系内部行为，不对外直接产生羁束力，对公民、法人、其他组织的实际权利产生影响的是征收决定，因此前置的批复行为不具有可诉性，而后续的征收决定具有可诉性。第二种意见认为，前置的征地批复行为是最

---

① 江必新、梁凤云：《行政诉讼法理论与实务》（第三版），法律出版社2016年版，第469页。

终征收行为所依据的行政行为。前者决定后者能否作出，后者作出后，是将前者决定的某些内容赋予实施，二者互相依存，共同对行政相对人的实际权利义务产生影响，因此属于可诉的行政行为。第三种意见认为，前置的征地批复行为处于不成熟阶段，不具有可诉性。理由是：前置行政行为并不能产生最终的效力，具有不确定性的特征。在行政机关最终作出决定前，其效力还处于不完全确定的状况之中，有可能最终会被否定。故在征收决定作出之前，前置行为处于不成熟阶段，不应纳入行政诉讼受案范围，但征收决定作出后，其效力已经完全确定，进入成熟阶段，可以纳入行政诉讼受案范围。①

对征地批复行为是否可诉，要注意以下几点：一是不能仅从名称或者形式上对可诉性作简单判断，要审查行为的具体内容，是否对相对人产生了实际影响，产生了对外法律效果；二是要审查是否存在后续行为，如果存在后续行为，则后续的行为才是真正产生法律效果的行为，人民法院在审查后续行为的同时，对前置的征地批复行为也会进行合法性审查的，当事人就不能对前置行为提起诉讼。但是如果行政机关的答复中含有规制行政相对人权利义务的内容，不需要凭借另一行政行为达到一定法律效果时，行政机关的该行为无论其具体表现为何种公文，均得为可诉行政行为。② 简言之，征地批复一般情况下不可诉，但是如果行政机关以“批复”的方式直接确定了行政相对人的权利义务，对外产生法律效力，且无后续行政行为即具有可诉性。

需要补充说明的是，国务院和省级人民政府批准征地的行为不具有可诉性。《土地管理法》规定，国务院和省、自治区、直辖市人民政府负责批准征收土地。《行政复议法》第三十条第二款规定，国务院或者省、自治区、直辖市人民政府对行政区划的勘定、调整或征收土地的行政复议决定为最终裁决。法定的最终裁决意味着行政相对人对上述事项并无选择争议解决途径的权利，行政终局裁决是行政相对人唯一的和最终的救济手段，不能提起行政诉讼。《最高人民法院关于适用〈中华人民共和国行政复议法〉第三十条第二款有关问题的答复》（〔2005〕行他字第23号）也明确了国务院及省级人民政府征收土地决定不纳入行政诉讼的涉案范围。立法明确表明，这是国务院和省级政府的专属权利，不受司法审查。

（撰写人：张勤缘）

---

① 蔡小雪、郭修江：《房屋征收案件审理指引》，人民法院出版社2015年版，第13—14页。

② 江必新、梁凤云：《行政诉讼法理论与实务》（第三版），法律出版社2016年版，第468—469页。

25

建筑工程竣工备案行为是否可诉?

建设行政主管部门对于建设单位的建设工程竣工验收报告予以备案的行为是否属于人民法院行政诉讼受案范围一直存在争议。第一种说法是行政许可说:《城市房地产开发经营管理条例》第十七条、第十八条规定,房地产开发主管部门参与相关工程验收,并出具验收合格的证明,该行为属于行政许可范畴。但在《国务院关于取消第一批行政审批项目的决定》(国发〔2002〕第24号)中明确取消了“房地产开发项目竣工验收”的行政审批项目,因此竣工验收已不再属于行政许可事项。第二种说法是行政监督管理说:这种观点认为竣工验收备案制度的创设,是为了便于建设主管部门监督管理,特别是对工程质量的监督。《建筑工程质量管理条例》对建设行政主管部门的工程质量监督职责作了明确的规定,并将竣工验收备案工作作为工程质量履行监督管理的内容之一。第三种说法是行政确认说:备案行为是建设行政主管部门对行政相对人事实行为的确认。建设单位将完整的竣工验收资料报送建设行政主管部门,建设行政主管部门收到材料后,只作形式审查。这种审查应理解为对竣工验收备案行为的事实认定与判断,并没有设定新的权利义务。

实践中这类诉讼多表现为普通购房者对备案机关作出竣工验收备案行为提起的行政诉讼。他们认为建设单位提交的备案资料文件中,包括质量检测文件和其他质量合格文件,备案机关在审查时一定会对房屋质量是否达标进行检查,备案机关作出准予备案决定,是对房屋质量合格事实的确认。在商品房购买合同中,购房者基于行政机关备案文件验房、收房,竣工验收、备案作为房屋交付的条件之一,而后发现房屋存在质量问题时,备案行为实际上已经对购房者产生了实际影响,因此购房者有权提起诉讼。但是事实上,工程竣工验收是建设单位依法自己组织验收的行为,是合同主体之间发生的履行合同义务,实现合同权利的行为。这种行为具有民事法律关系性质。而建设行政主管部门对建设单位建设工程竣工验收报告予以备案的行为,是建设行政主管机关为收集工程建设相关情况的备案登记备查行为。

《建设工程质量管理条例》第四十九条规定,建设单位应当自建设工程竣工验收合格之日起15日内,将建设工程竣工验收报告和规划、公安消防、环保等部门出具的认可文件或者准许使用文件报建设行政主管部门或者其他有关部门备案。建设行政主管部门或者其他有关部门发现建设单位在竣工验收过程中有违反国家有关建设工程质量管理规定行为的，责令停止使用，重新组织竣工验收。《房屋建筑工程和市政基础设施工程竣工验收备案管理暂行办法》第六条第一款进一步规定，备案机关收到建设单位报送的竣工验收备案文件，验证文件齐全后，应当在工程竣工验收备案表上签署文件收讫。据此，竣工验收备案是行政主管机关为管理需要而收集工程建设相关情况的登记备查行为，竣工验收是否合格并不以备案为生效要件，备案行为对公民、法人或者其他组织的权利义务不产生实际影响。故此，依据《行诉解释》第一条第二款第十项的规定，因该行政行为对其权利义务不产生实际影响的，不属于行政诉讼受案范围。同时，北京地区审判实践也给出了明确说法。《北京市高级人民法院关于行政审判适用法律问题的解答（三）》明确规定，公民、法人、其他组织认为建设行政主管部门对建设单位的建设工程竣工验收报告予以备案的行为违法，提起行政诉讼，请求撤销备案行为的，因该备案行为对其不产生实际影响，不属于行政诉讼受案范围。

【案例5】冯某诉天津市城乡建设委员会、中华人民共和国住房和城乡建设部竣工验收备案行为及行政复议决定案①

【案情简介】冯某不服天津市城乡建设委员会作出的《天津市建设工程竣工验收备案书》编号：［津直］备字第2013－959，向中华人民共和国住房和城乡建设部提起行政复议申请。2016年12月29日，住建部作出被诉复议决定，决定对上述备案书予以维持，并于同年12月30日向冯某邮寄送达。冯某不服，向法院提起行政诉讼。

【裁判理由】当事人提起行政诉讼，应当符合行政诉讼受案范围的相关规定。根据当时有效的《最高人民法院关于适用〈中华人民共和国行政诉讼法〉若干问题的解释》② 第三条第一款第八项的规定，行政行为对其合法权益明显不产生实际影响的，已经立案的，应当裁定驳回起诉。参照《房屋建筑工程和市政基础设施工程竣工验收备案管理办法》第六条的规定，建设工程竣工验收备案是备案机关经对建设单位报送的竣工验收相关文件资料验证齐全后，在备案表上签署文件收讫的一种登记备查行为，该行为对公民、法人或者其他组织的权利义务不产生实际影响，裁定驳回了冯某的起诉，二审维持了原裁定。

（撰写人：张勤缘）

---

① 参见北京市第一中级人民法院（2017）京01行终441号行政裁定书。

② 已被《行诉解释》废止。

26

高等院校录取、颁发学历或学位证书、开除学籍行为是否可诉?

一、高等院校的行政法定位

兴办教育是国家的职责，教育权能本质上讲是一项为公众福利而生的公共权能，是一项服务民生的公权力。但作为抽象实体的国家，不可能直接行使教育权，只能把这项公权力分配给教育主管行政部门具体管理和实施，或通过法律、法规规章将一部分教育行政权授权给行政机构、企事业单位、社会团体等组织，二者无本质区别，都是公共权力行使的体现。而高等院校行使行政权的法律性质应界定为后者——因法律、法规、规章授权而取得行政权力的“授权性行政主体”，它是国家投资开办的公共资源设施，具有一定公权力性质。司法实践中，法院解决某些学生主张受教育权的教育行政案件，往往将这一理论作为受案依据。例如，1998 年“田永诉北京科技大学拒绝颁发毕业证、学位证案”的判决书中这样写道：“在我国目前情况下，某些事业单位、社会团体，虽然不具有行政机关的资格，但是法律赋予它行使一定的行政管理职权。这些单位、团体与管理相对人之间不存在平等的民事关系，而是特殊的行政管理关系。他们之间因管理行为而发生的争议不是民事诉讼，而是行政诉讼。”高等院校的授权性行政主体地位更加突出的表现是，教育行政部门授权高等院校“颁发学业证书、授予学位”的行为，即国家通过法律法规授予高等院校一部分教育公权力，高等院校必须严格依据法律法规明文规定的条件、标准等颁发学业证书、学位证书，不得随意扩大或缩小法定范围来限制甚至剥夺在校生的受教育权。否则，其行政行为就违反了上位法的规定，相对人顺理成章地享有包括提起申诉、复议或行政诉讼等在内的救济权利。

二、三种行为的性质分析

第一，就高等院校颁发学位证书而言，国务院学位委员会的学位授予权及学位授予单位的学位授予权实质上都是行政权，是国家管理学位事务的权力，不仅是一种以公共利益为出发点的自由裁量权，而且是一种具有国家强制力的公权力，不同于学校一般的内部管理权。学校内部管理权是随学校的成立而产生的，由国家法律规定的一种固有权利，后者则是依据《学位条例》基于有权机关的授权而取得的。因此，任何学校都具有对内部事务进行组织和管理的权力，但只有学位授予单位才具有学位授予权。

第二，就高等院校开除学籍行为而言，高等院校开除学生学籍的过程中，高等院校与学生之间是地位不对等主体间的行政法律关系，行政主体（处分权人）是高等院校，行政相对人（被处分人）是学生。高等院校对学生开除学籍的行为，针对的是特定的违纪违规学生，表现为确定的开除学籍决定，仅适用一次，且直接导致学生丧失作为学校成员的资格，与该资格相对应的权利义务也消灭。因此，开除学籍是行政主体——高等院校对学生作出的行政行为。高等院校对学生开除学籍，具有最终性，在高等院校将开除学籍决定送达学生后，决定生效，学生确定地、永远地丧失了作为该校成员的资格。同时，这也体现了开除学籍的制裁性，是对学生在该高等院校接受教育权利的剥夺，应当视为一种行政处罚。

第三，就高等院校录取行为而言，在我国，高等院校的招生章程是依据《教育法》《高等教育法》和教育部有关规定制定的，影响学生录取的规定中有些是对教育部规定的具体化，有些则是学校在有关部门批准之下自主决定的，如关于收费标准的规定。高等院校的招生简章是一种在国家法律、法规、规章授权范围内的自主权，因此，公立高等院校录取行为可以视为一种行政行为，如果因高等院校的招生简章导致录取行为违背了国家规定的公平原则，受侵害的考生有权利以高等院校为被告，提起行政诉讼。

三、三种行为的可诉性

所谓高等院校处分行为的可诉性，是指高等院校对于学生的处分行为可以纳入法院的行政诉讼案件的受案范围，也就是说，学生，即学位申请人、被录取人、被开除人或学位授予行为的相对人对高等院校不授予学位、不予录取、开除学籍的行为和结果不服，享有寻求司法救济的权利。2001 年我国法院受理的“陈晓琪侵犯齐玉苓受教育权案”，将公民人身权和财产权以外的其他权利、受教育权纳入了司法救济的范围。随着社会的飞速发展，各国法院对于行政案件的受理范围都在不断扩大，我国也不例外。2014 年《行政诉讼法》修改后，极大地扩大了行政诉讼的受案范围，将可诉行为的范围由“具体行政行为”修改为“行政行为”，同时将受保护的合法权益的范围由“人身权、财产权”扩大为“人身权、财产权等合法权益”。因此，除国家行为、抽象行政行为、内部人事管理行为和终局行政裁决行为等行政诉讼法明确排除的行为外，只要行政行为侵害了公民、法人或其他组织的人身权、财产权等合法权益，人民法院都应当受理。因此，高等院校根据法律、法规或者规章的授权，行使行政管理职权作出的行政行为侵犯相对人受教育权的，属于人民法院行政诉讼的受案范围。具体来说，高等院校享有的授予学位、录取、开除学生学籍的权力是一种法律、法规或者规章授予的行政管理职权，高等院校在上述行政法律关系中具有行政主体地位，其作出录取考生、授予学位、开除学籍的行为是行政行为。学生在完成了申请授予学位的相关程序而未被授予学位时，或者在达到了录取标准而未被录取时，或者在被不当的决定开除学籍时，其受教育权受到侵害，有权依法提起行政诉讼。

不过，需要注意的一点是被告适格问题，即高等院校作为非行政机关的事业单位，一般不具有行政主体资格，只有在法律、法规、规章授权下才有可能成为行政主体。因此其在行政诉讼中并非一概具有被告主体资格，要根据其作出行为是受法律、法规、规章授权还是受行政机关委托进行具体判断。根据《行诉解释》第二十四条第三款及第四款的规定，当事人对高等学校等事业单位以及律师协会、注册会计师协会等行业协会依据法律、法规、规章的授权实施的行政行为不服提起诉讼的，以该事业单位、行业协会为被告。当事人对高等学校等事业单位以及律师协会、注册会计师协会等行业协会受行政机关委托作出的行为不服提起诉讼的，以委托的行政机关为被告。

（撰写人：孙大申）

27

行政允诺行为是否可诉？

行政允诺是指行政主体为达到某种目的（如招商引资、解决历史遗留问题等），向特定或不特定的相对人作出的，承诺在某种情况出现或作出了某一特定行为后由自己（或自己所属的职能部门）完成某种行为或给予某种利益的单方意思；是行政主体为了实现一定的行政管理目的，依其行政职权和相应的法律、法规、政策所作出的待条件成就时履行相关义务的信守性承诺。

对于行政允诺的可诉性，《行政诉讼法》和《行诉解释》没有明确规定，但是从主体上看，行政允诺是由行政主体作出的；从内容上看，行政允诺包括假定条件和允诺义务两个部分，在假定条件成就时，行政主体允诺履行相应的义务；从对象上看，行政允诺具有不确定性；从效力上看，行政允诺仅对作出者即行政主体产生约束力。当特定的社会主体接受允诺并实施相应行为时，行政允诺即具备了法律关系的要素，使得行政主体向不特定人所允诺的义务演变为对特定人的义务，允诺的内容也就具有了强制性和确定性。因此，行政允诺具有可诉性。最高人民法院也认为，行政允诺行为属于行政诉讼受案范围。首先，最高人民法院行政审判庭《关于对山东高院鲁高法函〔1998〕150号请示的答复》明确：《荣成市经济技术开发区招商引资奖励办法》是荣成市经济技术开发区管委会行使行政职能，为吸引外资、加快辖区经济发展所采取的一项经济行政措施；由“市开发区管委会负责兑现”实质上是为自己设定了义务。行政主体不履行这种义务，当事人认为影响其合法权益，依法提起诉讼，属于行政诉讼受案范围。其次，《最高人民法院关于规范行政案件案由的通知》（法发〔2004〕2号）将“行政允诺”作为26种行政行为类型之一；最后，《最高人民法院关于依法保护行政诉讼当事人诉权的意见》（法发〔2009〕54号）要求“要依法积极受理行政给付、行政监督、行政允诺、行政不作为等新类型案件”。

虽然行政主体可以为了行政管理的需要，在行政法律规范没有明确规定的情况下就特定事项作出允诺，但行政允诺的事项必须符合允诺者的职权范围，行政允诺的内容不能违反法律法规和政策规定，不能作出无原则、无界限甚至损害他人利益或公共利益的允诺。人民法院在对行政允诺行为进行司法审查时，需要从允诺事项是否超越行政主体的职权范围，允诺内容是否违反法规规范和政策规定、是否具有可履行性，如果履行不能，能否采取相应的补救措施等方面进行综合考量。

【案例6】陈增某诉某镇人民政府行政允诺案①

【案情简介】2002年7月26日，某镇党委和某镇人民政府（即本案被告，以下简称镇政府）根据上级的会议精神，联合作出富发〔2002〕04号《关于开展“百日招商竞赛”活动的意见》（以下简称富发〔2002〕04号文件），要求全镇各级党政组织、企事业单位乃至全社会积极参与招商引资活动，并规定对“百日招商竞赛”活动进行考核、奖惩。竞赛活动成果考核期从2002年8月至同年12月。该期间开工建设的项目作为招商成果考核，根据到账资金或厂房、设备的有效凭证按比例给予分档奖励：500万元（含500万元）以上1000万元以下，按4‰给予一次性奖励；超过1000万元（含1000万元）按5‰给予一次性奖励。凡引进资金的，考核时需经投资者确认，兑现奖项。2002年10月，原告陈增某提供信息，最终佳能公司决定投资，拟新组建企业集团公司，后于2004年

---

① 参见江苏省东台市人民法院（2007）东行初字第0047号行政判决书。

7月以“冶金环保机械有限公司”为企业名称经工商部门注册成立，注册资金1500万元。同时，与该镇建筑工程总公司达成协议，由建筑工程总公司负责冶金环保机械有限公司的基建工程内1#、2#厂房的建设。2002年12月4日，冶金环保机械有限公司向建筑工程总公司支付20万元工程款。建筑工程总公司于2002年年底开工建设。2003年2月18日，该镇镇长代表冶金环保机械有限公司与建筑工程总公司补签了一份《建设工程施工合同》。2003年3月18日，镇党委和被告镇政府共同作出〔2003〕04号《关于表彰2002年度三个文明建设先进集体、先进个人的决定》，原告被表彰为2002年度全镇招商引资工作先进个人。后因佳能公司的工程款未按期到位，2003年年底1#厂房建成，2#厂房仅浇筑基础后停工。2005年2月2日，镇建筑工程总公司与冶金环保机械有限公司就建筑工程总公司包工包料完成的1#厂房，总价为523万元工程达成协议并签订了《协议书》。2006年7月8日，被告向原告出具《关于兑现陈增某同志招商引资奖的意见》，该意见载明：1. 陈增某同志于2002年10月提供信息，使佳能公司在我镇落户上马，但由于佳能公司当年投入较少，2005年该公司才正式投入运营，按照富发〔2002〕04号文件精神，陈增某同志的招商引资奖金难以到位。2. 根据陈增某同志招商引资提供信息的实际情况，结合现有的文件规定，现提出如下意见：到2006年年底，经考核，若冶金环保机械有限公司年缴纳税金400万元以上，即给予陈增某同志兑现奖金3万元。原告于2006年8月14日以被告违反当初的约定为由，诉至法院，要求判令被告按富发〔2002〕04号文件的规定，兑现招商引资奖7.5万元。

【裁判理由】根据当时有效的《最高人民法院关于执行〈中华人民共和国行政诉讼法〉若干问题的解释》第一条规定，公民、法人或者其他组织对具有国家行政职权的机关和组织及其工作人员的行政行为不服，依法提起诉讼的，属于人民法院行政诉讼的受案范围。《地方各级人民代表大会和地方各级人民政府组织法》第五十四条规定：地方各级人民政府是地方各级人民代表大会的执行机关，是地方各级国家行政机关。该法第六十一条第二项规定，乡、民族乡、镇的人民政府行使执行本行政区域内的经济和社会发展计划、预算，管理本行政区域内的经济、教育、科学、文化、卫生、体育事业和财政、民政、公安、司法行政、计划生育等行政工作的职权；第七项规定，乡、民族乡、镇的人民政府行使办理上级人民政府交办的其他事项的职权。本案被告作为乡镇一级的人民政府，具有行政主体资格，其出台富发〔2002〕04号文件开展“百日招商竞赛”活动，是为了贯彻落实上级会议精神，推进经济发展，提升全镇开放型经济的层次和水平，具有明显的行政目的性，是履行行政职权的行为。被告在文件中允诺包括该镇范围内特定的人在特定的期限内招商引资成功，按引资额的一定比例给予奖励，属于被告自由裁量范围的行政允诺行为，该行为不违反法律、法规和政策的规定。根据当时有效的《最高人民法院关于执行〈中华人民共和国行政诉讼法〉若干问题的解释》第一条和《最高人民法院关于规范行政案件案由的通知》的有关规定，原告要求被告履行按允诺兑现招商引资奖的义务，属于人民法院行政案件的受案范围。富发〔2002〕04号文件规定，竞赛活动成果考核期从2002年8月到12月，该期间开工建设的项目作为招商成果考核。原告提供信息引进的佳能公司在2002年12月底开工建设，在规定的考核期间内，符合富发〔2002〕04号文件规定。被告应当对原告的招商成果进行考核，并根据考核结果按富发〔2002〕04号文件规定履行向原告兑现招商引资奖的允诺。后被告单方作出变更原告招商引资奖金的意思表示，与富发〔2002〕04号文件不一致，也没有法律依据和事实根据，有违诚信政府和依法行政的要求。但原告主张其奖金应为冶金环保机械有限公司的注册资金1500万元乘以5‰即7.5万元依据不足，应按结算的建筑工程总造价款523万元计算奖励金额，属于500万元（含500万元）以上、1000万元以下按4‰给予奖励的档次标准，即被告应兑现给原告招商引资奖励为523万元×4‰，即20920元。依照2014年修改前的《行政诉讼法》第五十四条第三项的规定，判决被告镇人民政府于本判决生效后10日内按富发〔2002〕04号文件履行兑现原告陈增某招商引资奖20920元的义务。

（撰写人：王开平）

28

行政奖励行为是否可诉？

行政奖励是指行政机关或者法律法规授权的具有行政奖励权限的组织依照法定条件和程序，对为国家、人民和社会作出突出贡献或者模范地遵纪守法的行政相对人，给予物质的或者精神的奖励，以此来表彰先进、激励后进，充分调动和激发人们的积极性和创造性的行政行为。行政奖励有很多种形式，如精神奖励、物质奖励、授权性奖励等，但常用的是精神奖励和物质奖励。

行政奖励是克服传统的“命令—服从”模式而出现的一种新型的、功效显著的行政管理手段。伴随着全民教育水平的提高，公民的维权意识也在增强。与以往的强制性、制裁性的手段相比，管理者也开始以服务者的意识来弱化行政行为的强制性，以诱导、鼓励方式，来提高被管理者的积极主动性，从而提高行政行为的效率和效果。行政奖励制度体现了我国法治以人为本的理念，不仅有利于行政目标的实现，而且使公民的地位得到提高和尊重。因此，在现代法治社会，发挥着越来越重要的作用。恰当地使用行政奖励可以调动行政相对人实现行政目的的积极性和创造性，有效地提高行政部门的管理绩效。

尽管我国部分法律、法规、规章早已对行政奖励有所提及，也有很多学者对其相关内容进行了探讨，但是我国没有行政奖励方面的专门立法，甚至相关条文都很少，致使行政机关行政奖励的授予处于一种极为混乱的局面，如行政机关自由裁量权滥用；行政机关之间职责不明，相互推诿；行政奖励标准模糊，程序缺失等问题频出。由此导致因行政奖励引发的行政争议进入法院，形成诉讼，随之行政奖励是否属于行政诉讼受案范围的争议就出现了。

对于行政奖励行为的可诉性，行政诉讼法并未予以明确，但是在审判实务中，法院对此问题的态度存在从消极不受理到积极受理的转向。这方面比较典型的是税务举报奖励的可诉性问题。从法院受理案件的情况看，当事人不仅可以就税务机关未履行或未按标准履行发放举报奖金的行为提起诉讼，甚至还可以就税务机关调查违法发票迟延致其无法及时领取奖金这样的问题提起诉讼。最高人民法院就此问题尚未作出解释、批复和裁判，但是其编写的《人民法院案例选》《行政审判与行政执法》等刊物已多次登载了法院受理行政奖励诉讼的案例，亦有某种导向作用。[①]

【案例 7】马某诉郑州市管城国家税务局行政奖励案[②]

【案情简介】2000 年 3 月 23 日，郑州市国家税务局下发郑国税发〔2000〕155 号文件，该文件第五项规定：“举报发票违章案件经查实后，举报人每次可获奖励 100 ~ 500 元。”第四项规定：“消费者一次取得同一单位或者个人数份假发票（或违章发票）等，分次举报的，只可获得一次奖励。”该文件在郑州市税务部门的办事大厅张贴，内容曾向社会广为宣传。原告于 2004 年 8 月 16 日

① 王振宇：《行政诉讼的诉权保护》，载《人民司法·应用》2010 年第 7 期。

② 参见《人民法院案例选》。

向郑州市国家税务局举报了16家商户发票违章，郑州市国家税务局指定由被告作出处理。被告于同年11月16日决定对其中的15份发票向原告马某奖励200元（对另外一份发票奖励100元），11月19日向原告马某发出领奖通知。原告马某认为被告没有严格依规定足额发放奖金，遂向法院提起诉讼。

【裁判理由】被告郑州市管城国家税务局针对原告马某举报的15家不同单位的发票违章作出一次奖励，不符合郑州市国家税务局相关文件精神。原告马某的诉讼请求，理由正当，法院予以支持。关于本案领奖通知是否属于人民法院行政诉讼受案范围的问题，法院认为：依照《发票管理办法》第六条："对违反发票管理法规的行为，任何单位和个人可以举报。税务机关应当为检举人保密，并酌情给予奖励。"郑州市国家税务局依此下发〔2000〕155号文件，对符合文件规定的条件予以奖励，被告郑州市管城国家税务局为履行国家行政管理职能向社会公开承诺举报有奖，属于行政诉讼受案范围。根据2014年修改前《行政诉讼法》第五十四条①第二款第一项之规定，判决：一、撤销被告郑州市管城国家税务局于2004年11月19日向原告马某作出的针对15份发票违章案件的举报领奖通知。二、被告郑州市管城国家税务局对原告马某举报15份发票违章的行为按照有关规定重新兑奖。

（撰写人：王开平）

29

上级机关对下级机关层级监督行为是否可诉？

目前我国对行政执法的监督有很多种类，主要有国家权力机关的监督、司法监督、行政机关内部的层级监督和监察、审计等专门监督以及民主监督、舆论监督和群众监督等。

所谓行政层级监督，是指行政系统内部基于层级隶属关系而产生的上级行政机关对下级行政机关、政府对所属部门的行政执法活动进行的检查、监督和处理。目

① 对应现行《行政诉讼法》第六十九条。

前我国行政执法层级监督主要有两种形式，一种是行政复议监督，另一种指行政系统内部的上级行政机关对下级行政机关、各级行政机关对其所属工作部门之间基于行政隶属关系而形成的一种监督方式。根据《行政诉讼法》的规定，行政复议监督当然具有可诉性。而区别于行政复议监督，我们本节所讨论的行政层级监督方式，即一般意义上的行政层级监督。

在行政权监督体系中，行政层级监督是其中不可缺失的重要一环。一般说来，在行政层级监督关系中，监督主体始终处于主导地位，监督对象则处于从属地位，相互之间具有严格的层级性，上级行政机关便据此对下级行政机关施加影响并实施监督。行政执法层级监督主体是行政执法行为实施者的上级机关，如果监督对象是政府，则其上级政府是监督主体，如果监督对象是行政执法部门，则该部门所属本级政府和上级部门是监督主体；监督的客体是享有行政执法权，进行行政执法活动的行政执法部门以及具体进行行政执法活动的工作人员，行政执法部门包括行政机关和法律、法规、规章授权的组织。无论是监督主体还是监督客体，都是政府内部的组成部分，其监督过程及处理结果都是在政府内部发生的。

目前，我国有关行政层级监督的规定散见于不同效力层次的法律体系中。首先，在宪法和组织法层面上，明确规定了行政层级监督的框架。这种监督框架初步形成于1954年的宪法，成熟于1982年宪法。根据1982年宪法的规定，国务院统一领导全国各级国家行政机关的工作，有权改变或者撤销各部、各委员会发布的不适当的命令、指示和规章以及地方各级国家行政机关不适当的决定和命令。而县级以上的地方各级人民政府领导所属各工作部门和下级人民政府的工作，有权改变或者撤销所属各工作部门和下级人民政府的不适当的决定。在此基础上，《国务院组织法》《地方各级人民代表大会和地方各级人民政府组织法》等法律对中央政府与地方政府之间以及县级以上政府与其所属工作部门和下级政府之间基于行政隶属关系而产生的监督进行了进一步的规定。其次，在专门法层面上，对行政层级监督进行了补充性、具体性规定。如《行政处罚法》第五十四条规定，行政机关应当建立健全行政处罚监督制度，县级以上人民政府应当加强对行政处罚的监督检查，为行政处罚的层级监督提供了明确的法律依据。类似的专门立法规定有《行政复议法》《行政许可法》《行政监察法》《审计法》《法规规章备案条例》《信访条例》等，为专门种类的行政层级监督提供了相应的法律依据。再次，在国务院文件层面上，国务院多次下发文件对加强行政层级监督提出要求。如1993年的《国务院关于加强政府法制工作的决定》、1996年的《国务院关于贯彻实施〈中华人民共和国行政处罚法〉的通知》、1999年的《国务院关于全面推进依法行政的决定》、2004年的《全面推进依法行政实施纲要》、2008年的《国务院关于加强市县政府依法行政的决定》，等等。上述都是关于行政层级监督的国家政策依据。最后，在地方性法规、规章层面上，县级以上政府为了响应中央文件精神，均纷纷制定了适合本地实际的依法行政方面的地方性法规或规章，其中包括行政层级监督某一方面的专门规定。①

人民法院对上级行政机关行使职权行为的层级监督行为的审查应当依照行政诉讼法以及相关司法解释的规定进行。上级行政机关不改变或者不撤销所属各工作部门及下级机关决定、命令的，一般并不直接设定当事人新的权利义务，当事人可以通过直接起诉所属工作部门或者下级行政机关作出的行政行为来维护合法权益。在存在更为有效便捷的救济方式的情况下，当事人坚持起诉上级行政机关不履行层级监督职责，不具有权利保护的必要性和实效性，也不利于纠纷的及时解决，且易于形成诉累。根据《行诉解释》第一条第二款第八项规定，“上级行政机关基于内部层级监督关系对下级行政机关作出的听取报告、执法检查、督促履责等行为”不属于人民法院行政诉讼受案范围。因此，上级行政机关是否受理当事人的反映、是否启动层级监督程序、是否改变或者撤销所属各工作部门及下级机关的决定、命令等，不属于司法监督范畴。也就是说，起诉上级行政机关不履行层级监督职责，不属于行政诉讼受案范围。例如，在房屋征收与补偿中，被征收人依据《国有土地上房屋征收与补偿条例》第六条第一款和第三十条请求上级人民政府履行监督职能，查处并纠正下级人民政府在房屋征收与补偿工作中的违法行为，由于此种职权系基于上下级行政机关之间的层级监督关系而形成，不具有可诉性。

【案例8】张某等诉北京市通州区人民政府不履行查处村务公开法定职责案②

【案情简介】2017 年 4 月 25 日，原告以邮寄方式将 2017 年 4 月 24 日书写的《申请》寄给被告通州区政府，《申请》主要内容为，原告通过信息公开方式向张家湾镇政府和施园村村委会申请了 2015 年、2016 年施园村对土地确权费每年 2000 元、半年 1000 元的发放形式、实际的发放人数及名单，第二项是公开施园村所有工作人员及务工人员名单和收入。因施园村村主任在工作中有侵权和违规行为，请领导监督执行。被告收到《申请》后，以《群众来信摘报》方式批转张家湾镇政府办理。张家湾镇政府于 2017 年 5 月 18 日作出张政信不受字〔2017〕53 号《不予受理告知书》，未受理原告的《申请》。被告称该《不予受理告知书》已送达原告，但原告予以否认。

---

① 赵亚杰：《论我国行政层级监督的现实困境与路径选择》，载《行政与法》2012 年第 5 期。

② 北京市第四中级人民法院（2017）京 04 行初 820 号行政裁定书。

【裁判理由】原告向被告递交申请，要求被告依法监督下级机关张家湾镇政府履行公开施园村村务信息的职责。被告作为张家湾镇政府的上级机关，虽然具有领导和监督下级机关的职责，但原告诉请事项属于上级行政机关对下级行政机关内部监督职责的范畴，不属于人民法院行政诉讼的受案范围。故原告的起诉不符合法定起诉条件，依法应予驳回。

（撰写人：王小虎）

30

对涉及公务员录取、晋升、奖励、处分等行为不服可否起诉？

“公务员”一词在不同国家有着不小的差异。如在美国、法国等，公务员一般指文官、事务官、行政官吏等。而在我国，根据《公务员法》第二条的规定，公务员是指依法履行公职、纳入国家行政编制、由国家财政负担工资福利的工作人员。国家权力机关、国家行政机关、国家审判机关、国家检察机关、党派机关、政协机关、人民团体所使用的人员均为公务员。从规范宪法学的角度看，作为公民意义上的公务员，理应享有与一般公民无二的人格尊严不受侵犯的权利、财产权、劳动权、提起申诉控告的权利、国家赔偿请求权等宪法上的基本权利。不过需要指出的是，公务员对国家负有特别的公共服务义务，亦有遵守纪律及服从长官及达成任务之义务，故公务员的基本权利应当受到比一般公民较多的限制，其救济途径也不可能完全等同于普通公民。

《公务员法》作为我国公务员权利保障的“基本法”，规定了一个较为具体并且具有可操作性的处分救济途径范式。根据我国《公务员法》规定，公务员对涉及本人的法律规定范围内的人事处理不服的，可以自知道该人事处理之日起 30 日内向原处理机关申请复核；对复核结果不服的，可以自接到复核决定之日起 15 日内，按照规定向同级公务员主管部门或者做出该人事处理的机关的上一级机关提出申诉；也可以不经复核，自知道该人事处理之日起 30 日内直接提出申诉。

因此，行政机关针对公务员所作出的具有处分性质的行为和其他人事处理，如对于公务员的录用、晋升、奖励、处分的行为等，均属于针对公务员的管理行为，又称行政机关内部行政行为，虽关系到公务员的切身利益，但并非行政复议和行政诉讼监督调整的行政管理法律关系，应当根据《公务员法》的规定寻求救济。依现行的行政复议法，公民只有认为具体行政行为侵犯其合法权益时，方可申请行政复议。对于行政机关的内部处分决定，不能提起复议。《行政诉讼法》第十三条将“公务员处分”视为内部行政行为，排除了对“行政机关对行政机关工作人员的奖惩、任免等决定”进行诉讼的可能性。

综上所述，公务员作为我国特殊的公民群体，其公民权利需要在公务员义务的基础之上得以体现。因此在行政机关的工作过程中，行政机关对于公务员所作出的晋升、奖励、处分行为应当被视为一种行政机关内部行为，不属于行政诉讼的受案范围，公务员如果对相关行为有不同意见，应当按照《公务员法》《行政机关公务员处分条例》等规定进行申诉。

（撰写人：孙大申）

31

行政规范性文件是否可诉?

《行政诉讼法》第十三条规定，人民法院不受理公民、法人或者其他组织对行政法规、规章或者行政机关制定、发布的具有普遍约束力的决定、命令提起的诉讼。同时，《行诉解释》第二条第二款又对“具有普遍约束力的决定、命令”作出进一步的解释，是指行政机关针对不特定对象发布的能反复适用的规范性文件。由此可见，行政机关针对不特定对象制定、发布的可以反复适用的规范性文件的行为，属于行政机关制定、发布具有普遍约束力的决定、命令的行为，不属于行政诉讼的受案范围。公民、法人或者其他组织不能直接针对政府制定的规范性文件提起诉讼，要求法院判决撤销或者确认违法、无效。即使法院在个案中认为被诉行政行为所依据的规范性文件违法而不予适用，也不会导致该规范性文件自动废止。在实务界和学术界，对于规范性文件不能纳入受案范围的支持理由主要是：第一，依照宪法和有关组织法的规定以及我国人民代表大会的政治制度，确认规范性文件是否合法，是否予以撤销、改变的权力属于国家权力机关和上级机关，人民法院无此权力。第二，规范性文件一般情况下不会直接侵害公民、法人或者其他组织的合法权益，它需要通过具体行政决定的转化才会影响相对人权益。第三，规范性文件具有较多的政策成分，不便于法院介入和审查。第四，我国司法体制还处在进一步完善之中，法官的素质恐难胜任对规范性文件的审查。第五，将规范性文件排除在行政诉讼受案范围之外，符合行政诉讼法“循序渐进”的基本原则。

但是，法院不能受理对规范性文件提起的诉讼，不等于法院对其完全不能审查，2014 年《行政诉讼法》修订，新增规范性文件一并审查制度。根据行政诉讼法及相关司法解释的规定，公民、法人或者其他组织认为行政行为所依据的国务院部门和地方人民政府及其部门制定的规范性文件不合法，在对行政行为提起诉讼时，可以一并请求对该规范性文件进行审查。提出时间应在第一审开庭审理前，有正当理由的，也可以在法庭调查中提出。人民法院对规范性文件进行一并审查时，可以从规范性文件制定机关是否超越权限或者违反法定程序、作出行政行为所依据的条款以及相关条款等方面进行。经审查认为行政行为所依据的规范性文件合法的，应当作为认定行政行为合法的依据；经审查认为规范性文件不合法的，不作为人民法院认定行政行为合法的依据，并在裁判理由中予以阐明。作出生效裁判的人民法院应当向规范性文件的制定机关提出处理建议，并可以抄送制定机关的同级人民政府、上一级行政机关、监察机关以及规范性文件的备案机关。规范性文件不合法的，人民政府可以在裁判生效之日起 3 个月内，向规范性文件制定机关提出修改或者废止该规范性文件的司法建议。规范性文件由多个部门联合制定的，人民法院可以向该规范性文件的主办机关或者共同上一级行政机关发送司法建议。接收司法建议的行政机关应当在收到司法建议之日起 60 日内予以书面答复。情况紧急的，人民法院可以建议制定机关或者上一级行政机关立即停止执行该规范性文件。

【案例 9】杨某某诉山东省人民政府规范性文件审查告知案①

【案情简介】杨某某于 2015 年 5 月 5 日向济南市中级人民法院起诉称，《济南市人民政府征收土地公告》（济征公告〔2014〕60 号）涉及杨某某及配偶的房屋拆迁补偿，杨某某认为该公告依据的鲁价费发〔2008〕178 号《关于济南等三市调整征地地面附着物和青苗补偿标准的批复》（以下简称 178 号批复）违法，于 2014 年 2 月 25 日依据《山东省行政程序规定》第五十五条的规定向山东省人民政府法制办公室提出审查申请。山东省人民政府法制办公室于 2014 年 4 月 1 日作出鲁府法备告字〔2014〕2 号《规范性文件审查结果告知书》，确认 178 号批复合法有效。杨某某认为山东省人民政府法制办公室的审查行为认定

① 山东省济南市中级人民法院（2015）济行初字第 228 号行政裁定书。

事实不清，处理结果错误，故向法院起诉山东省人民政府，请求依法判决撤销鲁府法备告字〔2014〕2 号《规范性文件审查结果告知书》。

【裁判理由】行政相对人对行政法规、规章或者行政机关制定、发布的具有普遍约束力的决定、命令提起诉讼的，不属于人民法院行政诉讼的受案范围。"具有普遍约束力的决定、命令"，是指行政机关针对不特定对象发布的能反复适用的行政规范性文件，即行政法理论上所称的抽象行政行为。抽象行政行为未被纳入行政诉讼受案范围，其主要理由是抽象行政行为一般情况下不会直接侵害公民、法人或者其他组织的合法权益，它需要通过行政行为的转化才会影响行政相对人的权益。因此，依据现行法律规定，行政相对人如认为行政机关的行政行为所依据的行政规范性文件不合法，可以在对行政行为申请行政复议时，一并向行政复议机关提出对该规范性文件的审查申请，也可以在对行政行为提起诉讼时，一并请求对该规范性文件进行审查，而不能直接针对行政规范性文件提起行政复议或者行政诉讼。本案中，杨某某向人民政府法制机构申请审查的 178 号批复即是行政机关制定的具有普遍约束力的行政规范性文件。《山东省行政程序规定》第五十五条规定："公民、法人和其他组织认为规范性文件违法的，可以向制定机关或者本级人民政府法制机构提出书面审查申请。接到申请的制定机关或者政府法制机构应当受理，并自收到申请之日起 60 日内作出处理；情况复杂，不能在规定期限内处理完毕的，经审查机关负责人批准，可以适当延长，但是延长期限最多不超过 30 日。处理结果应当书面告知申请人。"行政相对人认为规范性文件违法，有权向制定机关或者人民政府法制机构提出书面审查申请，接到申请的制定机关或者政府法制机构应当受理，并依法作出处理。但由于规范性文件不属于行政复议和行政诉讼的受案范围，规范性文件制定机关或者政府法制机构针对规范性文件的审查处理行为同样也不属于行政复议和行政诉讼的受案范围。综上，山东省人民政府对规范性文件的审查处理行为不属于行政诉讼的受案范围，杨某某以规范性文件及山东省人民政府对规范性文件的审查结果对其权利义务产生实际影响为由，直接向人民法院提起诉讼，系对法律的误解，理由不能成立，不予支持，故裁定驳回杨某某的起诉。

（撰写人：万颖颖）

32

人事争议仲裁行为是否可诉？

人事关系是一种受到法律、法规政策所约束的雇佣关系，与依据劳动法，通过劳动者与企业意思自治而建立起的劳动关系不同，人事关系往往存在于机关、事业单位、社会团体等及其工作人员之间，具有较强的公法性质。在这种人事关系中，因实现权利或者履行义务而产生的矛盾，即人事争议。

应当注意的是，并非所有的人事争议都能够被纳入人事争议仲裁委员会的仲裁范围，依据2011年8月15日由中组部、人力资源社会保障部、总政治部印发的《人事争议处理规定》（人社部发〔2011〕88号）第二条，人事争议主要是指实施公务员法的机关与聘任制公务员之间、参照《公务员法》管理的机关（单位）与聘任工作人员之间因履行聘任合同发生的争议；事业单位与工作人员之间因解除人事关系、履行聘用合同发生的争议；社团组织与工作人员之间因解除人事关系、履行聘用合同发生的争议；军队聘用单位与文职人员之间因履行聘用合同发生的争议；依照法律、法规规定可以仲裁的其他人事争议。

有的观点认为，首先，仲裁机构是民间组织，非行政机关，因此其所作出的仲裁行为不具有公权力的性质；其次，大多数情况下，仲裁是当事人之间意思自治的选择。综上，对仲裁行为不服是不能提起行政诉讼的。但有的观点认为，根据《人事争议处理规定》第七条之规定，人事争议仲裁委员会由公务员主管部门代表、聘任（用）单位代表、工会组织代表、受聘人员代表以及人事、法律专家组成。同级人民政府分管人事工作的负责人或政府人事行政部门的主要负责人任人事争议仲裁委员会主任。因此，人事争议仲裁委员会有很强的行政管理性质，且可仲裁的人事争议内容直接涉及当事人的人身权和财产权，应当允许对人事争议仲裁委员会的仲裁行为提起行政诉讼。

根据《行诉解释》第一条第二款第二项之规定，法律规定的仲裁行为不属于人民法院行政诉讼的受案范围。由此可见，法律规定以外的仲裁并非属于《行诉解释》的排除范围。因此，《最高人民法院对人事争议仲裁委员会的仲裁行为是否可诉问题的答复》（〔2003〕行他字第5号）明确规定：人事争议仲裁是人事主管部门对当事人的人事争议进行的认识裁决，该裁决直接涉及当事人的人身权、财产权，可依法提起行政诉讼，但国家行政机关与其工作人员之间发生的人事争议和事业单位与其工作人员之间因辞职、辞退及履行聘用合同所发生的争议除外。对人事争议仲裁委员会的仲裁行为是否可诉，分情况作出如下分析。

首先，《公务员法》第一百零五条明确指出，聘任制公务员与所在机关之间因履行聘任合同发生争议的，可以自争议发生之日起60日内申请仲裁。当事人对仲裁裁决不服的，可以自接到仲裁裁决书之日起15日内向人民法院提起诉讼。由此，实施公务员法的机关与聘任制公务员之间、参照《公务员法》管理的机关（单位）与聘任工作人员之间因履行聘任合同发生的争议，经过人事争议仲裁委员仲裁而不服的，应当按照民事诉讼程序提起诉讼，而不能以人事争议仲裁委员会为被告，对其仲裁行为提起行政诉讼。

其次，人事争议仲裁委员会对事业单位与工作人员之间因解除人事关系、履行聘用合同发生的争议进行的仲裁，也不可以提起行政诉讼。这一点在《最高人民法院关于人民法院审理事业单位人事争议案件若干问题的规定》中进一步得到明确。其第一条规定，事业单位与其工作人员因辞职、辞退及履行聘用合同所发生的争议，适用《劳动法》的规定处理，为事业单位人事争议仲裁提供了法律依据。其第二条规定，当事人对依照国家有关规定设立的人事争议仲裁机构所作的人事争议仲裁裁决不服，自收到仲裁裁决之日起15日内向人民法院提起诉讼的，人民法院应当依法受理。一方当事人在法定期间内不起诉又不履行仲裁裁决，另一方当事人向人民法院申请执行的，人民法院应当依法执行，为不服事业单位人事争议仲裁的当事人提供了民事诉讼的司法救济途径。

最后，关于社团组织与工作人员之间因解除人事关系、履行聘用合同发生的争议以及军队聘用单位与文职人员之间因履行聘用合同发生的争议等，由于此类人事争议仲裁未经法律明确设定，通常是由法规或者规章设定，有观点甚至认为，此类人事争议仲裁实质上是一种行政裁决，因此其可诉讼性并不当然地被排除于行政诉讼受案范围。而且，《劳动人事争议仲裁办案规则》虽然对前述四类人事争议仲裁制定了统一的程序和规则，但是关于当事人对裁决不服的救济途径，只于第五十五条规定，当事人对裁决不服向人民法院提起诉讼的，按照调解仲裁法有关规定处理。故对这两类人事争议仲裁不服的，是否可以通过民事诉讼途径进行司法救济也莫衷一是。因此，在司法实践中，应当根据《最高人民法院对人事争议仲裁委员会的仲裁行为是否可诉问题的答复》的内容，对这两类涉及人身权、财产权的人事争议仲裁，允许当事人提起行政诉讼。

（撰写人：胡荣）

33

如何判断行政调解行为的可诉性?

随着我国社会经济的发展，社会矛盾日益多元和复杂，行政调解作为一种更为灵活、高效的纠纷化解手段应运而生，被广泛地应用于治安、交通、工商、环保等领域。目前，行政调解在我国缺乏统一的立法，较为分散地存在于不同层级的法律、法规、规章以及规范性文件等中。据统计，涉及行政调解的法律有 40 多部，行政法规以及规章有近 80 部，除此之外，地方性法规及地方政府规章大约有 120 部，再加上大量的规范性文件，共同指导着行政调解的实施①。比如，《治安管理处罚法》第九条规定，对于因民间纠纷引起的打架斗殴或者毁损他人财物等违反治安管理行为，情节较轻的，公安机关可以调解处理。经公安机关调解，当事人达成协议的，不予处罚。经调解未达成协议或者达成协议后不履行的，公安机关应当依照本法的规定对违反治安管理行为人给予处罚，并告知当事人可以就民事争议依法向人民法院提起民事诉讼。《道路交通安全法》第七十四条规定，对交通事故损害赔偿的争议，当事人可以请求公安机关交通管理部门调解，也可以直接向人民法院提起民事诉讼。经公安机关交通管理部门调解，当事人未达成协议或者调解书生效后不履行的，当事人可以向人民法院提起民事诉讼。

通过上文列举的不同法律有关行政调解的规定，可以总结行政调解具有如下特征：首先，行政调解的主持工作主是要由行政机关或其职能部门负责，但是行政调解的规定均是原则性和概括性的，缺乏具体的调解程序和规则内容。其次，行政调解绝大多数针对的是民事纠纷，并且是属于负责调解的行政机关行政职权管理范围内的民事纠纷。但是，也有少数行政纠纷可以进行行政调解，如《行政复议法实施条例》第五十条第一款规定，公民、法人或者其他组织对行政机关行使法律、法规规定的自由裁量权作出的具体行政行为不服申请行政复议的；当事人之间的行政赔偿或者行政补偿纠纷，行政复议机关可以按照自愿、合法的原则进行调解。最后，应当注意的是，行政调解不具有强制性，主要表现在两方面：第一，

① 张嘉：《我国行政调解制度的弊端及完善》，载《法制与社会》2017 年第 8 期。

行政机关不能强制各方当事人必须接受调解或必须达成调解协议；第二，即便经行政调解达成协议，该协议也并不具有强制性执行力。未达成协议或者调解书生效后不履行的，当事人也只能向人民法院就民事纠纷提起诉讼。综上，行政调解虽然主要是由行政机关负责，但由于大多数情况针对的是民事纠纷，且行政调解本身及其调解协议不具有强制力，学界与司法实践一致认为，行政调解行为不具有可诉性。《行诉解释》第一条第二款第二项也规定，调解行为不属于人民法院行政诉讼的受案范围。

而对于行政纠纷调解协议的效力，《行政复议法实施条例》第五十条第二款、第三款规定，当事人经调解达成协议的，行政复议机关应当制作复议调解书。调解书应当载明行政复议请求、事实、理由和调解结果，并加盖行政复议机关印章。行政复议调解书经双方当事人签字，即具有法律效力。调解未达成协议或者调解书生效前一方反悔的，行政复议机关应当及时作出行政复议决定。此时双方达成调解协议，复议机关制作调解书，与一般民事纠纷经行政调解达成的协议不同，该调解书被赋予了法律效力。依据《行诉解释》第一百五十二条第一款规定，对发生法律效力的行政调解书，负有义务的一方当事人拒绝履行的，对方当事人可以依法申请人民法院强制执行。虽然此时调解书具有了强制执行力，但由于整个调解过程遵循的是自愿原则，允许当事人在调解书签字生效之前反悔，再鉴于《行诉解释》并未限定不属于受案范围的调解行为仅针对的是民事纠纷，因此，笔者认为，针对行政纠纷的行政调解行为仍不具有可诉性。

由于行政调解的规定分散且概括，实践中部分行政调解只是虚有其名，因此，对于以下几种情况，笔者认为应当属于人民法院的受案范围：第一，以行政调解之名，行行政行为之实。也就是行政机关以自身的意愿强制要求当事人接受调解，作出“调解协议”，但赋予该协议强制执行的效力，即设定、变更、消灭当事人之行政权力和义务，违背了行政调解自愿参与、随时退出的性质，本质上是一种“行政行为”，具有可诉性。第二，行政机关不履行调解义务的。前文《道路交通安全法》虽然规定的是对交通事故损害赔偿的争议，当事人可以请求公安机关交通管理部门调解，但言下之意，一旦当事人提出请求，公安机关交通管理部门就有义务展开调解工作。更为明确的是，《工商行政管理所条例》第六条规定了工商所的职责，其中第三项就是监督检查辖区内经济合同的订立及履行，调解经济合同纠纷。因此，如果当事人向行政机关请求调解，而负有调解义务的行政机关明确拒绝或者不愿采取调解的，属于行政机关不作为，当事人可以向法院提起履责之诉。第三，复议调解书违反法律规定的。虽然复议机关制作的调解书于当事人签字后便具有了法律效力，但调解书的内容不应当违背合法性原则的要求，一旦发现其内容具有重大且明显违法情形的，应当允许当事人依据《行政诉讼法》第七十五条之规定，提起确认无效之诉。

（撰写人：胡荣）

34

如何理解行政指导行为的可诉性？

行政指导是指国家行政机关在其所管辖事务的范围内，对于特定的公民、企业、社会团体等，通过制定诱导性法规、政策、计划、纲要等规范性文件以及采用具体的示范、建议、劝告、鼓励、提倡、限制等非强制性方式并付之以利益诱导促使相对人自愿作出或不作出某种行为，以实现一定行政目的的行为。[①] 对于行政指导行为的可诉性，应当从以下几个方面进行理解。

第一，《行诉解释》第一条第二款第三项明确规定，行政指导行为不属于人民法院行政诉讼的受案范围，即行政指导行为不具有可诉性。一般来说，随着行政管理手段的多样化，行政管理方式逐渐从管制行政向服务行政转变。行政指导行为在社会生活中被广泛运用，行政指导行为的显著特征是非强制性，充分体现在行政管理领域中，公民的参与性、互动性、平等性以及可选择性。

第二，针对行政指导行为，公民、法人或者其他组织并没有服从的义务，行政主体与行政相对人之间也不产生法定权利义务关系。一般情况下，行政指导行为是一种相对柔性的行政活动，行政机关并无形成行政法律关系的意愿。不同于行政机关的一般行为方式，对于行政指导行为的相对人可以自愿表示接受或者拒绝该行政指导行为，也即具有可选择性，而非必须遵从，也是基于此，将行政指导行为从受案范围内排除，属于不可诉的行政行为。《行诉解释》中虽规定的是“不具有强制力的行政指导行为”，但并不意味着还有一类具有强制力的行政指导行为，这里的“不具有强制力”是修饰语，而非限定语。例如，在原告王某诉被告深圳市某监管局行政指导行为一案，法院裁判文书认为，行政机关在其管辖事务的范围内，对于特定的相对人，采用具有示范、建议、劝告、鼓励等非强制性方式实施的行政指导

① 梁凤云：《行政诉讼法司法解释讲义》，人民法院出版社2018年版，第11页。

行为，由于相对人没有服从的义务，行政主体和行政相对人之间不产生法定的权利义务关系，相对人可自愿接受或拒绝，因而这类行为不属于行政诉讼受案范围，法院应当依法裁定驳回原告的起诉。①

第三，需要注意的是，如果行政机关以行政指导的形式，作出发生行政法律关系的意思表示或者在事实上影响行政相对人的合法权益的行为，那么这种行为就不再是行政指导行为，当事人对此种行为不服，可以向人民法院提起行政诉讼。也就是说，行政机关的行政指导行为并不因为其具有行政指导行为的外观而免除司法审查，是否处于行政诉讼受案范围仍然需要坚持“实际影响”的标准。

（撰写人：李振凡）

35

公安、国家安全等机关依照刑事诉讼法明确授权作出的行为是否可诉？

刑事司法行为是指公安或者国家安全机关依照刑事诉讼法明确授权实施的行为，是公安或国家安全机关在刑事案件的立案阶段采取的强制措施。② 依据《行诉解释》第一条第二款第一项规定，公安、国家安全等机关依照刑事诉讼法明确授权实施的行为，不属于人民法院行政诉讼受案范围。而就治安管理行为来说，依据《治安管理处罚法》第二条规定，扰乱公共秩序，妨害公共安全，侵犯人身权利、财产权利，妨害社会管理，具有社会危害性，依照《刑法》的规定构成犯罪的，依法追究刑事责任；尚不够刑事处罚的，由公安机关依照本法给予治安管理处罚。公安机关作出的治安管理处罚，被处罚人不服的，可以依法申请行政复议或者提起行政诉讼。由此可见，治安管理行为是公安机关行使行政职权作出的行政处罚、行政强制执行等行政行为，依据《行政诉讼法》第十二条第一款第一项和第二项的规定，具有可诉性，应当纳入行政诉讼受案范围。

这两种行为既有相同点，又有不同点。相同的是：一是两种行为同属于国家权

① 参见广东省深圳市福田区人民法院（2011）深福法行初字第497号行政裁定书。

② 江必新、梁凤云：《行政诉讼法理论与实务》（第三版），法律出版社2016年版，第449页。

力的具体表现方式，都具有强制力。在行政行为中公安机关拥有行政处罚权、行政强制执行权。而公安机关在刑事司法行为中拥有刑事调查权和刑事强制措施权。二是对当事人造成的影响具有相同性，即公安的行政行为与刑事司法行为都会对公民的人身权和财产权产生影响，这是实践中难以区分两种行为的根本原因。在行政行为中，行政拘留、强制传唤、强制戒毒等是对人身自由的限制；罚款、没收、查封、冻结等是对财产权的影响。这种影响同公安刑事侦查行为中拘传、拘留、查封、扣押、冻结等产生的实际影响一致。三是两种行为体现的权力都有可能被滥用，背离其设置的目的。特别是公安机关滥用侦查权，是导致人们对公安机关的两种行为相混淆，进而难以区分的一个重要原因。这里如何区分刑事司法行为和治安管理行为，要从以下几个方面判断：

一是性质和目的不同。行政行为的性质是行政权，而刑事司法行为的性质是司法权。行政权是公安机关根据行政法律规范的规定行使的行政处罚权、其他行政决定权等；而刑事司法权是根据刑事诉讼法的规定，对刑事案件的侦查、拘留、执行逮捕等职权。公安行政行为的目的是实现行政管理；公安刑事侦查行为的目的是查明犯罪事实，查获犯罪嫌疑人，证实罪与非罪，为检察机关提起公诉和人民法院审判作准备。

二是程序不同。公安行政行为的实施遵循行政处罚法、治安管理处罚法等行政法规范规定的程序，如实施行政处罚，要有立案、告知、听证、决定程序等。刑事司法行为的实施要严格按照刑事诉讼法等法律规定的步骤、方式，其程序的要求比作出行政行为的行政程序更为严格。

三是阶段不同。公安行政行为是终局阶段，是对违反行政法律规范的行为所作出的最终处理，是对特定行为或特定事项所作的最终的法律评价。公安刑事侦查行为是刑事诉讼的初始阶段，为起诉、审判阶段作准备，其发展的最后阶段是人民法院的审判。

四是监督、救济途径不同。当事人认为公安行政行为违法或侵犯其合法权益，按照行政诉讼法及其司法解释的受案范围的规定可以向法院提起诉讼，请求司法审查。对行政行为确认为违法的，可依法请求行政赔偿。当事人对公安刑事侦查行为可以向实施侦查行为的机关及其上一级机关申诉，或向人民检察院申诉，请求检察监督。如果确认侦查行为违法，可依法请求刑事赔偿，不能向法院提起行政诉讼。①

《行诉解释》区分二者的标准是刑事诉讼法明确授权公安机关或者国家安全机关实施某一行为的，该行为原则上属于刑事司法行为。例如，刑事拘留、取保候审、监

---

① 朱英禄：《公安机关刑事侦查行为与治安行政行为的联系》，载《人民司法》1998年第2期。

视居住、逮捕，这些行为是刑事诉讼法授权的，当事人对上述行为不服提起行政诉讼的，人民法院不应当受理。如果刑事诉讼法没有明确授权公安机关或国家安全机关实施某种行为，则该行为属于超越刑事诉讼法授权的行为，属于可以提起诉讼的行政行为。①

实践中，最高人民法院对收容审查决定，对公安机关采取的留置措施，都有明确的可以作为行政案件受理的意见②。相反，原告投诉举报事项已被公安机关作为刑事案件受案后，诉请公安机关履行法定职责的，不属于行政诉讼受案范围。如原告报案称其房屋被拆除，派出所经审批已将该案作为刑事案件进行受案登记，并制作受案登记表。后原告诉请公安机关对其报案履行查处职责，则应认定不属于行政诉讼受案范围。

（撰写人：张勤缘）

36

行政垄断行为是否可诉？

公平竞争权是市场主体依法享有的在公平环境中竞争，以实现其经济利益的权利。行政机关滥用行政权力排除或者限制竞争，又称行政垄断。③ 我国《反垄断法》第五章第三十二条至第三十七条共六个条款对滥用行政权力排除、限制竞争的行为作了规定。主要包括以下六种：

1. 指定交易行为。即行政机关和法律、法规、规章授权的具有管理公共事务职能的组织滥用行政权力，限定或者变相限定单位或者个人经营、购买、使用其指定的经营者提供的商品。

2. 限制商品流通。即行政机关滥用行政权力，实施下列行为，妨碍商品在地区之间的自由流通。主要表现是：（1）对外地商品设定歧视性收费项目、实行歧视性收费标准，或者规定歧视性价格。这种行为使得外地商品在当地的流通中增加了额外的成本，处于不利的竞争地位，从而排除限制了公平竞争。（2）对外地商品规定与本地

① 江必新：《中国行政诉讼制度之发展——行政诉讼司法解释解读》，金城出版社 2001 年版，第 60—61 页。

② 《最高人民法院行政庭关于对当事人不服公安机关采取的留置措施提起的诉讼能否作为行政案件受理的答复》（〔1997〕法行字第 21 号）；《最高人民法院行政审判庭对广东省高院（1997）粤高法行请字第 3 号请示的答复》（〔1998〕行他字第 4 号）。

③ 李广宇：《新行政诉讼法逐条解释》（上卷），法律出版社 2015 年版，第 95 页。

同类商品不同的技术要求、检验标准，或者对外地商品采取重复检验、重复认证等歧视性技术措施，限制外地商品进入本地市场。这种行为实际上给予外地商品歧视性待遇，使得外地商品难以进入当地市场。(3) 采取专门针对外地商品的行政许可，限制外地商品进入本地市场。根据《行政许可法》的规定，地方权力机关和行政机关依法有设定行政许可的权力，无论采取何种方式设定的行政许可，都不允许专门针对外地商品，限制外地商品进入本地市场。(4) 设置关卡或者采取其他手段，阻碍外地商品进入或者本地商品运出。(5) 妨碍商品在地区之间自由流通的其他行为。

3. 排斥或者限制招标投标。即行政机关滥用行政权力，以设定歧视性资质要求、评审标准或者不依法发布信息等方式，排斥或者限制外地经营者参加本地的招标投标活动。根据《招标投标法》的规定，依法必须进行招标的项目，其招标或者投标活动不受地区或者部门的限制。行政机关不得违法限制或者排斥本地区、本系统以外的经营者参加投标，也不得以任何方式非法干涉招标投标活动。

4. 排斥或者限制投资或者设立分支机构。即行政机关滥用行政权力，采取与本地经营者不平等待遇等方式，排斥或者限制外地经营者在本地投资或者设立分支机构。在大多数情况下，行政机关会采取措施吸引投资。但在特定情况下，有些稀有资源、对地方经济影响较大的项目等，行政机关可能排斥外地经营者在本地投资。

5. 强制经营者从事垄断行为。即行政机关滥用行政权力，强制经营者从事《反垄断法》中规定的垄断行为。具体是指强令经营者达成固定价格、划分市场、限制数量等垄断协议，或者强令具有市场支配地位的经营者从事高卖低买，歧视待遇等属于滥用市场支配地位的行为。其中“强制”既包括发布行政规章的方式，也包括直接发布行政命令的方式，强制经营者从事垄断行为。

6. 制定相关排除、限制规定。即行政机关滥用行政权力，制定含有排除、限制竞争内容的规定。实践中，行政机关经常采用制定政府规章或者其他规范性文件的方式排除限制竞争，作为实施的“法定依据”，必须加以规范。

2014 年修改的《行政诉讼法》在第十二条“受案范围”的规定中新增加了“认为行政机关滥用行政权力排除或者限制竞争”的内容，明确了行政机关滥用行政权力排除或者限制竞争，损害相对人合法权益的行为具有可诉性。2015 年 10 月 22 日，最高人民法院发布了 2015 年度十大经济行政典型案例，其中第一个案例“南京发尔士新能源有限公司诉南京市江宁区人民政府行政决定案”和第三个案例“丹阳市珥陵镇鸿润超市诉丹阳市市场监督管理局行政登记案”都是涉及行政垄断的典型案件。应当注意的是，本项规定对侵权行政行为作了限定，规定“滥用行政权力”侵犯公平竞争权属于行政诉讼受案范围。所谓“滥用行政权力”，主要是指行政机关行使行政职权过程中违背立法目的、考虑不应当考虑的因素、未考虑应当考虑的因素、反复无常、违反比例原则等，侵犯当事人的合法权益的行政行为。[①]

但是，反垄断法规定的六种排除、限制竞争的行为，除了上文中具有可诉性的，针对特定人、特定事项作出的影响相对人合法权益的行政行为，也有行政诉讼法明确排除出受案范围的具有普遍约束力的决定、命令，即行政机关针对不特定对象发布的能反复适用的规范性文件，应当通过反垄断法规定的内部监督程序加以解决。同时，2014 年修改后的《行政诉讼法》实施后，对于规章以下规范性文件，已经明确纳入行政诉讼的附带审查范围。如果行政机关制定含有排除、限制竞争内容的规定，针对的是不特定对象和不特定事项，公民、法人或者其他组织可以针对行政机关滥用权力排除或者限制竞争的行政行为提起诉讼。如果认为该行政行为所依据的国务院部门和地方人民政府及其部门制定的规范性文件不合法，在对行政行为提起诉讼时，可以一并请求对该规范性文件进行审查。

不过，需要注意的一点是，用行政权力制定含有地区封锁内容的规定，属于可诉的行政行为还是不可诉的规范性文件，并不是依据行政行为的外在形式来判断。如果行政机关制定含有排除、限制竞争内容的规定，针对的是特定对象和特定事项，并影响公民、法人或者其他组织的合法权益的，应当属于可诉的行政行为。

（撰写人：苏美夏）

37

行政机关对咨询问题所作的答复是否可诉？

判断一个行政行为是否可诉的核心要素，是审查其对当事人权利义务是否产生实际影响，背后的原理是成熟性理论，法律依据就是《行政诉讼法》第二条第一款规定：行政行为可诉的法定条件是公民、法人或者其他组织认为行政行为侵犯其合法权益。如果一个行政行为尚未达到成熟状态，正处在行政程序的过程之中，不会对当事人的权利义务造成实际的不利影响，当然也就不可能侵犯当事人的合法权益。在此情形下，当事人对这个行政行为提起行政诉讼，不符合《行政诉讼法》第二条第一款规定的起诉的基本条件，这些行政行为自然不应纳入行政诉讼的受案范

① 江必新主编：《新行政诉讼法专题讲座》，中国法制出版社 2015 年版，第 58 页。

围。判断行政机关对当事人咨询的答复行为是否属于可诉的行政行为，同样要遵从“是否对当事人的权利义务产生实际影响”这一标准。

当然，判断一个行政行为是否对当事人的权利义务产生不利影响，不能仅考察该行政行为是否已经达到终了阶段。终了阶段的行政行为当然会对当事人的权利义务产生实际影响，属于行政诉讼的受案范围。但是，未达到终了阶段的行政行为，也可能对当事人的人身、财产等合法权益造成实际损害或者使其权利受到实际限制。根据成熟性理论，尽管行政程序还在未终了阶段，但是，因当事人权利已经受到实际损害或者限制，该中间性行政行为也可以成为一个成熟的行政行为，应当纳入行政诉讼受案范围。

行政机关作出的答复，对象是特定的行政相对人，因针对不同的事项而具有不同的法律性质。判断行政机关作出的答复是否可诉，除判断其是否对当事人权利义务产生实际影响外，还需考察以下因素：

一是观察行政机关是否具有法定的答复义务。如果行政机关具有作出答复的义务，且该答复对行政法律关系的产生、变更或者消灭产生影响的，应当属于可诉的行为；如果行政机关没有作出答复的法定义务，且该答复对行政法律关系的产生、变更或者消灭未产生影响的，则属于以观念表示作出的事实行为，不属于可诉的行为。

二是观察答复行为是否仅仅构成行政决定的中间性程序。如果答复行为构成行政行为的中间性程序，则一般不属于可诉的行为。

三是观察答复行为是否符合行政行为的构成要件。有的答复行为构成行政决定的要件，并不具有独立性和可诉性。对于这种答复行为不服的，实际上是对行政决定不服，应当以该行政决定为诉讼标的提起行政诉讼。

（撰写人：苏美夏）

38

审计机关作出的审计行为是否可诉？

审计机关是指依照国家法律规定设立的，代表国家行使审计监督职权的国家机关。各级审计机关都是本级政府的组成部门和职能部门。审计机关是审计制度的核心，是各级政府用于经济管理和监督的常设机构，设立审计机关进行审计监督，是实行现代管理和监督财政经济活动的重要手段之一，是健全社会主义财政经济法制的重要措施。

根据我国《宪法》和《审计法》的规定，国务院设立审计署、县级以上地方各级人民政府设立审计机关。审计署和省、自治区、直辖市以及计划单列市城市的审计机关，根据审计工作的需要，可以在重点地区部门设立派出机构进行审计监督。审计机关实行双重领导体制，对本级人民政府和上一级审计机关报告工作。审计署在国务院总理领导下，主管全国的审计工作。审计长是审计署的行政首长。省、自治区、直辖市、设区的市、自治州、县、自治县、不设区的市、市辖区的人民政府的审计机关，分别在省长、自治区主席、市长、州长、县长、区长和上一级审计机关的领导下，负责本行政区域内的审计工作。

根据《审计法》第四十八条规定，被审计单位对审计机关作出的有关财务收支的审计决定不服的，可以依法申请行政复议或者提起行政诉讼。被审计单位对审计机关作出的有关财政收支的审计决定不服的，可以提请审计机关的本级人民政府裁决，本级人民政府的裁决为最终决定。从该规定可以看出，审计机关作出的审计决定是行政行为，但并不是所有的审计决定都可以提起行政诉讼。

1. 涉及审计监督的审计决定不是行政诉讼的受案范围。《审计法》第三条第二款规定，审计机关依据有关财政收支、财务收支的法律、法规和国家其他有关规定进行审计评价，在法定职权范围内作出审计决定。该法第十六条规定，审计机关对本级各部门（含直属单位）和下级政府预算的执行情况和决算以及其他财政收支情况，进行审计监督。《审计法实施条例》第五十二条第一款规定，被审计单位对审计机关依照审计法第十六条、第十七条和本条例第十五条规定进行审计监督作出的审计决定不服的，可以自审计决定送达之日起60日内，提请审计机关的本级人民政府裁决，本级人民政府的裁决为最终决定。由此可知，对于政府及其工作部门财政收支的审计并不在行政诉讼法的调整范围之内，故审计机关对相关部门财政收支的审计监督行为，不属于人民法院的受案范围。

根据《审计法》和《审计法实施条例》的规定，可以提请裁决的审计决定包括：（1）审计机关对本级各部门（含直属单位）和下级政府预算的执行情况和决算以及其他财政收支情况，进行审计监督。（2）审计署在国务院总理领导下，对中央预算执行情况和其他财政收支情况进行审计监督，向国务院总理提出审计结果报告。地方各级审计机关分别在省长、自治区主席、市长、州长、县长、区长和上一级审计机关的领导下，对本级预算执行情况和其他财政收支情况进行审计监督，向本级人民政府和上一级审计机关提出审计结果报告。（3）审计机关对本级人民政府财政部门具体组织本级预算执行的情况，本级预算收入征收部门征收预算收入的情况，与本级人民政府财政部门直接发生预算缴款、拨款关系的部门、单位的预算执行情况和决算，下级人民政府的预算执行情况和决算，以及其他财政收支情况，依法进行审计监督。经本级人民政府批准，审计机关对其他取得财政资金的单位和项目接受、运用财政资金的真实、合法和效益情况，依法进行审计监督。

2. 除审计监督之外的审计行为是行政诉讼的受案范围。根据《审计法》和《审计法实施条例》的规定，除上述可以提请裁定的审计监督行为之外，被审计单位对审计机关作出的其他审计决定不服的，可以依法以审计机关为被申请人或者被告申请行政复议或者提起行政诉讼。

3. 对审计机关职责范围内的政府信息公开行为是行政诉讼的受案范围。根据《审计机关政府信息公开规定（试行）》的规定，审计机关在履行职责过程中制作或者获取的，以纸质、胶卷、磁带以及其他电子存储介质等一定形式记录、保存的信息，具体包括具有法定效力和规范体式的行政公文，以及编辑整理与经济社会管理和公共服务相关的信息，应当按照依法、公正、公平、便民的原则，及时、准确地公开。审计机关收到政府信息公开申请，可以当场答复的，应当当场予以答复；不能当场答复的，应当自收到申请之日起 15 个工作日内予以答复；不能在 15 个工作日内作出答复的，经政府信息公开工作机构负责人同意，可以适当延长答复期限，并告知申请人，延长答复的期限最长不得超过 15 个工作日。公民、法人或其他组织认为审计机关在政府信息公开工作中的具体行政行为侵犯其合法权益的，可以依法申请行政复议或者提起行政诉讼。

（撰写人：石东弘）

第三章 当事人主体资格

39

原告主体资格有哪些判断标准?

行政诉讼中的原告资格，指的是在行政诉讼中，公民、法人或其他组织必须具备一些什么条件才可以以自己的名义提起诉讼。原告资格是对起诉人可以成为原告的限制。关于原告主体资格的判断，《行政诉讼法》第二十五条第一款规定，行政行为的相对人以及其他与行政行为有利害关系的公民、法人或者其他组织，有权提起诉讼。在吸收《最高人民法院关于执行〈中华人民共和国行政诉讼法〉若干问题的解释》(已失效，以下简称《执行解释》)相关规定的基础上去掉了“法律上”这一限制。《行诉解释》对于“与行政行为有利害关系”进一步予以解释和正面列举式规定，具体来说包括：第一，被诉的行政行为涉及其相邻权或者公平竞争权的；第二，在行政复议等行政程序中被追加为第三人的；第三，要求行政机关依法追究加害人法律责任的；第四，撤销或者变更行政行为涉及其合法权益的；第五，为维护自身合法权益向行政机关投诉，具有处理投诉职责的行政机关作出或者未作出处理的；第六，其他与行政行为有利害关系的情形。

但是，显然上述法条规定的“有利害关系的公民、法人或者其他组织”，不能扩大理解为所有直接或者间接受行政行为影响的公民、法人或者其他组织。所谓“利害关系”仍应限于法律上的利害关系，不宜包括反射性利益受到影响的公民、法人或者其他组织(以下统称当事人)。同时，行政诉讼乃公法上之诉讼，上述法律上的利害关系，一般也仅指公法上的利害关系；除特殊情形或法律另有规定，一般不包括私法上的利害关系。只有主观公权利，即公法领域权利和利益，受到行政行为影响，存在受到损害可能性的当事人，才与行政行为具有法律上利害关系，形成行政法上的权利义务关系，具有提起行政诉讼的原告主体资格(原告适格)。因此，作为行政诉讼原告资格的“法律上的利害关系”是指公民、法人或其他组织的合法权益受到行政行为法律上的实质影响，即合法权益受到行政行为的法律意义上的不利影响或不法侵害。因此，可以从合法权益、行政行为和实质影响三个方面理解“法律上利害关系”。①

（1）合法权益。合法权益的存在是其受行政行为影响，并进而可能形成“法律上利害关系”的前提，因此，判断“法律上利害关系”之构成首先必须界定合法权益的具体内涵。对合法权益这一概念应作何种理解呢？从行政法学界和审判实践看，认为合法权益即合法的权利或者利益，既包括法律、法规明确规定的权利，即法定权利，也包括虽然法律未明确规定为权利，但当事人具有的单纯事实性利益。

（2）行政行为。“法律上利害关系”的第二个构成要件是影响合法权益的行政行为，只有行政行为的实施影响了合法权益，才可能使合法权益人成为与行政行为有“法律上利害关系”的人。作为形成“法律上利害关系”唯一成因的行政行为必须是可诉的行政行为，即行政主体的行政行为是确定的且客观存在的，而非起诉人主观臆想的，这是该利害关系产生的必要前提。

（3）实质影响。行政行为对合法权益产生实质影响，这种影响必须具有法律上的意义，才能形成“法律上利害关系”。因果关系可以作为解释实质影响是否具有法律意义的方式之一，但在把握实质影响是否具有行政诉讼法上的法律意义时，仍应结合权益的可保护性、行为的可诉性以及行为与权益受损之间具有法律意义的关联性等因素。

行政诉讼法的主要功能之一在于保护公民、法人和其他组织的合法权益，这一功能在原告资格上的体现，就是只有合法权益受到行政行为具有法律意义上的不利影响或者不法侵害的人，才能向法院提起行政诉讼，脱离法律标准，法律保护就无从谈起。因此，虽然此次行政诉讼法修改将原告资格的判断标准明确为行政行为的利害关系人，没有强调“法律上”这一限定词，但综合考虑行政诉讼法基本功能，利害关系标准与《执行解释》第十二条规定的“法律上利害关系”标准无本质区别。二者的不同之处在于，利害关系标准虽然离不开法律因素的制约和限制，但淡化了行政诉讼法制定之初和《执行解释》实施之后，关于法律上利害关系中“合法权益”以及“实质影响”的认识上过分强调法律依据的保守态度，裁判者在事实性利益或者一般性影响是否具有行政诉讼法保护价值的判断上，可以采取更加灵活和更为开放的积极态度。

---

① 应松年：《中华人民共和国行政诉讼法修改条文释义与点评》，人民法院出版社2015年版，第61—67页。

在判定行政行为有利害关系时，应注意以下几点：其一，行政行为利害关系中存在可诉的行政行为，即行政主体的行政行为是确定的且客观存在的，而非起诉人主观臆想的，这是该利害关系产生的必要前提。其二，行政行为对起诉人的权益有影响，其中权益即权利和利益，前者是法定的利益，后者是法律没有规定的单纯的事实性利益，如果行政行为涉及事实性利益，则该利益即转化为法定利益。权益影响既包括行政行为直接权益影响和间接权益影响，也包括受益性影响和损益性影响，并且这种影响可以是已经现实存在的影响，也可以是未来必然会产生的影响。其三，必须是起诉人本人所特有的权益，即实际上占有、使用、处分该种权益，同时该权益是不同于一般公众的权益。如果权益完全不具备特定性质，仅仅停留在法律的规定而没有落实到起诉人，则是抽象的不可诉的利益。其四，被诉行政行为与起诉人权益影响有因果关系，即该因果关系是指行政行为与权益影响之间存在一定程度的关联性。行政法上因果关系的判断，是确定“行政行为有利害关系”的核心，因果关系的顺序性要求原因在前结果在后，在法院立案阶段判定利害关系是否存在，则首先要确认行政行为是否客观存在，然后从形式上判断起诉人的权益是否受到该行政行为的影响。在行政主体实施行政行为的过程中，影响公民、法人及其他组织权益的因素是多样的，除了来源于行政行为的影响外，也常会受到非行政行为的影响，判定权益影响与行政行为之间有无因果关系，在司法实践中给予了法官较大的自由裁量权。①

（撰写人：万颖颖）

40

如何判断债权人的原告资格？

1989 年《行政诉讼法》有两个条款规定行政诉讼的原告资格：一是第二十四条第一款规定，依照本法提起诉讼的公民、法人或者其他组织是原告。二是第四十一条第一项规定，原告是认为具体行政行为侵犯其合法权益的公民、法人或者其他组织。这两个条款分别从程序要件（向法院提起行政诉讼）和实体要件（“认为”

① 何海波：《行政诉讼法》（第二版），中国法制出版社 2016 年版，第 192—198 页。

行政行为侵犯其合法权益）上对原告资格进行规定。程序要件的规定容易判断，而实体要件的规定则相对过于原则，同时只设定了一个主观标准。这种主观“认为”显然不利于法官对起诉人是否具有原告资格作出客观判断，进而导致对原告资格过度限制。①

《行政诉讼法》2014 年修改后在第二十五条第一款规定：“行政行为的相对人以及其他与行政行为有利害关系的公民、法人或者其他组织，有权提起诉讼。”将原告资格的认定标准进行客观化，采用了“利害关系”标准。根据全国人大常委会法制工作委员会的解释，作此规定的主要原因是，在目前法院不愿受理行政案件的情况下，无论是用“法律上的利害关系”还是“直接利害关系”，都不适应解决当前行政诉讼中存在的“立案难”问题。采取“利害关系”作为标准，有助于减少立法上的过度限制，让司法实践根据实际需要，将应当纳入受案范围的行政争议纳入受案范围。由此可见，立法显然是对原告主体资格有意进行扩展，扩大公民权利救济的范围。甚至，在实践中对于原告主体资格的把握可以根据实践需要，进一步扩大，原则是通过行政诉讼比通过其他途径解决争议的效率更高、成本更低，而且有利于保护公民、法人或者其他组织的合法权益。②

当然，对于原告主体资格的认定不可过度延伸，需要结合行政诉讼法整体规定系统、合理地界定“利害关系”这一标准。在通常的行政诉讼案件中，近来常见的判断标准是采取“保护规范说”，亦即行政机关所适用的法律是否具有保护原告利益的目的，换言之，行政机关针对具体的案件在适用法律要件时是否需要考虑原告的利益。原告的利益属于行政机关的考虑事项，就构成利害关系。③ 最高人民法院指导行政审判实践、统一法律适用的书籍中也认为“我国《行政诉讼法》的宗旨定位是以救济公民权利为主，以监督和保障行政机关依法行政为辅，通过救济当事人的权利，来保障行政机关依法行政。因此，在原告资格上，还是应当以法律上的利害关系为基点”。④ 同时，法院作为司法机关，能解决的更多的是能依法处理的利害关系，因此在现行法律规定放宽原告主体资格的情况下，仍应坚持“行政法律关系理论”，即以“保护规范说”作为基础。另外，又不应过分拘泥于“利害关系”进行狭义理解，将事实行为等排除在外，而应对利害关系人从宽解释。只要某

---

① 袁杰主编：《中华人民共和国行政诉讼法解读》，中国法制出版社 2014 年版，第 72 页；信春鹰主编：《中华人民共和国行政诉讼法释义》，法律出版社 2014 年版，第 70 页。

② 信春鹰主编：《中华人民共和国行政诉讼法释义》，法律出版社 2014 年版，第 70 页。

③ 王贵松：《信息公开行政诉讼的诉的利益》，载《比较法研究》2017 年第 2 期。

④ 江必新、梁凤云：《行政诉讼法理论与实务》（第三版），法律出版社 2016 年版，第 550 页；蔡小雪、梁凤云、段小京编著：《现行有效行政诉讼司法解释解读应用》，人民法院出版社 2014 年版，第 279 页。

个公民、组织能够证明其与被诉行政行为之间具有他人不具有的利害关系或者具有某种特殊利益，就应当认为其与行政行为具有利害关系，[①] 具备了促进案件争议解决的权能资格，应对该当事人作出相应的判决，对其主观性诉的利益给予充分的司法救济。按最高人民法院的理论，在行政审判实践中以此作为标准就某一公民、法人或者其他组织是否具有原告主体资格进行判断时，应该分两步进行。首先应该以“行政法律关系理论”或者“保护规范说”作为第一个判断标准，其次在不符合的情况下，对“利害关系”进行从宽解释，再进一步审查该当事人是否与被诉行政行为具有某种特殊利益。

对于债权人的原告资格而言，第一，《行诉解释》第十三条规定，债权人以行政机关对债务人所作的行政行为损害债权实现为由提起行政诉讼的，人民法院应当告知其就民事争议提起民事诉讼，但行政机关作出行政行为时依法应予保护或者应予考虑的除外。这是债权人原则上不具有原告主体资格的规定。当然，基于复杂的实践情况，该条在但书中排除了例外情形下债权人有原告主体资格，判断标准即“行政机关作出行政行为时是否依法应予保护或者应予考虑”。根据《最高人民法院办公厅关于印发〈行政审判办案指南（一）〉的通知》（法办〔2014〕17号）的规定，行政机关依债务人申请作出的物权转移登记行为，债权人一般不具有起诉的原告资格，但该登记所涉不动产或者动产因抵押、裁判执行等因素与债权产生特定联系的除外。因此，如果第三人的债权由于行政行为的行使受到间接影响，由于行政行为并非权利受损唯一的和显而易见的致害原因，不属于行政诉讼救济范围。例如，工商部门对企业罚款50万元，甲企业因此不能偿还对乙企业的债务。乙企业虽然与工商部门的罚款行为具有一定的利害关系，但不是法律上的利害关系。但是，如果涉及的是特定物的损害就应当区别对待。例如，甲借予乙一特定物，后该特定物被行政机关没收，则甲作为特定物的所有权人亦得提起行政诉讼，否则将使甲的所有权遭受不能救济之虞。[②] 以房屋为例，房屋登记机构为债务人办理房屋转移登记，债权人不服提起诉讼，一般情况下，人民法院不予受理。这是因为债权人和债务人之间的民事权利义务关系，一般能够通过民事诉讼来解决，且一般情况下债权人与行政行为并无法律上的利害关系。但是，在下列情形下，债权人对房屋登记机构的行为可以提起行政诉讼：（1）以房屋为标的物的债权已办理预告登记；（2）债权人为抵押权人且房屋转让未经其同意的；（3）人民法院依债权人申请对房屋采取强制执行措施并已通知房屋登记机构的；（4）房屋登记机构工作人员与债

---

① 江必新、梁凤云：《行政诉讼法理论与实务》（第三版），法律出版社2016年版，第550页。

② 江必新、梁凤云：《行政诉讼法理论与实务》（第三版），法律出版社2016年版，第559页。

务人恶意串通的。①

【案例10】吕某某诉山东省烟台市公安局交通警察支队车辆登记案②

【案情简介】2004年2月16日，吕某某骑自行车与于炳某驾驶原审第三人王爱某所有的鲁FD×××7号微型面包车在莱阳市激浪体育商店门前非机动车道相撞，致吕某某受伤。同日，莱阳市公安局交通警察大队将肇事车辆放行。2月19日，莱阳市公安局交通警察大队作出第200400092号道路交通事故认定书，认定：驾驶员于炳某负事故主要责任，吕某某负事故次要责任。2006年11月22日，原审第三人王爱某将鲁FD×××7号微型面包车卖给原审第三人陈伟某。2006年11月23日，烟台市公安局交通警察支队根据原审第三人陈伟某的申请，将鲁FD×××7号微型面包车登记在其名下。因道路交通事故人身损害赔偿纠纷，；吕某某向莱阳市人民法院提起民事诉讼，要求原审第三人王爱某、王爱某前妻冯寿某、于炳某承担赔偿责任。2007年11月5日，莱阳市人民法院作出（2007）莱阳民三初字第121号民事判决，判决：原审第三人王爱某赔偿吕某某352586.88元，如未按期履行给付金钱义务，应加倍支付延迟履行期间的债务利息，冯寿某、于炳某对上述款项承担连带赔偿责任。原审第三人王爱某、于炳某不服，向烟台市中级人民法院提起上诉，二审维持原审民事判决。因该民事判决履行困难，吕某某对原审被告烟台市公安局交通警察支队对鲁FD×××7号车的登记行为向烟台市公安局提起行政复议，2008年12月31日，烟台市公安局作出烟公复决字（2008）第25号行政复议决定书，维持了烟台市公安局交通警察支队的转移登记行为。吕某某不服，向烟台市来阳区人民法院提起行政诉讼。

【裁判理由】根据《机动车登记规定》的相关规定，机动车转移登记行为，是公安机关交通管理部门在已经注册登记的机动车所有权发生转移的情况下，根据现机动车所有人在机动车交付后提出的申请和机动车所有权转移的证明、凭证，将机动车登记在现所有人名下，以法律的形式公示现所有人享有该车的所有权而履行的法定登记职责。机动车作为动产，其所有权转移以交付的方式实现，而非以在公安机关交通管理部门进行机动车转移登记的方式实现。虽然机动车所有权发生转移的应当在公安机关交通管理部门办理转移登记，但该转

① 蔡小雪、梁凤云、段小京编著：《现行有效行政诉讼司法解释解读应用》，人民法院出版社2014年版，第79—80页。

② 参见中华人民共和国最高人民法院行政审判庭：《中国行政审判案例》（第二卷），中国法制出版社2014年版，第50—56页。

移登记的目的是对机动车所有权的公示和进行机动车的管理和备案，并不具有不动产转移登记所产生的物权变动效力。

本案中，上诉人与原审第三人王爱某之间系因侵权行为而存在债权债务关系，并非与涉案车辆存在所有权的纠纷，且上诉人亦未通过法律手续限制涉案车辆的转移或设置涉案车辆的担保物权。在被上诉人的转移登记行为不是涉案车辆物权发生变动要件的情况下，上诉人以普通债权人的身份试图通过追究被上诉人转移登记涉案车辆的行为而达到向原审第三人王爱某实现债权的目的不符合法律规定。而且，被上诉人的转移登记行为也没有带来导致涉案车辆物权发生变动的法律结果。故上诉人与涉案车辆的转移登记行为不存在法律上的利害关系，在原审第三人之间因买卖、交付而产生的涉案车辆物权变动后，上诉人以普通债权人的身份对涉案车辆不享有法律上的追及力。该转移登记行为对上诉人的权利义务不产生实际影响，上诉人没有提起本案诉讼的原告主体资格。[①]

（撰写人：周孟伟）

41

如何判断相邻权人的原告资格？

《物权法》专章规定了相邻关系，要求“不动产的相邻权利人应当按照有利生产、方便生活、团结互助、公平合理的原则，正确处理相邻关系”。[②] 具体来说，相邻权主要包括：（1）用水、排水权。例如，《物权法》第八十六条第一款规定，不动产权利人应当为相邻权利人用水、排水提供必要的便利。（2）通行权。例如，《物权法》第八十七条规定，不动产权利人对相邻权利人因通行等必须利用其土地的，应当提供必要的便利。（3）利用相邻土地权。例如，《物权法》第八十八条规定，不动产权利人因建造、修缮建筑物以及铺设电线、电缆、水管、暖气和燃气管线等必须利用相邻土地、建筑物的，该土地、建筑物的权利人应当提供必要的便

① 参见中华人民共和国最高人民法院行政审判庭编：《中国行政审判案例》（第二卷），中国法制出版社2011年版，第50—53页。

② 参见《物权法》第八十四条。

利。(4) 通风采光和日照权。例如,《物权法》第八十九条规定,建造建筑物,不得违反国家有关工程建设标准,妨碍相邻建筑物的通风、采光和日照。(5) 排除排放和施放污染物的妨害权。例如,《物权法》第九十条规定,不动产权利人不得违反国家规定弃置固体废物,排放大气污染物、水污染物、噪声、光、电磁波辐射等有害物质。(6) 维护不动产安全权。例如,《物权法》第九十一条规定,不动产权利人挖掘土地、建造建筑物、铺设管线以及安装设备等,不得危及相邻不动产的安全。

对于民事主体在利用不动产、行使物权时损害相邻权的,相邻权人可以通过民事诉讼的方式要求赔偿,但是,如果民事主体该项行使物权的行为经过了行政机关的批准或者许可,则民事主体势必会以此为由对抗相邻权人要求其停止侵权行为并给予民事赔偿的请求,导致相邻权人的合法权益得不到救济。此时,相邻权人虽然不是行政机关作出的行政许可等行政行为的直接相对人,但是其权益也受到该行政行为的影响,产生了行政行为复效性。复效行政行为是指使一方得到利益而使另一方遭到不利影响的行政行为。其中,涉及相邻权和竞争权的行政行为是典型的复效行政行为。

在现行法框架下,《行政诉讼法》未具体规定相邻权人的行政诉讼原告主体资格,仅对行政诉讼原告资格进行原则性的规定,以与行政行为有"利害关系"作为认定原告资格的标准。2018 年颁布实施的《行诉解释》第十二条明确规定,被诉的行政行为涉及其相邻权或者公平竞争权的,属于与行政行为有利害关系。即明确肯定了相邻权人有原告主体资格,其认为行政机关作出的行政行为损害其相邻权的,可以以自己的名义提起行政诉讼。

【案例 11】念泗三村 28 幢居民 35 人诉扬州市规划局行政许可行为侵权案①

【案情简介】被告江苏省扬州市规划局依照《城市规划法》第三十二条的规定,向第三人扬州市东方天宇置业有限公司核发了《建设工程规划许可证》(扬规建字 2003076 号),许可该公司在扬州市百合园小区内建设"九层(局部十层)、住宅 10022.2 平方米、阁楼 753 平方米、高度 26.5 米"的中心组团 11-6 号住宅楼。原告 28 幢楼曹育新等 35 名居民认为该规划许可行为侵犯了他们的合法权益,遂向江苏省扬州市中级人民法院提起行政诉讼。

【裁判理由】本案中的当事人不是具体行政行为的直接相对人,而是因相邻权受到侵害而提起行政诉讼。起诉所基于的相邻权,属于民法范畴。根据

① 参见《最高人民法院公报》2004 年第 11 期。

《民法通则》的规定，民事主体因建筑物相邻产生的日照、通风、采光、排水、通行等民事纠纷，应当通过民事诉讼的方式解决。但现实中，如果一方当事人实施的与其他当事人相邻权有关的行为是经行政机关批准、许可的，其他当事人就无法通过民事诉讼获得救济。为此，当时有效的《最高人民法院关于执行〈中华人民共和国行政诉讼法〉若干问题的解释》第十三条第一项规定相邻权人有对行政主体作出的涉及相邻权的具体行政行为提起行政诉讼的原告主体资格，其目的是保护民事主体享有的相邻权不受侵害。本案28幢楼居民因认为扬州市规划局核发给东方天宇公司的《建设工程规划许可证》（扬规建字2003076号）侵犯其日照、通风、采光等相邻权而提起行政诉讼。因此，这类行政诉讼的审查重点，应当是被诉具体行政行为许可建设的建设项目是否符合有关建筑管理的技术规范，是否侵犯了原告的相邻权。

（撰写人：周孟伟）

42

如何判断竞争权人的原告资格？

现行《行政诉讼法》在“受案范围”一章的第十二条中将行政机关滥用行政权力排除或者限制竞争的行为纳入了行政诉讼受案范围，对行政相对人的公平竞争权予以救济。公平竞争权是市场主体依法享有的在公平环境中进行竞争的权利。竞争法学者对该项问题的研究甚为活跃，学者普遍认为，在市场环境中的竞争是指一种自由和自发的秩序规则。公平竞争权包括正当竞争权和自由竞争权。市场发展需要良好的社会秩序，这就需要公平的存在，在行政法上则从行政机关尊重市场竞争，设置公平的行政管理和审批程序，特别是行政机关在进行有数量限制的行政许可、行政审查时，在自由裁量的情况下，应当严守公平原则，不得滥用权力排除或者限制竞争，同时应依法查处《反不正当竞争法》中规定的不正当竞争行为。

公平竞争权在行政许可法中有专门的规定：行政机关实施有限自然资源开发利用、公共资源配置以及直接关系公共利益的特定行业的市场准入等事项的行政许可，应当采取招标、拍卖或者公平竞争的方式进行。行政机关违反本条规定，不采用招标、拍卖方式，或者违反招标、拍卖程序，损害申请人合法权益的，申请人可以依法申请行政复议或者提起行政诉讼。这是行政许可法的一大制度创新，行政许可事项是指有限自然资源开发利用、公共资源配置以及直接关系公共利益的特定行业的市场准入等，需要赋予特定权的事项。这类事项在学理上称为特许，是行政许可的一种类型，在性质上是赋权行为，通常由行政机关代表国家依法向相对人转让某种特定权利，如海域使用权许可、客运牌照许可、国有土地使用权许可等。由于该类许可主要是对稀缺资源进行配置，有一定的数量限制，这就决定了特许只能为一定数量的申请人享有，并且特许一旦授予某一个人或者组织后，就排除了其他个人或者组织享有该项特许的机会。为防止行政机关借特许为某些人或者组织“设阻”“寻租”，谋取私利，行政许可法专门对特许规定了招标、拍卖等公平竞争的方式。当然法律法规另有规定的，依照其规定。招标拍卖本质上是民事活动，当事人认为招标、拍卖程序违法的，可以依法提起民事诉讼，这是各国通例。公平竞争权同样是民事上的权利，一般情况下，对公平竞争权的侵害主要来自其他竞争者违反公平竞争原则的行为。但在有的情况下，行政机关的行为破坏了公平竞争的环境或者规则，也可能成为公平竞争侵权行为。在我国，比较突出的问题是，行政机关的行为破坏了公平竞争的秩序。这些违法行为从性质上讲，都是行政违法行为，通过民事诉讼无法救济。鉴于此，为保护申请人的合法权益，保护竞争权人的合法权益，《行政许可法》专门规定授予其依法申请行政复议、提起行政诉讼的权利。同时，《行诉解释》第十二条第一项规定，被诉的行政行为涉及其相邻权或者公平竞争权的，属于与行政行为有利害关系，明确赋予竞争权人原告主体资格。

《最高人民法院公报》2003 年第 4 期中有一个典型案例：“吉德仁等四人不服盐城市人民政府行政决定案”（江苏省高级人民法院二审行政判决书），该案的裁判要旨表述为，原告等交通运营户与公交公司车辆运行线路重合，存在竞争关系。盐城市政府免除公交公司运输规费的行为造成了竞争主体之间的不平等、不公平的后果，因此原告以公平竞争权受侵害为由起诉具有原告资格。关于吉德仁等四人是否具备本案的原告主体资格问题，被上诉人答辩认为，上诉人不具备行政诉讼的主体资格。上诉人与《会议纪要》无法律上的利害关系，不能以自己的名义直接起诉。公交公司和上诉人之间不存在竞争。作为公益性的公交行业是微利甚至亏损行业，营利不是其主要目的且服务对象也不一致，上诉人认为，道路客运客观上存在数量限制的竞争，由于公交车得以免去各种交通规费，即使上诉人已经亏损，公交车还有丰富的盈利，公交公司与上诉人根本不是在同一起跑线上公平竞争，上诉人因此具有竞争者依法享有的原告资格，原审判决认定上诉人具有原告主体资格是正确的。由于公交公司的5路、15路公交车与吉德仁等经营户经营的线路存在重叠，其在营运上的竞争是客观存在的。公交公司营运中的微利或者是亏损并不能否定此种竞争关系。上诉人认为盐城市政府的《会议纪要》规定公交公司免交有关交通规费，导致不平等竞争，因此提起行政诉讼，符合当时有效的《最高人民法院关于执行〈中华人民共和国行政诉讼法〉若干问题的解释》第十三条第一项的规定。吉德仁等人作为领取了经营许可证的业主，其经济利益与车辆的营运效益密切相关，其认为行政行为侵犯其公平竞争权，就有权以原告身份提起诉讼。是否存在不公平竞争并不影响其作为原告行使诉权。原审法院对此认定合法，被上诉人认为上诉人不具有原告主体资格的答辩理由依法不能成立。

（撰写人：张玮）

43

举报投诉人是否具有原告主体资格？

公民对违法事实的举报，有利于弥补行政机关执法能力的不足，对于维护社会秩序和公共利益，具有重要意义。实践中，因公民向行政机关邮寄信件进行投诉、举报和表达质疑等，由此引发的行政答复案件比较常见。涉及投诉举报行为的行政诉讼分为三种：第一种是投诉举报后，行政机关没有及时履行答复职责，举报人诉不答复行为。第二种是行政机关作出了答复，但投诉举报人对答复不满，起诉答复行为。第三种是举报人不诉答复，而诉行政机关没有及时履行查处他人违法行为的职责，即举报人诉查处行为。无论举报人是诉行政机关答复职责，还是诉履行查处被举报事项的查处职责，如果属于行政诉讼受案范围，原告主体资格应当如何确定？

从原告主体资格来看，根据《行政诉讼法》第二条关于诉权的原则规定和第二十五条关于原告主体资格的原则性规定，应当以“利害关系”为判断标准，审查投诉举报人投诉举报的事项与其是否有利害关系，其诉请保护的是否为自身拥有的合法权益。如相邻权人向行政机关举报邻居搭建违章建筑，影响自身采光通风；消费者为维护自身合法权益，向行政机关进行举报。此时行政机关若不履行调查处理职责或行政机关作出相应的行政处理决定，与相邻权人和消费者有利害关系，其可以作为原告提起行政诉讼。[①] 此外，农村集体组织成员对闲置土地，向土地行政主管部门举报，土地行政主管部门不履行查处职责的，作为村集体经济组织成员，可以原告身份向法院提起行政诉讼。[②]

对于公益性举报，如向交警部门举报道路上的交通违章行为，向环保部门举报环境污染行为来说，由于事物处于普遍联系之中，因果关系不能无限地往下延伸，否则行政行为的效力范围会无限扩展，处于一种不稳定的状态。因此，一般认为，利害关系要求相对人或者相关人合法权益受影响与行政行为之间具有直接的引起、被引起的因果关系，通常是一种直接联系。间接联系只有在法律和司法解释明确规定或其他理由充分的情况下才能视为有法律意义上的利害关系。在公益性举报中，投诉举报人与投诉举报的事项和行政机关是否履行查处职责之间，仅具有间接利害关系。因此，举报人认为行政机关没有履行查处违法行为的法定职责，向法院提起诉讼的，应当认定原告与被诉行政行为之间没有利害关系，裁定不予立案或驳回起诉。[③] 对此，北京地区的司法实践也统一了相关的裁判标准。笔者认为，能够提供证据证明相邻权、土地使用权或其他合法权益受到违建实际影响的，违建举报人对行政机关的查处行为及不履行查处职责行为不服提起行政诉讼的，具有行政诉讼原告主体资格。无法证明的，应以起诉不具备原告主体资格为由，裁定驳回起诉。《行诉解释》第十二条第五项也作出了明确的规定，即原告需为维护自身合法权益向具有处理投诉职责的行政机关投诉的才符合《行政诉讼法》第二十五条规定的“与行政行为具有利害关系”。

需要明确的是，除投诉举报行为外，针对因投诉举报行为引起的行政机关查处行为，被投诉举报人是否具有原告诉讼主体资格？笔者认为，违建的建设单位、个人或实际管理人对违建查处行为，具有提起行政诉讼的原告主体资格；其他当事人，能够提供证据证明行政机关的事实拆除行为侵犯其合法权益的，具有提起行政诉讼的原告主体资格。

（撰写人：石东弘）

---

① 最高人民法院《关于举报人对行政机关就举报事项作出的处理或者不作为行为不服是否具有行政复议申请人资格问题的答复》（〔2013〕行他字第14号）。

② 《北京市高院关于审理土地行政案件有关问题的意见（试行）》。

③ 余韬：《行政机关举报答复行为是否可诉》，载《人民司法（应用文摘）》2016年第1期。

44

小区业主在行政诉讼中有原告资格吗?

随着住房商品化的深化，城市中业主维权行为成为当代城市生活的重要内容，城市业主维权已然成为商品化改革中的结构性产物。《最高人民法院关于审理建筑物区分所有权纠纷案件具体应用法律若干问题的解释》第一条规定：“依法登记取得或者根据物权法第二章第三节规定取得建筑物专有部分所有权的人，应当认定为物权法第六章所称的业主。基于与建设单位之间的商品房买卖民事法律行为，已经合法占有建筑物专有部分，但尚未依法办理所有权登记的人，可以认定为物权法第六章所称的业主。”由此，建筑物区划内的“业主”是指对房屋及其相关物有直接支配权并享有其利益的物的所有人、使用人以及收益人、处分人。只要符合以下几个规定，就应当在区域范围内正当地行使权利，成为建立于房屋及其相关物之上的权利主体——业主。这些规定包括：在以土地整幅利用为基础的建筑区划范围内；区域范围内客体应为房屋及其相关物；享有对房屋及其相关物直接讲行全部或部分支配的权利；直接享受房屋及其相关物的占有、使用、收益或处分利益；对房屋及其相关物的权利具有排他性。在建筑物区划之外的“业主”仅为房屋的所有权人；在建筑物区划之内，则可以包括房屋及其相关物的所有权人、居住权人、承租人和典权人。

《物权法》专章规定了业主的建筑物区分所有权，规定业主对建筑物内的住宅、经营性用房等专有部分享有所有权，对专有部分以外的共有部分享有共有和共同管理的权利。一般情况下，业主对其取得或者合法占有的建筑物专有部分具有所有权或使用权，该权利具有排除他人非法干涉的权利，业主可以针对与其具有行政法上利害关系的行政行为提起行政诉讼。即业主只能就自己的私益单独主张权利，如果针对专有部分作出的行政行为与业主具有法律上的利害关系，其都可以以作出该行政行为的行政机关为被告提起行政诉讼。如因规划不合理导致采光效果明显变差的，业主可以规划委员会为被告提起行政诉讼；新老物业交接过程中行政机关未全面、及时履行职责，单个业主也可提起行政诉讼。同时，《最高人民法院关于审理房屋登记案件若干问题的规定》（法释〔2010〕15号）第一条规定，公民、法人或者其他组织对房屋登记机构的房屋登记行为以及与查询、复制登记资料等事项相关的行政行为或者相应的不作为不服，提起行政诉讼的，人民法院应当依法受理。此外，《物业管理条例》第五条第二款规定，县级以上地方人民政府房地产行政主管部门负责本行政区域内物业管理活动的监督管理工作。至此，上述法律、行政法规作为业主依法行使物业管理权利、履行义务，相关行政主管部门进行监督管理的法律渊源，形成了在物业管理法律关系中，行政主管部门与业主、业主大会、业主委员会的对应关系：监督与被监督、管理与被管理的关系。行政机关未履行相应监管职责，损害业主专有部分合法权益的，业主可以提起行政诉讼。

（撰写人：赵赫）

45

小区业主委员会在行政诉讼中可以作原告吗？

随着我国住房制度改革和高层建筑的大量出现，业主的建筑物区分所有权已经成为私人不动产物权中的重要权利。对此，《物权法》第一次以法律形式作出规定，业主对建筑物内的住宅、经营性用房等专有部分享有所有权，对专有部分以外的共有部分享有共有和共同管理的权利，建筑区划内的道路、绿地、公共场所、公用设施和物业服务用户属于业主共有。与此相对应，房屋登记就有业主专有部分房屋权属登记和业主专有部分之外的共有部分权属登记。因此，在物业管理区域内的全体业主，基于建筑物区分所有权，依据法律、法规的规定和民主原则建立自治组织、确立自治规范，形成管理本区域内的物业的一种基层治理模式，① 即成立业主大会和业主委员会，管理全体业主共有部分的权益。

《行政诉讼法》第二条第一款规定：“公民、法人或者其他组织认为行政机关和行政机关工作人员的行政行为侵犯其合法权益，有权依照本法向人民法院提起诉讼。”因此，业主只能就自己的私益权主张权利，对于公益权的主张因超出个人利益范围则存在法律障碍。业主大会是一个非常设组织，如果由其代表全体业主提起诉讼，技术层面上较为烦琐，增加了诉讼成本和难度，其性质不宜作为诉讼主体。

---

① 王灵敏：《业主维权视角下业主自治管理模式创新研究》，载《安徽行政学院学报》2013 年第 2 期。

业主委员会是在物业管理区域内代表全体业主对物业实施管理的组织，是业主大会的执行机构。从业主委员会履行职责的范围来看，有权代表业主与业主大会选聘的物业管理企业签订物业服务合同，有权履行业主大会赋予的其他职责。因而赋予业主委员会在特定领域代表业主并以自己的名义从事一定的活动，并不违反相关法规的规定。而且，由业主委员会代表全体业主起诉和应诉，也有利于人民法院对群体性、矛盾易激化案件的审理，能够解决业主单一诉讼或者共同诉讼上的诸多不便，具有团体诉讼和代表人诉讼的诸多优点。

因此，最高人民法院曾在2003年针对安徽高级人民法院的请示，作出《关于金湖新村业主委员会是否具备民事诉讼主体资格请示一案的复函》，指出业主委员会在处理业主与承建商因公共利益产生的纠纷时，可以自己名义提起诉讼。在《最高人民法院关于审理物业服务纠纷案件具体应用法律若干问题的解释》（法释〔2009〕8号）中，将业主委员会作为原告起诉的法定情形限制在涉及业主共同利益的物业纠纷范围内。2018年颁布的《行诉解释》第十八条第一款明确规定，业主委员会对于行政机关作出的涉及业主共有利益的行政行为，可以自己的名义提起诉讼。但同时，《行诉解释》第十八条第二款又补充规定，业主委员会不起诉的，专有部分占建筑物总面积过半数或者占总户数过半数的业主可以提起诉讼。由此可见，业主委员会属于其他组织的范畴，具有提起行政诉讼的原告主体资格。但是，司法实践中需要注意的是，业主大会或者业主委员会必须是依法成立的，否则不能以业主大会或者业主委员会名义提起诉讼。在审查业主委员会的起诉材料，决定是否立案受理时，应当对以下问题严格审查：（1）依法召开小区业主大会；（2）提交经物业管理区域内全体业主所持投票权三分之二以上通过的业主大会决议；（3）业主大会决议中对诉讼费用如何承担有明确决议。

【案例12】金殿苑业主委员会诉上海市虹口区城市规划管理局补发建设工程规划许可证案①

【案情简介】1998年4月6日，上海华凉房产开发经营有限公司（以下称华凉公司）经被告批准，取得沪虹建〔98〕0048号建设工程规划许可证，建设项目名称：金殿苑，建设位置：临平北路2号，建设规模：20745平方米，附件建筑工程项目表中建筑物包括高层住宅1幢（24层，其中2层楼高度5.6米，无2E楼层）。1999年9月9日，金殿苑通过建设工程质量核验，11月22日，华凉公司取得新建住宅交付使用许可证。2000年1月3日，上海市房屋土地资

① 参见上海市第二中级人民法院〔2004〕沪二中行终字第161号行政判决书。

源管理局就坐落于临平北路2号的金殿苑新建商品房向华凉公司核发产权证，并确认1号楼24层的建筑面积（不含2E楼层）。华凉公司未经规划许可，擅自在2层楼插层，增加2E楼层。1999年9月30日，原金殿苑规划建筑设计部门完成2E楼层的消防、电气、煤气、排水、结构竣工图。2001年3月21日，上海市公安局虹口分局防火监督处通过金殿苑1号楼2楼改建2E楼的工程消防验收，2001年11月，华凉公司就2E楼层向被告提出补证申请，因2E楼层系违法建筑，被告未予准许。2002年2月，华凉公司向工商部门办理注销登记申请，同年4月，工商部门批准华凉公司注销，债权债务由第三人担保承担。2002年10月30日，被告接举报得知华凉公司在未办理规划手续的情况下，擅自在金殿苑1号楼2层内插层。被告根据规定立案调查，经过现场检查、询问，于11月14日作出第2120020052号行政处罚决定，责令华凉公司限期三个月内补办建设工程规划许可证及罚款10000元。第三人后向被告提交了盖有华凉公司及第三人公章的建设工程规划许可证申请表，被告于2002年11月18日颁发沪虹建〔2002〕0091号建设工程规划许可证，建设单位：华凉公司，建设项目名称：金殿苑1号楼2层插层（2E楼层），建设位置：临平北路2号，建设规模：236平方米。原告不服，向法院提起诉讼，要求撤销许可证。

【裁判理由】业主委员会系合法成立、有一定组织、有一定财产的机构，根据《最高人民法院关于适用〈中华人民共和国民事诉讼法〉若干问题的意见》第四十条“民事诉讼法第四十九条规定的其他组织是指合法成立、有一定的组织机构和财产，但又不具备法人资格的组织”，故业主委员会应归属于其他组织，《行政诉讼法》第二条又明确将其他组织纳入原告范畴，所以，在行政诉讼中，业主委员会也具有原告资格，本案原告适格。

（撰写人：赵赫）

46

如何理解和判断群众自治组织的原告资格？

行政诉讼中的原告资格指的是在行政诉讼中，公民、法人或其他组织必须具备一些什么条件才可以以自己的名义提起诉讼。原告资格是对起诉人可以成为原告的限制。《行政诉讼法》第二十五条第一款规定，行政行为的相对人以及其他与行政行为有利害关系的公民、法人或者其他组织，有权提起诉讼。从起诉条件看，首先原告必须与行政行为有利害关系，即行政行为侵犯了起诉人的合法权益；其次原告必须是法律上具有独立人格的公民、法人或其他组织。[①] 群众自治组织是否符合上述条件？

根据《宪法》和《村民委员会组织法》、《城市居民委员会组织法》的规定，城市和农村按居民居住地区，设立居民委员会或者村民委员会是基层群众性自治组织。居民委员会和村民委员会是建立在我国社会的最基层，与群众直接联系的组织；是在自愿的基础上，由群众按照居住地区，自己组织起来，自我管理、自我教育、自我服务的社会组织。一直以来，基层群众性自治组织的法律地位并不清晰，因其缺乏独立法人地位而面临许多问题，阻碍基层组织的发展和群众进步的愿望。2017 年 10 月 1 日起实施的《民法总则》第一百零一条第一款规定，居民委员会、村民委员会具有基层群众性自治组织法人资格，可以从事为履行职能所需要的民事活动。为促进基层群众性自治组织的发展，《民法总则》赋予了居民委员会、村民委员会具有基层群众性自治组织法人资格。法人资格的明确，为它们成为诉讼法上的适格主体扫清了障碍。

实践中，涉及群众自治组织作原告的，主要是农村集体土地行政案件。《最高人民法院关于审理涉及农村集体土地行政案件若干问题的规定》第一条确定了农村集体土地的权利人或者利害关系人（以下简称土地权利人）认为行政机关作出的涉及农村集体土地的行政行为侵犯其合法权益，提起诉讼的，属于人民法院行政诉讼的受案范围。而依据《土地管理法》第十一条规定，农民集体所有的土地依法属于村农民集体所有的，由村集体经济组织或者村民委员会经营、管理；已经分别属于村内两个以上农村集体经济组织的农民集体所有的，由村内各该农村集体经济组织或者村民小组经营、管理；已经属于乡（镇）农民集体所有的，由乡（镇）农村集体经济组织经营、管理。由此看出，集体土地为农民集体所有，由村集体经济组织或村委会经营管理。所以，依法享有集体土地所有权的农村集体经济组织、村民委员会或村民小组，认为行政机关和行政机关工作人员的具体行政行为侵犯其合法权益的，可以作为原告向法院提起诉讼。[②] 主张农村集体土地所有权的，对集体

---

① 江必新主编：《中华人民共和国行政诉讼法理解适用与实务指南》，中国法制出版社 2015 年版，第 120—121 页。

② 《北京市高院关于审理土地行政案件有关问题的意见（试行）》（京高法发〔2005〕9 号）。

经济组织所有的土地征收、征用、登记、发证等行为提起诉讼的，村民委员会都可以村民自治组织的身份作为原告，提起行政诉讼。

现实中，村民委员会提起土地行政诉讼的并不多，更多的是村民委员会或农村集体经济组织成员以集体经济组织名义提起诉讼。《最高人民法院关于审理涉及农村集体土地行政案件若干问题的规定》第三条规定，村民委员会或者农村集体经济组织对涉及农村集体土地的行政行为不起诉的，过半数的村民可以以集体经济组织名义提起诉讼。农村集体经济组织成员全部转为城镇居民后，对涉及农村集体土地的行政行为不服的，过半数的原集体经济组织成员可以提起诉讼。这样规定是加大土地保护的力度。对过半数村集体经济组织成员赋予原告主体资格，是对土地违法行为和相关的不履行职责行为的规制，更大力度地保护集体土地所有权。实际上，村委会本身就是土地违法行为主体的情况很多，如不赋予集体经济组织成员诉权，则土地违法行为难以及时发现、纠正、查处。综上，农村集体经济组织成员如能够证明其与被诉行为具有法律上的利害关系，便可以自己的名义起诉。同时，《最高人民法院关于审理涉及农村集体土地行政案件若干问题的规定》第四条还规定，土地使用权人或者实际使用人对行政机关作出涉及其使用或实际使用的集体土地的行政行为不服的，可以以自己的名义提起诉讼。该规定对土地使用权人也赋予了相应的诉权。故涉及农村集体土地的行政案件，以群众自治组织——村委会作为适格原告主张权利为原则，过半数村民或集体经济组织成员在土地权利人不主张权利时，也可作为原告提起诉讼。

综上，群众自治组织在受到行政行为侵害时，可以自己的名义提起诉讼。

（撰写人：张勤缘）

47

如何理解和确定集体土地征收类案件的原告资格?

随着城市化进程的加快，尤其是北京副中心发展、新机场建设过程中，对建设用地的需求日益强烈，农村集体土地征收的数量也在大幅攀升。

然而，农村集体土地征收案件中仍存在的一些问题，反映了我国土地征收制度本身仍亟待完善，司法是公平正义的最后一道防线，司法应努力维护被征地农民的合法权益，其第一步就是要确定农村集体土地征收案件的适格原告。一般来说，土地征收行政案件中，要切实维护行政相对人的诉权，在原告认定方面，应适当从宽把握原告资格。

一、农村集体土地所有权人

《土地管理法》第十一条规定，农民集体所有的土地依法属于村农民集体所有的，由村集体经济组织或者村民委员会经营、管理；已经分别属于村内两个以上农村集体经济组织的农民集体所有的，由村内各该农村集体经济组织或者村民小组经营、管理；已经属于乡（镇）农民集体所有的，由乡（镇）农村集体经济组织经营、管理。同时，《物权法》第六十条规定，对于集体所有的土地和森林、山岭、草原、荒地、滩涂等，依照下列规定行使所有权：属于村农民集体所有的，由村集体经济组织或者村民委员会代表集体行使所有权；分别属于村内两个以上农民集体所有的，由村内各该集体经济组织或者村民小组代表集体行使所有权；属于乡镇农民集体所有的，由乡镇集体经济组织代表集体行使所有权。从条文来看，农村集体土地的所有权人分为三类，分别是村农民集体、农村集体经济组织的农民集体和乡（镇）农民集体，他们作为农村集体土地的所有权人，在征地过程中认为行政机关的行政行为侵犯其合法权益的，当然可以以自己的名义提起行政诉讼。《物权法》也规定了三种情况下提起行政诉讼的主体，即分别为村集体经济组织或者村民委员会、村内集体经济组织或者村民小组、乡镇集体经济组织。

上述农村集体作为农村集体土地所有权人，在行政行为损害集体土地合法权益时，当然具有行政诉讼原告主体资格，可以依法提起行政诉讼。同时，最高人民法院在《关于村民小组诉讼权利如何行使的复函》（〔2006〕民立他字第23号）中对村民小组诉讼权利如何行使予以明确规定："遵化市小厂乡头道城村第三村民小组（以下简称第三村民小组）可以作为民事诉讼当事人。以第三村民小组为当事人的诉讼应以小组长作为主要负责人提起。小组长以村民小组的名义起诉和行使诉讼权利应当参照《中华人民共和国村民委员会组织法》履行民主议定程序。参照《河北省村民委员会选举办法》第三十条，小组长被依法追究刑事责任的，自人民法院判决书生效之日起，其小组长职务相应终止，应由村民小组另行推选小组长进行诉讼。"由此，最高人民法院也以复函的形式确立了村民小组提起民事诉讼的主体资格，虽未明文规定可以以村民小组的名义提起行政诉讼，但在司法实践中可以准用民事诉讼的规定。

二、过半数的集体经济组织成员以集体经济组织的名义提起诉讼

在现实生活中，还存在着农村集体经济组织或者村民委员会等在涉及农村集体

土地征收中不提起行政诉讼的情形，导致农民的权益受到了损害但无从救济，在这种情况下，被征收的农民如何维护自己的合法权益，谁应当是提起行政诉讼的适格原告呢？

因对集体土地的权利主张或放弃是事关集体经济组织重大事宜的决定，出于体现公正、防止纠纷及保护最广大当事人利益的考虑，应实行多数人一致原则。故《最高人民法院关于审理涉及农村集体土地行政案件若干问题的规定》（法释〔2011〕20号）第三条第一款规定，村民委员会或者农村集体经济组织对涉及农村集体土地的行政行为不起诉的，过半数的村民可以以集体经济组织名义提起诉讼。如在“北京市密云区河南寨镇某某庄股份经济合作社（以下简称某某庄合作社）诉北京市密云区人民政府（以下简称密云区政府）”一案①中，因不服密云区政府核发国有土地使用证而提起撤销之诉。根据密云县河南寨派出所出具的证明，某某庄村18周岁以上村民为1981人，此次提起诉讼的有李某某等1001名村民，故原告的起诉符合《最高人民法院关于审理涉及农村集体土地行政案件若干问题的规定》第三条关于过半数的村民可以以集体经济组织名义提起诉讼之规定，具备原告诉讼的主体资格。

三、过半数的原集体经济组织成员以原集体经济组织名义提起诉讼

现在城市化过程中，“农转非”越来越多，很多农民从农村搬到了城市，由农民变成了城市居民，因此之前所存在的农村集体经济组织就被撤销了，相应地，村民委员会等原告资格也不复存在。在原土地合法权益被侵占的情况下，是由城市的居民委员会提起诉讼还是由原集体经济组织的大多数村民来提起行政诉讼？因城市居民委员会是群众自治性组织，对居民的财产并没有管理权限，居民委员会在这种情况下不具有诉讼的主体资格。按照《最高人民法院关于审理涉及农村集体土地行政案件若干问题的规定》第三条第二款规定：“农村集体经济组织成员全部转为城镇居民后，对涉及农村集体土地的行政行为不服的，过半数的原集体经济组织成员可以提起诉讼。”仍应由原集体经济组织成员的过半数成员提起诉讼。

四、土地承包人等土地使用权人

一般来说，属于集体所有的农村土地大多承包给个人使用，有时也会承包给村民小组使用，行政机关违法征收集体土地时，会对土地承包人等土地使用权人的合法权益造成直接损害，其能否以自己的名义提起行政诉讼？

《最高人民法院关于审理涉及农村集体土地行政案件若干问题的规定》第四条

---

① 参见北京市第四中级人民法院（2015）四中行初字第639号行政判决书。

明确规定，土地使用权人或者实际使用人对行政机关作出涉及其使用或实际使用的集体土地的行政行为不服的，可以以自己的名义提起诉讼。因此，在集体土地征收中，土地承包人等土地使用人或者实际使用人在其承包土地范围内可以提起行政诉讼，具有原告主体资格。

（撰写人：赵赫）

48

合伙人、股份制企业股东可以作原告吗?

一、合伙人的原告主体资格

《行诉解释》第十五条第一款对合伙组织提起行政诉讼作了明确规定，其中合伙组织包括民事合伙（个人合伙）和商事合伙（合伙企业），合伙企业向人民法院提起诉讼的，应当以核准登记的字号为原告。未依法登记领取营业执照的个人合伙的全体合伙人为共同原告；全体合伙人可以推选代表人，被推选的代表人，应当由全体合伙人出具推选书。由此可见，《行诉解释》区分了商事合伙和民事合伙两种情况下确定合伙组织的原告主体资格，并作了明确的制度安排。对于未依法登记领取营业执照的民事合伙，应以全体合伙人为共同原告，但是对于商事合伙即合伙企业，原则上以核准登记的字号为原告。此时产生的问题就是，商事合伙的合伙人能否以自己的名义提起诉讼？实务中，我们认为应区分不同情况，对于普通合伙人，合伙人均参与经营，财产共有，责任共担。因为对合伙的债务承担连带责任，彼此之间的关系密不可分，侵害合伙组织的利益直接损害到合伙人的个人利益，因此，对于普通合伙的合伙人认为行政机关的行政行为损害了合伙组织的合法权益，作为利害关系人，可以以自己的名义提起行政诉讼，来维护自身合法权益。对于有限合伙人，由于有限合伙人以出资额为限对合伙企业的债务承担责任，且并无执行合伙企业事务的权利，故不赋予其独立诉权。

二、股份制企业的股东的原告主体资格

《行诉解释》第十六条规定，股份制企业的股东大会、股东会、董事会等认为行政机关作出的行政行为侵犯企业经营自主权的，可以企业名义提起诉讼。联营企业、中外合资或者合作企业的联营、合资、合作各方，认为联营、合资、合作企业

权益或者自己一方合法权益受行政行为侵害的，可以自己的名义提起诉讼。非国有企业被行政机关注销、撤销、合并、强令兼并、出售、分立或者改变企业隶属关系的，该企业或者其法定代表人可以提起诉讼。也就是说，除该条第二款规定的情形外，股份制企业应以企业名义提起诉讼，股东、监事等主体无权以自己名义或企业名义提起诉讼。对于股份有限公司和有限责任公司而言，为了维护公司利益，减少恶意诉讼，节省司法资源，如果普通股东认为行政机关作出的行政行为侵害公司合法权益，应向公司提出相关请求，依决议程序通过后，以企业名义提起诉讼，个人不能行使独立诉权。

（撰写人：张玮）

49

行政机关作出的可行性研究报告涉及的土地使用权人或者房屋所有权人能否对可行性研究报告提起诉讼？

一、行政机关作出的可行性研究报告涉及的土地使用权人或者房屋所有权人不能对可行性研究报告提起诉讼

将当事人是否具有法律保护的权益，作为判断当事人是否具有原告主体资格的重要标准，与行政行为合法性审查原则相互契合。人民法院对行政行为合法性的评判，除了依据行政诉讼法等行政基本法，更要依据行政机关所主管的行政实体法；在实体问题上的判断，更多是依据行政实体法律、法规、规章甚至规范性文件。如果原告诉请保护的权益，并不是行政机关作出行政行为时需要考虑和保护的法律上的权益，即使人民法院认可其原告主体资格，在对行政行为合法性实体审查时，也仍然不会将行政机关未考虑原告诉请保护权益之情形，作为认定行政行为违法的标准。即使当事人所主张的权益客观存在，也可能会间接受到行政行为的影响，但因不属于行政实体法保护的权益，故并不会得到实体裁判支持，原告最终仍然只能承担不利的后果。即使人民法院认可其原告主体资格，受理其起诉，因其所诉请保护的权益并不会在诉讼中得到保护和尊重，其起诉也就丧失了必要性，不具备诉的利益，因而不承认其原告主体资格，也并不会侵犯其任何权益。

由于发展改革部门主要行使对政府投资项目的审批和对企业投资项目的核准职

能，因此根据《国务院关于投资体制改革的决定》（国发〔2004〕20 号）第三部分第（四）项“简化和规范政府投资项目审批程序，合理划分审批权限。按照项目性质、资金来源和事权划分，合理确定中央政府与地方政府之间、国务院投资主管部门与有关部门之间的项目审批权限。对于政府投资项目，采用直接投资和资本金注入方式的，从投资决策角度只审批项目建议书和可行性研究报告，除特殊情况外不再审批开工报告，同时应严格政府投资项目的初步设计、概算审批工作；采用投资补助、转贷和贷款贴息方式的，只审批资金申请报告。具体的权限划分和审批程序由国务院投资主管部门会同有关方面研究制定，报国务院批准后颁布实施”，《政府核准投资项目管理办法》等规定，发展改革部门对政府投资项目的审批行为和企业投资项目的核准和备案行为，主要是从维护经济安全、合理开发利用资源、保护生态环境、优化重大布局、保障公共利益、防止出现垄断等方面，判断某一项目是否应予审批、核准或备案。上述一系列规定，并无任何条文要求发展改革部门必须保护或者考量项目用地范围内的土地使用权人权益保障问题，相关立法宗旨也不可能要求必须考量土地承包经营权人的保障问题。发展改革部门在作出项目审批行为时，也就无需审查项目用地范围内的征地拆迁、补偿安置等事宜，无需考量项目用地范围内单个土地、房屋等权利人的土地使用权和房屋所有权的保护问题。因此，行政机关对可行性研究报告所作的批复涉及的土地使用权人或者房屋所有权人与项目批复行为不具有利害关系，也不具有行政法上的权利义务关系，其以批复行为侵犯土地使用权或者房屋所有权为由，申请行政诉讼，不具有原告主体资格。

此外，《最高人民法院关于发展改革部门项目审批批复行政案件原告资格问题的答复》（〔2016〕最高法行他 145 号）也明确记载，“发展改革部门对政府投资项目的审批和对企业投资项目的核准，主要是从拟建项目是否维护经济安全、合理开发利用资源、保护生态环境、优化重大布局、保障公共利益、防止出现垄断等方面进行审查，并不涉及项目的征地拆迁、安置补偿等与相对人具有权利义务相关的内容。当事人以项目建设影响其土地或房屋权益为由，起诉发展改革部门对投资项目审批、核准行为的；因其与项目审批、核准行为不具有利害关系，因而不具有提起诉讼的原告资格”。

二、相关判例

《行政诉讼法》第二十五条第一款规定，行政行为的相对人以及其他与行政行为有利害关系的公民、法人或者其他组织，有权提起诉讼。在原告殷某、陈某不服被告中华人民共和国国家发展和改革委员会作出的《国家发展改革委关于湖南省临湘（鄂湘界）至岳阳公路可行性研究报告的批复》（发改基础〔2010〕2883 号）

及《行政复议决定书》而提起行政诉讼一案中，人民法院经审理认为可行性研究报告主要包括项目建设规模和产品方案，资源、原材料、燃料及公用设施落实情况，建厂条件及厂址方案，工程构成，环境保护、城市规划、防震、防洪、防空、文物保护等要求及相应措施方案，建设工期和实施进度，投资估算和资金筹措，经济效果及社会效益等内容。据此，被告对政府投资项目的可行性研究报告进行审批时，主要是对已经获批项目建议书的项目在工程、经济和环境等外部协作条件上是否合理和可行进行审查。就本案而言，原告所主张的房屋所有权等权益并不在被告作出被诉批复时应考量和保护的范围之内。因此，原告与被诉批复不具有上述法律规定所指的利害关系，不具有针对被诉批复提起行政诉讼的原告资格，故对其针对被诉批复和被诉复议决定提起的本案诉讼，法院依法予以驳回。①

（撰写人：李振凡）

50

婚姻关系以外的其他人对婚姻登记行为可否提起诉讼？

婚姻是一种严格的要式行为，婚姻登记是缔结或者解除婚姻关系的法定形式，我国婚姻登记职能是由行政主管部门承担的，婚姻登记行为是一种具体行政行为，即行政机关以签发婚姻证书为表现形式并创设或者消灭当事人之间婚姻关系的法律行为。作为行政确认行为，因登记审查不严而造成无效婚姻，应当由登记机关自行纠错。登记机关未予纠错的，行政诉讼应当作为行政自行纠错的后置程序，启动法律监督职权。鉴于婚姻关系的自然属性与社会属性交织的特点，原则上有权起诉登记机关登记行为违法的主体只能为婚姻关系的当事人。即使婚姻的缔结和解除可能影响他人的继承权，也只是一种间接的、以后可能发生的关系。利害关系人也不应当具有起诉资格。

例外情况有：有权起诉的公民死亡后，其近亲属不服婚姻登记行为，可以以死者权利受到侵害为由提起行政诉讼。第一，最高人民法院就此问题向安徽省高级人

---

① 参见北京市第一中级人民法院（2016）京01行初249号行政判决书。

民法院作出如下答复[①]：对婚姻登记行为不服提起诉讼的，一般只能是婚姻关系当事人。婚姻关系当事人死亡后，其近亲属仅以婚姻登记程序违法为由提起诉讼的，人民法院一般不予受理。婚姻关系当事人死亡后，其近亲属以婚姻关系当事人未到场办理婚姻登记、事后也不知晓婚姻登记为由提起诉讼，请求确认婚姻登记行为无效的，人民法院应当依法受理，并依据查明的事实依法作出裁判。请求确认婚姻登记行为无效的诉讼，起诉期限从近亲属知道婚姻登记行为之日起计算，但最长不得超过两年。《行政诉讼法》第二十五条第二款、第三款规定："有权提起诉讼的公民死亡，其近亲属可以提起诉讼。有权提起诉讼的法人或者其他组织终止，承受其权利的法人或者其他组织可以提起诉讼。"按照《行政诉讼法》第二十五条规定，近亲属如认为婚姻登记违背婚姻登记一方的真实意愿，有权代为提起诉讼。原告资格的转移必须具备以下几个条件：（1）享有原告资格的权利人不复存在，即自然人生理死亡或宣告死亡，法人或其他组织终止，包括解散、注销、撤销、合并或者破产等；（2）起诉权有效存在，享有请求权的公民死亡、法人或者组织终止时，起诉有效期尚未终了；（3）法定权利承受人的存在；（4）被转移人本身不具有原告资格，近亲属以原告名义代为起诉。第二，最高人民法院在一例申诉审查案件中明确表示，从婚姻登记的有关规定来看，继承权并未纳入婚姻登记行为的保护范围，如果婚姻登记一方的近亲属主张的权益仅为继承权，则不具有行政诉讼原告资格。因为，婚姻当事人以外的其他人不是婚姻登记行为的相对人，且与婚姻当事人之间的继承权关系是一种期待权，与婚姻登记行为之间是一种间接的、以后可能发生的关系。即使婚姻登记行为对近亲属将来的继承份额产生影响，也是婚姻当事人双方自由意思的体现。

需要注意的是，主张涉婚姻登记行为无效也应适用起诉期限的限制，否则其权利将难以受到保护。[②] 由此可见，有权起诉的公民死亡后，其近亲属不服婚姻登记行为，可以以死者权利受到侵犯为由提起行政诉讼，但不得仅以自身继承权受损为由提起诉讼。法院审理此类案件，应更多地尊重婚姻双方的结婚意愿，采取实质合法性审查标准。

（撰写人：张玮）

---

① 参见《最高人民法院行政审判庭关于婚姻关系当事人死亡后近亲属能否提起行政诉讼请示的答复》（〔2014〕行他字第17号）。

② 参见朱世剑诉珠海市香洲区民政局婚姻登记违法一案，案号：（2016）最高法行申571号。

51

被告主体资格有哪些判断标准？

行政诉讼的适格被告是指被原告指控，并被法院通知应诉所作出具体行政行为的行政主体，并能独立承担由此产生的相应法律责任的组织。行政诉讼中被告的确定规则以及处理原告起诉的被告不适格时的规则都与民事诉讼的规定不同。

一、被告的确定规则

我国《行政诉讼法》和《行诉解释》采用了概括式和列举式的方式规定了成为行政诉讼被告的条件。《行政诉讼法》第二十六条第一款从总体上规定，公民、法人或者其他组织直接向人民法院提起诉讼的，作出行政行为的行政机关是被告。第二十六条第二款至第六款分别规定了5种特殊情形下被告的确定规则：经复议的案件，复议机关决定维持原行政行为的，作出原行政行为的行政机关和复议机关是共同被告；复议机关改变原行政行为的，复议机关是被告。复议机关在法定期限内未作出复议决定，公民、法人或者其他组织起诉原行政行为的，作出原行政行为的行政机关是被告；起诉复议机关不作为的，复议机关是被告。两个以上行政机关作出同一行政行为的，共同作出行政行为的行政机关是共同被告。行政机关委托的组织所作的行政行为，委托的行政机关是被告。行政机关被撤销或者职权变更的，继续行使其职权的行政机关是被告。同时《行诉解释》第十九条至第二十五条针对经上级行政机关批准作出行政行为、开发区管理机构作出行政行为等不同情形下被告的确定进行了分别规定。

根据《行政诉讼法》，成为法律上的行政诉讼被告需具备三个条件：第一，有法律意义上的行政主体资格（具有独立的财产、具有独立承担法律责任的能力）；第二，原告认为自己的合法权益因其行政行为的实施而受到侵害；第三，作为司法机关的人民法院根据法律规定向其发出应诉通知。具体来说，我国确认行政诉讼被告主要有两个规则：一是行政行为的实施者才能是行政诉讼法上的被告；二是行政行为的实施者同时还必须是行政主体。

对受委托者以委托行政主体的名义行使行政职权作出的具体行政行为，委托的行政主体是被告；受委托者本身不是行政主体，但以自己的名义在委托的权限内作出的具体行政行为，委托的行政主体也是被告这个没有争议，但对于受委托者本身是行政机关或法律、法规、规章授权的组织，在行使委托权限范围内以自己的名义作出具体行政行为，应认定谁为被告呢？法律及司法解释对此均没有明确规定，对此，有以下两种观点：第一种观点认为，应以受委托者为被告。理由是，受委托者本身就是行政主体，具备适格被告的资格，受委托者对以自己名义实施的行为，应当独立承担法律责任。第二种观点认为，应当以委托者为被告。笔者同意第二种观点，理由是，受委托者即使是行政机关或法律、法规、规章授权的组织，它们也只是在其法定职权范围内行使行政职权时才是行政主体，才是诉讼中的适格被告，其在行使委托的行政职权时，说明受委托者本身不具有该项行政职权，该项职权的行政主体是委托者而不是受委托者，受委托者行使委托者的行政职权时，不是该项职权的行政主体，因此，在诉讼中也不是适格的被告。适格的被告必须是行政主体，包括职权主体和授权主体。职权主体是指根据宪法和组织法的规定，自依法成立时就享有行政职权和承担行政义务的行政机关，如各级人民政府及政府职能部门。授权主体是指根据法律、法规和规章的授权，享有行政职权和承担行政义务的除职权主体以外的组织或机构，如公安派出所等。职权主体和授权主体是适格的行政主体，而受委托者行使的行政职权来源于委托行政主体的委托，同时，行政委托法律关系的成立，带有合意的性质，委托方需征得受委托方同意，其委托法律关系才能成立，受委托方如有正当理由可拒绝接受委托。

二、被告不适格的处理规则

民事案件中，人民法院发现被告不适格，除非原告撤诉，否则法院只能驳回原告的起诉，而行政案件则不然。我国法律对于行政职权的设置和对行政诉讼被告确定的规定相对复杂，而从我国的国情看，要求作为原告的公民、法人或者其他组织准确地了解这些并不容易。如果不给原告以改正的机会而直接驳回其起诉，不利于对公民、法人或者其他组织合法权益的保护。

我国《行政诉讼法》第四十九条只规定起诉时应当有明确的被告，而并没有规定必须被告适格才受理。同时《行诉解释》第二十六条第一款规定：“原告所起诉的被告不适格，人民法院应当告知原告变更被告；原告不同意变更的，裁定驳回起诉。”也就是说，法院受理后，经审查被告不适格，通知原告变更被告，在原告拒不变更的情况下，法院有权裁定驳回起诉。

（撰写人：孙大申）

52

群众自治组织是否具备被告主体资格?

根据《宪法》和《村民委员会组织法》、《城市居民委员会组织法》的规定，城市和农村按居民居住地区，设立居民委员会或者村民委员会，形成基层群众性自治组织。居民委员会和村民委员会是建立在我国社会的最基层，与群众直接联系的组织，是在自愿的基础上，由群众按照居住地区，自己组织起来，自我管理、自我教育、自我服务的社会组织，实行民主选举、民主决策、民主管理、民主监督。一直以来，基层群众性自治组织的法律地位并不清晰，因其缺乏独立法人地位，而面临许多问题，阻碍基层组织的发展。2017 年 10 月 1 日起实施的《民法总则》第一百零一条第一款规定，居民委员会、村民委员会具有基层群众性自治组织法人资格，可以从事为履行职能所需要的民事活动。为促进基层群众性自治组织的发展，民法总则赋予了居民委员会、村民委员会具有基层群众性自治组织法人资格。法人资格的明确，为它们成为诉讼法上的适格主体扫清了障碍。

根据《行政诉讼法》的有关规定，只有行政主体才能成为行政诉讼的被告，所谓行政主体，是指依法享有国家行政职权，能以自己的名义实施行政管理活动，并能够独立承担法律责任的组织。在行政诉讼中，行政主体作为被告有两类：行政机关和法律、法规、规章授权的组织。同时，《行诉解释》第二十四条第一款和第二款分情况明确了基层群众自治组织的被告资格：“当事人对村民委员会或者居民委员会依据法律、法规、规章的授权履行行政管理职责的行为不服提起诉讼的，以村民委员会或者居民委员会为被告。当事人对村民委员会、居民委员会受行政机关委托作出的行为不服提起诉讼的，以委托的行政机关为被告。”在实践中，确定村民委员会或居民委员会实施某一具体行为是否为行政行为需要综合考虑以下几点：

一是被授权组织在行使法律、法规、规章所授权职能时，具有与行政机关相同的法律地位。在行使该项法律、法规、规章授权的职能时，村民委员会、居民委员会与村民、居民之间非平等民事主体关系，而是行政管理关系。譬如，村民委员会行使的管理公共事务和公益事业的职权一般包括：宅基地审批、税费收缴、确定五保户对象、组织兴修水利、道路等基础设施。

二是被授权组织以自己名义行使法律、法规、规章所授职能的行为对外承担法律责任。例如，根据《土地管理法》第十一条的规定："农民集体所有的土地依法属于村农民集体所有的，由村集体经济组织或者村民委员会经营、管理……"此规定可以确认村民委员会拥有法律、法规、规章授予的相关行政职权，并管理村级公共事务。一般认为，村民委员会行使下列管理行为侵犯行政相对人合法权益的，可以作为行政诉讼的被告：村统筹、村提留等有关费用的收缴；村集体经济项目的立项、承包、产业结构调整；村公益事业党的经费和建设承包；村集体经济收益的管理和使用；征用土地各项补偿费、安置补助费的发放；村民的土地承包经营；宅基地的使用；优抚、救灾救济、扶贫助残等款物的发放；计划生育工作；水电费及其他有偿服务费的收缴；村民户籍关系变更；由村委会作出的侵害村民合法权益的其他行政管理行为。

三是被授权组织在非行使行政管理职能的场合或接受行政委托实施行政行为，不具有行政法上的行政主体地位。譬如，在征地拆迁行政行为中，地方政府与村民委员会之间是否构成行政委托关系，决定该类纠纷为行政纠纷或应通过民事途径解决。又如，居民委员会受街道办事处、乡镇人民政府委托开展最低生活保障申请的受理工作，对拒绝受理申请的行为不服应当以委托的街道办事处或乡镇人民政府为被告。

如果村民委员会或居民委员会作出的行为既没有法律法规或规章的授权，又没有行政机关的委托或明确的意思表示，也就是说村民委员会作出民法意义上的"事实行为"，当事人对此类行为不服，应当以村民委员会或居民委员会为被告。《行诉解释》通过合法性审查发挥监督职能，监督村民委员会在宪法和法律、法规范围内活动，防止其滥用职权，使得严重违法的村委会管理行为被依法撤销，从而救济村民的合法权益。

（撰写人：张玮）

53

高等院校有被告资格吗？

高等院校作为现代社会一类极为重要的社会组织，其不仅符合以公共利益为目的的事业单位特征，同时也具有法人主体所应当包含的资格特点。然而，从这两方面来看，只能得出高等院校是作为一个公益性质的组织而存在，其所具有的亦是民事主体的特征，参与的是民事活动，并受到民事法律的调整。但是，现实高等院校行使权力所具有的管理特征等种种迹象都表明民事主体这一定位并不能完全涵盖高等院校的法律地位；因而必须对高等院校民事主体之外的其他法律地位加以探究。根据法人成立所依据法的性质，法人可以分为公法人和私法人两类，公法人是根据公法的规定而成立的法人，以公共事务为其成立目的；私法人是根据私法的规定而成立的法人，以私人事业为其成立目的。从以上分类及其设立的目的来看，高等院校可被划入公法人这一范畴。然而，基于目前我国对公私法人定位的不明确和意见的不统一，高等院校的公法人资格并未得到学界一致的认可。也正是高等院校这种模糊不清的法律地位，导致了高等院校与学生、高等院校与教师在纠纷解决中权利救济的混乱，常常出现适用救济程序的错误，本应由行政诉讼解决的事项却通过民事诉讼解决，而本属于民事法律领域的纠纷又常常夹杂着过多的行政因素；这种救济程序的错误，不仅影响到了被侵害人的权益的补救，同时也对公立高等院校权力滥用的监督产生了一定的负面影响。

根据我国《行政诉讼法》第二十六条的规定，行政诉讼的被告一般来说应当是作出行政行为的行政机关。然而行政法上的行政主体，是以行政权力的享有者身份出现的，行政机关是行政权力的享有者，所以行政机关是行政主体最主要的构成部分。但行政权力并非为行政机关所独占，国家也将一部分行政职权授予非行政机关的社会组织实施，如会计师协会颁发会计师证书等。现代社会国家的行政范围和公共职能不断扩展，许多行政事务不可能也没必要完全由行政机关来处理，需要辅之以其他社会组织来管理。为了监督社会团体、企事业单位等依法行使国家赋予的行政管理职权从而更好地维护管理相对人的合法权益，有必要赋予企事业单位及社会团体在行政诉讼中一定程度上的被告资格，对于它们与管理相对人之间发生的行政纠纷依照行政诉讼法来处理，这样不仅有利于化解社会矛盾，还有利于维护社会的和谐稳定。因此，非行政机关的社会组织也会因法律、法规的授权而取得行政主体地位。

根据《行诉解释》第二十四条第三款和第四款的规定，当事人对高等院校等事业单位以及律师协会、注册会计师协会等行业协会依据法律、法规、规章的授权实施的行政行为不服提起诉讼的，以该事业单位、行业协会为被告。当事人对高等院校等事业单位以及律师协会、注册会计师协会等行业协会受行政机关委托作出的行为不服提起诉讼的，以委托的行政机关为被告。因此，高等院校能否在行政诉讼中作为被告，要根据其在个案中的特殊情形下是否为法律、法规、规章授权的组织来判定。法律、法规、规章授权的组织，是指根据法律、法规的规定，可以以自己的名义从事行政管理活动、参加行政复议和行政诉讼并承担相应法律责任的非政府组织。

高等院校受法律、法规、规章的授权行使行政管理职权最典型的例子要属颁发学位、学历证书。依据《学位条例》第八条、我国《教育法》第二十一条、第二十二条的规定，国家实行学位证书和学业证书制度，由国务院授权高等院校对符合条件的高等院校大学生授予学士学位并颁发相应的学位证书。如果受教育者对高等院校涉及其学位、学历的管理行为不服的，有权提起行政诉讼，高等院校是行政诉讼的适格被告。最高人民法院颁布的指导案例 38 号“田永诉北京科技大学拒绝颁发毕业证、学位证案”即是典型案例。

【案例 13】田永诉北京科技大学拒绝颁发毕业证、学位证案①

【案情简介】原告田永于 1994 年 9 月考取北京科技大学，取得本科生的学籍。1996 年 2 月 29 日，田永在电磁学课程的补考过程中，随身携带写有电磁学公式的纸条。考试中，去上厕所时纸条掉出，被监考教师发现。监考教师虽未发现其有偷看纸条的行为，但还是按照考场纪律，当即停止了田永的考试。被告北京科技大学根据原国家教委关于严肃考场纪律的指示精神，于 1994 年制定了校发（94）第 068 号《关于严格考试管理的紧急通知》（简称第 068 号通知）。该通知规定，凡考试作弊的学生一律按退学处理，取消学籍。被告据此于 1996 年 3 月 5 日认定田永的行为属作弊行为，并作出退学处理决定。同年 4 月 10 日，被告填发了学籍变动通知，但退学处理决定和变更学籍的通知未直接向田永宣布、送达，也未给田永办理退学手续，田永继续以该校大学生的身份参加正常学习及学校组织的活动。1996 年 9 月，被告为田永补办了学生证，之后每学年均收取田永交纳的教育费，并为田永进行注册、发放大学生补助津贴，安排田永参加了大学生毕业实习设计，由其论文指导教师领取了学校发放的毕业设计结业费。田永还以该校大学生的名义参加考试，先后取得了大学英语四级、计算机应用水平测试 BASIC 语言成绩合格证书。被告对原告在该校的四年学习中成绩全部合格，通过毕业实习、毕业设计及论文答辩，获得优秀毕业论文及毕业总成绩为全班第九名的事实无争议。

1998 年 6 月，田永所在院系向被告报送田永所在班级授予学士学位表时，被告有关部门以田永已按退学处理、不具备北京科技大学学籍为由，拒绝为其颁发毕业证书，进而未向教育行政部门呈报田永的毕业派遣资格表。田永所在

① 最高人民法院指导案例 38 号。

院系认为原告符合大学毕业和授予学士学位的条件，但由于当时原告因毕业问题正在与学校交涉，故暂时未在授予学位表中签字，待学籍问题解决后再签。被告因此未将原告列入授予学士学位资格的名单交该校学位评定委员会审核。因被告的部分教师为田永一事向原国家教委申诉，国家教委高等院校学生司于1998年5月18日致函被告，认为被告对田永违反考场纪律一事处理过重，建议复查。同年6月10日，被告复查后，仍然坚持原结论。田永认为自己符合大学毕业生的法定条件，北京科技大学拒绝给其颁发毕业证、学位证是违法的，遂向北京市海淀区人民法院提起行政诉讼。

【裁判理由】根据我国法律、法规规定，高等院校对受教育者有进行学籍管理、奖励或处分的权力，有代表国家对受教育者颁发学历证书、学位证书的职责。高等院校与受教育者之间属于教育行政管理关系，受教育者对高等院校涉及受教育者基本权利的管理行为不服的，有权提起行政诉讼，高等院校是行政诉讼的适格被告。

（撰写人：孙大申）

54

如何识别与确定公立医院的被告资格?

《行政诉讼法》第二条第二款规定，行政行为包括法律、法规、规章授权的组织作出的行政行为。可见，除行政机关外，法律、法规、规章授权的组织也可以作为行政诉讼的被告。法律、法规、规章授权的组织作被告，是社会公共行政发展到一定阶段的产物。公立医院，作为国家为了社会公益目的，由国家机关举办或者其他组织利用国有资产举办，从事医疗服务的事业单位，在法律、法规、规章授权的情形下，可以作为行政诉讼的被告。

作为事业单位，以医院为主体形成的法律关系比较复杂。一方面，医院像其他民事主体一样，享有普通的民事权利，也承担一般的民事责任。如采购办公用品、医疗器械、建筑院舍等，与其他企业、机关、社团法人并无区别。另一方面，医院与患者之间、医院与医生之间的关系既有民事法律关系，又存在单纯民事法律关系以外的管理关系。例如，传染病医院将传染病患者约束至隔离病房。司法实践中，主要从以下几个方面识别与确定公立医院的行政诉讼被告资格：

一、是否与承担的社会公共行政职能密切相关

在现代社会，随着法治观念的深入人心，传统的干预行政越发不能适应经济社会发展的需要，也无法满足人民群众的期待，服务政府、给付行政发展起来，并在国家行政事务中占据较大比重。“这种行政以社区组织、行业组织、公共事业单位及公用企业与公司为实施主体，以法律、法规授权或以章程与规约为权力来源，以负担公共服务职能为本质，我们称之为公共职能意义上的社会行政，或社会公共行政。”① 作为公共事业单位、非营利性医疗机构，公立医院以救死扶伤，防病治病，为公民的健康服务为宗旨，以负担公共服务职能为“天职”，但不是其实施的所有行为均属于行政行为，并因此成为行政诉讼适格被告。只有其行为与承担的社会公共行政职能密不可分，方可以其为被告提起行政诉讼。如此，将采购办公用品、医疗器械、建筑院舍等民事行为区别开来，公立医院不能因实施上述行为成为行政诉讼的适格被告。

二、是否具有法律、法规、规章明确授权

根据行政法学理论，公立医院为公务法人。公务法人，是指“在实现自己的目的过程中以直接满足一定范围、行业人群的共同需要，基于合意履行公共管理职能并应当受公法制约的组织”。② 作为公务法人的公立医院，并非行政机关，不具有固定的行政职权，“法无授权即禁止”。因此，只有在法律、法规、规章授权的情形下，方得以作出行政行为，成为行政诉讼适格被告。相关法律规定包括：《传染病防治法》、《精神卫生法》等。如《精神卫生法》第四十条第一款规定，精神障碍患者在医疗机构内发生或者将要发生伤害自身、危害他人安全、扰乱医疗秩序的行为，医疗机构及其医务人员在没有其他可替代措施的情况下，可以实施约束、隔离等保护性医疗措施。因此，公立医院对精神障碍患者在医疗机构内实施保护性医疗措施的行为，有明确法律授权，该患者不服上述行为，可以公立医院为被告提起行政诉讼。如此，将普通公立医院医生（如系职务行为，以医院为被告）与患者发生口角将其殴打致伤等民事侵权行为区别开来，公立医院亦不能因实施上述民事性质的行为成为行政诉讼的适格被告。

---

① 王彦：《再探行政诉讼被告确定的标准》，载《行政管理体制改革的法律问题——中国法学会行政法学研究会2006年年会论文集》，第701页。

② 吉龙华：《论我国行政公务法人的法律定位》，载《云南行政学院学报》2005年第5期。

三、是否存在权力服从关系

有观点认为，公务法人中，有些使用关系属于公法关系，如学校、邮局、监狱等，而电信、公立医院、博物馆、文化中心的利用关系则为私法关系。[①] 事实上，公立医院的利用关系中亦存在权力服从关系，其成为公立医院为行政诉讼适格被告的决定性因素。行政法学理论上，包括公立医院在内的公务法人，与其利用者之间可形成特别的权力关系，公务法人对其利用者享有特别的支配力。只要是为了达到行为目的，允许其为对方设定必须无条件服从的义务。如上所述，经法律授权，传染病医院将传染病患者约束至隔离病房，该公立医院具有采取强制手段迫使对方服从的权力优越，能够给公民的人身自由、财产权益造成影响，理应成为行政诉讼的被告。相反，如不存在此种必须服从的支配权力，公立医院不能成为行政诉讼的被告。如《精神卫生法》第二十七条第二款规定，除法律另有规定外，不得违背本人意志进行确定其是否患有精神障碍的医学检查，此情形下，因是否患有精神障碍的医学检查产生的争议自然属于民事争议，公立医院不能成为行政诉讼被告。

四、是否已纳入民事法律调整范围

“在行政、民事、刑事三大诉讼分立的制度框架下，行政诉讼的外延很大程度上取决于行政行为与民事行为、刑事追诉行为的区分。”[②] 因此，公立医院作出的行为是否为行政行为，其能否作为行政诉讼的被告，还要看民事法律是否已将该人身关系、财产关系纳入其调整范围。例如，广义上讲，管理即行政，公立医院对其医生的管理行为，属于广义上的行政，但《劳动法》第二条第二款规定，国家机关、事业组织、社会团体和与之建立劳动合同关系的劳动者，依照本法执行。《最高人民法院关于人民法院审理事业单位人事争议案件若干问题的规定》第一条进一步明确，事业单位与其工作人员之间因辞职、辞退及履行聘用合同所发生的争议，适用《劳动法》的规定处理。如此，将公立医院辞职、辞退及履行聘用合同行为区别开来，公立医院自然不能因实施上述行为成为行政诉讼的适格被告。

五、是否存在特殊的考量因素

一般情形下，公立医院与患者之间的关系为民事法律关系。患者因公立医院的诊疗服务，遭受人身、财产损失的，可以依法提起医疗服务合同纠纷或医疗损害责任纠纷之诉，主张公立医院承担违约责任或侵权责任。例如，公立医院拒绝提供病历复印或者复制服务，患者可以依据《合同法》第九十二条“合同的权利义务终

---

① 马怀德：《公务法人问题研究》，载《中国法学》2000 年第 4 期。

② 何海波：《行政诉讼法》（第二版），法律出版社 2016 年版，第 117 页。

止后，当事人应当遵循诚实信用原则，根据交易习惯履行通知、协助、保密等义务”之规定，要求其履行协助义务，提供病历复印或者复制服务。但是，包括公立医院在内的公共企事业单位提供的服务与人民群众切身利益休戚相关，将其纳入政府信息公开的义务主体，有利于保障人民群众的知情权，并进行切实、有效的监督，促进社会公共服务水平的改善和提升，因此《政府信息公开条例》第五十五条规定，教育、卫生健康、供水、供电、供气、供热、环境保护、公共交通等与人民群众利益密切相关的公共企事业单位，公开在提供社会公共服务过程中制作、获取的信息，依照相关法律、法规和国务院有关主管部门或者机构的规定执行。全国政府信息公开工作主管部门根据实际需要可以制定专门的规定。前款规定的公共企事业单位未依照相关法律、法规和国务院有关主管部门或者机构的规定公开在提供社会公共服务过程中制作、获取的信息，公民、法人或者其他组织可以向有关主管部门或者机构申诉，接受申诉的部门或者机构应当及时调查处理并将处理结果告知申诉人。国务院原主管部门卫生部于 2008 年 4 月印发了卫生监督、疾病预防控制、医院、妇幼卫生、社区卫生、乡镇卫生院 6 类医疗卫生机构信息公开目录（其后，国家卫生计生委办公厅印发了医院、计划生育技术服务机构等 9 类医疗卫生机构信息公开目录，国卫办政务发〔2015〕12 号），并于 2010 年 6 月 3 日发布了《医疗卫生服务单位信息公开管理办法（试行）》（2016 年 1 月 19 日废止），细化了信息公开的具体目录和服务。因此，患者对公立医院拒绝提供病历复印或者复制服务等信息公开行为不服，应提起行政诉讼，该医院为适格被告。

（撰写人：刘长江）

55

诉县级以上地方政府责令或批准的查封或强拆行为如何确定被告资格？

《行政诉讼法》第二十六条第一款规定，公民、法人或者其他组织直接向人民法院提起诉讼的，作出行政行为的行政机关是被告。该规定确立了“谁行为、谁被告”的被告确认标准。事实上，被告资格的确认比较复杂，其中，最有争议的是行政行为依法经上级行政机关责令或批准的，何者为被告的问题。《城乡规划法》第六十八条规定，城乡规划主管部门作出责令停止建设或者限期拆除的决定后，当事人不停止建设或者逾期不拆除的，建设工程所在地县级以上地方人民政府可以责成有关部门采取查封施工现场、强制拆除等措施。诉县级以上政府责令或批准的查封或强拆行为以何者为被告，需要根据不同的情况进行不同的处理：

一、以对外发生法律效力的文书上署名的机关为被告

《行诉解释》第十九条规定，当事人不服经上级行政机关批准的行政行为，向人民法院提起诉讼的，以在对外发生法律效力的文书上署名的机关为被告。该规定体现了文书具名原则。是否有利于行政相对人合法权益的保护，是确定适格被告需要考虑的重要因素，以署名的机关为被告，一目了然，便于相对人"锁定"责任主体，及时向其主张权利，不至于诉讼未开始便陷入"找不到北"的"迷雾"之中。理论上讲，经县级以上政府责令或批准的查封或强拆决定存在下级行政机关单独署名，上级行政机关单独署名，以及共同署名三种情形，但司法实践中发现，下级行政机关单独署名占绝大多数，上级行政机关单独署名，上下级行政机关共同署名虽然不能说绝无仅有，但也是寥寥无几。无论何种情形，根据上述司法解释规定，相对人对经县级以上政府责令或批准的查封或强拆决定不服的，应当以对外发生法律效力的文书上署名的机关为被告提起行政诉讼。即使上级机关不同意下级机关的意见，并指令下级机关按照其新的意见作出行政行为，相对人不服提起行政诉讼的，仍以署名的机关为被告。

二、以县级以上人民政府为被告

经上级行政机关批准的行政行为，属于多阶段行政行为。所谓多阶段行政行为，是指"行政机关作出行政行为，须有其他行政机关批准、附和、参与始能完成之情形"。[①] 县级以上政府责令或批准的查封或强拆行为，包括县级以上政府责令或批准行为，和查封或强拆行为两个行政行为。通常情况下，后者对行政主体之外的相对人发生法律效果，前者不对相对人权利义务产生实际影响，只是行政机关的内部程序，因此不具有可诉性。但是，在县级以上政府不履行责令或批准职责的情形下，上级行政机关的意志已经外化，对相对人合法权益产生了影响，因此，相对人[②]以县级以上政府不履行责令或批准查封或强拆职责提起诉讼的，县级以上人民政府为适格被告。

需要说明的是，《城乡规划法》《行政强制法》《北京市城乡规划条例》《北京市禁止违法建设若干规定》《北京市实施城市管理相对集中行政处罚权办法》等法

---

① 参见最高人民法院（2017）最高法行申295号行政裁定书"本院认为"部分。

② 此种情形下，多为利害关系人。

律、法规和政府规章均未对县级以上政府的责令或批准时限作出明确要求，但其应在合理期限内履行法定职责，以便对违法建设作出实质性处理。对于合理期限的把握，可参照《行政诉讼法》第四十七条的规定，以两个月作为责令或批准时限。

三、以具体实施的机关为被告

依据《行政强制法》第十八条、第二十四条、第三十五条、第三十六条、第三十七条以及第四十四条等有关行政强制措施、强制执行程序的规定，行政机关在实施查封或强拆行为前，应当依法履行告知当事人依法享有的权利、听取当事人陈述申辩意见、制作查封或拆除决定书等法定程序，并依据《城乡规划法》第六十八条的规定，在获得县级以上政府责令或批准后，方有权实施强制执行行为。但是，司法实践中发现，行政机关基于种种原因未制作处理决定直接实施查封或拆除行为的不在少数。此外，还存在行政机关虽然制作处理决定但因故没有送达或没有有效送达的情况。根据《行政诉讼法》第二十六条第一款确立"谁行为、谁被告"的被告确认标准，行政机关未制作或未送达处理决定直接实施查封或拆除行为的，应以具体实施机关为被告提起行政诉讼。例如，依据《北京市禁止违法建设若干规定》第九条第二款规定，城市管理综合行政执法机关负责查处未取得建设工程规划许可证的城镇建设工程，北京市西城区城市管理综合行政执法监察局（以下简称西城城管监察局）作为本辖区城市综合执法部门，负有对辖区内违法建设进行查处的法定职责。如相对人未在规定期限内拆除违法建设，西城城管监察局未经西城区政府责成程序，亦未作出强制执行决定书，直接实施了拆除行为，相对人不服直接提起行政诉讼的，应以西城城管监察局为被告。相对人选择复议的，则以西城城管监察局为被申请人，向西城区政府申请行政复议。相对人不服复议决定，复议维持的，应以西城城管监察局和西城区政府为共同被告；复议改变的，应以西城区政府为单独被告提起行政诉讼。

此外，行政机关虽否认实施了强制拆除行为，但实施了前期的整治方案、拆除公告等行为的，该行政机关负有其并未实施强制拆除行为的举证义务，否则承担举证不能的法律后果。当然，如其他行政机关认可自己是强制拆除人的可以除外。

四、经过复议的，批准机关和复议机关单独或共同为被告

《行诉解释》第十九条体现的文书具名原则，虽便于相对人确定适格被告，但造成了权责分离的弊端，实际决策者"游离"于司法监督之外。《行政复议法实施条例》第十三条规定，下级行政机关依照法律、法规、规章规定，经上级行政机关批准作出具体行政行为的，批准机关为被申请人，避免了批准机关为复议机关"既当教练员又当裁判员"的尴尬，实现了"权责"的统一。因此，经复议的案件，作被告的不是履行责令或批准职责的县级以上政府，而是由其复议机关单独或与作出查封或强拆行为的机关共同为被告。例如，相对人未在规定期限内拆除违法建设，西城城管监察局经西城区政府责成，作出强制执行决定书，相对人申请复议的，应以西城区政府为被申请人，向北京市政府申请复议。相对人不服复议决定，复议维持的，应以西城城管监察局和北京市政府为共同被告；复议改变的，应以北京市政府为单独被告提起行政诉讼。此同上例有明显的不同。

仍需强调的是，《最高人民法院关于审理行政许可案件若干问题的规定》第四条规定，行政许可依法须经上级行政机关批准，当事人对批准或者不批准行为不服一并提起诉讼的，以上级行政机关为共同被告。该规定继续坚持文书具名原则的同时，开通了对上级机关批准行为提起行政诉讼的通道，代表了未来行政诉讼立法的发展方向。有理由相信，相对人对“所有”“批准”或者不批准行为不服一并提起诉讼，均可以上级行政机关为共同被告值得期待。

（撰写人：刘长江）

56

行政机关派出机构有被告资格吗？

派出机构是由政府的工作部门根据需要在一定行政区域内设置的派出组织，是行政机关为更好地实现其对国家事务和社会事务的管理而设立的一种行政组织。在我国，派出机构的种类繁多，如公安派出所、工商所、税务所、司法所等。

派出机构不同于派出机关，派出机关是指由县级以上地方人民政府经有权机关批准，在一定区域内设立的行政机关。《地方各级人民代表大会和地方各级人民政府组织法》规定：省、自治区人民政府在必要时，经国务院批准，可以设立若干行政公署，作为它的派出机关；县、自治县的人民政府在必要的时候，经省、自治区、直辖市的人民政府批准，可以设立若干区公所，作为它的派出机关；市辖区、不设区的市的人民政府，经上级人民政府批准，可以设立若干街道办事处，作为它的派出机关。所以，我国现有的政府派出机关仅有三种，即行政公署、区公所和街道办事处。

我们可以从派出机关与派出机构的对比中来界定派出机构。二者都是行政机关依法设立的拥有一定行政管理职能的行政组织，其区别主要有：（1）从设立上看，派出机关设立依据直接源于国家机构组织法的规定，而派出机构则主要根据国家机构组织法以外的其他法律、行政法规、地方性法规或者规章而设立。如工商所设立的法律依据则是国务院批准的《工商行政管理所条例》。派出机构的设立有时只要根据需要，经上级主管机关批准或自行设立即可，而且它是由政府职能部门而不是由人民政府所设立。（2）从法律地位上看，根据我国《行政复议法》《行政诉讼法》的规定，派出机关能够以自己的名义，作为行政复议或行政诉讼法律关系的主体，并依法承担独立的法律责任。而派出机构则除法律、法规、规章另有规定以外，一般不能以自己的名义实施行政行为，并且不能以自己的名义承担由此而引起的法律责任。

派出机构虽然具有一定的行政职能，但其在行政执法中的地位并不确定。一般而言，行政职权应由具有行政主体资格的组织来承担并加以实施。派出机关虽不是一级人民政府，但其是以宪法以及相关组织法为依据设立的，能够以自己的名义对外作出行政行为，并能独立对其行为的后果承担责任，因此具有行政主体资格。而派出机构一般情况下不具有行政主体资格，只能以设立机关的名义实施行政行为，只有在法律、法规、规章有明确规定或授权的情况下，才可直接以自己的名义实施行政管理行为，此时才具有行政主体的资格。如《治安管理处罚法》授予公安派出所警告以及500元以下罚款的行政处罚权。但超出这一范围，派出所就不能以自己名义独立行使职权。因此，派出机构是否具有行政主体的资格，首先要看其是否有法律、法规的明确授权；如果得到了法律、法规的授权，还要看其行使职权是否在法律规定的范围内。

派出机构在行政复议中具有何种地位？根据《行政复议法》规定，对人民政府的工作部门依法设立的派出机构根据法律、法规和规章的规定以自己的名义作出的具体行政行为不服申请复议的，由设立该派出机构的部门或者该部门的本级人民政府管辖。此时，派出机构具有行政主体资格，能够对其行为独立承担责任，因此成为行政复议中的被申请人。然而，需要明确的是，此种情况下，派出机构所实施的行为是在法律、法规和规章规定其能以自己名义作出行为的范围之内。当派出机构的行为超出这一范围时就属于另一种情形：派出机构此时是以设立它的上级机关的名义实施行为，行为效果归属于设立此派出机构的上级机关，因此行政复议的被申请人是该上级机关，而不是作出行为的派出机构。举例来说：当公安派出所对行政相对人处以500元以下的罚款时，行政相对人对其不服，应以该派出所为被申请人提起行政复议；而当公安派出所对行政相对人处以1000元的罚款时，行政相对人对其不服，则应以设立该派出所的县级公安机关为被申请人提起行政复议。因此，派出机构在行政复议中是否具有被申请人地位，要看其作出行政行为时是否具有行政主体资格。

派出机构在行政诉讼中的地位也要视不同情况而定。根据《行政诉讼法》及相关司法解释，我们可以分为以下几种情形：当派出机构在法律、法规或规章的明确授权范围内以自己的名义行使职权时，当事人不服提起诉讼的，应以作出具体行政行为的该派出机构为被告；法律、法规或规章授权行使职权的行政机关的派出机构超出法定授权范围实施行政行为，当事人不服提起诉讼的，应以实施该行为的派出机构为被告，在没有法律法规或规章规定，行政机关授权派出机构行使职权，属于《行政诉讼法》第二十六条规定的委托，当事人不服提起诉讼的，应当以该行政机关为被告。

【案例 14】王某甲诉上海市公安局虹口分局行政公安其他案①

【案情简介】公民王某甲向上海市公安局虹口分局四川北路派出所申请将姓名变更为“王某某”，四川北路派出所以不符合《上海市常住户口管理规定》第二十六条规定为由，不同意变更。王某甲主张公民依法享有姓名权，且行使该权利属于民事活动，不以公安机关变更登记为生效要件；《上海市常住户口管理规定》第二十六条规定不合法，不当限制了公民行使姓名权；上海市公安局虹口分局四川北路派出所为被告的派出机构，其无法律授权作出的行政行为属无效行政行为，引起诉讼的应当以其所在机关为被告，以上海市公安局虹口分局作为被告，提起行政诉讼。

【裁判理由】被诉行政行为由上海市公安局虹口分局四川北路派出所作出，该派出所系法律、法规或者规章授权行使行政职权的行政机关派出机构，具有行政诉讼主体资格。根据《最高人民法院关于执行〈中华人民共和国行政诉讼法〉若干问题的解释》第二十条第二款之规定，法律、法规或者规章授权行使行政职权的行政机关内设机构、派出机构或者其他组织，超出法定授权范围实施行政行为，当事人不服提起诉讼的，应当以实施该行为的机构或者组织为被告。因此，即使被诉行政行为系该派出所超越法定职权作出，本案也应当以其作为被告。现原告坚持以上海市公安局虹口分局为被告，属错列被告且拒绝变更，不符合行政诉讼起诉条件。

（撰写人：王开平）

① 参见上海市虹口区人民法院（2015）虹少行初字第1号行政裁定书。

57

如何判断行政机关内设机构的被告资格？

内设机构往往是以某项行政事务而设立的，其职能权限比较单一。但现实中，除公安交警大队、消防所等的职权范围因有相关法律或法规等专门性规定而较为明确、具体外，大多数的内设机构在其设立时本身依据就不明确，相关的设立决定也未对其权限作出具体界定。因而内设机构究竟可以行使哪些职权并无明确依据，在实际工作中带有很强的随意性。例如，目前我国不少城市都设立了经济开发区，并在开发区内设立各种内设机构。由于是新生事物，缺乏法律规范，有的内设机构实际上相当于一级政府，行使着宪法赋予地方政府的大部分行政职权，权力日趋扩大。此外，由于缺乏对内设机构职责权限的明确法律界定，同时也对其行政权的行使没有加以必要的程序约束，内设机构在履行行政管理职能的过程中，超越权限实施行政行为的现象较为普遍。不同的内设机构由于职责不明而发生了互相推诿或重复、交叉等权限方面的争议，造成了不同部门内设机构的权限冲突，从而影响了行政效率。另外，对内设机构的管理混乱，监督不力，目前不少内设机构的日常管理职责行为容易诱发矛盾产生，诉诸法院解决纠纷时也因为是否具有作为行政诉讼被告主体资格，存在不少争议。

谈及我国的行政诉讼被告，不能不提及行政主体，因为“行政主体与行政诉讼被告如此密切地联系在一起，可以说是我国行政主体理论的一大特色”。从行政主体的角度解释我国行政诉讼的被告制度，逐步获得学术界的认同。我国行政诉讼制度随着行政诉讼法的颁布施行全面建立起来，而行政诉讼制度要面对的重要问题之一就是如何设定被告制度。我国对行政诉讼的被告定义基本可以表述为“实施了具体行政行为被作为原告的个人或组织指控侵犯其行政法上的合法权益，而由人民法院通知应诉的行政主体”。那么，由此可知，认定我国行政诉讼被告必须符合以下三个要件：一是必须是行政主体；二是必须是实施原告认为侵犯其合法权益的具体行政行为；三是人民法院通知其应诉。

根据行政组织法的一般原理，行政机关的内设机构附属于设立的行政机关，不能以自己的名义独立对外作出行政行为和承担法律责任，因此不能成为独立的行政主体，在行政诉讼中作为被告出庭应诉。但是在某些特殊情况下，如果法律、法规、规章对内设机构有行政授权，其能在法律上以自己的名义作出行政行为，该内设机构实际上已经外化，取得了独立主体的资格，应以该机构为被告。行政机关在没有法律、法规、规章规定的情况下，"授权"其内设机构或者其他组织实施行政行为应当视为委托，依委托的原理，应当是委托机关而不是被委托机构作为被告。

【案例15】陈中某诉武汉市公安局新洲区分局道路行政强制及行政赔偿纠纷案①

【案情简介】陈中某因武汉市公安局新洲分局下属机构武汉市公安局新洲区分局交通巡逻民警大队（下称交巡大队），作出的扣留其车辆并处以罚款的具体行政行为，以武汉市公安局新洲区分局（下称公安局新洲分局）为被告向法院起诉。

【裁判理由】行政机关组建并赋予行政管理职能但不具有独立承担法律责任能力的机构，以自己的名义作出行政行为，当事人不服提起诉讼的，应当以组建该机构的行政机关为被告。本案中，交巡大队是被告公安局新洲分局的内设机构，虽具有交通管理职能，但属机关非法人组织，不具有独立的财产和经费，对外不能独立承担行政及行政赔偿等法律责任，故不是本案适格被告。依据上述司法解释的规定，交巡大队以自己名义对外作出的行政行为所产生的法律责任，应由其上级组建机关承担，故本案的适格被告应为公安局新洲分局。

（撰写人：王开平）

58

对经批准的行政行为不服，可否以批准机关为被告提起诉讼？

有关批准的问题，《行诉解释》第十九条规定，当事人不服经上级行政机关批准的行政行为，向人民法院提起诉讼的，以在对外发生法律效力的文书上署名的机关为被告。不管上级机关进行到什么程度，也不论批准行为是法定的，还是下级机关主动送请批准的，只要没在最终的法律文书上签名盖章，上级机关就不是必需的被告。之

① 湖北省武汉市新洲区人民法院（2013）鄂新洲行初字第0007号行政判决书。

所以这样规定，一方面是从诉讼经济角度考虑，另一方面也是为了减少审判的阻力和障碍。具体来说，可能涉及以下几种情况：第一，被诉行政行为经上级行政机关批准，但上级行政机关没有在对外发生法律效力的法律文书上署名。法律文书上署名的是下级行政机关。此种情况下应以下级行政机关作为行政诉讼的被告。因为下级行政机关申报与上级行政机关批准的关系，属于行政机关内部行政关系，对外的行政主体仍是下级行政机关。第二，被诉行政行为经上级行政机关批准，在对外发生法律效力的法律文书上，署名的是上级行政机关。下级行政机关只是承办了具体事务，如接受申请材料，告知申请条件、程序和费用等，没有在法律文书上署名，该法律文书是以上级行政机关的名义作出的，则应以上级行政机关为被告。第三，被诉行政行为经上级行政机关批准，上级行政机关和下级行政机关都在对外发生法律效力的法律文书上署名，作为共同被告。① 第四，原裁决机关报批之后，上级机关不同意原裁决机关的决定，并指令下级机关，按照其意见作出行政行为，下级机关按照其意见作出行政行为之后，行政管理相对人不服，提起诉讼的，在这种情况下，上级机关是否须作为被告？根据上述规定，上级机关仍然不是一个必须的被告，仍应由署名机关为被告。②

此外，《行诉解释》第十九条规定了署名机关为被告。在行政机关没有向当事人送达，法律文书的情况下，应由哪个行政机关为被告的问题，有三种不同意见：第一种意见认为应当以上级行政机关为被告；第二种意见认为应当以具体实施行政行为的行政机关为被告；第三种意见认为应当以批准机关和实施机关为共同被告。我们认为，批准行为未送达，即未发生法律效力。行政机关作出行政行为，在法律文书送达公民法人或其他组织后，才对相对人产生拘束力。若没有送达法律文书，则对相对人不产生拘束力。故在行政机关没有送达法律文书，又不属于上级行政机关委托的情况下，对相对人权利、义务产生实际影响的是实施的行政行为。相对人诉具体实施行为的，应当以实施行政行为的行政机关为被告。

关于与《最高人民法院关于审理行政许可案件若干问题的规定》有关规定的衔接。该解释第四条规定，行政许可依法须经上级行政机关批准，当事人对批准或者不批准的行为不服一并提起诉讼的，以上级行政机关为共同被告。上述解释与《行诉解释》不一致，应当按照《行诉解释》规定处理。③

（撰写人：石东弘）

---

① 蔡小雪：《行政审判与行政执法实务指引》，人民法院出版社2009年版，第40页。

② 江必新：《最高人民法院关于执行〈中华人民共和国行政诉讼法〉若干问题的解释疑难问题探讨》，载李国光主编：最高人民法院行政审判庭编：《行政执法与行政审判参考》（总第2辑），法律出版社2001年版，第83页。

③ 梁凤云：《行政诉讼法司法解释讲义》，人民法院出版社2018年版，第95页。

59

行政机关临时机构有被告资格吗?

在我国行政管理实践中，较为普遍地存在许多临时性机构或临时性综合机构。这些机构或者是一个行政职能机关设立的，或者是由几个行政职能机关共同组建的，或者是由同级政府牵头由几个职能部门组建的。如果法律、法规、规章对临时机构有行政授权，其能在法律上以自己的名义作出行政行为，该临时机构实际上已经外化，取得了独立主体的资格，应以该机构为被告。行政机关在没有法律、法规、规章规定的情况下，“授权”其临时机构或者其他组织实施行政行为应当视为委托，依委托的原理，应当是委托机关而不是被委托机构作为被告。

临时机构虽然具有一定的行政职能，但其在行政执法中的地位并不确定。一般而言，行政职权应由具有行政主体资格的组织来承担并加以实施。临时机关虽不是一级人民政府，但其是以宪法以及相关组织法为依据设立的，能够以自己的名义对外作出行政行为，并能独立对其行为的后果承担责任，因此具有行政主体资格。而临时机构一般情况下不具有行政主体资格，只能以设立机关的名义实施行政行为，只有在法律、法规有明确规定或授权的情况下，才可直接以自己的名义实施行政管理行为，此时才具有行政主体的资格。

案例分析：原告系佛山市顺德区乐从镇小涌村村民，在该村有合法房屋，有土地使用权证、房屋所有权证。原告于起诉前得知被告针对其作出《限期拆除违法建(构)筑物通知书》。原告认为被告的行为程序及实体上均严重违法，并侵犯了原告的合法权益，因此原告提起行政诉讼，请求法院判决如下：撤销佛山市顺德区乐从镇集中开展违法违规用地查处整治行动领导小组办公室于2017年3月9日盖章的对原告作出的《限期拆除违法建（构）筑物通知书》。

佛山市顺德区乐从镇集中开展违法违规用地查处整治行动领导小组办公室于2017年3月9日作出《限期拆除违法建（构）筑物通知书》，内容为“杨细某：你在未取得《建设工程规划许可证》的情况下，擅自对佛山市顺德区乐从镇小涌村委会南胜街××号住宅拆旧建新，建设了一座七层框架混凝土结构建筑物（住宅），该行为违反了《中华人民共和国城乡规划法》第四十条的规定。依据《中华人民共和国城乡规划法》第六十四条的规定，现责令你立即停止违法行为，限期于2017年3月16日前自行拆除上述地点的违法建（构）筑物。逾期不自行拆除上述违法建（构）筑物的，我办将组织相关部门依法进行强制拆除，并追究法律责任”。

另查明，佛山市顺德区乐从镇集中开展违法违规用地查处整治行动领导小组办公室是被告组织成立的临时机构。

笔者认为，《城乡规划法》第六十四条规定：“未取得建设工程规划许可证或者未按照建设工程规划许可证的规定进行建设的，由县级以上地方人民政府城乡规划主管部门责令停止建设；尚可采取改正措施消除对规划实施的影响的，限期改正，处建设工程造价百分之五以上百分之十以下的罚款；无法采取改正措施消除影响的，限期拆除，不能拆除的，没收实物或者违法收入，可以并处建设工程造价百分之十以下的罚款。”第六十五条规定：“在乡、村庄规划区内未依法取得乡村建设规划许可证或者未按照乡村建设规划许可证的规定进行建设的，由乡、镇人民政府责令停止建设、限期改正；逾期不改正的，可以拆除。”《行政处罚法》第十五条规定：“行政处罚由具有行政处罚权的行政机关在法定职权范围内实施。”根据上述法律规定，对未取得相应许可证进行建设的违法行为，依照不同情形依法应分别由县级以上地方人民政府城乡规划主管部门或乡、镇人民政府作出处理。本案中，佛山市顺德区乐从镇集中开展违法违规用地查处整治行动领导小组办公室系被告组织成立的临时机构，其以自己的名义作出了案涉《限期拆除违法建（构）筑物通知书》的行为明显超越职权。

（撰写人：王开平）

60

审计机关可否作被告？

审计机关是指依照国家法律规定设立的，代表国家行使审计监督职权的国家机关。各级审计机关都是本级政府的组成部门和职能部门。审计机关是审级制度的核心，是各级政府用于经济管理和监督的常设机构，设立审计机关进行审计监督，是实行现代管理和监督财政经济活动的重要手段之一，是健全社会主义财政经济法制的重要措施。

根据我国《宪法》和《审计法》的规定，国务院设立审计署、县级以上地方各级人民政府设立审计机关。审计署和省、自治区、直辖市以及计划单列市城市的审计机关，根据审计工作的需要，可以在重点地区部门设立派出机构进行审计监督。审计机关实行双重领导体制，对本级人民政府和上一级审计机关报告工作。审计署在国务院总理领导下，主管全国的审计工作。审计长是审计署的行政首长。省、自治区、直辖市、设区的市、自治州、县、自治县、不设区的市、市辖区的人民政府的审计机关，分别在省长、自治区主席、市长、州长、县长、区长和上一级审计机关的领导下，负责本行政区域内的审计工作。地方各级审计机关对本级人民政府和上一级审计机关负责并报告工作，审计业务以上级审计机关领导为主。

根据《审计法》第四十八条规定，被审计单位对审计机关作出的有关财务收支的审计决定不服的，可以依法申请行政复议或者提起行政诉讼。被审计单位对审计机关作出的有关财政收支的审计决定不服的，可以提请审计机关的本级人民政府裁决，本级人民政府的裁决为最终决定。从该规定可以看出，审计机关作出的审计决定是具体的行政行为，但并不是所有的审计决定都可以提起行政诉讼。

1. 涉及审计监督的审计决定不是行政诉讼的受案范围。《审计法》第三条第二款规定，审计机关依据有关财政收支、财务收支的法律、法规和国家其他有关规定进行审计评价，在法定职权范围内作出审计决定。该法第十六条规定，审计机关对本级各部门（含直属单位）和下级政府预算的执行情况和决算以及其他财政收支情况，进行审计监督。《审计法实施条例》第五十二条第一款规定，被审计单位对审计机关依照《审计法》第十六条、第十七条和该条例第十五条规定进行审计监督作出的审计决定不服的，可以自审计决定送达之日起60日内，提请审计机关的本级人民政府裁决，本级人民政府的裁决为最终决定。由此可知，对于政府及其工作部门财政收支的审计并不在行政诉讼法的调整范围之内，故审计机关对相关部门财政收支的审计监督行为，不属于人民法院的受案范围。

2. 除审计监督之外的审计行为是行政诉讼的受案范围。根据《审计法》的规定，除有关财政收支的审计决定之外，被审计单位对审计机关作出的有关财务收支的审计决定不服的，可以依法申请行政复议或者提起行政诉讼。

3. 对审计机关职责范围内的政府信息公开行为是行政诉讼的受案范围。根据《审计机关政府信息公开规定（试行）》的规定，审计机关在履行职责过程中制作或者获取的，以纸质、胶卷、磁带以及其他电子存储介质等一定形式记录、保存的信息，具体包括具有法定效力和规范体式的行政公文，以及编辑整理与经济社会管理和公共服务相关的信息，应当按照依法、公正、公平、便民的原则，及时、准确地公开。审计机关收到政府信息公开申请，可以当场答复的，应当当场予以答复；

不能当场答复的，应当自收到申请之日起15个工作日内予以答复；不能在15个工作日内作出答复的，经政府信息公开工作机构负责人同意，可以适当延长答复期限，并告知申请人，延长答复的期限最长不得超过15个工作日。公民、法人或其他组织认为审计机关在政府信息公开工作中的具体行政行为侵犯其合法权益的，可以依法申请行政复议或者提起行政诉讼。

（撰写人：杨宗腾）

61

国有资产管理部门有被告资格吗？

根据《行政诉讼法》第四十九条规定，提起行政诉讼应有明确的被告。但是，被告明确了并不意味着可以“想告谁告谁”，被告适格也是行政诉讼的起诉条件之一。《行诉解释》第二十六条第一款规定，原告所起诉的被告不适格，人民法院应当告知原告变更被告；原告不同意变更的，裁定驳回起诉。由于对相关法律、行政法规认识不一，国有资产管理部门，即国有资产监督管理委员会，能否作为适格被告，一度成为争议颇大的问题，因此有必要作单独分析和论证。

2003年3月21日，根据第十届全国人民代表大会第一次会议通过的《国务院机构改革方案》，国务院下发《关于机构设置的通知》（国发〔2003〕8号），设立国有资产监督管理委员会，作为国务院直属特设机构，根据国务院授权，依照法律和行政法规履行出资人职责，监管中央所属企业（不含金融类企业）的国有资产，加强国有资产的管理工作。2004年11月26日，国务院办公厅转发国有资产监督管理委员会《关于设立市（地）级人民政府国有资产监督管理机构指导意见的通知》（国办发〔2004〕84号），明确市（地）级人民政府可设立国有资产监督管理机构，对本级人民政府负责，根据授权，依法履行出资人职责，依法对企业国有资产进行监督管理。因此，各级人民政府国有资产管理部门属于行政机关，可以依据法律规定行使国家行政职能，执行法律、法规，组织管理行政事务。

应该看到，是否属于行政机关，不是确定行政诉讼适格被告的唯一因素，甚至不是重要因素。例如，虽为行政机关，但未行使行政管理职权的装修办公用房、购买设备等，属于纯民事行为，因此产生争议，对方提起行政诉讼的，行政机关不是适格被告，因为该机关没有作出行政行为这个事实根据①。通常认为，公权力因素，是决定行为主体能否成为行政诉讼被告的核心要素。公权力因素的判断因素通常有：行为主体强制行政权的运用，适用公法，行为主体为国家的代表②。因此，国有资产监督管理委员会能否作为适格被告，关键看其是否有行使行政管理职权。

2003 年 5 月 27 日公布施行的行政法规《企业国有资产监督管理暂行条例》第七条第二款规定，国有资产监督管理机构不行使政府的社会公共管理职能，政府其他机构、部门不履行企业国有资产出资人职责。2009 年 5 月 1 日施行的《企业国有资产法》第十一条规定，国务院国有资产监督管理机构和地方人民政府按照国务院的规定设立的国有资产监督管理机构，根据本级人民政府的授权，代表本级人民政府对国家出资企业履行出资人职责。第六条亦规定，国务院和地方人民政府应当按照政企分开、社会公共管理职能与国有资产出资人职能分开、不干预企业依法自主经营的原则，依法履行出资人职责。但是，判断国有资产管理部门是否具有行政管理职权，不能仅依据上述原则性、宣誓性条款，还应结合相关法律、行政法规具体规定。《企业国有资产监督管理暂行条例》第三十条第一款规定，国有资产监督管理机构依照国家有关规定，负责企业国有资产的产权界定、产权登记、资产评估监管、清产核资、资产统计、综合评价等基础管理工作，而产权界定属于典型的行政行为③。《最高人民法院关于国有资产产权管理行政案件管辖问题的解释》（法释〔2001〕6 号）规定，当事人因国有资产产权界定行为提起行政诉讼的，应当根据不同情况确定管辖法院。产权界定行为直接针对不动产作出的，由不动产所在地人民法院管辖。产权界定行为针对包含不动产在内的整体产权作出的，由最初作出产权界定的行政机关所在地人民法院管辖。该司法解释虽系行政案件管辖问题的规定，但适用前提是国有资产产权界定行为明确属于行政行为。因此，国有资产管理部门根据法律授权具有行政管理之权，可以成为行政诉讼的被告。

此外，《最高人民法院行政审判庭关于地方国有资产监督管理委员会是否可以作为行政诉讼被告问题的答复》（法复〔2009〕行他字第 14 号）明确，原地方国有资产管理局被撤销，其确认企业资产性质的职能为地方国有资产监督管理委员会所承受，当事人对原地方国有资产管理局作出的确认企业资产性质的行为不服提起行政诉讼的，应当以地方国有资产监督管理委员会为被告。此司法解释更是从行政职权承继的角度，直接明确了国有资产管理部门行政诉讼适格被告的问题。事实

---

① 当然，从不属于行政诉讼受案范围的角度，亦可裁定驳回起诉。

② 王彦：《再探行政诉讼被告确定的标准》，载《行政管理体制改革的法律问题——中国法学会行政法学研究会 2006 年年会论文集》，第 701 页。

③ 江必新、梁凤云：《行政诉讼法理论与实务》（第三版），法律出版社 2016 年版，第 660 页。

上，1988 年我国便设立了国家国有资产管理局，从事国有资产监督管理和国有资产产权界定工作。其作为国务院直属机构，归口财政部管理。存续期间，其单独或联合其他部门陆续颁布了《企业国有资产所有权界定的暂行规定》《国有资产产权界定和产权纠纷处理暂行办法》等多个规范性文件。根据上述相关文件，因产权界定行为引起的争议，属于行政争议，当事人不服，可以通过行政复议、行政诉讼等途径予以救济。产权界定是指“国家依法划分财产其所有权和经营权、使用权等产权归属，明确各类产权主体行使权利的财产范围即管理权限的一种法律行为”①，因此，调整划转企业国有资产的行为应属于产权界定行为。

仍需强调的是，《企业国有资产监督管理暂行条例》第十二条、第十三条、第十四条，《企业国有资产法》第十二条、第十六条、第二十二条、第三十一条以及第四十条等规定了国有资产管理部门代表国家履行出资人的主要职责，这些职责中大多涉及行政管理职能，如国有独资企业的分立、合并、法定代表人的任免等。《最高人民法院关于当事人对行政机关作出的全民所有制工业企业分立的决定不服提起诉讼人民法院应作为何种行政案件受理问题的复函》（法函〔1994〕34 号）规定，当事人对行政机关强行作出的关于全民所有制工业企业分立的决定不服，依法向人民法院提起行政诉讼的，人民法院应作为“侵犯法律规定的经营自主权的”行政案件受理。现该司法解释仍然有效，继续适用，可见，国有资产管理部门履行出资人职责的行为能否纳入行政诉讼受案范围，与国有企业管理体制改革和对行政诉讼性质的理解息息相关，有待相关法律、行政法规、司法解释等进一步明确。在相关具体规定出台前，国有资产管理部门履行出资人职责的行为不应纳入行政诉讼受案范围。

（撰写人：刘长江）

62

经行政复议的案件如何确定被告?

1989 年《行政诉讼法》规定，经过复议的案件，复议机关决定维持原具体行政行为的，作出原具体行政行为的行政机关是被告；复议机关改变原具体行政行为

---

① 江必新、梁凤云：《行政诉讼法理论与实务》（第三版），法律出版社 2016 年版，第 660 页。

的，复议机关是被告。2014 年《行政诉讼法》修订，创设“复议双被告”制度，以提高复议机关在复议程序中纠错和监督的积极性，由此，经过行政复议的案件的被告确定规则发生变化。根据《行政诉讼法》以及《行诉解释》的相关规定，经行政复议的案件被告应当依照以下规则予以确定。

1. 复议机关维持原行政行为的，作出原行政行为的行政机关和复议机关是共同被告。其中“复议机关维持原行政行为”是指复议机关未改变原行政行为的处理结果，即复议机关改变原行政行为所认定的主要事实和证据、改变原行政行为所适用的规范依据，但未改变原行政行为处理结果的，视为复议机关维持原行政行为。

2. 复议机关改变原行政行为的，复议机关是被告，复议机关有被告资格。其中“复议机关改变原行政行为”是指复议机关改变原行政行为的处理结果。复议机关确认原行政行为无效，属于改变原行政行为；复议机关确认原行政行为违法，属于改变原行政行为，但复议机关以违反法定程序为由确认原行政行为违法的除外。

3. 行政复议决定既有维持原行政行为内容，又有改变原行政行为内容或者不予受理申请内容的，作出原行政行为的行政机关和复议机关为共同被告。“复议机关改变原行政行为”，是指复议机关改变原行政行为的处理结果。复议机关改变原行政行为所认定的主要事实和证据、改变原行政行为所适用的规范依据，但未改变原行政行为处理结果的，视为复议机关维持原行政行为。复议机关确认原行政行为违法，属于改变原行政行为，但复议机关以违反法定程序为由确认原行政行为违法的除外。

4. 复议机关在法定期限内未作出复议决定，公民、法人或者其他组织起诉原行政行为的，作出原行政行为的行政机关是被告；起诉复议机关不作为的，复议机关是被告。

5. 此外，在行政复议中，除了维持决定，还有驳回行政复议申请的决定。《行政复议法实施条例》第四十八条规定：“有下列情形之一的，行政复议机关应当决定驳回行政复议申请：（一）申请人认为行政机关不履行法定职责申请行政复议，行政复议机关受理后发现该行政机关没有相应法定职责或者在受理前已经履行法定职责的；（二）受理行政复议申请后，发现该行政复议申请不符合行政复议法和本条例规定的受理条件的。上级行政机关认为行政复议机关驳回行政复议申请的理由不成立的，应当责令其恢复审理。”由此可见，驳回行政复议申请有两种情形，这两种情形差别比较大。其中第一种情形是针对不作为的决定，无法适用维持、撤销、变更、责令履行等决定，只有驳回申请人的行政复议申请，终结行政复议程序，才是适当的处理方式。这种情况实际上类似于《行政诉讼法》中规定的“维持判决”，属于“复议机关决定维持原行政行为”。而第二种情形实际上属于程序性的驳回，属于行政机关自己的意思表示，应由其单独作为被告，即公民、法人或者其他组织起诉原行政行为的，作出原行政行为的行政机关是被告，起诉复议机关该类驳回行政复议申请的决定的，复议机关是被告。

【案例 16】陈某诉黄石市黄石港区人民政府消防行政许可案[①]

【案情简介】2014 年 8 月 5 日，黄石港消防大队为案外人李某颁发港公消安检字〔2014〕第 0018 号《公众聚集场所投入使用、营业前消防安全检查合格证》（以下简称《合格证》）。陈某因不服上述颁证行为，于2016 年4 月11 日向黄石港区政府申请行政复议，请求撤销该《合格证》。随后，黄石港区政府作出《不予受理行政复议申请决定书》，认为陈某并非行政许可行为的利害关系人，且申请超过法律规定的申请期限，依据《行政复议法》第九条、第十条的规定，决定不予受理。陈某不服，诉至湖北省黄石市中级人民法院，请求确认黄石港区政府作出《不予受理行政复议申请决定书》、黄石港消防大队颁发《合格证》的行政行为违法，并予以撤销。

【裁判理由】复议机关和作出原行政行为的行政机关作共同被告，是 2014 年修改后的《行政诉讼法》作出的新的制度设计，目的是促进行政复议功能得到更好的发挥。根据《行政诉讼法》第二十六条第二款的规定，复议机关是共同被告的情形，限于“复议机关决定维持原行政行为”。又根据“复议机关决定维持原行政行为”，包括复议机关驳回复议申请或者复议请求的情形，但以复议申请不符合受理条件为由驳回的除外。这是因为，如果复议机关受理行政复议申请后驳回复议申请或者复议请求，属于一种实体处理决定，在性质上与维持原行政行为并无不同；而以复议申请不符合受理条件为由驳回，在性质上属于对行政复议申请的程序性驳回，既不属于维持原行政行为，也不属于改变原行政行为，因为行政机关并没有对被申请行政行为的合法性作出实体认定和处理。

本案中，黄石港区政府系认为再审申请人并非行政许可行为的利害关系人，且申请超过法律规定的申请期限，因而作出《不予受理行政复议申请决定书》，原审法院认定不属于复议决定维持原行政行为的情形、不符合共同被告的法定条件，并且建议其分别起诉，并无不当。再审申请人认为经过行政复议的案件应当一律适用共同被告规定的再审理由不能成立。在复议机关不予受理复议申请的情况下，当事人有两种法律救济手段可以选择：一种是直接起诉原行政行为。

---

① 湖北省黄石市中级人民法院（2016）鄂02 行初 29 号行政裁定书。

因为可能对当事人合法权益造成侵害的，实质上仍是原行政机关的行政行为或者不作为。复议机关尽管没有受理行政复议申请，但在法律没有规定行政复议必须是前置程序的情况下，并不影响当事人直接对原行政行为提起行政诉讼，并且直接起诉原行政行为还有利于从根本上解决行政争议。另一种是起诉复议机关不作为。如果当事人坚持认为复议机关应当受理其复议申请，也可以以复议机关不作为为由提起诉讼。但是，无论是直接起诉原行政行为还是起诉复议机关不作为，都不涉及另一机关作共同被告问题，因为《行政诉讼法》第二十六条第三款明确规定："复议机关在法定期限内未作出复议决定，公民、法人或者其他组织起诉原行政行为的，作出原行政行为的行政机关是被告；起诉复议机关不作为的，复议机关是被告。"按照立法本意，本款所说的"复议机关在法定期限内未作出复议决定"，仅指未就实体处理作出决定。"复议机关不作为"，既包括复议机关在法定期限内不作出任何决定的消极不作为，也包括复议机关明确作出不予受理复议申请决定的积极不作为。虽然法律规定了上述两种救济手段，但却不可以同时进行，而应当选择其一。这是因为，直接起诉原行政行为，目的是要求人民法院对原行政行为的合法性作出认定和处理；起诉复议机关不作为，直接的诉求虽然是要求人民法院撤销不予受理复议申请的决定，但撤销不予受理复议申请决定，则必然导致复议机关同样要对原行政行为的合法性作出认定和处理。如果同时起诉原行政行为和复议机关不作为，就会违反一事不再理原则，造成人民法院和复议机关的重复劳动。更为重要的是，这样做还违反了司法最终原则。司法最终原则是指，行政复议活动虽然是行政争议的重要救济方式，但却不是最终裁决，除非法律另有规定，人民法院作出的终审判决才是最终决定。据此，《行政复议法》第五条规定："公民、法人或者其他组织对行政复议决定不服的，可以依照行政诉讼法的规定向人民法院提起行政诉讼，但是法律规定行政复议决定为最终裁决的除外。"司法最终原则也决定了行政复议和行政诉讼应当是一种先后关系，而不能针对同一个争议同时进行这两种法律程序。因此《行政复议法》第十六条第二款又规定："公民、法人或者其他组织向人民法院提起行政诉讼，人民法院已经依法受理的，不得申请行政复议。"就本案而言，人民法院的正确处理方式应当是告知原告只能择一而诉，要么起诉原行政行为，要么起诉复议机关不作为。虽然原审法院按照"一案一诉"的诉讼原则，告知原审原告应当分别起诉，在法律释明方面未尽到位，但并未影响再审申请人选择其一行使诉权，裁定驳回起诉的结果亦无不妥。

综上，再审申请人陈某的再审申请不符合《行政诉讼法》第九十一条规定的情形。依照《行政诉讼法》第一百零一条、《民事诉讼法》第二百零四条第一款之规定，裁定驳回再审申请人陈某的再审申请。

（撰写人：万颖颖）

63

防汛抗旱指挥部是否具有被告资格？

《行政诉讼法》第二十六条的规定是行政诉讼适格被告确认的基本规则，作为行政诉讼被告有两种情形：行政机关或者被法律、法规、规章授权的组织。《行诉解释》第十九条至第二十六条对行政诉讼被告的确认规则进行具体明确的解释。根据上述规定，要确定防汛抗旱指挥部是否具有行政诉讼被告资格应当先确定防汛抗旱指挥部的性质。

《防洪法》《防汛条例》《抗旱条例》对防汛抗旱指挥部的设置以及职责予以明确规定。例如，根据《防洪法》第三十九条规定，国务院设立国家防汛指挥机构，负责领导、组织全国的防汛抗洪工作，其办事机构设在国务院水行政主管部门。在国家确定的重要江河、湖泊可以设立由有关省、自治区、直辖市人民政府和该江河、湖泊的流域管理机构负责人等组成的防汛指挥机构，指挥所管辖范围内的防汛抗洪工作，其办事机构设在流域管理机构。有防汛抗洪任务的县级以上地方人民政府设立由有关部门、当地驻军、人民武装部负责人等组成的防汛指挥机构，在上级防汛指挥机构和本级人民政府的领导下，指挥本地区的防汛抗洪工作，其办事机构设在同级水行政主管部门；必要时，经城市人民政府决定，防汛指挥机构也可以在建设行政主管部门设城市市区办事机构，在防汛指挥机构的统一领导下，负责城市市区的防汛抗洪日常工作。《防洪法》第四十条至第四十六条规定了防汛指挥部可以作出规定汛期起止日期、宣布进入紧急防汛期、强制清除河道、湖泊范围内阻碍行洪的障碍物等具体行政行为。

《抗旱条例》第六条到第八条规定，国家防汛抗旱总指挥部负责组织、领导全国的抗旱工作。国务院水行政主管部门负责全国抗旱的指导、监督、管理工作，承担国家防汛抗旱总指挥部的具体工作。国家防汛抗旱总指挥部的其他成员单位按照各自职责，负责有关抗旱工作。国家确定的重要江河、湖泊的防汛抗旱指挥机构，由有关省、自治区、直辖市人民政府和该江河、湖泊的流域管理机构组成，负责协调所辖范围内的抗旱工作；流域管理机构承担流域防汛抗旱指挥机构的具体工作。县级以上地方人民政府防汛抗旱指挥机构，在上级防汛抗旱指挥机构和本级人民政府的领导下，负责组织、指挥本行政区域内的抗旱工作。县级以上地方人民政府水行政主管部门负责本行政区域内抗旱的指导、监督、管理工作，承担本级人民政府防汛抗旱指挥机构的具体工作。县级以上地方人民政府防汛抗旱指挥机构的其他成员单位按照各自职责，负责有关抗旱工作。

由此可见，防汛抗旱指挥部是依据法律和行政法规设立的国家机构，被法律法规授权实施行政行为，负责全国的防汛抗旱工作，属于被法律法规授权的组织，能独立以自己的名义对外行使行政职权并承担法律责任，具备被告资格。

（撰写人：张伟）

64

如何判断开发区管理机构的被告主体资格？

按现行行政诉讼法的规定，行政主体等同于行政诉讼被告。行政主体有以下两类：行政机关和法律、法规、规章授权的组织。实践中，开发区管理机构及其职能部门以自己的名义行使职权的情况屡见不鲜，但是开发区管理机构及其职能部门并非宪法和各级人民政府组织法规定的行政机构序列，其能否作为行政诉讼的被告成为一个问题。要弄清楚这个问题，首先要分析一下经济开发区管理机构的法律地位。

《地方各级人民代表大会和地方各级人民政府组织法》没有关于经济开发区管理机构的规定，说明其不是一级人民政府。有人认为经济开发区管理机构是派出机构，但派出机构行使的是单一授权，一般不以自己名义行使职权；而经济开发区管理机构大部分都以自己的名义对外行使职权，并且职权的内容也十分广泛。还有人认为经济开发区管理机构是法律法规授权的组织或委托的组织。但现实中，很多级别较低的开发区管委会都欠缺法律法规授权这一重要条件。同时经济开发区管理机构也不符合受委托组织以委托的行政机关的名义行使职权的特点。

因此，单纯将经济开发区管理机构划归为一类行政主体过于笼统，不同经济开发区管理机构的设立主体、发展规模、管理内容都不尽相同，但是否具备行政诉讼被告资格，应当根据其设立的权力来源和管理范围分别予以定位。

根据《行诉解释》第二十一条规定，当事人对由国务院、省级人民政府批准设立的开发区管理机构作出的行政行为不服提起诉讼的，以该开发区管理机构为被告；对由国务院、省级人民政府批准设立的开发区管理机构所属职能部门作出的行政行为不服提起诉讼的，以其职能部门为被告；对其他开发区管理机构所属职能部门作出的行政行为不服提起诉讼的，以开发区管理机构为被告；开发区管理机构没有行政主体资格的，以设立该机构的地方人民政府为被告。因此经济开发区管理机构的主体资格可以进行下列区分：

（1）国家级开发区管委会有被告主体资格。国家级经济技术开发区属于派出机构，它一般有明确的行政管理权限和范围，有独立的经费，有独立的行政编制，能够独立地承担行政法律责任，并且以自己的名义作出行政行为，不依托所属的城市，在法律、法规授权范围内，具有被告主体资格。

《国家高新技术产业开发区管理暂行办法》属于部门规章，其第二条规定："本办法所称国家高新技术产业开发区，是指经国务院批准的高新技术产业开发区……"其第八条规定，开发区管委会作为开发区日常管理机构，可以行使省、自治区、直辖市、计划单列市人民政府所授予的省市级规划、土地、工商、税务、财政、劳动人事、项目审批、外事审批等经济管理权限和行政管理权限，对开发区实行统一管理。因此，国家级高新技术开发区由国务院批准设立，属于规章授权的组织，当事人对开发区管理机构作出的行政行为不服提起诉讼的，以该开发区管理机构为被告，因此具有被告主体资格。

（2）省级人民政府批准设立的开发区管理机构有被告主体资格。如果是省级人民政府批准设立的开发区，则其管理机构具备行政主体资格，可以独立承担法律责任，实行"谁行为、谁被告"的确定原则，由作出行政行为的开发区管理机构作为被告应诉。

（3）省级以下开发区管委会的被告主体资格要以具体情况判断。省级以下的开发区管理机构并非全部具有被告主体资格，要以是否具有行政主体资格为原则来确定能否作为行政诉讼的被告。即如果省级以下的开发区管理机构具有行政主体资格，则公民、法人或者其他组织对该开发区管理机构或者所属职能部门作出的行政行为不服，都应当以开发区管理机构为被告；否则，应依据"谁主体、谁被告"的原则，以设立该机构的地方人民政府为被告。比如，在各市、县、区、乡镇上还存在不少的级别较低的开发区，虽称是受一级人民政府的授权，但这种授权均缺乏法律依据，应当视为委托组织。如县级开发区，因其是由县政府发布的条例设立，等同于委托，因此其不具有被告主体资格，根据《行诉解释》第二十一条规定，应当以设立该机构的地方人民政府为被告。

（4）关于开发区管委会的职能部门。对由国务院、省级人民政府批准设立的开发区管理机构所属职能部门作出的行政行为不服提起诉讼的，以其职能部门为被告；省级以下地方人民政府批准设立的开发区管理机构所属职能部门只是其内设机构，不能独立承担法律责任，没有行政主体资格，不能在行政诉讼中作为被告，当事人对其作出的行政行为不服提起诉讼的，以开发区管理机构为被告，开发区管理机构没有行政主体资格的，以设立该机构的地方人民政府为被告。

（撰写人：杨宗腾）

65

征收实施单位有被告主体资格吗？

《国有土地上房屋征收与补偿条例》以国有土地上房屋征收制度取代了以往《城市房屋拆迁管理条例》所确立的城市房屋拆迁制度，这并不是一种“换汤不换药”式的制度升级，而是一种从外壳到内核“换汤亦换药”式的重大制度变革。

具体来说，以往的城市房屋拆迁制度由拆迁许可、拆迁双方协商、拆迁裁决、强制拆迁等一系列制度构成，民事法律关系与行政法律关系混杂，政府既是制度的制定者，又是争议的裁决者，还因土地出让获得财政收入，往往成为拆迁某种意义上的“受益者”。各级地方政府和相关职能部门的职责性质不明、定位不清，难以保证拆迁补偿的公平、公正，也给行政执法和司法审查带来了诸多困惑和困境。

在《国有土地上房屋征收与补偿条例》颁布后，其第四条第一款和第二款规定，市、县级人民政府负责本行政区域的房屋征收与补偿工作。市、县级人民政府确定的房屋征收部门组织实施本行政区域的房屋征收与补偿工作。这里的组织实施，是相对于市、县级人民政府负责而言的。《国有土地上房屋征收与补偿条例》第五条规定，房屋征收部门可以委托房屋征收实施单位，承担房屋征收与补偿的具体工作。房屋征收实施单位不得以营利为目的。房屋征收部门对房屋征收实施单位在委托范围内实施的房屋征收与补偿行为负责监督，并对其行为后果承担法律责任。因此，《国有土地上房屋征收与补偿条例》规定县级以上人民政府是决定征收与补偿的唯一主体，由房屋征收部门组织实施房屋征收与补偿工作，同时规定受房屋征收部门委托承担房屋征收与补偿具体工作的房屋征收实施单位，不得以营利为目的。这些规定使得房屋征收法律关系的性质清晰地定位于行政法律关系，行政主体在房屋征收活动中的法律地位和法定职责也更为明确。

虽然房屋征收实施单位就是征收成本的最终承受者，贯穿其中的利益矛盾就是诉讼中最根本的症结所在，房屋征收实施单位为了降低成本，力图通过一切手段施加压力来求得减少安置费用，从而与被征收人利益不一致，但是房屋征收实施单位是房屋征收部门的被委托单位，房屋征收部门对房屋征收实施单位在委托范围内实施的房屋征收与补偿行为负责监督，并对其行为后果承担法律责任。因此房屋征收实施单位不是行政诉讼的适格被告，当事人应该以房屋征收实施单位的委托部门即房屋征收部门为被告，而不能以征收实施单位作为被告。

在审判实践中，存在三种情况：一是对征收决定和征收补偿决定不服以区县政府作为被告；二是房屋征收部门在权限范围内作出的实施行为，由房屋征收部门作为被告；三是房屋征收部门委托的单位作出的行为，由房屋征收部门作为被告。

【案例17】田静某与沈阳市皇姑区人民政府不服强制性拆迁补偿决定申请再审案①

【案情简介】田静某因诉辽宁省沈阳市皇姑区人民政府强制拆除并赔偿一案，不服辽宁省高级人民法院（2013）辽行终字第25号行政裁定，向最高人民法院申请再审。田静某申请再审称：沈阳市皇姑区人民政府是本案的适格被告。一、二审法院适用法律错误，请求撤销一、二审行政裁定，指令再审。

【裁判理由】依照《国有土地上房屋征收与补偿条例》第四条、第五条的规定，沈阳市皇姑区土地房屋征收管理办公室作为沈阳市皇姑区人民政府确定的房屋征收部门，可以委托房屋征收实施单位，承担房屋征收与补偿的具体工作。房屋征收部门对房屋征收实施单位在委托范围内实施的房屋征收与补偿行为负责监督，并对其行为后果承担法律责任。根据沈阳市皇姑区土地房屋征收管理办公室出具的《情况说明》，本案所涉的拆除行为系该办责成皇姑区新乐地区征收指挥部实施的。田静某称沈阳市皇姑区人民政府实施了强拆等行为，但没有提供证据予以证明。田静某应将房屋征收部门而非市县级政府列为被告。

（撰写人：杨宗腾）

① 参见最高人民法院（2014）行监字第452号行政裁定书。

66

第三人参加行政诉讼的情形具体有哪些?

随着行政案件数量的增多，案件类型呈现多样化，第三人参加行政诉讼的案件也日益增加，尤其在征收补偿、腾退拆迁、公房管理、治安管理等案件中涉及相对人较多。但是在理论上和实践中如何明确第三人是否应当参加诉讼仍然有难度。

对第三人的限定范围就有争议。在理论上，限定第三人范围的观点主要有直接利害关系说、行政法律关系说、独立关系说、综合关系说、区分直接利害关系和间接利害关系说、多元标准说等，这些学说在理论著作上都有论述，在此不再赘述。我国现行第三人制度首先体现在《行政诉讼法》第二十九条第一款的规定:“公民、法人或者其他组织同被诉行政行为有利害关系但没有提起诉讼，或者同案件处理结果有利害关系的，可以作为第三人申请参加诉讼，或者由人民法院通知参加诉讼。”“利害关系”主要包括两层含义:一是利害关系必须是一种法定的权利义务关系，即法律所明确保障的权益得失;二是必须直接或者间接影响到公民、法人或者其他组织的权利和义务。① 利害关系可分为两种:第一种是同被诉行政行为之间的利害关系，第二种是同案件处理结果之间的利害关系。第一种情形的利害关系人对应于民事诉讼中有独立请求权的第三人，其就原被告双方之间的诉讼标的具有独立的请求权，其本身就具有原告资格，只是因为没有起诉，所以才作为第三人参加诉讼，而且是必须参加诉讼的当事人。第三人应当与原告和被告一样，都与被诉行政行为具有权利义务上的关系，因而第三人也应当具有对被诉行政行为的起诉权，只是其没有行使而已。第二种情形的利害关系人对应于民事诉讼中的无独立请求权的第三人，其本身与原被告双方之间的诉讼标的不具有利害关系，但案件的处理结果可能会影响到其参加的另一法律关系。从诉讼理论上讲，无独立请求权的第三人不是当事人，因为他和与之发生法律关系一方当事人之间的法律关系，不是该案的审理对象，而他与该案另一方当事人之间不存在法律关系。因此，此类利害关系人

---

① 江必新、梁凤云:《行政诉讼法理论与实务》(第三版)，法律出版社2016年版，第670页。

不是必须参加诉讼的当事人。

在司法实践中，这两种情形又分多种情况：

一、同被诉行政行为之间具有利害关系的第三人参加诉讼的情形

《行诉解释》第三十条第一款规定，行政机关的同一行政行为涉及两个以上利害关系人，其中一部分利害关系人对行政行为不服提起诉讼，人民法院应当通知没有起诉的其他利害关系人作为第三人参加诉讼。在这一规定中，第三人必须同被诉行政行为有利害关系。同被诉行政行为有利害关系是指被诉行政行为对相对人的权利义务产生不利影响。不利影响包括：造成权利的减损或者丧失、造成义务的科以和增加。造成权利的减损或者丧失是指被诉行政行为已经使得第三人减损或者丧失了某种权利。例如，在征收决定中，行政机关将涉案房屋的所有人甲、乙、丙三人都列为被征收人，该征收决定使其三人均丧失房屋所有权和居住权，因此这三人与征收行为都有利害关系，如果甲不服该征收决定起诉至法院，其他两人也应参加诉讼。涉案征收房屋的抵押权人丁的抵押权也受到不利影响，因为如果丁要保护其对该房屋的抵押权，必须在该被诉行政行为违法或者无效的情况下才能实现。在征收补偿决定中，凡是被征收部门列为被征收补偿人的，都与被诉征收补偿行为有利害关系，包括租用涉案房屋进行经营的租户，征收补偿决定对其营业活动造成损失，也应当通知其参加诉讼。

在共同诉讼案件中，有当事人不愿意参加诉讼，又不放弃实体权利的，因为其与被诉行政行为有利害关系应当参加诉讼，但是其不参加诉讼，不能阻碍人民法院对案件的审理和裁判。

行政案件的被告应当有两个或者两个以上时，原告只是将部分行政主体列为被告，而不同意追加其他行政主体作为被告的，未参加诉讼的行政主体应当作为第三人参加诉讼，但行政复议机关作共同被告的除外。

二、同案件处理结果之间具有利害关系的第三人参加诉讼的情形

《行诉解释》第三十条第二款规定，与行政案件处理结果有利害关系的第三人，可以申请参加诉讼，或者由人民法院通知其参加诉讼。该条借鉴民事诉讼中无独立请求权第三人，赋予同案件处理结果有利害关系的第三人参加诉讼的权利。即使第三人并不是被诉行政行为的直接相对人，但是法院的处理结果（被诉行政行为的效力或者内容发生变化抑或行政主体进行重新处理）有可能对其权利义务产生不利影响，也可以参加到行政诉讼程序中。这种情形的第三人主要包括：

一是行政程序中的当事人或者利害关系人。例如，《行诉解释》第十二条规定，在行政复议等行政程序中被追加为第三人的，属于《行政诉讼法》第二十五条第一款规定的“与行政行为有利害关系”。在治安管理案件中也会存在此种情况，如甲乙互殴，公安机关对甲进行了处罚，甲不服向法院起诉。公安机关的处罚决定尽管没有给乙设定义务，也没有赋予乙权利，但是如果行政诉讼的结果导致该处罚决定的效力或者内容发生变化，就会使其承担不利后果。

此种情况在公有住房管理案件中普遍存在。原承租人死亡或者外迁，原承租人同一户籍共同居住两年以上又无其他住房的家庭成员愿意继续履行原合同，其他家庭成员又无异议的，可以办理更名手续。那么“其他家庭成员”的第三人身份就要根据案件情况不同而发生变化。例如，原承租人甲死亡后，甲的儿子申请公房承租人变更，但是公房管理机关以其户籍与原承租人不在同一户籍或者有其他住房为由认定其不具有公房变更的条件，那么该案并不涉及其他家庭成员，因此其他家庭成员并不具有第三人身份，不需参加诉讼。但是如果公房管理机关认定乙需要得到其他家庭成员的同意才能办理变更，则其他家庭成员应当作为第三人参加诉讼。前一种情形仅是对申请人个人条件的审核，并不涉及其他家庭成员的权益，但是第二种情形是公房管理机关认定申请人符合申请条件，但是需要经过其他家庭成员的同意。现实中往往是其他家庭成员不同意才导致无法变更，这时就应当审查持异议的其他家庭成员是否具备提出异议的条件、异议是否符合法律规定，从而确定公房管理机关作出的行政行为是否合法。

二是被诉行政行为认定的事实会造成不利法律后果的利害关系人。被诉行政行为虽然没有直接涉及公民、法人或者其他组织的权利义务，但是行政行为所认定的事实或者法院审查行政行为认定的事实作为一种法律事实，会对公民、法人或者其他组织产生不利影响，那么就应当视为与被诉行政行为有法律上利害关系。例如，征收机关认为甲为被征收房屋的所有权人，所以将其列为被征收人，乙不服提起诉讼，认为其才是房屋的所有权人。法院就应当将甲追加为第三人参加诉讼，因为如果法院支持了乙的主张认定其为涉案房屋的所有权人，那么甲就与案件处理结果具有利害关系。

（撰写人：张伟）

第四章 管 辖

67

如何理解和把握行政诉讼管辖制度?

行政诉讼的管辖是指人民法院之间受理第一审行政案件的分工和权限，包括级别管辖和地域管辖。确定管辖的目的，是解决由哪一级与哪一个人民法院具体行使行政审判权的问题。管辖制度是划分各级人民法院或同级人民法院受理第一审行政案件的职权范围，明确它们之间的审理案件具体分工的制度。行政诉讼的管辖权是人民法院在明确管辖的基础上获得的审理行政案件的权力。某人民法院依据《行政诉讼法》关于管辖的规定，确定某一案件属于其管辖，该人民法院对此案即有管辖权；如果此案不属于该人民法院管辖，则其无管辖权。因此，管辖是管辖权产生的基础，管辖权是管辖的具体表现。正确划分和确定人民法院的管辖权，不仅有利于防止法院间相互争执或推诿，明确职责，合理负责，及时顺利地行使审判权；而且避免当事人四处奔波投诉无门，有利于当事人行使起诉应诉等诉讼权利。管辖权一经确定，有管辖权的人民法院始终对此案有管辖权，除非上级人民法院提审，指定其他人民法院管辖，或者出现排斥原审法院管辖的特殊情况，也就是说管辖一经确定即有恒定的效力。

管辖权与审判权既有联系又有区别。审判权是国家赋予人民法院审理行政案件的职权。由哪个人民法院对某一具体行政案件代表国家行使审判权需由管辖制度解决。凡不属于人民法院行使审判权范围的，人民法院无权管辖。没有审判权就没有管辖权，审判权是确定管辖权的前提和基础。同时审判权必须通过管辖权来行使并由管辖权来体现。如果某一行政案件属于人民法院管辖，就需在人民法院体系内确定具体审理此案的人民法院。从这个意义上说，管辖权又是审判权得以实现的必要条件。

一、级别管辖

所谓级别管辖，是指在人民法院系统内划分和确定各级人民法院审理一审行政案件的职责权限，也就是上下级人民法院之间在管辖上的具体分工。级别管辖标准的划分大体如下：

第一，以案件的性质为标准。如《行政诉讼法》第十五条第二项规定，海关处理的案件都不能由基层人民法院管辖，应由中级人民法院管辖。

第二，以案件影响的大小，复杂程度为标准。如根据《行政诉讼法》第十五条第三项、第十六条、第十七条的规定，凡是在全国、省、自治区、直辖市及本辖区内重大复杂的案件，分别由中级人民法院、高级人民法院或者最高人民法院管辖。

第三，以行政机关的级别为标准。行政诉讼法既考虑到方便当事人的诉讼又考虑到行政机关的级别。如《行政诉讼法》第十五条第一项规定，“对国务院部门或者县级以上人民政府所作的行政行为提起诉讼的案件”，由中级人民法院管辖，其他的案件依法由基层人民法院管辖。

以上三个标准是一个有机整体，除由法律明确规定的以外，级别管辖的确定需要根据客观实际情况灵活适用。

一是基层人民法院的管辖。《行政诉讼法》第十四条规定，基层人民法院管辖第一审行政案件。基层人民法院管辖第一审行政案件，不是规定它可以管辖所有的第一审行政案件，而是管辖中级人民法院、高级人民法院、最高人民法院管辖的第一审行政案件以外的那些行政案件，也就是说除了行政诉讼法规定的特殊情况外，一般行政案件都由基层人民法院管辖。

二是中级人民法院的管辖。一审行政案件原则上由基层人民法院管辖，但是实践中有的案件属于重大复杂的案件，在本辖区影响较大；有的案件涉及的行政机关级别较高，基层人民法院不便行使管辖权，由中级人民法院作为第一审管辖人民法院较为适宜。2014 年修改后的《行政诉讼法》对中级人民法院管辖的主要修改内容是明确对县级以上地方人民政府所作的行政行为提起诉讼的，由中级人民法院管辖。根据《行政诉讼法》第十五条规定，中级人民法院管辖下列行政案件。第一，对国务院部门或者县级以上地方人民政府所作的行政行为提起诉讼的案件。国务院部门主要包括国务院组成部门、国务院直属特设机构、国务院直属机构、国务院直属事业单位、国务院部委管理的国家局等。第二，海关处理的案件。海关处理的案件是指公民、法人或者其他组织对海关管理机关的作出行政行为不服向人民法院起诉的行政案件。第三，本辖区内重大、复杂的案件。本辖区内重大、复杂的案件，是指中级人民法院管辖区内，案情重大、涉及面广且有重大影响的案件。根据《行诉解释》第五条的规定，“本辖区内重大、复杂的案件”包括：社会影响重大的共同诉讼案件；涉外或者涉及香港特别行政区、澳门特别行政区、台湾地区的案件，其中，涉外案件是指当事人一方或者双方是外国人、无国籍人、外国企业或者组织或者当事人之间的行政法律关系的设立、变更、终止的法律事实发生在外国或者诉讼标的物在外国的行政案件；其他重大、复杂案件。第四，其他法律规定由中级人民法院管辖的案件。本项属于兜底条款，如果其他法律规定由中级人民法院管辖，从其规定。

三是高级人民法院的管辖。根据《行政诉讼法》第十六条规定，高级人民法院管辖本辖区内重大、复杂的第一审行政案件。所谓本辖区内重大、复杂的案件，是指一个省、自治区、直辖市范围内案情重大、涉及面广，且有重大影响的案件。因为高级人民法院是地方各级人民法院中的最高一级，它的主要任务是对辖区的中级人民法院和基层人民法院的审判工作进行监督和指导，审理不服中级人民法院判决裁定的上诉案件，因此由高级人民法院管辖的第一审行政案件不宜过多，只应是辖区内重大复杂的案件。

四是最高人民法院的管辖。最高人民法院是我国的最高审判机关，它的主要任务是对全国各级人民法院的审判工作进行监督和指导，并对各级法院在审判中的适用法律的问题作出司法解释，其管辖的第一审行政案件的范围应当是很小的。《行政诉讼法》第十七条规定，最高人民法院管辖全国范围内重大、复杂的第一审行政案件。①

二、地域管辖

地域管辖又称土地管辖或区域管辖，是指同级人民法院之间在各自辖区内受理第一审行政案件的分工和权限。我国行政诉讼法根据两个因素来确定地域管辖。第一，各级人民法院的辖区。我国地方各级人民法院的辖区按各级行政区划确定，与行政区划相一致。只有在本辖区的行政案件，才属于该地人民法院管辖。第二，当事人或诉讼标的与人民法院辖区的关系。确定辖区只是划分地域管辖的必要前提，还需要有当事人或者诉讼标的与人民法院存在一定的联系，这样该地人民法院才能对行政案件具有管辖权。

一般地域管辖也称普通地域管辖，是指行政案件由最初作出行政行为的行政机关所在地的人民法院管辖。《行政诉讼法》第十八条规定，行政案件由最初作出行政行为的行政机关所在地人民法院管辖。经复议的案件，也可以由复议机关所在地

① 江必新、梁凤云：《行政诉讼法理论与实务》（第三版），法律出版社2016年版，第516页。

人民法院管辖。这条规定包括两层含义，第一，作为原告的公民、法人或者其他组织依法不经过行政复议而直接向人民法院起诉的案件，由最初作出行政行为的行政机关所在地人民法院管辖；第二，经过行政复议的，无论复议机关维持还是改变原行政行为，既可以由复议机关所在地人民法院管辖也可以由最初作出行政行为的行政机关所在地人民法院管辖。

三、特殊地域管辖

特殊地域管辖也称特别管辖，是指不必根据一般地域管辖的原则，而是按法律的特别规定所确定的管辖。特殊地域管辖分为专属管辖和共同管辖。专属管辖，是指以被诉行政行为所指向的对象所在地为标准确定管辖法院的制度。有一些行政案件，法律规定必须由一定地区人民法院管辖，其他人民法院无权管辖。《行政诉讼法》第二十条规定，因不动产提起的行政诉讼，由不动产所在地人民法院管辖。其中“因不动产提起的行政诉讼”是指因行政行为导致不动产物权变动而提起的诉讼。不动产已经登记的，以不动产登记簿记载的所在地为不动产所在地；不动产未登记的，以不动产实际所在地为不动产所在地。共同管辖，是指两个或两个以上人民法院对同一行政案件都有管辖权的情形下确定管辖人民法院的制度。共同管辖不是几个人民法院受理同一行政案件而是它们对同一行政案件都有管辖权。产生共同管辖的原因主要有两种，一是同一案件中被告不止一个，这些被告不在同一人民法院的辖区内，这些被告所在地的人民法院都有管辖权。二是同一案件所涉及的财产所在地和侵权行为发生地不在同一个人民法院辖区而是分散在几个人民法院辖区，这样这些人民法院都有管辖权。根据《行政诉讼法》第二十一条的规定，两个以上人民法院都有管辖权的案件，原告可以选择其中一个人民法院提起诉讼。原告向两个以上有管辖权的人民法院提起诉讼的，由最先立案的人民法院管辖。

（撰写人：杨宗腾）

68

行政案件跨区划集中管辖改革有哪些重大意义？

党的十八届四中全会提出“完善行政诉讼体制机制，合理调整行政诉讼案件管辖制度，切实解决行政诉讼立案难、审理难、执行难等突出问题”的改革要求，

《行政诉讼法》第十八条第二款作出关于“跨行政区划管辖行政案件”的规定。为此，最高人民法院制定《关于人民法院跨行政区域管辖行政案件的指导意见》，指导部分高级人民法院根据本地实际，确定若干人民法院跨行政区划管辖行政案件。目前行政案件跨行政区划集中管辖改革已经在全国部分法院铺开试点。试点方案有提级管辖、异地管辖、集中管辖等，均在一定程度上实现了行政审判与行政管辖区域的适当分离，目的在于“去地方化”，对于行政机关独立行使审判权，破解“立案难”“审理难”“执行难”问题具有积极意义。

一、行政案件跨区划集中管辖，是完善行政审判体制机制的关键环节

实践中，在行政区划法院设行政审判庭审理行政案件，由于行政案件所在地法院的人、财、物管理在地方，这种行政审判体制机制很难摆脱地方保护和行政干预。特别是这种保护和干预关系已经固化，如果不对行政审判体制机制及时进行重大调整，行政诉讼突出问题仍将难以解决。实践证明，我国行政诉讼法是一部良法，特别是2014年修订后的《行政诉讼法》受到社会普遍关注和高度评价。这部新法能否得到有效实施，能否从根本上解决长期存在的行政案件“立案难”“审理难”“执行难”等突出问题，还有待观察。因此，应该在实施之初，通过落实其有关将行政案件跨行政区划管辖的规定，及时对已经固化的行政诉讼体制机制进行调整完善，从而为新法有效实施创造良好的司法环境和实施条件。

二、行政案件跨区划集中管辖，是构建普通案件在行政区划法院审理、特殊案件在跨行政区划法院审理的诉讼格局的基本支撑

设立跨行政区划法院的目的在于解决有关部门和领导插手案件处理，导致有关诉讼出现“主客场”问题。跨区划集中管辖在于把分散于行政区划法院管辖的某几类特殊案件集中到跨行政区划法院管辖，没有集中管辖就没有跨行政区划法院。行政案件涉及行政权力与公民权利之间、政府与人民群众之间的关系，涉及面最广、社会关注程度最高、最易引发纠纷。作为“民告官”的行政诉讼调整的是不平等主体之间的行政法律关系，行使审查监督各级行政机关行政行为合法性的重要职责，体现的是司法权对行政权的监督与制约机制。实践中，有的地方政府以影响当地经济社会发展大局为由插手案件处理，有的政府部门怕败诉，不愿意当被告，干预、阻碍人民法院受理行政案件。相较于民事案件、刑事案件，行政案件更容易受到地方保护和行政干预，导致行政诉讼出现“主客场”现象。从长期的审判实践看，对民事、刑事案件的干扰导致司法不公，产生“关系案、人情案、金钱案”的“三案”问题，更多的是以个体隐蔽方式出现，而对行政案件更多的是以部门组织形式公然进行干预。面对这种干预，行政案件所在地法院往往有顾虑，不愿意受理案件，也有的法院为了获得当地政府的工作支持，甚至不惜以牺牲公正审判去主动迎合，让行政审判丧失维护社会公平正义的最后一道屏障作用。因此，行政案件应该是跨行政区划法院重点管辖的特殊案件。同时，把其他涉及地区重大利益之争容易受到地方保护和干预的重大民商事等类型案件剥离出来，形成跨行政区划法院集中管辖行政案件的同时，还办理一定种类的跨行政区划重大民商事案件、刑事案件等诉讼格局，使依法独立公正审理案件有了制度保障。

三、行政案件跨区划集中管辖，是解决行政诉讼“立案难”“审理难”“执行难”等突出问题的有力保障

当前，人民法院出现的“立案难”“审理难”“执行难”问题，主要发生在行政审判领域，这也是人民群众反映强烈的突出问题。行政诉讼对于公民、法人及其他组织等相对人来说，是一种不可或缺的司法救济制度，其作用的发挥在于维护公民、法人及其他组织的合法权益，监督和规范行政行为。大量行政纠纷进入信访渠道，其中一个重要原因是解决行政纠纷渠道不畅，一些本应纳入行政复议、行政诉讼渠道解决的案件因种种原因没有进入。2014 年全国各级法院受理一审行政案件 15.1 万件，同比上升 16.3%，这是近年来行政案件增长幅度较大的一年，但一审行政案件总数在行政信访纠纷总量中占比很低。党的十八届四中全会《中共中央关于全面推进依法治国若干重大问题的决定》（以下简称《决定》）以及 2014 年修改后的《行政诉讼法》对解决行政诉讼“立案难”“审理难”“执行难”等突出问题提出明确要求和具体措施，下一步关键在于实施。公正高效权威的行政诉讼制度能否建立起来，如何在行政诉讼领域落实立案登记制改革，人民群众反映强烈的“立案难”“审理难”“执行难”问题能否得到实质解决，政府与人民群众的和谐关系能否进一步塑造起来，关键要对现行行政审判体制机制进行完善，让行政案件实现跨行政区划集中管辖，真正把行政权力关进法治的笼子，有权而不“任性”。

四、行政案件跨区划集中管辖，是深化行政执法体制改革的及时回应

党的十八届四中全会《决定》强调：“根据不同层级政府的事权和职能，按照减少层次、整合队伍、提高效率的原则，合理配置执法力量。”其中，推进综合执法，大幅减少市县两级执法队伍种类，重点在食品药品安全等领域内推行综合执法，有条件的领域可以推行跨部门综合执法。随着综合执法的推进，特别是跨部门综合执法，必然对行政案件管辖提出新要求。行政执法日益凸显的跨部门、跨地区综合执法特性，是对行政执法体制的重大调整，作为对行政执法进行监督的行政诉讼制度，也应该及时回应行政执法体制改革的现实需求并作出相应调整，否则仍然坚持由行政区划法院管辖，不仅不符合深化行政执法体制改革的发展方向和执法要求，也会制约行政执法体制改革的进一步推进，同时也对行政应诉工作带来诸多不便，造成执法成本高效率低。

五、行政案件跨区划集中管辖，是全面深化人民法院改革的重要举措

《最高人民法院关于全面深化人民法院改革的意见——人民法院第四个五年改革纲要（2014—2018）》（以下简称《四五改革纲要》），围绕建成具有中国特色的社会主义审判权力运行体系这一关键目标，提出了7个方面65项司法改革举措，其中就探索设立跨行政区划的法院、改革行政案件管辖制度等作出专门规定。2014年12月，随着全国首批跨行政区划法院在上海、北京先期设立，跨行政区划法院已经成为全面深化人民法院改革的前沿阵地。《四五改革纲要》提出的改革举措目前正在跨行政区划法院稳步有序推进，行政案件目前是跨行政区划法院管辖的一类案件。行政案件跨行政区划集中管辖，虽然是局部改革，但能够产生全局性的意义。从先期成立的全国首批跨行政区划法院运行情况看，进一步明确案件管辖范围仍然是当前亟待解决的问题，行政案件跨行政区划集中管辖已经成为跨行政区划法院进一步深化改革和可持续发展的重要工作。

（撰写人：杨宗腾）

69

行政诉讼跨区划集中管辖的主要规定和运行情况？

按照党的十八届三中全会提出“探索建立与行政区划适当分离的司法管辖制度”和党的十八届四中全会提出“完善行政诉讼体制机制，合理调整行政诉讼案件管辖制度，切实解决行政诉讼立案难、审理难、执行难等突出问题”的改革要求，《行政诉讼法》第十八条第二款作出关于“跨行政区域管辖行政案件”的规定，最高人民法院为此制定《关于人民法院跨行政区域管辖行政案件的指导意见》，指导部分高级人民法院根据本地实际，确定若干人民法院跨行政区划管辖行政案件。

《行政诉讼法》第十八条第二款规定，经最高人民法院批准，高级人民法院可以根据审判工作的实际情况，确定若干人民法院跨行政区划管辖行政案件。上述规定为行政案件跨行政区划集中管辖提供了明确的法律依据。从全国试点的情况来看，行政案件跨行政区划集中管辖呈现了以下特点。

一、试点地区分布广泛

行政案件跨行政区域集中管辖的法院从地域分布看，既有东部地区，如江苏、浙江、福建、广东等地；也有中部地区，如安徽、湖南等地；还有西部地区，如甘肃、青海等地。如果再加上2014年修改后的《行政诉讼法》实施之前，一些地方法院根据最高人民法院下发的《关于开展行政案件相对集中管辖试点工作的通知》要求，已经开展的行政案件相对集中管辖试点工作，可以说，行政案件跨行政区域集中管辖改革已经在全国法院全面铺开。

二、试点方案和样式相对较多

从获批推进此项改革的法院来看，主要有全部试点、局部试点、类案试点三种形式。

第一种是全部试点，即在整个辖区范围内中、基层法院全面开展改革试点，其中以安徽、福建、山西为样本。以安徽为例，根据《安徽省法院关于行政案件集中管辖制度的改革方案》，探索行政诉讼案件集中交叉管辖，在皖中、皖南、皖北分别指定1个中院及下辖1个基层法院集中交叉管辖全省一审和一审上诉行政诉讼案件。以福建为例，根据《福建省高级人民法院关于部分行政案件实行跨行政区划管辖的公告》部署要求，在中级法院一审行政案件跨行政区划管辖分工上，把全省9个设区市划分为3个司法管辖片区，各片区范围内的原属各中院管辖的以市、县（区）二级政府为被告的一审行政案件，统一指定给片区内其他中院管辖，且不对应交叉管辖。在基层法院行政案件相对集中管辖分工上，在全省8个设区市的基层法院实行相对集中管辖，除龙岩外，在8个设区市确定2个至4个基层人民法院为集中管辖法院，集中管辖指定范围内原属其他基层人民法院管辖的一审行政案件。以山西为例，根据《山西省高级人民法院关于跨行政区域集中管辖行政案件的公告》部署要求，将全省分为4大片区，实行中级法院一审行政案件相对交叉管辖，2个至4个中级法院为1个片区。基层法院行政案件实行相对集中管辖。在中级人民法院司法管辖区内，各中级人民法院根据本地区实际，确定2个至3个基层法院为集中管辖法院，管辖原由其他基层法院管辖的一审行政诉讼案件。集中管辖法院原则上不再管辖本地行政机关为被告的一审行政诉讼案件，而由其他集中管辖法院审理。

第二种是局部试点，即中级法院一审案件管辖维持不变，在中级法院司法管辖区内推动基层法院行政案件相对集中管辖。根据《衢州市中级人民法院关于基层法院行政诉讼案件跨行政区域集中管辖试点工作实施方案》，确定衢州市柯城区人民法院为衢州市基层法院行政诉讼案件集中管辖法院，管辖原由衢州市各基层法院管辖的行政诉讼案件。柯城区法院不宜管辖的案件，可以报请衢州市中级人民法院确定管辖。

第三种是类案试点，即推动某种类型案件在某一法院集中管辖。根据《天津市高级人民法院关于指定部分行政案件施行跨行政区域管辖的公告》，天津市高级人民法院指定部分一审行政案件施行跨行政区域管辖，以天津海关及各隶属海关为被告提起诉讼的行政案件由天津市第二中级人民法院管辖；以市级行政机关为被告提起诉讼的行政案件由天津市和平区人民法院管辖，但因不动产提起诉讼的案件和因市级行政机关复议维持原行政行为作为共同被告的案件除外；环境保护行政案件由天津铁路运输法院管辖。

三、充分利用铁路法院现有资源开展试点

目前全国有 17 个铁路运输中级法院，59 个铁路运输基层法院，遍布全国 25 个省、自治区，4 个直辖市。在全国 34 个省份中，除西藏、海南和特区未设铁路法院外，铁路运输法院基本涵盖全国。依托铁路法院开展改革试点主要有以下方式：

一是依托铁路运输法院设立跨行政区划法院。北京四中院、上海三中院均是依托铁路运输中级法院设立的跨行政区划法院，集中管辖特殊重大行政案件。其中北京四中院集中管辖以北京市各区政府为被告的一审行政案件，上海三中院集中管辖以市级政府为被告的第一审行政案件，以市级行政机关为上诉人或者被上诉人的第二审行政案件。

二是依托铁路两级法院开展改革试点。比如，广州、西安、太原、兰州，均是采用把辖区内其他基层法院行政案件集中到铁路运输法院管辖，如不服铁路运输法院作出的一审裁判则上诉到铁路运输中级法院。同时，把辖区内其他中级法院管辖的一审行政案件集中到铁路运输中级法院管辖。比如上海，将辖区内部分基层法院的行政案件集中到上海铁路运输法院管辖，如不服铁路运输法院作出的一审裁判则上诉到上海三中院。这样铁路两级法院在集中管辖行政案件上就形成相对独立完整的管辖体系。

三是依托铁路运输法院与普通中级法院形成相对完整的管辖体系。比如，天津、南京、徐州、西宁，均是依托铁路运输法院集中管辖辖区内其他基层法院管辖的一审行政案件，如铁路运输法院作出的一审裁判则上诉到普通中级法院。

四、确定案件管辖范围标准相对务实多样

从试点地区看，目前对于确定集中管辖行政案件类型标准主要有以下几种。

一是将一审行政诉讼案件进行集中，把非诉行政执行案件仍留在原管辖法院审查。目前多数试点地区采用这种集中方式。

二是将部分一审行政诉讼案件进行集中，其他一审行政诉讼案件及行政非诉执行案件仍由原管辖法院办理。比如，杭州法院正在试点部分行政诉讼案件跨区域集中管辖，规定除市、区两级人民政府复议维持当共同被告的案件集中到杭州铁路运输法院管辖外，原由其他基层人民法院管辖的其他一审行政诉讼案件及行政非诉执行案件的管辖法院保持不变。又如，贵州省黔南州中级法院在对本州行政区域内基层人民法院的一审行政诉讼案件管辖法院及管辖范围予以调整时规定，集中管辖案件是按照《行政诉讼法》规定原属各基层人民法院管辖的一审行政诉讼案件（不含涉及环保行政案件，以及《行政诉讼法》第八十二条第一款第一项、第二项规定的被诉行政行为是依法当场作出的、案件涉及款额2000元以下的，可以适用简易程序审理的一审行政诉讼案件）。非集中管辖法院原则上不再办理上述集中管辖的行政诉讼案件，主要负责审理辖区内属于《行政诉讼法》第八十二条第一款第一项、第二项规定的被诉行政行为是依法当场作出的、案件涉及款额2000元以下的，可以适用简易程序审理的一审行政诉讼案件；审查办理辖区内的非诉行政执行案件等有关工作。

三是将一审行政诉讼案件和非诉执行案件全部实现集中。比如，四川省眉山市开展行政案件相对集中管辖试点工作，将其他法院原管辖的一审行政诉讼案件和行政非诉执行案件审查向集中管辖法院集中。

四是集中管辖法院办理除一审行政诉讼案件和非诉执行案件外的其他案件。比如，山西省在全省范围内实行行政案件跨行政区域集中管辖时，将对全省各中院生效的行政案件不服的再审申请和申诉案件由太原铁路运输中级法院管辖。

（撰写人：杨宗腾）

70

涉不动产案件的管辖标准有哪些？

一、一般规定

《行政诉讼法》第二十条规定："因不动产提起的行政诉讼，由不动产所在地人民法院管辖。"不动产是指土地（包括滩涂草地、山岭荒地等）及其附着物。附着物，是指自然或者人工附在土地之上，或者之中的物体，如建筑物、山林、水流等。根据《行诉解释》第九条的规定，"因不动产提起的行政诉讼"是指因行政行为导致不动产物权变动而提起的诉讼。不动产已经登记的，以不动产登记簿记载的所在地为不动产所在地；不动产未登记的，以不动产实际所在地为不动产所在地。其他人民法院无管辖权，相对人、利害关系人也没有选择的余地。以对于不动产所在地原则确定管辖亦为各国诉讼通例。例如，德国《行政法院法》第五十二条规定，涉及不动产或某一区域限制的权利或者法律关系的争议，只能由财产所在地或者该区域所在地的地方行政法院管辖。日本的《行政案件诉讼法》第十二条规定，关于有关征用土地、制定矿业权及其他不动产或者特定场所的处分或裁决的取消诉讼，也可向其不动产或场所所在地的财产所提起诉讼。

二、房屋登记案件的管辖的特别规定

按照不动产诉讼专属管辖原则，房屋登记案件一般都应由房屋所在地法院管辖。之所以如此，主要是为了便于法院现场调查取证。不过，在某些房屋登记案件中，现场调查取证并非必要，因此可以更多地考虑便民之需要，给予原告更多的选择空间。因此对请求房屋登记机构履行房屋移转登记、查询、复制登记资料等职责的；对房屋登记机构收缴房产证行为提起行政诉讼的；以及因对行政复议改变房屋登记行为提起行政诉讼三种情况下，应当给予原告选择权。根据《最高人民法院关于审理房屋登记案件若干问题的规定》第七条的规定，房屋登记行政案件由房屋所在地人民法院管辖，但有下列情形之一的也可由被告所在地人民法院管辖：（1）请求房屋登记机构履行房屋转移登记、查询、复制登记资料等职责的；（2）对房屋登记机构收缴房产证行为提起行政诉讼的；（3）对行政复议改变房屋登记行为提起行政诉讼的。

三、实施不动产统一登记制度后涉不动产案件的被告的确定问题

《北京市国土资源局、北京市住房和城乡建设委员会关于实施不动产统一登记制度有关事项的通告》规定，北京市现已完成不动产登记职责机构整合工作，定于2015年11月9日起实施不动产统一登记制度并启用不动产登记簿证。北京市国土局为北京市不动产登记机构，市、区县相关部门承担的土地、房屋、林地等不动产登记职责统一交由北京市国土局承担。不动产的管理职责仍由原相关部门承担。北京市农村土地承包经营权纳入不动产统一登记予以5年过渡期。过渡期后，改由北京市国土局负责农村土地承包经营权登记工作。因此单一土地登记转变为不动产统一登记，原不同登记机关的相应职权已经整合到不动产登记机构，县级以上人民政府不再具有土地登记职权。

北京市行政机构改革，北京市国土资源局与北京市规划委员会合并，因此目前北京市不动产登记机构为北京市规划和国土资源管理委员会。根据《行政诉讼法》

第二十六条第六款“行政机关被撤销或者职权变更的，继续行使其职权的行政机关是被告”的规定，当事人对县级以上人民政府作出的土地登记行为不服的，应当以继续行使其职权的不动产统一登记机构即北京市规划和国土资源管理委员会为被告（由不动产所在地基层人民法院管辖），不能再以作出被诉土地登记的人民政府为被告。

【案例 18】张胜某不服被告北京市规划和国土资源管理委员会关于反映房产证不合法的答复意见以及北京市人民政府行政复议决定书案[①]

【案情简介】张胜某不服被告北京市规划和国土资源管理委员会关于反映房产证不合法的答复意见以及北京市人民政府行政复议决定书，向人民法院提起行政诉讼。

【裁判理由】本案属涉不动产案件。因不动产所在地位于北京市平谷区，根据《行政诉讼法》第二十条的规定，因不动产提起的行政诉讼，由不动产所在地人民法院管辖，故本案应由北京市平谷区人民法院管辖，北京市东城区人民法院不具有管辖权。依据《行政诉讼法》第二十二条之规定，裁定如下：原告张胜某不服被告北京市规划和国土资源管理委员会作出的答复意见和北京市人民政府作出的行政复议决定一案移送北京市平谷区人民法院审理。

（撰写人：杨宗腾）

71

管辖权异议的提出及审查标准有哪些？

一、相关概念

管辖权异议，是指人民法院受理案件后，当事人对管辖权有异议的，应当在提交答辩状期间提出。人民法院对当事人提出的管辖权异议，应当审查。异议成立的，裁定将案件移送有管辖权的人民法院；异议不成立的，裁定驳回。对该驳回管辖权异议的裁定不服的，当事人可以依法上诉。人民法院对当事人提出的管辖权异议，未经审查或审查后尚未作出裁定的，不得进入该案的实体审理。当事人认为受

① 参见北京市第一中级人民法院（2017）京 0101 行初 661 号行政裁定书。

诉法院或受诉法院向其移送案件的法院对案件无管辖权时，可向受诉法院或受移送案件的法院提出不服管辖的意见或主张。

二、管辖权异议的提出

法院对管辖权异议的裁定有两种，其一为驳回异议的裁定，其二为异议成立时移送至有管辖权的法院审理的裁定。前者的当然主体是申请人，后者为申请人的相对方。根据处分原则，当事人对其享有的实体权利和诉讼权利，可行使也可放弃，只要不违反法律的禁止性规定，该处分行为法律就予以认可。当事人在法定期间内没有行使管辖异议权，这是其对诉讼权利的处分，应当推定其放弃该权利。法院对其他共同诉讼人提出的管辖异议作出裁定后，如果赋予没有提出管辖异议的共同诉讼人享有上诉权，实质后果是令其再次取得在期间届满后丧失的管辖异议权，也即延长了其提出管辖权异议的期间，这与设置诉讼时效期间的立法精神是不相符的。因此，管辖权异议的上诉主体应当是异议申请人及其相对方，没有提出管辖权异议的申请人一方的共同诉讼人不得对管辖权异议裁定提起上诉。

管辖权异议的客体，是指在哪些情况下当事人可以提出管辖权异议，也即在运用哪些管辖规则的情况下，一方当事人可以主张该法院无管辖权。管辖规则以法律规定和法院裁定为标准，分为法定管辖和裁定管辖。法定管辖包括级别管辖和地域管辖，裁定管辖包括移送管辖、指定管辖和管辖权转移。实践中，当事人提出管辖异议的多数是针对地域管辖，对此，法律和相关的司法解释有明确的规定；移送管辖的发生有两种途径，一是法院对当事人提出的管辖权异议依法审查，异议成立的，裁定移送至有管辖权的法院审理；二是当事人没有提出管辖权异议，法院依职权审查后认为该院无管辖权，移送至有管辖权的法院。指定管辖，是法律赋予上级法院的权利，从维护上级法院权威的角度来看，不应赋予当事人管辖异议权。这可避免不同主体行使监督管辖权行为的交叉，防止当事人滥用诉权，实现诉讼经济。管辖权转移，是级别管辖制度中的一项变通性规定，它包括两种情形，一是上级法院审理属于下级法院管辖的第一审案件，二是上级法院把该院管辖的第一审案件交由下级法院审理。管辖权转移，虽然主要是上下级法院之间审理案件的分工和协调，但是其必然会导致一审法院级别的变化。而一审法院的级别变化，还会导致可能发生的二审之管辖法院的级别变化，从而影响到当事人的程序利益。若当事人对管辖权转移有异议，其实也即对级别管辖有异议，而依据法律规定，当事人对级别管辖是可以提出异议的。因此，为切实尊重当事人的意愿，保障其程序利益，应当允许当事人对管辖权转移提出异议。

《行诉解释》第十条第一款和第二款也规定了，人民法院受理案件后，被告提出管辖异议的，应当在收到起诉状副本之日起 15 日内提出。对当事人提出的管辖异议，人民法院应当进行审查。异议成立的，裁定将案件移送有管辖权的人民法院；异议不成立的，裁定驳回。

三、管辖权异议的审查标准

管辖权异议，是当事人一项重要的诉讼权利，当事人正确行使该项权利，有利于帮助人民法院正确确定对案件的管辖权。管辖权异议应当具备几个条件，即法院在审查管辖权异议时应当秉持的审查标准有如下几点：

1. 当事人

有权提出管辖权异议的，只能是本案的当事人，其他诉讼参加人无权就管辖问题向法院提出异议，也不得以此为借口不参加诉讼。提出异议的当事人一般是被告。

2. 时间

管辖权异议的时间，必须在法院受理案件之后，并且在收到起诉状副本之日起 15 日内提出，否则异议无效。超过法定期间，人民法院不再受理。当事人在此期间提出异议后又要求撤回的，法院应予允许。

3. 形式

诉讼管辖异议应当采取书面形式。但口头形式亦应允许。异议书既可以随答辩状一并提出，也可以单独书写。

4. 提出

管辖权异议书应向受理该案的人民法院提出。受理该案的法院对该案进行实体审理以前，应先审议当事人对管辖权提出的异议，就该案是否有管辖权问题作出书面裁定。

对于满足上述形式要件的管辖权异议，人民法院应慎重地进行实质审查。经审查认为异议成立的，由受诉人民法院作出裁定，将案件移送有管辖权的人民法院审理；经审查认定异议不成立的，则裁定驳回。在审查决定作出前，应停止对本案的实体审理。根据《行诉解释》第一百零一条的规定："裁定适用于下列范围：（一）不予立案；（二）驳回起诉；（三）管辖异议；（四）终结诉讼；（五）中止诉讼；（六）移送或者指定管辖；（七）诉讼期间停止行政行为的执行或者驳回停止执行的申请；（八）财产保全；（九）先予执行；（十）准许或者不准许撤诉；（十一）补正裁判文书中的笔误；（十二）中止或者终结执行；（十三）提审、指令再审或者发回重审；（十四）准许或者不准许执行行政机关的行政行为；（十五）其他需要裁定的事项。对第一、二、三项裁定，当事人可以上诉。裁定书应当写明裁定结果和作出该裁定的理由。裁定书由审判人员、书记员署名，加盖人民法院印章。口头裁定的，记入笔录。”当事人对于管辖异议裁定可以上诉。

某些情况下管辖权异议不予审查，《行诉解释》第十一条规定：“有下列情形之一的，人民法院不予审查：（一）人民法院发回重审或者按第一审程序再审的案件，当事人提出管辖异议的；（二）当事人在第一审程序中未按照法律规定的期限和形式提出管辖异议，在第二审程序中提出的。”

法院对案件作出的判决发生法律效力后，如果当事人对驳回管辖权异议的裁定和判决一并申诉或申请再审的，法院经过复查，发现管辖虽有错误，但判决正确的，管辖问题不再变动；如经复查，认为管辖和判决均有错误，应按审判监督程序处理。经过再审或者提审，原判决和裁定均被撤销的，应将案件移送有管辖权的人民法院审理。如果人民法院未改变案件的管辖问题，当事人则有权对案件的管辖提出异议。

（撰写人：孙大申）

第五章 立案登记

72

依法保护当事人诉权有哪些基本要求？

诉权最初是大陆法系国家民事诉讼法理论中的一个核心概念，[①] 仅在民事诉权的意义上使用。后行政诉权脱胎于民事诉权，同时在借鉴民事诉权理论的基础上，依据行政诉讼的特殊性进行了具体的改造。对于行政诉权，学界理论探讨不足，且仍有争议。一般来说，所谓行政诉权是指诉权主体按照法律预设程序，请求法院对有关行政纠纷作出公正裁判的程序权利。[②] 既包括起诉权、获得裁判权，还包括得到公正裁判权，含义非常广泛，贯穿诉讼活动的全过程。

一般认为，《行政诉讼法》第二条是对诉权的规定，[③] 同时对于诉权的保护，2009 年最高人民法院即出台《关于依法保护行政诉讼当事人诉权的意见》（法发〔2009〕54 号），从重视和加强行政案件受理的角度，要求各地各级法院：（1）切实提高对行政案件受理工作重要性的认识；（2）不得随意限缩受案范围、违法增设受理条件；（3）依法积极受理新类型行政案件；（4）完善工作机制，改进工作作风；（5）加强对行政案件受理工作的监督；（6）努力营造行政案件立案受理的良好外部环境，以减少行政诉讼“告状难”的现象，解决行政诉讼有案不收、有诉不理的问题。

---

① 章剑生：《行政诉讼中滥用诉权的判定——陆红霞诉南通市发展和改革委员会政府信息公开答复案评释》，载《交大法学》2017 年第 2 期。

② 薛刚凌：《行政诉权研究》，华文出版社 1998 年版，第 3 页。

③ 《行政诉讼法》第二条第一款规定：“公民、法人或者其他组织认为行政机关和行政机关工作人员的行政行为侵犯其合法权益，有权依照本法向人民法院提起诉讼。”

2014 年《行政诉讼法》修改，着重从变“立案审查制”为“立案登记制”①的角度化解“立案难”、切实保障公民、法人或者其他组织行使行政诉权。不过，随着立案登记制改革的全面铺开，相关配套制度不完善，滥用诉权的现象也不断出现，特别是在政府信息公开领域，当事人不规范行使诉权，浪费司法资源的现象日益增多。鉴于此，2017 年最高人民法院颁布《关于进一步保护和规范当事人依法行使行政诉权的若干意见》，以更加全面的视角对保护当事人行政诉权提出基本要求。

第一，从保护当事人起诉权的角度出发，要求各级人民法院在立案受理阶段提高诉权保护的意识，严格贯彻落实新行政诉讼法规定的立案登记制度，严格以是否符合法定的起诉条件作为案件受理的依据，把握好立案审查的程度，避免立案环节的过度审查，确保实现当场立案和先予立案，切实做到有案必立、有诉必理，同时做好诉讼告知、诉讼引导以及法律释明工作，履行一次性告知义务。

第二，从辅助保障当事人实现诉权的配套机制出发，首先要求各地各级法院提升诉讼服务能力，充分利用“大数据”“互联网+”“人工智能”等现代技术，推进诉讼服务大厅、诉讼服务网络、12368 热线、智能服务平台等建设，为人民群众提供一站式、立体化的诉讼服务。其次要求通过法律援助、司法救助等方式，依法保障经济困难和诉讼实施能力较差的当事人的诉权；积极建立与律师协会、法律援助中心等单位的沟通交流和联动机制，为当事人提供及时有效的法律援助，提高当事人的诉讼实施能力。

第三，从保证当事人获得公正裁判权的角度出发，要求各地各级法院严格禁止并及时制止、纠正干扰依法立案、故意拖延立案、人为控制立案等违法违规行为。对阻碍和限制当事人依法行使诉权、干预人民法院依法受理和审理行政案件的机关和个人进行如实记录，并按规定报送同级党委政法委，同时可以向其上级机关或检察机关进行通报、提出处理建议。

2014 年修改后的《行政诉讼法》实施和立案登记制改革取得了重大成果，但是随之出现了个别当事人曲解立案登记制的立法含义，滥用诉权、恶意诉讼现象，极大

① 《行政诉讼法》第五十一条规定：“人民法院在接到起诉状时对符合本法规定的起诉条件的，应当登记立案。对当场不能判定是否符合本法规定的起诉条件的，应当接收起诉状，出具注明收到日期的书面凭证，并在七日内决定是否立案。不符合起诉条件的，作出不予立案的裁定。裁定书应当载明不予立案的理由。原告对裁定不服的，可以提起上诉。起诉状内容欠缺或者有其他错误的，应当给予指导和释明，并一次性告知当事人需要补正的内容。不得未经指导和释明即以起诉不符合条件为由不接收起诉状。对于不接收起诉状、接收起诉状后不出具书面凭证，以及不一次性告知当事人需要补正的起诉状内容的，当事人可以向上级人民法院投诉，上级人民法院应当责令改正，并对直接负责的主管人员和其他直接责任人员依法给予处分。”

浪费了司法资源和增加了行政成本。[①] 因此意见除了从正面保护的视角对当事人行政诉权的充分行使进行具体规定外，还从反面规制的视角对当事人行政诉权的不当行使进行了更加完整的规定。因此，保护当事人诉权有了另外一个层次的要求，即还要求规范当事人合法行使行政诉权的工作应当依法进行，正确做好案件的说明、解释、告知和引导等工作，在严格规制恶意诉讼和无理缠诉等滥诉行为的同时从严掌握标准。

一是要正确理解立案登记制的精神实质，在防止过度审查的同时，注意坚持对起诉条件进行必要审查，对于不符合复议前置、起诉期限、利害关系等法定立案条件的起诉，对没有新的事实和理由，针对同一事项重复、反复提起诉讼，或者反复提起行政复议继而提起诉讼等违反“一事不再理”原则的起诉，在不予立案的同时应当向当事人说明不予立案的理由。

二是要正确把握权利义务实际影响的受案标准，对当事人针对行政机关未设定其权利义务的重复处理行为、说明性告知行为及过程性行为的起诉，对当事人因请求上级行政机关监督和纠正下级行政机关的行政行为，不服上级行政机关作出的处理、答复或者未作出处理等层级监督行为的起诉，对当事人不服上级行政机关对下级行政机关作出的通知、答复、命令、回函等内部指示行为的起诉，对当事人因不服信访工作机构依据《信访条例》作出的处理意见、复查意见、复核意见或者不履行《信访条例》规定的职责的起诉，在不予立案的同时做好说明、解释、告知等工作。上述行为如果设定了当事人的权利义务或者对当事人权利义务产生了实际影响，则人民法院应当予以立案。

三是要准确把握“利害关系”的法律内涵，依法审查行政机关的行政行为是否确与当事人权利义务的增减得失密切相关，当事人在诉讼中是否确实具有值得保护的实际权益，不得虚化、弱化利害关系的起诉条件。对于明显不具有诉讼利益、无法或者没有必要通过司法渠道进行保护的起诉，不予立案，对于确与行政行为有利害关系的起诉，人民法院应当予以立案。

四是要在保障诉权的同时依法制止滥用诉权、恶意诉讼等行为，对于极个别当事人不以保护合法权益为目的，长期、反复提起大量诉讼，滋扰行政机关，扰乱诉讼秩序的起诉不予立案。同时在认定滥用诉权、恶意诉讼的情形时，从严掌握标准，落实最小范围原则，要从当事人提起诉讼的数量、周期、目的以及是否具有正当利益等角度，审查其是否具有滥用诉权、恶意诉讼的主观故意。

（撰写人：周孟伟）

---

① 周斌：《巩固立案登记制改革成果，引导当事人依法行使诉权》，载《人民法院报》2017 年 9 月 15 日。

73

如何理解和把握行政诉讼起诉期限？

行政诉讼中的起诉期限，是指公民、法人或者其他组织不服行政机关作出的具体行政行为，而向人民法院提起行政诉讼，其起诉可由人民法院立案受理的法定期限。起诉期限系诉讼程序法律制度，解决的是行政起诉能否进入司法实体审查的问题。行政诉讼法中之所以设立起诉期限，在于督促相对人尽快行使权利，维护行政管理秩序的稳定。如果允许相对人任何时候都可以对行政行为申请救济，势必使行政行为一直处于被质疑和否定的状态，既影响行政效率，又给行政管理秩序带来混乱。

起诉期限为提起诉讼的条件之一，起诉人必须在法律所规定的期限内提起，如果超过法定起诉期限，则起诉无效，当事人丧失诉权，人民法院也可以拒绝受理。

一、起诉期限的分类

（一）一般的起诉期限

行政诉讼法规定了两种一般的起诉期限。

一是直接起诉的起诉期限。

《行政诉讼法》第四十六条第一款规定，公民、法人或者其他组织直接向人民法院提起诉讼的，应当自知道或者应当知道作出行政行为之日起6个月内提出。法律另有规定的除外。对知道或者应当知道的理解，一般来说，若行政机关有书面决定的，从公民收到书面决定之日起认定为“知道”；没有书面决定的，从口头告知时认定为“知道”。

二是经过复议程序不服复议决定的起诉期限。

《行政诉讼法》第四十五条规定：“公民、法人或者其他组织不服复议决定的，可以在收到复议决定书之日起十五日内向人民法院提起诉讼。复议机关逾期不作决定的，申请人可以在复议期满之日起十五日内向人民法院提起诉讼。法律另有规定的除外。”

（二）特别的起诉期限

特别的起诉期限是指法律对于起诉期限另有规定的，依法律的规定执行。此处的“法律”为狭义上的法律，即全国人大及其常委会制定的基本法和普通法。特别的起诉期限主要有以下几种。

一是直接起诉的特别起诉期限。

《行政诉讼法》第四十六条在规定了直接起诉的起诉期限之后，明确了“法律另有规定的除外”。有的法律规定的起诉期限为30日，如《海关法》《渔业法》，有的法律规定的起诉期限为15日，如《邮政法》《统计法》。

二是经过复议程序的特别起诉期限。

《行政诉讼法》第四十五条规定了经复议不服复议决定的一般起诉期限之后，明确了“法律另有规定的除外”。即法律对不服行政复议决定或者不作为行为的起诉起诉期限另有规定的，从其规定，但如果是法律以下的规范性文件规定例外的期限的，人民法院则不予适用。

三是利害关系人不知道行政行为时的最长起诉期限。

司法实践中，有些行政机关工作人员为了避免当被告而故意不制作文书，或者不送达文书，导致很多行政案件非因当事人的原因超过了起诉期限。《行诉解释》中规定以下几点：(1)明确行政机关不制作不送达文书时，只要能证明行政行为的存在，人民法院应当受理（《行诉解释》第六十三条）；(2)行政机关作出行政行为时，未告知公民、法人或者其他组织起诉期限的，起诉期限从公民、法人或者其他组织知道或者应当知道起诉期限之日起计算，但从知道或者应当知道行政行为内容之日起最长不得超过一年（《行诉解释》第六十四条第一款）；(3)相对人不知道具体行政行为的内容的，起诉期限则从知道或者应当知道行政行为内容之日起计算，但对涉及不动产的行政行为则从作出之日起不超过20年，其他行政行为从作出之日起不超过5年（《行诉解释》第六十五条）。

四是不作为类起诉期限。

《行政诉讼法》第四十七条规定了两种情况，行政机关不作为的起算时点：(1)非紧急状态下的起算时点。公民、法人或者其他组织申请行政机关履行保护其人身权、财产权等合法权益的法定职责，行政机关接到申请之日起两个月内不履行的，公民、法人或者其他组织可以向人民法院提起行政诉讼，但是法律、行政法规另有规定的，从其规定。(2)紧急情况下的起算时点。公民、法人或者其他组织在紧急情况下请求行政机关履行保护其人身权、财产权等合法权益的法定职责，行政机关不履行的，提起诉讼不受前款规定期限的限制。

二、法定延长的起诉期限和酌定延长的起诉期限

在现实生活中，利害关系人未在法定期限内提起行政诉讼并非自己的主观原因所造成，而是由于主观之外的客观原因所致，对此，法律应有一定的灵活性，这就涉及起诉期限的延误和扣除。

《行政诉讼法》第四十八条规定，公民、法人或者其他组织因不可抗力或者其他不属于其自身的原因耽误起诉期限的，被耽误的时间不计算在起诉期限内。公民、法人或者其他组织因前款规定以外的其他特殊情况耽误起诉期限的，在障碍消除后 10 日内，可以申请延长期限，是否准许由人民法院决定。

（一）法定的扣除期限制度

法定的扣除期限，是指因客观原因而超过了起诉期限，超过的部分应予扣除的制度。而客观原因主要包括不可抗力和其他不属于自身的原因两种。不可抗力，指人们不能预见、不可避免和不能克服的客观情形，如战争、自然灾害等。其他不属于自身的原因，主要是当事人主观意志之外的，除不可抗力之外的其他客观原因，如当事人遇车祸住院等。

（二）酌定的扣除期限制度

酌定的扣除期限制度，是指因客观原因之外的其他特殊情形，导致超过了起诉期限，经法院允许扣除相应耽误期限并顺延的制度。此处的“其他特殊情形”，特指非客观原因，如无行为能力人的法定代理人尚未确定无法提起诉讼等。

三、关于起诉期限的若干实务问题

（一）当事人主张应扣除其在信访、行政申诉等程序中所耽误的时间的，不予支持

如前所述，《行政诉讼法》第四十八条的“因不可抗力或者其他不属于其自身的原因耽误起诉期限的”是指基于地震、洪水等客观因素耽误的时间，或者基于对相关国家机关的信赖，等待其就相关争议事项进行处理的期间。而信访和行政申诉等非一般救济法律程序均是由当事人以自己的主观意志启动的，未进入一般救济法律程序之前，亦不存在对国家机关的合理信赖利益。当事人单方向有关部门申诉信访，因申诉信访耽误的时间，没有可保护的信赖利益，属于当事人自身放弃通过一般救济法律途径解决争议耽误复议期限的情形，不属于可以扣除的期间。

（二）涉公租房起诉期限的认定

公房的所有权归国家所有，公房所有权人与使用权人建立的是租赁合同法律关系，公房管理部门代为行使收取租金的房屋所有人的权利，履行公房维修等房屋所有人的义务，公房使用人享有使用房屋等承租人权利，履行交纳房租等承租人义务。在公房未被房屋使用权人买断的情况下，其不是房屋的所有权人。在司法实践中对公租房变更等的起诉期限相对混乱，根据最高人民法院（2017）最高法行申 2591 号行政裁定书，公有房屋承租人变更行为涉及原承租人家庭成员的重大居住

权益，其实际效果与导致不动产物权变动的行政行为性质类似，应当适用《行政诉讼法》第四十六条第二款规定的二十年的起诉期限。

（三）行政诉讼法实施前的行政行为，如何处理

所诉行政行为为行政诉讼法实施之前的行为，应根据具体情况进行处理。

法律、法规未规定对行政机关的行政行为不服，可以向法院提起诉讼的，当事人对行政机关在《行政诉讼法》实施之前的行为不服向人民法院提起行政诉讼的，人民法院应当受理（见〔1992〕民他字第10号批复）。

当事人在行政诉讼法实施后才知道行政机关的行政行为的，人民法院应当受理。这既是为了保护利害关系人的诉权，也是为了与行政诉讼法相衔接。[见法（行）函（1989）11号]

（四）起诉期限是否存在中止中断的情形

行政诉讼中的起诉期限不同于民事诉讼中的诉讼时效制度。起诉期限为不变期间，具有除斥期间的性质。公民、法人或者其他组织自知道或者应当知道起诉只有之日起在特定的时间内未提前诉讼的，不再享有诉权，因此行政诉讼中的起诉期限不存在中止和中断问题。

"法律不保护沉睡的权利"，为了更好地维护自己的合法权益，建议行政行为的相关利害关系人在知道行政行为侵犯自己权益时，应首先想到走法律途径维权，尽快提起行政复议或行政诉讼，以免无法进入法律维权的大门。

（撰写人：赵赫）

74

行政诉讼状撰写、起诉证据的收集及提交材料的要求有哪些？

首先，《行政诉讼法》第四十九条、第一百零一条规定，提起诉讼应当符合下列条件："（一）原告是符合本法第二十五条规定的公民、法人或者其他组织；（二）有明确的被告；（三）有具体的诉讼请求和事实根据；（四）属于人民法院受案范围和受诉人民法院管辖。"本法没有规定的，适用《民事诉讼法》的相关规定。故行政起诉状除了要符合《行政诉讼法》第四十九条的规定外，还应按照

《民事诉讼法》第一百二十一条规定记明下列事项：“（一）原告的姓名、性别、年龄、民族、职业、工作单位、住所、联系方式，法人或者其他组织的名称、住所和法定代表人或者主要负责人的姓名、职务、联系方式；（二）被告的姓名、性别、工作单位、住所等信息，法人或者其他组织的名称、住所等信息；（三）诉讼请求和所根据的事实与理由；（四）证据和证据来源，证人姓名和住所。”

根据上述规定，人民法院应从以下几方面审查原告的起诉内容，即原告应按以下几方面撰写起诉状。(1) 对诉讼请求的审查。诉讼请求是否具体明确，事实理由是否充分；请求事项是否属于行政审判权限范围、是否属于人民法院的受案范围。(2) 对原被告资格的审查。判断原、被告是否适格，起诉人是否具有原告诉讼主体资格等。(3) 对法定起诉程序的审查。审查起诉是否符合法定起诉条件程序，主要是指当事人起诉是否符合行政复议与行政诉讼有关规定，有复议前置条件的是否经过了复议程序。(4) 对起诉期限的审查。即审查当事人是否在法定起诉期限内提起的诉讼，若起诉超过了法定起诉期限，是否有正当理由。(5) 审查是否属于重复诉讼。重复诉讼分为时间上的重复诉讼和空间上的重复诉讼。前者指起诉人就已经作出生效判决、裁定的案件再次提起诉讼，后者指对于其他人民法院正在审理中的同一案件，当事人又以同一标的，同一事实根据和理由另行起诉。为此，人民法院要审查当事人起诉的案件是不是人民法院已经审理过，或者正在审理中的案件。(6) 审查代理人、代表人是否符合法定要求。主要是指法律规定必须由法定或者指定代理人、代表人为诉讼行为，是否由法定或者指定代理人、代表人为诉讼行为；由诉讼代理人代为起诉的，其代理是否符合法定要求。(7) 对撤诉后再起诉的审查。已撤回起诉，再行起诉应审查是否有正当理由。(8) 对诉讼标的的审查。诉讼标的是否为生效判决的效力所羁束。(9) 对起诉状的内容的审查。审查起诉状的内容是否明确、完整，手续是否符合要求。

此外，起诉状还应写明接受起诉状的人民法院的名称和起诉的具体时间，并由原告签名或者盖章。如果有代理人的，应附授权委托书，载明委托事项及权限。

其次，根据《最高人民法院关于行政诉讼证据若干问题的规定》第四条、第五条的规定，公民、法人或者其他组织向人民法院起诉时，应当提供其符合起诉条件的相应的证据材料。在起诉被告不作为的案件中，原告应当提供其在行政程序中曾经提出申请的证据材料。但有下列情形的除外：(1) 被告应当依职权主动履行法定职责的；(2) 原告因被告受理申请的登记制度不完备等正当事由不能提供相关证据材料并能够作出合理说明的。在行政赔偿诉讼中，原告应当对被诉行政行为造成损害的事实提供证据。行政诉讼法虽然明确规定，被告对作出的行政行为负有举证责任，应当提供作出该行政行为的证据和所依据的规范性文件。但是，该上述规定不排除原告在特定情况下承担举证责任的情形。原告对下列事项承担举证责任：（1）证明起诉符合法定条件，但被告认为原告起诉超过起诉期限的除外；（2）在起诉被告不作为的案件中，证明其提出申请的事实；（3）在一并提起的行政赔偿之诉中，证明因受被诉行政行为侵害而造成损失的事实。

上述关于原告举证责任的规定，也是人民法院对原告起诉证据的收集及提交材料的要求。原告的举证责任是指原告在特定的情况下，应履行一定的证明责任，与被告负举证责任是有区别的。在提起诉讼时证明起诉符合法定条件、在起诉被告不作为的案件中证明其在行政程序中曾经提出申请的证据材料等，由原告履行证明责任是必要的。行政诉讼的证据与被告行政机关证明被诉行政行为的证据并不是同一概念，除了证明被诉行政行为的证据由被告行政机关承担外，有些应当由原告提供的证据也是行政诉讼证据的一种。

（撰写人：王小虎）

75

行政诉讼一并解决民事争议如何立案?

在司法实践中，有些民事争议是由行政行为引起的，在行政行为合法性等确定之后，相关的民事争议才能够继续处理。为了有利于争议的实质性解决，也方便当事人诉讼，节约司法资源，提高司法效率，修改后的行政诉讼法规定了民事争议当事人要求法院一并解决民事争议的，人民法院可以一并审理。也就是说，当事人可以在行政诉讼中一并提起民事诉讼，但提起案件的类型、提起的时间、条件都是有一定限制的。

《行政诉讼法》第六十一条第一款规定，在涉及行政许可、登记、征收、征用和行政机关对民事争议所作的裁决的行政诉讼中，当事人申请一并解决相关民事争议的，人民法院可以一并审理。

依据上述条文规定，行政诉讼中，民事纠纷一并审理所要具备的条件：首先，能够一并提起民事诉讼的五类案件，仅限于行政许可、登记、征收、征用和对民事争议所作裁决的行政案件。行政许可，通常与民事行为主体资格、民事活动的依据等相关联。如镇政府批准甲在宅基地上建房，并颁发了宅基地批准通知书，规划部门为其颁发建设工程规划许可证。甲在施工时乙出来阻拦，认为侵犯了其宅基地的使用权。乙随后提起行政诉讼，要求撤销行政机关颁发的许可证，并要求甲停止侵害，排除妨碍。此时，行政行为的合法性，实际上对民事争议具有预决效力。行政登记，如工商、土地、房屋产权、户籍、婚姻登记中，民事权利对行政登记的依附性，容易引发行政登记行为附带的民事诉讼情况。如甲、乙二人为房屋所有权产生争议，甲向法院提起民事诉讼的话，乙以自己拥有物权凭证抗辩，甲败诉的可能性非常大。但甲向法院提起行政诉讼，要求撤销房地产管理部门对乙的颁证行为，同时要求一并解决相关民事争议。此时，法院可以作为行政附带民事诉讼案件一并处理双方争议。在行政征收、征用中，也可能出现征补对象错误，导致产生的行政争议、民事争议诉至法院一并审理的情况。如甲将自己的房屋出租给乙后，政府决定征收该区域的房屋，乙冒充所有人出面与房屋征收人签订补偿数额，后征收部门作出补偿决定，乙领取了补偿款。此时，甲可以就补偿决定，向人民法院提起行政诉讼，并对乙提起民事诉讼，要求返还冒领的补偿款，一并请求法院解决行政和民事争议。行政裁决是指由行政机关依照法律授权，对当事人之间发生的与行政管理活动密切相关的民事纠纷进行审查，并作出裁决的活动。目前，法律只规定了上述五种类型的行政附带民事诉讼。其次，两个不同性质的诉讼请求之间具有内在的关联性。这种关联性主要表现在行政纠纷、民事纠纷均与被诉行政行为的合法性具有紧密关系，即同一行政行为相关联的行政与民事两种不同争议，前者有待于后者决定后才便于处理。这里需要注意的是，在行政诉讼中，人民法院认为该行政案件的审理需要以民事诉讼的裁判为依据的，不是一并审理民事诉讼，而应“先民后行”，当裁定终止行政诉讼，待中止事由消失后恢复诉讼。如当事人以作为行政许可、登记、征收、征用和行政机关就民事争议所作的裁决行为为基础的买卖、共有、赠与、抵押、婚姻、继承等民事法律关系无效或者应当撤销为由，对行政许可、登记、征收、征用和行政机关就民事争议所作的裁决行为提起行政诉讼的，人民法院应当告知当事人先行解决民事争议，民事争议处理期间不计算在行政诉讼起诉期内。已经受理的，裁定中止诉讼，经释明后仍不愿另行提起民事诉讼，而坚持行政诉讼的，人民法院可以考虑先行单独审理行政案件。再次，基于当事人申请，民事争议的各方当事人，包括原告、第三人，提出一并处理民事争议。如果当事人在行政诉讼中，仅要求解决行政争议，而未要求人民法院一并处理民事争议的，则不应一并审理。这是当事人意思自治的民事审判原则的体现。最后，遵循行主民辅的主次关系，即行政诉讼是主体诉讼，民事诉讼是附属诉讼。行政诉讼中，法院审理的主要目的是解决行政争议，民事争议只是在当事人提出诉讼请求情况下附带解决。民事诉讼应以行政诉讼存在为前提，受到行政诉讼的制约。如行政诉讼不符合起诉条件，应裁定驳回起诉，则附带的民事争议就不能再单独审理，当事人应当另行提起民事诉讼。

在行政诉讼中，对当事人提起民事争议的时间要求。依据《行诉解释》第一百三十七条规定，公民、法人或者其他组织请求一并审理《行政诉讼法》第六十一条规定的相关民事争议，应当在一审开庭审理前提出；有正当理由的，也可以在法庭调查中提出。这里包含以下几个层次的含义：一是原则上当事人请求一并审理民事争议的终止时间是在一审开庭审理前。这里包括与行政诉讼同时提起的起诉阶段，以及在一审开庭之前的审理阶段。二是例外情况，即有正当理由，也可以在法庭调查中提出。这种“正当理由”是指原告在行政诉讼中才发现基础民事法律关系存在；第三人在被通知参加诉讼时或者在诉讼中要求一并解决相关民事争议等。需要注意的是，当事人在二审程序中提出一并审理的申请，一般不予准许，否则会剥夺民事争议对方当事人的上诉权。在特殊情况下，可以调解处理。

接下来的问题是，当事人提出一并审理的请求后，是否必然启动民事诉讼审理程序?《行诉解释》第一百三十九条规定了行政附带民事案件的排除范围，即（1）法律规定应当由行政机关先行处理的；（2）违反民事诉讼法专属管辖规定或者协议管辖约定的；（3）约定仲裁或者已经提起民事诉讼的；（4）其他不宜一并审理民事争议的情形。对符合上述情形的，法院应当作出不予准许一并审理民事争议的决定，并告知当事人可以依法通过其他渠道主张权利。由此可见，能否启动民事诉讼程序的决定权在法院。民事争议提出后，法院须按前述条件进行审查，对不符合上诉条件的，应决定不予准许。对该决定不服，司法解释赋予了同级复议的救济程序。需要提示的是，是否一并审理的审查，以及作出是否准予的决定，应由审理原行政诉讼的合议庭负责。一是该审查涉及与原诉的关联性判断，涉及案件的实体审查；二是民事诉讼中的相对人多是诉中被追加的第三人，其提出的程序性抗辩，只能在审理环节进行；三是《行诉解释》第十八条规定了行政诉讼中一并审理民事争议的审判组织是同一审判组织。《行诉解释》规定的审查当事人申请后的处理方式为决定，而非裁定不予受理。故当事人在立案环节提出一并审理民事争议的请求，是否符合一并审理的条件，也应交由审理行政案件的审判部门判断，这样才符合《行诉解释》相关程序的设置。

关于决定一并审理民事争议的立案问题。依照《行诉解释》第一百四十条规定，应单独立案。此外，行政机关对民事争议所作的裁决案件一并审理的民事争议，不另行立案。

（撰写人：张勤缘）

76

如何选任行政诉讼委托代理人?

委托代理，是指基于被代理人的委托授权而发生的代理。委托代理人是指受当事人、法定代理人的委托，并以他们的名义进行诉讼活动的诉讼代理人。当事人可以委托1—2名诉讼代理人。委托代理人的代理权来自委托人的授权。

根据《行政诉讼法》第三十一条第二款的规定:“下列人员可以被委托为诉讼代理人:(一)律师、基层法律服务工作者;(二)当事人的近亲属或者工作人员;(三)当事人所在社区、单位以及有关社会团体推荐的公民。”这一规定主要参照了《民事诉讼法》第五十八条的规定，该规定为:“当事人、法定代理人可以委托一至二人作为诉讼代理人。下列人员可以被委托为诉讼代理人:(一)律师、基层法律服务工作者;(二)当事人的近亲属或者工作人员;(三)当事人所在社区、单位以及有关社会团体推荐的公民。”同时，需要注意的是，无民事行为能力人、限制民事行为能力人以及其他依法不能作为诉讼代理人的，当事人不得委托其作为诉讼代理人。

据此，委托代理人包括以下人员:(1)律师。律师是取得律师职业执照的专职或兼职律师。律师比较熟悉国家法律，同时具有较为丰富的诉讼经验。律师的主要任务之一就是接受当事人、法定代理人的委托，担任代理人参加诉讼，律师的职责之一就是在委托权限内，维护委托人的合法权益。(2)基层法律服务工作者。基层法律服务工作是一项具有中国特色的法律服务制度。基层法律服务组织设在农村乡镇、城市街道，基层法律服务工作者从具有法律知识的人中进行选拔，主要职能是面向基层群众尤其是低收入人群提供及时、便利、低廉的法律咨询服务，包括行政诉讼代理服务。(3)当事人的近亲属或者工作人员。这里的当事人包括公民、法人或者其他组织。其中，对近亲属的范围，《行诉解释》第十四条规定，《行政诉讼法》第二十五条第二款规定的“近亲属”，包括配偶、父母、子女、兄弟姐妹、祖父母、外祖父母、孙子女、外孙子女和其他具有扶养、赡养关系的亲属。对于“当事人的工作人员”，该解释第三十二条规定，依照《行政诉讼法》第三十一条第二款第二项规定，与当事人有合法劳动人事关系的职工，可以当事人工作人员的名义作为诉讼代理人。(4) 当事人所在社区、单位以及有关社会团体推荐的公民。“所在社区”主要是指当事人所在的居委会和村委会。为了维护本社区当事人的权益，当事人所在的居委会、村委会也可以推荐本社区的公民代理诉讼。“单位”是指当事人的服务处所。当事人所在单位为了保护其工作人员的合法权益，可以推荐公民为当事人代理诉讼。“社会团体”一般是指对于当事人负有保护责任的特定团体。社会团体如工会、青年团、妇联等有义务维护其成员的利益，代为诉讼是它们对其成员提供帮助的一个方面。社会团体指依法或经有关部门批准成立的，有章程、有名称、有一定数量的成员、有经费来源、有办事机构、有办公地点的非营利性组织。有关社会团体推荐公民担任诉讼代理人的，应当符合下列条件：(1) 社会团体属于依法登记设立或者依法免予登记设立的非营利性法人组织；(2) 被代理人属于该社会团体的成员，或者当事人一方住所地位于该社会团体的活动地域；(3) 代理事务属于该社会团体章程载明的业务范围；(4) 被推荐的公民是该社会团体的负责人或者与该社会团体有合法劳动人事关系的工作人员。专利代理人经中华全国专利代理人协会推荐，可以在专利行政案件中担任诉讼代理人。

委托诉讼代理须向法院提交由委托人签名或者盖章的授权委托书，委托书上应载明代理人姓名、工作单位等基本情况，载明委托事项和具体权限。当事人因特殊情形口头委托诉讼代理的，人民法院应当将委托的有关事项记录在卷。如果当事人在诉讼过程中，取消代理人的代理权或变更代理的代理权限，应当书面告知人民法院，并由法院通知其他当事人。

诉讼代理人除了提交授权委托书外，还应当按照下列规定向人民法院提交相关材料：(1) 律师应当提交律师执业证、律师事务所证明材料；(2) 基层法律服务工作者应当提交法律服务工作者执业证、基层法律服务所出具的介绍信以及当事人一方位于本辖区内的证明材料；(3) 当事人的近亲属应当提交身份证件和与委托人有近亲属关系的证明材料；(4) 当事人的工作人员应当提交身份证件和与当事人有合法劳动人事关系的证明材料；(5) 当事人所在社区、单位推荐的公民应当提交身份证件、推荐材料和当事人属于该社区、单位的证明材料；(6) 有关社会团体推荐的公民应当提交身份证件和符合前述规定条件的证明材料。

对于港澳台居民是否可以和如何接受委托的问题。《最高人民法院关于行政诉讼中台湾地区居民能否以个人名义担任诉讼代理人等有关问题的答复》(〔2004〕行他字第4号) 规定，参照《民事诉讼法》及有关司法解释的规定，台湾地区诉讼当事人可以委托台湾地区居民以公民个人名义代理诉讼，但不得以律师身份代理。对于外国人、无国籍人、外国组织在中华人民共和国进行行政诉讼的，如需要委托律师代理，应当委托中华人民共和国律师机构的律师，外国律师不得在我国法庭上以律师身份参加诉讼。对于在我国领域内没有住所的外国当事人委托我国律师或其他人代理诉讼的，其从我国领域外寄交或托交的授权委托书，应当经所在国公证机关证明，并经我国驻该国使、领馆认证，或者履行经我国与该国订立的有关条约规定的手续，才具有法律效力。

（撰写人：万颖颖）

77

公民代理的条件及审查标准有哪些？

委托他人代为起诉的，应提交授权委托书和代理人身份证明文件。授权委托书应当载明具体委托事项。委托人为自然人的，授权委托书应由本人签名或捺印。委托人为法人或其他组织的，授权委托书应加盖企业法人的公章，并由法定代表人或者主要负责人签字盖章。

公民代理必须符合的前提条件是代理人必须是当事人的近亲属或者工作人员，当事人所在社区、单位以及有关社会团体推荐的公民。

一、委托代理人是当事人的近亲属的

审查受托人的身份证明材料及与委托人有亲属关系的证明材料，即是否属于夫妻、父母、子女、兄弟姐妹、祖父母、外祖父母、孙子女、外孙子女和其他具有抚养、赡养关系的。

代理人应当提交户口簿、出生证、结婚证、收养证明、公安机关证明、居（村）委会证明、生效裁判文书等与委托人身份关系的证明。

法律依据：《行政诉讼法》第三十一条第二款、《行诉解释》第十四条。

二、委托代理人是当事人的工作人员的

审查受托人的缴纳社会保险记录凭证或者领取工资凭证或其他能够证明其为当事人工作人员身份的证据。

代理人应当提交劳动合同、工作证、社保缴费记录、工资支付记录等与当事人有合法劳动关系的证明材料；当事人为机关事业单位的，应提交单位出具的载明该工作人员的职务、工作期限的书面证明。

注意“当事人的工作人员”是指与当事人存在真实、持续劳动关系（含人事、任用关系等）的职工。与当事人不存在劳动关系的法律顾问、与当事人签订仅以特定诉讼活动为工作内容的劳动合同的人员等，不能作为“当事人的工作人员”被委托。

法律依据：《行政诉讼法》第三十一条第二款、《行诉解释》第三十二条。

三、委托代理人是当事人所在社区、单位及有关社会团体推荐的公民的

当事人住所地或者经常居住地的居（村）委会，当事人所在单位，以及依据《社会团体登记管理条例》登记设立或者依据该条例免予登记的非营利性组织，可以就与其职责或业务有关的案件推荐诉讼代理人。

1. 当事人所在社区、单位推荐的公民，审查当事人属于该社区、单位的证明及身份证明和推荐信（应载明所涉案件、当事人与推荐人的关系、被推荐人与当事人或者推荐人的关系、推荐理由等内容）。

2. 有关社会团体推荐的公民，审查的条件：推荐信；社会团体依法登记设立或依法免予登记设立的证明、被代理人属于该社会团体或当事人一方住所地位于该社会团体的活动地域的证明、代理事务属于该社会团体章程载明的业务范围；被推荐的人是该社会团体的负责人或者与该社会团体有合法劳动人事关系的证明。

法律依据：《行政诉讼法》第三十一条第二款、《行诉解释》第三十三条。

（撰写人：万颖颖）

78

行政诉讼的收费标准如何适用？

行政诉讼费用是指当事人在行政诉讼中，依照法律规定应当向人民法院交纳一定金额的费用。根据《诉讼费用交纳办法》第六条的规定，行政诉讼中的诉讼费用种类主要包括以下三种：第一，案件受理费。主要包括第一审案件受理费、第二审案件受理费、特定情形下的再审案件受理费。但是对于三类行政案件不交纳案件受理费：（1）裁定不予受理、驳回起诉、驳回上诉的案件；（2）对不予受理、驳回起诉和管辖权异议裁定不服，提起上诉的案件；（3）行政赔偿案件。第二，申请费。申请费是指当事人申请适用行政诉讼特殊程序而向人民法院交纳的费用。主要包括：（1）申请执行人民法院发生法律效力的判决和裁定；（2）申请保全措施；（3）申请执行行政机关的行政行为。第三，证人、鉴定人、翻译人员、理算人员在人民法院指定日期出庭发生的交通费、住宿费、生活费和误工补贴。根据《最高人民法院关于行政诉讼证据若干问题的规定》（以下简称《行政诉讼证据规定》）第七十五条规定，证人、鉴定人因出庭作证或者接受询问而支出的合理费用，由提供证人、鉴定人的一方当事人先行支付，由败诉一方当事人承担。

影响行政诉讼费用的主要因素是行政诉讼的诉讼标的是否涉及财产。当行政诉讼涉及财产，尤其是财产数额较大时，应当参照民事诉讼的诉讼费用标准。但是行政诉讼费用收取标准较民事诉讼费用收取标准更有特色。行政诉讼的目的主要在于纠正和监督行政机关行政行为的合法性，法院解决行政争议的目的主要是监督行政机关依法行政，而非解决行政争议，行政诉讼的费用主要采取免费或者收取微不足道的费用。我国的行政诉讼收取费用标准主要包括以下几个方面：一是案件受理费的收费标准：依据《诉讼费用交纳办法》第十三条第五项规定，商标、专利、海事行政案件每件交纳100元；其他行政案件每件交纳50元。第六项规定，当事人提出案件管辖权异议，异议不成立的，每件交纳50元至100元。二是申请费的收费标准：（1）申请执行人民法院发生法律效力的判决和裁定，应当交纳相应的申请费。如果不涉及执行金额的，可以按件交纳申请费，申请费数额不宜超过案件受理费用；如果涉及执行金额且金额巨大的，可以依照《诉讼费用交纳办法》中关于“财产案件的受理标准”适当增加申请费用；申请执行行政赔偿调解书的，不应当收取申请费。（2）申请保全措施，根据实际保全财产数额按照规定标准交纳，同时该项申请费用最多不应超过5000元。（3）申请执行行政机关的行政行为，行政机关申请执行其行政行为在《诉讼费用交纳办法》中没有规定，法院不宜向行政机关收取非诉执行案件的申请费。三是证人、鉴定人、翻译人员、理算人员在人民法院指定日期出庭发生的交通费、住宿费、生活费和误工补贴：上述人员的交通费、住宿费、生活费一般不超过国家工作人员相应的补贴标准，误工补贴按照当地同业人员的平均工资来决定。四是减半收取案件受理费：（1）调解方式结案的案件；（2）当事人申请撤诉的案件。

以上为行政诉讼的收费标准的具体阐述，在司法实践中如果有当事人由于经济困难而无法交纳诉讼费用，那么可以借助于司法救助制度维护自身合法权益。符合司法救助条件的当事人可以向人民法院申请，由人民法院决定免交、减交或者缓交诉讼费用。行政诉讼费用免减缓必须具备三个条件：交纳行政诉讼费用确有困难或者依照法律规定应当免交、减交、缓交的；当事人向人民法院提出书面申请；须经人民法院审查批准。

（1）免交的情形包括：残疾人无固定生活来源的；追索赡养费、扶养费、抚育费、抚恤金的；最低生活保障对象、农村特困定期救济对象、农村五保供养对象或者领取失业保险金人员，无其他收入的；因见义勇为或者为保护社会公共利益致使自身合法权益受到损害，本人或者其近亲属请求赔偿或者补偿的；确实需要免交的其他情形。

（2）减交的情形包括：因自然灾害等不可抗力造成生活困难，正在接受社会救济，或者家庭生产经营难以为继的；属于国家规定的优抚、安置对象的；社会福利机构和救助管理站；确实需要减交的其他情形。人民法院准予减交诉讼费用的，减交比例不得低于 30%。

（3）缓交的情形包括：涉及追索社会保险金、经济补偿金的行政案件；涉及海上事故、交通事故、医疗事故、工伤事故、产品质量事故或者其他人身伤害事故的受害人请求赔偿的行政案件；正在接受有关部门法律援助的；确实需要缓交的其他情形。[①]

当事人申请司法救助，应当在起诉或者上诉时提交书面申请、足以证明其确有经济困难的证明材料以及其他相关证明材料。因生活困难或者追索基本生活费用申请免交、减交诉讼费用的，还应当提供本人及其家庭经济状况符合当地民政、劳动保障等部门规定的公民经济困难标准的证明。人民法院对当事人的司法救助申请不予批准的，应当向当事人书面说明理由。当事人申请缓交诉讼费用经审查符合规定的，人民法院应当在决定立案之前作出准予缓交的决定。人民法院对一方当事人提供司法救助，对方当事人败诉的，诉讼费用由对方当事人负担；对方当事人胜诉的，可以视申请司法救助的当事人的经济状况决定其减交、免交诉讼费用。

根据 2018 年 2 月 8 日起施行的《行诉解释》第六十一条规定，原告或者上诉人未按规定的期限预交案件受理费，又提不出缓交、减交、免交申请，或者提出申请未获批准的，按自动撤诉处理。在按撤诉处理后，原告或者上诉人在法定期限内再次起诉或者上诉，并依法解决诉讼费预交问题的，人民法院应予立案。

（撰写人：张伟）

---

① 参见《诉讼费用交纳办法》第四十五条、第四十六条、第四十七条。

79

人民法院行政诉讼文书送达的方式和效力有哪些?

诉讼文书必须经由人民法院送交案件相关人员才能产生特定的法律效力，因此完善的送达制度是诉讼活动能够有效进行和产生诉讼法上法律后果的重要保障，是行政诉讼法的一项重要制度。送达制度中通常包括送达人、受送达人、送达方式、送达内容、送达日期和送达回证等。送达人是指受人民法院指派送达诉讼文书的人；受送达人是指接受人民法院诉讼文书，且诉讼文书对其具有法律约束力的人；送达方式是指依照法律规定送交受送达人的方法和程序；送达内容是指送达人所要送达的诉讼文书或者其他法律文书；送达日期是指受送达人在送达回证签收的日期或者视为签收的日期；送达回证是指证明受送达人收到诉讼文书的凭证。

在上述几个方面中，送达方式较为复杂，在民事诉讼法和行政诉讼法及其司法解释中都有规定，主要包括：

1. 直接送达。直接送达是首选的送达方式，如果有条件直接送达的，不宜采取其他送达方式。在实践中，送达地址确认规则十分必要。根据《行诉解释》第五十一条第一款规定，人民法院可以要求当事人签署送达地址确认书，当事人确认的送达地址为人民法院法律文书的送达地址。第三款规定，当事人送达地址发生变更的，应当及时书面告知受理案件的人民法院；未及时告知的，人民法院按原地址送达，视为依法送达。对于原告的送达地址确认书可以在法院受理案件时即让其签署，该地址不必与户口簿或者身份证等证件上一致，也无须是当事人的住所地。被告作为行政机关具有常设性和法定性，其地址法院能够掌握，无须原告进行提供。

在直接送达中，受送达人的范围包括：受送达人是公民的，本人不在时交予其同住成年家属签收；受送达人是法人或者其他组织的，应当由法人的法定代表人，其他组织的主要负责人或者该法人或者组织负责收件的人员签收；受送达人有诉讼代理人的，可以送交其代理人签收；受送达人已向人民法院指定代收人的，送交代收人签收。在送达地点上不局限于当事人的住所。《行诉解释》第五十二条规定，人民法院可以在当事人住所地以外向当事人直接送达诉讼文书。当事人拒绝签署送达回证的，采用拍照、录像等方式记录送达过程即视为送达。审判人员、书记员应当在送达回证上注明送达情况并签名。

当送达人运用直接送达方式时，在受送达人收到诉讼文书时即产生相应的诉讼法上法律后果，产生法律效力。

2. 留置送达。当受送达人或者其同住的成年亲属拒绝接受诉讼文书时，送达人依法将诉讼文书留在受送达人的住处即视为送达。留置送达是一种拟制送达，具有与直接送达同等的法律效力。

采取留置送达的方式，必须以应当接受诉讼文书人无法律上正当理由而拒绝对其送达文书为前提。在受送达人或者他的同住成年家属拒绝接受诉讼文书的情况下，送达人应当邀请有关基层组织或者所在单位的代表到场，并说明情况，在送达回证上记明拒收事由和日期，由送达人、见证人签名或者盖章，把送达文书留在受送达人的住所，即视为送达。值得注意的是，留置送达的地点仅限于受送达人的住所；行政诉讼赔偿调解书不适用留置送达，因为调解必须基于双方自愿，行政赔偿调解书送达代收人之前，当事人有权后悔，当事人拒绝签收行政赔偿调解书意味着该调解书并非出于当事人自愿或者已经反悔，此时调解书不发生法律效力。

3. 邮寄送达。《行诉解释》第五十一条第四款规定，人民法院可以通过国家邮政机构以法院专递方式进行送达。随着立案登记制的确立，行政案件数量日渐增多，通过邮政系统送达诉讼文书更为简捷，效率更高，但应更加注意程序上的严密性以确保当事人的诉讼利益不受损害。

第一，应当由当事人填写送达地址确认书，当事人拒绝提供的，人民法院应当告知其拒不提供送达地址的不利后果，并记入笔录。第二，邮寄送达的确认，受送达人及其代理人、指定代收人、同住成年家属以及法人的法定代表人、主要负责人、收发室和办公室工作人员签收，即为送达。如果上述人员拒绝签收，导致诉讼文书未能被受送达人实际接受的，文书退回之日视为送达之日。第三，以法院专递方式邮寄送达行政诉讼文书的，其送达与人民法院送达具有同等法律效力。

4. 委托送达。在直接送达有困难的情况下，可以采取委托有关人民法院代为送达诉讼文书的方式。但是司法实践中，经常出现受送达法院不送达、拖延送达、没有反馈等情况，应当借鉴委托执行制度，明确规定受委托法院应当在特定期限内完成送达。

5. 转交送达。受送达人是军人的，应通过其所在部队团级以上单位的政治机关转交；受送达人是被监禁人的，应通过其所在监所或者劳动改造单位转交；受送达人是被采取强制性教育措施人的，应通过其所在强制性教育机构转交。但是在司法实践中存在扩大转交送达范围的情况：由当地村委会或者村民小组转交诉讼文书、受送达人的单位领导转交的情况均于法无据。

6. 公告送达。人民法院以公告的方式将应当送达的文书公之于众，经过特定期限之后视为送达的方式。公告送达的前提条件是受送达人下落不明或者具有外交豁免权以及未签订相关送达协议无法送出的情形。公告送达时应将诉讼文书的相应内容进行公告，必须保障受送达人能够知晓并完全理解文书的内容或者查阅文书的途径。我国公告送达的期限为 60 日，从公告之日起计算，并且应当在案卷中记明原因和经过。

7. 电子送达。《行诉解释》第五十一条第二款规定，当事人同意电子送达的，应当提供并确定传真号、电子信箱等电子送达地址。电子送达作为新兴送达方式虽然具有快捷简便的优势，但是在司法实践中适用仍旧非常有限，原因主要在于电子数据传输的安全性、稳定性问题和送达反馈的不确定性。因此判决书、裁定书、调解书不能适用电子送达，其他诉讼文书在当事人同意的前提下，可以适用电子送达。笔者认为可以建立一个可靠权威的电子送达平台，只要经过当事人同意，就可以在平台上进行电子送达，如果送达出现问题，可以通过平台进行查验。

（撰写人：张伟）

80

被告答辩状撰写有哪些基本要求以及在诉讼材料的准备工作中要注意什么?

行政答辩状是行政诉讼被告根据原告起诉状的内容，对其诉讼请求作出肯定或者否定的答复，并依据事实和理由进行辩驳的诉讼文书。答辩是行政诉讼法赋予行政诉讼被告享有的权利，而不是义务。《行政诉讼法》第六十七条第二款规定，被告不提出答辩状的，不影响人民法院审理。但是被告提出答辩状是对其作出被诉行政行为合法性、合理性的论证和辩解，让法院更加全面和直接了解案件的情况，因此被告应当重视答辩工作的完成和完善。

1. 严格按照答辩状的格式进行书写。行政答辩状的结构形式包括标题、首部、正文、尾部。标题写明行政答辩状；首部要写明答辩人的基本情况（行政机关全称、所在地、代表人姓名、职务等）以及案件案号，说明是针对哪个案件进行的答辩；正文是答辩状的核心部分，主要进行事实和理由的阐述；尾部要注明附项和落款。

2. 围绕原告提出的诉讼请求和证据进行辩驳，论证涉诉行政行为的合法性。被告的答辩状应当明确答辩的事实理由和主要证据，符合法律规定的形式要求。内容尽量翔实明确，紧紧围绕原告提出的诉讼请求及其所依据的事实理由，抓住关键性和实质性的问题进行应答，重点是对矛盾双方的争议焦点进行答辩。被告的答辩行为对今后的辩论有约束力，除非出现法定事由，否则被告不能推翻答辩状的内容。

3. 答辩状要针对争议事实、适用法律、程序三方面进行重点阐述。就争议事实而言，应具体阐述原告所诉行政行为的时间、地点、实施机关、过程、结果等要素，并适当阐述事实背景；紧扣原告的起诉状和证据材料所描述的事实，进行有的放矢的辩驳，既有中心又有层次；提供论证的证据材料，证据要充分、全面、准确，答辩要有客观证据的支撑，做到据实而论、言必有据，切忌随意掩饰事实。就适用法律而言，应当具体指明被诉行政行为所依据的法律法规，并说明原告在适用法律时的不当，不能与其所表述的事实情节相吻合。就程序而言，应当如实说明行政机关在实施行政行为时是如何按照法律规定的程序进行的。

被告在撰写答辩状之前应当全面进行调查取证的工作，《行政诉讼法》规定行政诉讼的被告负有举证的责任，因此被告在接到起诉状及证据材料后15日内要积极收集证据和材料，对于被告的举证责任需要注意以下几个问题：

1.《行政诉讼法》赋予被告的举证责任是一个特别规定和法律规则，并不是基本原则。被告举证责任的对象只包括作为类的行政行为，并不包括不作为类的行政行为；只包括证明行政行为的合法性，合理性问题适用一般举证规则；针对法律行为，对于事实行为适用一般举证责任。被告收集的证据材料只能是在作出被诉行政行为之前就存在并已经收集的证据材料。

2. 明确行政诉讼被告负举证责任的范围。作为类行政行为合法性的证据、依职权不作为行为合法性的证据以及其他需要证明主张的证据属于被告的举证范围。被告有义务证明行政行为的合法性，其中行政行为包括法律行为和事实行为，因此被告在对行政行为举证时应当包括两个方面：法律行为的合法性和事实行为的合法性。

被告的举证责任仅针对被诉行为的合法性，不包括合理性。合法性和合理性是行政机关作出行政行为的两个标准。对于合理性问题，只有行政机关在裁量过程中出现重大事实误认、重大程序瑕疵、超越或者滥用裁量权限的情况下，原告对于行政机关的合理性产生了极度的怀疑且有证据证明可能存在相关情形时，《行政诉讼法》把这种极度不合理的情形如“明显不当”作为合法要件来规定的，被告承担举证责任。

3. 被告应当提供据以作出行政行为的全部证据，不得隐藏或者掩饰证据。行政机关应当提供全部证据而不是主要证据；全部证据限于被告据以作出行政行为时的证据即进入行政案卷的证据，没有进入行政案卷的证据，无论是否与行政行为合法性有关，都不能向法院提供。被告需要提交的全部证据主要有以下几种：（1）有关被告具备行政主体资格的证据材料，特别是行政机构、法律法规授权组织、受委托行政机关，被告必须提供证据予以证明。（2）有关遵守法定程序的证据材料，遵守法定程序是合法性内容的重要组成部分，行政机关应当提供作出行政行为和方式、步骤、时限等方面的证据。（3）有关认定事实方面的证据材料，行政机关认定的事实以及认定过程，都应当提供证据。（4）其他对原告的主张提出反证的证据材料，如果原告对被告行政行为的违法性提出证据，被告有义务提出反证。

4. 被告对特定情形下不作为行为的合法性承担举证责任。《行政诉讼证据规定》规定，在起诉被告不作为的案件中，原告应当提供其在行政程序中曾经提出申请的证据材料。但是有两个例外，一是被告应当依职权主动履行法定职责，二是原告因正当理由不能提供证据。依职权情形下，被告应当提供证明其不作为并不违反相关法律法规的证明材料。无论是依申请还是依职权的不作为，被告都应当提供证明其不作为合法性的依据和证据材料。合法性审查原则不仅适用作为行为，同时也适用不作为行为。

（撰写人：张伟）

81

《行政诉讼法》对行政机关负责人出庭应诉有哪些基本要求？

2014 年修改后的《行政诉讼法》对行政诉讼中的重大问题作了大量针对性的、创制性的规定。第三条第三款规定：“被诉行政机关负责人应当出庭应诉。不能出庭的，应当委托行政机关相应的工作人员出庭。”这一规定正式确立了行政机关负责人出庭应诉制度，这一制度是行政诉讼的特有制度，目的在于促进行政纠纷的实质化解，及时发现行政执法中的问题，提高行政机关依法行政水平和法治意识。2018 年 2 月 8 日开始施行的《行诉解释》中也对行政机关负责人出庭应诉的相关情形作出了具体规定。通过梳理法律和司法解释的规定，自 2018 年 2 月 8 日起，行政诉讼中行政机关出庭应诉应把握以下几点：

1. 正确对待行政机关负责人出庭应诉工作。《行政诉讼法》第三条第三款规定“被诉行政机关负责人应当出庭应诉。不能出庭的，应当委托行政机关相应的工作人员出庭”，确立了行政机关负责人出庭应诉制度，这体现了法律对于行政机关应诉的要求，也体现了行政纠纷实质化解的立法宗旨。根据该规定，被诉行政机关负责人出庭应诉是一个基本原则。但考虑到绝对地要求每个行政案件均由负责人出庭有现实上的困难，立法作出了“不能出庭的，应当委托行政机关相应的工作人员出庭”的规定。从司法实践来看，行政机关负责人出庭应诉制度，能够促使行政机关负责人客观、全面地了解本单位的执法现状和存在的问题，推进行政机关改进行政执法方式，提高行政执法水平，促进依法行政，从源头上减少行政争议。行政机关负责人出庭应诉，既是履行行政诉讼法要求的“民告官，能见官”义务，也是践行为人民服务和为群众排忧解难的职责。

2. 准确确定行政机关负责人范围。行政机关负责人出庭应诉并非要求行政机关的“一把手”都要出庭应诉，这既不必要，也不现实。《行诉解释》第一百二十八条第一款规定“……行政机关负责人，包括行政机关的正职、副职负责人以及其他参与分管的负责人”。也就是说，行政机关负责人并非必须是行政机关的法定代表人，还包括副职负责人及其他分管负责人。特别是分管特定业务的负责人对案件可能更为熟悉。这一规定在原有基础上适度扩大了行政机关负责人的范围，符合行政机关的工作实际，便于将负责人出庭应诉制度落到实处。

3. 行政机关负责人应当出庭的情形。《行诉解释》第一百二十九条第一款规定“涉及重大公共利益、社会高度关注或者可能引发群体性事件等案件以及人民法院书面建议行政机关负责人出庭的案件，被诉行政机关负责人应当出庭”。该规定明确了行政机关负责人应当出庭的情形。法律规定行政机关负责人“应当”出庭应诉，说明出庭应诉是行政机关负责人的法定义务。对于应当出庭而不出庭的，要承担相应的法律责任。一般认为，对于涉及本地区人民群众生产、生活和社会稳定的群体性案件、社会影响重大复杂的案件、年内反复发生的同类案件、涉案标的巨大的案件，行政机关负责人应当亲自出庭应诉，不宜委托工作人员出庭应诉。

4. 复议机关作共同被告的，复议机关负责人也应当出庭应诉。《行政诉讼法》第二十六条第二款规定，经复议的案件，复议机关决定维持原行政行为的，作出原行政行为的行政机关和复议机关是共同被告。复议机关作共同被告的，其也属于被告、被诉行政机关，《行政诉讼法》对此没有作出排除规定，因此，复议机关负责人应当依法出庭应诉。当然，如果原行政行为机关负责人和复议机关负责人是同一个人的，可以由同一个人代表两个行政机关出庭应诉。

5. 行政机关负责人应当出庭，但不出庭的，应当提交有正当理由不能出庭的情况说明，且应当委托行政机关相应的工作人员出庭，不得仅委托律师出庭。情况说明应加盖行政机关印章或者由该机关主要负责人签字认可。行政机关拒绝说明理由的，人民法院可以向监察机关、上一级行政机关提出司法建议，但并不发生阻止案件审理的效果。如果行政机关仅委托律师出庭，人民法院应当记录在案和在裁判文书中载明，并可以建议有关机关依法作出处理。

6. 自觉遵守和维护法庭纪律。行政机关负责人出庭应诉时的身份是当事人，是被告，是被诉行政机关，与原告在诉讼程序中法律地位完全平等。因此，行政机关负责人出庭应诉时，应当自觉遵守法庭纪律，规范应诉行为，维护法庭秩序。行政机关负责人不能倚仗自己的级别和身份，出现不尊重法庭和法官的言行。行政机关负责人代表被告，应当服从法庭指挥，未经法庭准许，不得随意发问。行政机关负责人回答问题应当有理有利有节，不能在法庭上以“管理者”自居，引发相对人对行政机关负责人出庭应诉意图的质疑。

7. 敢于辩论、敢于化解矛盾。目前在一些行政案件中，有的行政机关负责人因对案情不熟，或者担心说错话、表错态而承担责任，庭审过程中不敢发言，不敢与对方当事人辩论沟通，直接影响了行政机关负责人出庭应诉的效果。行政机关负责人出庭应诉代表着国家行政管理机关，必须敢于“发声”，善于“发声”，对于行政机关依法行使职权要理直气壮地予以维护；行政机关负责人出庭应诉是作为被诉行政机关的代表，也应善于化解矛盾，对于行政裁量权范围内的事项，既要注意维护国家利益和行政管理秩序，也要注意化解矛盾。对属于自由裁量权范围内的事项，要敢于表态；对法律明确规定不属于自由裁量权范围内的事项，要谨慎表态，慎重处理。

8. 自觉配合人民法院的审理、调解和裁判。人民法院审理行政案件，行政机关负责人出庭应诉，根本目的在于化解行政纠纷。因此，行政机关负责人应做遵守法律的表率，自觉配合人民法院的审理和调解工作。对人民法院认定的事实和适用的法律法规，应当自觉予以尊重；对人民法院提出的调解方案，应当依法、认真予以回应。要自觉履行人民法院发生法律效力的法律文书，对人民法院判决、裁定和调解书确定的履行义务，应当依法及时履行，并引以为鉴；对人民法院因行政机关既无行政机关负责人出庭应诉，又无工作人员出庭应诉的“零出庭”现象而作出的司法建议，行政机关必须认真对待，按时回复处理意见；对人民法院就行政机关负责人出庭应诉情况作出的公告，行政机关应当正确看待，正确理解其推进依法行政的积极意义。

（撰写人：苏美夏）

82

2014年修改后的《行政诉讼法》实施以来，行政机关负责人出庭应诉制度的状况如何？

2014年修改后的《行政诉讼法》在总则部分规定了“行政机关负责人出庭应诉制度”，可谓是开世界行政诉讼领域的先河。该制度实施以来，全国法院在办理应诉通知手续、裁判文书的相关表述、负责人不出庭的法律责任等方面处理方式不一；被诉行政机关在从事诉讼活动、说明不能出庭的情况、委派相关工作人员等方面也情况各异。

一、行政机关负责人出庭率统计

根据最高人民法院网站已公布的2016年各省高院的人民法院工作报告，一些高级法院明确公布了本辖区行政机关负责人的出庭应诉率。未明确公布行政机关负责人出庭应诉率的高级法院，则采用了罗列直观统计数据的形式：如北京市高院“推进行政机关负责人出庭应诉工作，全市16个区都有政府负责人到市第四中级法院出庭应诉”①。河北省高院“积极推动行政机关负责人出庭应诉，全年出庭2024人，行政负责人出庭应诉渐成常态。②”江西省高院“推进行政机关负责人出庭应诉工作，行政机关负责人出庭应诉857件，促进法治政府建设”③。山东省高院“推动落实行政机关负责人出庭应诉制度，行政机关负责人出庭应诉2344（次），同比上升43%，应诉人次和增幅均位居全国法院前列”④。上海市高院“推进行政机关负责人出庭应诉，全年行政机关负责人出庭应诉1097人次，同比上升44.5%”⑤。

---

① 杨万明：《北京市高级人民法院工作报告》，载《北京日报》2017年2月7日。

② 卫彦明：《河北省高级人民法院工作报告》，载河北新闻网，http：//hebei. hebnews. cn/2017－02/01/content_ 6272343. htm? open_ source = weibo_ search，于2017年4月30日访问。

③ 葛晓燕：《江西省高级人民法院工作报告》，载中国江西网，http：//www. jxnews. com. cn/jxrb/system/2017/02/14/015759171. shtml，于2017年4月30日访问。

④ 白泉民：《山东省高级人民法院工作报告》，载山东法院网，http：//sdfy. chinacourt. org/article/detail/2017/03/id/2559523. shtml，于2017年4月30日访问。

⑤ 崔亚东：《上海市高级人民法院工作报告》，载《解放日报》2017年1月24日。

四川省高院“行政机关负责人出庭应诉率同比上升15.3个百分点”[①]。除上述省市高级人民法院之外，还有山西省高院、黑龙江省高院、浙江省高院等，虽然并未以数据的形式直接说明，但在2016年度人民法院工作报告中“行政审判工作”一节强调了继续做好推动行政机关负责人出庭应诉的相关工作。[②]

二、人民法院通知被诉行政机关委派负责人应诉的形式

确定了开庭时间后，受理案件的人民法院会制作《行政机关负责人出庭应诉通知书》与传票一同及时发送给被诉行政机关，通知其委派负责人到庭参加诉讼的相关事宜。

《行政机关负责人出庭应诉通知书》的标准制式载于最高人民法院于2015年4月30日颁布的《行政诉讼文书样式（试行）》一书中，明确规定其是法律文书的一种，行政机关不能委派负责人出庭应诉时，往往会当庭提交相关的情况说明原因。

三、出庭应诉的情形

在2014年《行政诉讼法》起草过程中有意见认为，考虑到国务院曾经要求行政机关负责人面对重大案件时主动出庭应诉[③]，因此有必要在《行政诉讼法》中对于行政机关负责人必须出庭应诉的情形加以明确，如“涉群体利益案件、重大敏感、社会关注度广泛的案件”等。然而现行法律框架下并没有明确规定哪些案件类型属于上述规定中“重大案件”的情形，作此规定实属多此一举，反而削弱了制度的强度。

对于这一问题，《行诉解释》给出了具体规定，其第一百二十九条第一款规定，“涉及重大公共利益、社会高度关注或者可能引发群体性事件等案件以及人民法院书面建议行政机关负责人出庭的案件，被诉行政机关负责人应当出庭”。也就是说，涉及重大公共利益、社会高度关注、可能引发群体性事件的案件或者人民法院认为有必要的案件，行政机关应当委派负责人出庭应诉。这样一来，就将具体案件中决定行政机关是否应当委派负责人参加庭审的权力交给了审理该案的人民法院。此外，《行诉解释》第一百二十九条第四款还规定了行政机关不履行负责人出庭义务时的法律后果，“行政机关拒绝说明理由的，不发生阻止案件审理的效果，人民法院可以向监察机关、上一级行政机关提出司法建议”。即从司法手段上采取文书中

---

① 王海萍：《四川省高级人民法院工作报告》，载《四川日报》2017年2月5日。

② 最高人民法院网站已公布的各省人民法院工作报告可查询到的有：甘肃、贵州、江苏、青海、云南、北京、河北、江西、山东、上海、四川、山西、黑龙江、浙江。

③ 参见《国务院关于加强法治政府建设的意见》第八部分第二十五条：“……对重大行政诉讼案件，行政机关负责人要主动出庭应诉……”。

写明、发送司法建议等形式，从行政手段上采取建议任免机关、监察机关或者上一级行政机关对相关人员进行追责的形式，这也从一定程度上以强制力的形式为该制度提供了保障。

四、制度实施中的主要问题

2014 年修改后的《行政诉讼法》的实施，激发了行政机关负责人出庭应诉的主动性与积极性，行政机关出庭应诉的案件数量与占比也不断攀升，在司法实践中密切了政府和群众的关系、实质性化解了行政纠纷、提高了行政机关依法行政的意识。但同时也应当看到，这一制度在实际运行中还存在着诸多问题，并没有达到制度设立初期预想的效果，在进一步创新制度机制、推进和加强制度效果上仍然有很大的空间。

一是行政机关负责人整体出庭率仍然较低，总体比例不高。2014 年修改后的《行政诉讼法》实施以来，负责人出庭应诉的案件数的总量不断攀升固然是事实，但是考虑到立案登记制改革后行政案件大幅增加这一基础因素，行政机关负责人出庭应诉的总体比例仍然偏低。

二是推广效果不均衡，区域发展差异大。从人民法院工作报告统计数据看，不同地区在落实行政机关负责人出庭应诉义务上存在很大差异。以 2016 年江苏省和贵州省的行政机关负责人出庭应诉率为例，前者高达 83.14%，而后者仅为 33%。从总体上看，统计数据呈现出东部远高于西部的特点，差异相当大。

其中的原因并不能简单归结为案件数量的多少，根据司法机关的工作实际，东部沿海地区的行政案件数量远远多于西部内陆地区，然而在这样的实际条件下，东部沿海地区的行政机关负责人出庭应诉率还能远远高于西部内陆地区，尤其是浙江省甚至出现了负责人出庭应诉率 100% 的“海安样本”，这不得不引发我们的深思。

三是出庭应诉负责人的行政职级与出庭率成反比。在实践经验中，随着被诉行政机关级别升高，该机关的负责人出庭应诉案件数总量减少，出庭应诉率也随之降低，二者成反比例关系，这也是行政机关负责人出庭应诉制度随着实践的不断深入而暴露出来的新问题。以工信部的行政案件数量统计为例，近几年行政诉讼案件数量为 2013 年 1 件，2014 年 10 件，2015 年 65 件，2016 年 247 件。可以看到，2016 年是 2013 年的 247 倍，但并没有负责人出庭应诉的案件记载。再如省级政府层面，除贵州省副省长在一起行政案件中出庭应诉外，也未查询到其他包含省级政府负责人出庭应诉相关情况的裁判文书和新闻报道。除制度实施的方面外，部分行政机关在考核负责人出庭应诉制度的实施情况时，也往往注重对下级机关的约束，反而对本机关的约束强度不足。

四是出庭应诉率过低引发了新问题。从实际情况看，行政机关负责人出庭率较低，原告方往往不仅会表达出对行政机关的不满，也会表达出对法院的不满，笔者在工作中常遇到原告当庭提出要求被诉行政机关负责人出庭，经合议庭释明未果后，提出合议庭回避的情况。这严重影响庭审的效率和效果，增加实质化解争议的难度，削弱政府和法院的威信。

（撰写人：苏美夏）

83

对行政机关委托代理人应诉有哪些基本要求？

《行政诉讼法》第三条第三款规定，“被诉行政机关负责人应当出庭应诉。不能出庭的，应当委托行政机关相应的工作人员出庭”。“应当委托”强调了当被诉行政机关不能履行委派负责人出庭应诉义务之时，不能仅由委托的律师作为代理人出庭进行诉讼活动，必须另行派遣行政机关相应的工作人员出庭应诉。受委托的“相应的工作人员”在这里扮演着一个“替补”的角色，明确“替补”的相关法律问题，也有利于更好地规范行政机关的应诉行为。

《行诉解释》的第八部分对“行政机关相应的工作人员”出庭应诉的情形作出较为具体明确的规定。其中，第一百二十八条第二款规定，“……行政机关负责人不能出庭的，应当委托行政机关相应的工作人员出庭，不得仅委托律师出庭”。

《行诉解释》第一百三十条对受委托的工作人员的范围作出进一步明确。第一款规定，“行政诉讼法第三条第三款规定的‘行政机关相应的工作人员’，包括该行政机关具有国家行政编制身份的工作人员以及其他依法履行公职的人员”。第二款规定，“被诉行政行为是地方人民政府作出的，地方人民政府法制工作机构的工作人员，以及被诉行政行为具体承办机关工作人员，可以视为被诉人民政府相应的工作人员”。在出庭应诉工作人员的选择上，应注意工作人员应当是被诉行政行为的直接负责人或者经办人，因为其是对被诉行政行为最为了解的人员，有利于案件事实的查清。在某些情况下，也可以委托其他行政机关的工作人员出庭。如当事人不服经上级机关批准的具体行政行为，向人民法院提起诉讼的，以在对外发生法律效力的文书上署名的机关为被告。实践中，有的行政行为由下级行政机关具体实施，但可能以上级行政机关的名义作出，如土地行政登记案件，国有土地使用权证的发放机关为县政府，具体经办机关一般为国土资源局。这时允许委托国土资源局的工作人员出庭，也是出于有利于查清案件事实的考虑。当然，不能委托与被诉行政行为无关的行政机关工作人员出庭。

根据《行政诉讼法》及其司法解释的规定，行政机关相应工作人员出庭应诉的情形也是要受到限制的。一般来讲，只有不是必须要由行政机关负责人出庭应诉的案件时，才有可能委托行政机关相应的工作人员出庭应诉。《行诉解释》第一百二十九条第一款规定，“涉及重大公共利益、社会高度关注或者可能引发群体性事件等案件以及人民法院书面建议行政机关负责人出庭的案件，被诉行政机关负责人应当出庭。”也就是说，在庭审涉及重大公共利益、社会高度关注、可能引发群体性事件等案件，或者人民法院认为必要时，一般应由行政机关负责人亲自出庭应诉，在其他案情较为简单、社会影响力较小的案件庭审时，或案件进行程序性审查时，行政机关负责人可以委托相关的工作人员代为出庭应诉。

一旦确定由行政机关相应的工作人员出庭应诉，其出庭程序就要受法律的规制。《行诉解释》第一百三十一条第二款规定，“行政机关委托相应的工作人员出庭应诉的，应当向人民法院提交加盖行政机关印章的授权委托书，并载明工作人员的姓名、职务和代理权限”。也就是说，当行政机关负责人有正当理由不能出庭应诉时，应当提交的应诉材料有：（1）加盖行政机关印章或者由该机关主要负责人签字认可的、说明不能出庭具有正当理由的书面情况说明；（2）委托相应工作人员出庭的，应提交载明工作人员姓名、职务和代理权限并加盖行政机关印章的授权委托书；（3）同时委托律师出庭的，还应提交载明该律师姓名、所在律师事务所和代理权限并加盖行政机关印章的授权委托书，律师还应提交律师事务所接受委托的公函。

如若行政机关负责人及相应的工作人员均不按照法院的要求出庭应诉，《行诉解释》第一百三十二条对这一情形规定了否定式的后果，“行政机关负责人和行政机关相应的工作人员均不出庭，仅委托律师出庭的或者人民法院书面建议行政机关负责人出庭应诉，行政机关负责人不出庭应诉的，人民法院应当记录在案和在裁判文书中载明，并可以建议有关机关依法作出处理”。这就说明，行政机关负责人出庭与否、是否委托相应的工作人员代为出庭，并不影响案件的审理进程及裁判结果。由于行政机关内部有完善的责任归咎机制，且对出庭应诉的相关表现效果进行考核也属于行政权在行政系统内部运行的结果，人民法院不宜作出法律上的评价，而是应当以司法建议等形式，向被诉机关的上级机关或监察机关进行建议，以行政机关内部机制对其进行追责，保持行政诉讼中司法权的谦抑性。

（撰写人：苏美夏）

第六章 行政诉讼证据

84

行政诉讼举证责任的分配与负担的一般规则是什么?

所谓举证责任是指在事实真伪不明的情况下采取的一种诉讼技术,[①] 是当事人根据法律规定对特定的事实提供相关的证据加以证明的责任。[②] 如果负有举证责任的当事人提不出证据,或者提出的证据不具有可采性,抑或该当事人提出的证据与对方当事人提出的证据相比,不具有优势,该当事人就将处于可能导致不利法律后果的境地。[③]

对于行政诉讼举证责任的分配与负担,《行政诉讼法》有明确的规定。《行政诉讼法》第三十四条规定:“被告对作出的行政行为负有举证责任,应当提供作出该行政行为的证据和所依据的规范性文件。被告不提供或者无正当理由逾期提供证据,视为没有相应证据。但是,被诉行政行为涉及第三人合法权益,第三人提供证据的除外。”由此可以看出,行政诉讼举证责任的分配区别于民事诉讼和刑事诉讼,具有其独特性。这是因为考虑到行政诉讼中原告、被告双方地位差异、举证能力不同,为平衡诉讼中的原告和被告,贯彻公平原则,对行政机关提出更高的要求,基本原则是被告对作出的行政行为承担举证责任。具体来说:

1. 被告应当对其作出的行政行为的合法性承担举证责任。(1)这种举证责任是一种法定义务,具有排他性,法院没有裁量权,原告可以提供证明行政行为违法的证据,原告提供的证据不成立的,不免除被告的举证责任。(2)这种举证责任要求被告应当提供据以作出行政行为的全部证据,但同时举证范围仅包括被诉行为的

---

① 梁凤云:《新行政诉讼法逐条注释》,中国法制出版社 2017 年版,第 218 页。

② 信春鹰主编:《中华人民共和国行政诉讼法释义》,法律出版社 2014 年版,第 90 页。

③ 江必新、梁凤云:《行政诉讼法理论与实务》(第三版),法律出版社 2016 年版,第 746 页。

合法性，不包括合理性。对于涉及行政行为合法性的证据材料而言，大体上可以分为以下几种：有关被告具备行政主体资格的证据材料；有关遵守法定程序的证据材料；有关认定事实方面的证据材料；有关适用法律法规方面的证据材料；其他对原告的主张提出反证的证据材料。①

2. 被告应当对特定情形下的不作为行为的合法性承担举证责任。根据《最高人民法院关于行政诉讼证据若干问题的规定》（以下简称《行政诉讼证据规定》）第四条第二款的规定，在起诉被告不作为的案件中，原告应当提供其在行政程序中曾经提出申请的证据材料。但有下列情形的除外：（1）被告应当依职权主动履行法定职责的；（2）原告因被告受理申请的登记制度不完备等正当事由不能提供相关证据材料并能够作出合理说明的。在《行政诉讼法》2014 年修改过程中，立法机关吸收该规定，《行政诉讼法》第三十八条第一款规定："在起诉被告不履行法定职责的案件中，原告应当提供其向被告提出申请的证据。但有下列情形之一的除外：（一）被告应当依职权主动履行法定职责的；（二）原告因正当事由不能提供证据的。"在上述情况下，原告免除了提供向被告提出申请的证据的义务，如果被告主张未收到原告申请，则要承担举证责任。

3. 履行举证责任的基本标准。被诉行政主体应当对被诉行政行为或者被诉不作为行为的合法性承担举证责任，基本标准包括：第一，行政行为所适用的法律预先设定的事实要件得到了满足。第二，每一事实要件都必须有相应的证据支持。第三，用来证实事实根据的每一个证据都必须是可定案证据。第四，被告认为原告起诉超过起诉期间时，应当承担已经向当事人送达相关法律文书等事项的举证责任。第五，特殊情况下，应当对行政行为的合理性承担举证责任。但是被告承担举证责任并不排斥原告和第三人在某些情况下承担举证责任。②

就原告举证责任来说：（1）《行政诉讼法》第三十八条第一款规定："在起诉被告不履行法定职责的案件中，原告应当提供其向被告提出申请的证据……"（2）《行政诉讼法》第三十八条第二款规定："在行政赔偿、补偿的案件中，原告应当对行政行为造成的损害提供证据。因被告的原因导致原告无法举证的，由被告承担举证责任。"（3）《行政诉讼证据规定》第四条第一款规定："公民、法人或者其他组织向人民法院起诉时，应当提供其符合起诉条件的相应的证据材料。"不过，举证责任区别于当事人提供证据的权利，根据《行政诉讼证据规定》第六条的规定，原告可以提供证明被诉具体行政行为违法的证据。原告提供的证据不成立的，不免除被

① 参见江必新、梁凤云：《行政诉讼法理论与实务》（第三版），法律出版社 2016 年版，第 779 页。
② 江必新、梁凤云：《行政诉讼法理论与实务》（第三版），法律出版社 2016 年版，第 784 页。

告对被诉具体行政行为合法性的举证责任。也就是说，即使在被告承担举证责任的情况下，原告仍有权提供证据。原告提供的证据属于反证，旨在从真实性、关联性或者合法性方面反驳被告提供的证据，阻止被告举证责任的完成，既有利于对案件的审理，同时也有利于保护自己的合法权益；但是，不能要求依原告提供的证据来确定行政行为是否合法，原告不因提供的证据不充分而负败诉的责任。①

就第三人来说，《行政诉讼法》和司法解释对行政诉讼第三人的举证责任没有作出直接规定。行政诉讼中根据诉的利益，可以将第三人划分为类似原告地位的第三人和类似被告地位的第三人。（1）类似原告地位的第三人的举证责任。类似原告地位的第三人是指原告之外的与被诉行政行为之间具有利害关系的公民、法人或者其他组织。与行政诉讼原告一样，对于被诉行政行为的合法性，第三人无须承担举证责任。但是在下列五种情形下，类似原告地位的第三人应当承担举证责任：一是对于参加到诉讼中的第三人，由于其是基于自身主动提起的，因此必须证明诉讼请求、其事实理由以及与被诉行政行为具有法律上的利害关系。二是对于被法院通知参加到诉讼中来的第三人，亦须证明其与行政行为之间存在法律上的利害关系。三是对于依申请情形下的不作为，如果第三人曾经提出过申请材料，应当就此事实提供证据。四是对于行政赔偿诉讼中关于损害事实提供举证责任。五是第三人在诉讼中提出被诉行政行为没有认定的事实且与该行为的合法性有关联的事实，第三人应当对其提出的事实承担举证责任。（2）类似被告地位的第三人的举证责任。类似被告地位的第三人是指被告之外的与被诉行政行为之间具有利害关系的行政机关。类似被告地位意味着并未处于被告的法律地位，因此，对于被诉行政行为的合法性不承担举证责任。因为，被诉行政行为不是由其作出的，无需对其合法性承担举证责任。类似被告地位的第三人一般发生在一个行政机关对某行政相对人作出行政行为之后又被另一个行政机关基于同一事实作出另一个行政行为。这样，两个行政机关之间的行政行为出现了交叉。行政相对人对其中一个行政机关提起行政诉讼，另一个行政机关参加或者经法院通知参加到行政诉讼中来。这种类型的第三人除了承担上述类似原告地位的第三人的第一种和第二种情形的举证责任外，还应当承担证明其行政职能范围等举证责任。②

（撰写人：周孟伟）

---

① 江必新、梁凤云：《行政诉讼法理论与实务》（第三版），法律出版社2016年版，第746页。

② 江必新、梁凤云：《行政诉讼法理论与实务》（第三版），法律出版社2016年版，第800—801页。

85

被告举证应当符合哪些要求?

根据《行政诉讼法》第三十四条和第六十七条的规定，被告对作出的行政行为负有举证责任，应当在收到起诉状副本之日起 15 日内，提供据以作出被诉行政行为的全部证据和所依据的规范性文件。这是关于行政诉讼被告举证期限的规定。《行诉解释》第三十四条就被告延期举证以及逾期举证的问题作了规定。

对于被告举证应当符合的要求，应当从以下几个方面进行理解：

第一，逾期提供证据的，视为被诉行政行为没有相应的证据。这是关于证据失权的规定。这个证据失权的规定与原告或者第三人的规定有所不同。原告或者第三人关于证据失权是从举证权利的角度来规定的，被告的证据失权则完全是从举证义务角度来规定的。如果被告不提供证据是一种故意行为，而无正当理由逾期提供证据则是一种过失行为，对于这两种情形，《行诉解释》作出了拟制性的规定——视为被诉行政行为没有相应的证据。即不管事实上被告是否有证据和依据，只要逾期提供，在法律上就视同没有相应的证据和依据。这里没有规定其直接的法律后果，因为此时尚处于举证阶段。根据《行政诉讼法》第三十四条第二款“被告不提供或者无正当理由逾期提供证据，视为没有相应证据。但是，被诉行政行为涉及第三人合法权益，第三人提供证据的除外”的规定，特殊情况下，第三人提供证据的可以视为有证据。《最高人民法院关于审理行政许可案件若干问题的规定》对这一问题作了除外规定。该司法解释第八条规定：“被告不提供或者无正当理由逾期提供证据的……第三人对无法提供的证据，可以申请人民法院调取；人民法院在当事人无争议，但涉及国家利益、公共利益或者他人合法权益的情况下，也可以依职权调取证据。第三人提供或者人民法院调取的证据能够证明行政许可行为合法的，人民法院应当判决驳回原告的诉讼请求。”这就规定了第三人提供证据时的例外。根据《行政诉讼法》和《行诉解释》的规定，被诉行政行为没有相应证据包括“客观上没有相应证据”和“法律拟制的没有相应证据”两种。逾期提供证据就属于法律拟制的没有相应证据。法律拟制没有相应证据的目的在于惩罚被诉行政机关不依法举证的行为，而非对被诉行政行为合法性不承担举证责任的第三人。①

第二，对于被告向法院提出管辖权异议的案件，被告应当从何时提供证据是一个司法实践中的难点问题。一般认为，被告应当在收到驳回管辖权异议裁定之日或者收到接受移送法院应诉通知书之日起 15 日内向法院提供证据。理由为：一是如果管辖权问题尚未解决，行政机关一般不会提供证据，而是向法院提供有关管辖方面的证据。二是根据《行诉解释》第十条的规定，被告提出管辖异议的，应当在收到起诉状副本之日起 15 日内提出。对当事人提出的管辖异议，人民法院应当进行审查。异议成立的，裁定将案件移送有管辖权的人民法院；异议不成立的，裁定驳回。被告应当在收到应诉通知之日（同时也是收到起诉状副本之日）起 15 日内提供证据。被告提出管辖权异议的，法院仅对其管辖权异议的有关证据进行审查。三是管辖权问题解决后，存在两种情况：如果需要移送的，受移送法院将重新立案，并向各方当事人送达立案通知书、应诉通知书并且要求当事人在举证时限内提供证据；如果不需要进行移送，法院将裁定驳回管辖权异议，则此时管辖已经确定，被告应当自收到应诉通知书之日起计算举证时限。②

第三，被告延期提供证据的理由须是“不可抗力或者客观上不能控制的其他正当事由”。被告延期提供证据的理由应当是不可抗力或者是客观上不能控制的其他正当事由。如果被告因上述事由不能在法定举证期限内提供证据，应当在收到起诉状副本之日起 15 日内向人民法院提出延期提供证据的书面申请。人民法院准许延期提供的，被告应当在正当事由消除后 15 日内提供证据。逾期提供的，同样视为被诉行政行为没有相应的证据。

（撰写人：李振凡）

86

行政诉讼证据有哪些种类和基本特征？

根据《行政诉讼法》第三十三条的规定，证据包括：“（一）书证；（二）物证；（三）视听资料；（四）电子数据；（五）证人证言；（六）当事人的陈述；

① 梁凤云：《行政诉讼法司法解释讲义》，人民法院出版社 2018 年版，第 131 页。
② 梁凤云：《行政诉讼法司法解释讲义》，人民法院出版社 2018 年版，第 132 页。

（七）鉴定意见；（八）勘验笔录、现场笔录。”因此在实定法上，行政诉讼证据分为以下几类：

（1）书证。书证是以文字、符号、图案等形式记载的，能够表达人的思想和行为的，能证明案件事实的物品。行政诉讼中的书证表现形式很多，常见的有行政处罚决定书、行政许可决定书、营业执照、行政相对人提交的申请书、房屋所有权证书等。书证的载体大多是纸张，但并非只有纸张才是书证，只要思想内容与案件的待证事实具有关联性，载体的形式可以是其他物质。例如，交通警察在情急之下记载于墙壁上的某违章车辆的车牌号就属于书证。①

书证的特点主要有：一是内容性。书证的重大特点在于通过文字、符号或者图画等来记述人的思想和行为，或者通过对某一事件进行记载，或者对某一特定物体予以描述，只有其内容能够证明案件的待证事实或者与案件的待证事实有关联性，才能作为书证使用。而其他证据如物证则是通过其外部特征来证明案件事实的。二是直接性。书证记载的内容一般具有较为明确的思想内容，书证无须像物证那样需要加以分析和判断，这是书证和物证的主要区别。大多数的行政行为均需通过书面形式予以确定，该书证的真实性一旦被确定，法官可以作为直接证据而无须与其他证据相互印证，便能够直接证明案件的主要事实。三是案卷性。此处的“案卷”是指行政案卷。根据行政法上的案卷排他性原则，行政机关应当提供其在行政程序中的案卷材料。行政机关在行政程序之外或者在诉讼中取得的书证一般不能作为此处的“书证”使用。同样，行政相对人在诉讼中提出在行政程序中没有提出的书证，亦不得作为“书证”使用。②

根据《行政诉讼证据规定》第十条的规定，当事人向人民法院提供书证的，应当符合下列要求：（一）提供书证的原件，原本、正本和副本均属于书证的原件。提供原件确有困难的，可以提供与原件核对无误的复议件、照片、节录本。（二）提供由有关部门保管的书证原件的复印件、影印件或者抄录件的，应当注明出处，经该部门核对无异后加盖其印章。（三）提供报表、图纸、会计账册、专业技术资料、科技文献等书证的，应当附有说明材料。（四）被告提供的被诉具体行政行为所依据的询问、陈述、谈话类笔录，应当有行政执法人员、被询问人、陈述人、谈话人签名或者盖章。

（2）物证。物证是指以某物质属性、外部特征、存在状况、空间方位等来证明案件事实的物品和痕迹。物质属性是指实体物的各种物理和化学性质、质量、结

① 梁凤云：《新行政诉讼法逐条注释》，中国法制出版社 2017 年版，第 197—199 页。

② 江必新、梁凤云：《行政诉讼法理论与实务》（第三版），法律出版社 2016 年版，第 722 页。

构、成分、功效等；外部特征是指实体物的大小、形状、数量、颜色等；存在状况是指以固态、液态还是气态存在以及有无缺损等情况；空间方位是指物证所在的地理位置、空间位置、环境以及与其他物品之间的相互关系等。所谓痕迹是指外界因素作用于固态物品上遗留下的印迹。行政诉讼中的物证表现形式也非常多，例如，被盗物品、交通违法车辆在公路上的磨痕、违法人员所使用的工具、查处的违法物品等。①

物证作为独立于人们主观意志以外的客观事物，以其物质属性和外观特征证明案件事实，② 区别于书证以其内容来证明案件事实，具有下列特点：一是客观性。物证是客观存在的物品或者痕迹，以物质本身的存在形式来反映案件事实。物证是独立于人类主观因素之外的客观事物，具有较强的稳定性。虽然物证也可能造假，但是相对而言，造假的难度比较大；所以，一般而言，物证比其他证据更为可靠，具有较高的证明价值。二是形成性。物证一般来说只是反映案件事实在特定阶段的发生、发展和变化。因此，当需要证明某一发生变化的案件事实时，物证就会成为某一阶段的证据。例如，原告提供的被行政机关违法扣留车辆之后受到严重损害的车辆、由于行政机关暴力行为导致损害的物品等。三是有限性。一般来说，物证只能证明待证事实的某个阶段或者某个环节。物证反映的案件事实不是完整的经过，而只是静态的、静止的画面。因此，大多数的物证需要同其他证据相结合才能证明主要的待证事实。物证一般需要经过科学的判断和推理并和其他证据结合起来才能正确认定。③

根据《行政诉讼证据规定》第十一条的规定，当事人向人民法院提供物证的，应当符合下列要求：“（一）提供原物。提供原物确有困难的，可以提供与原物核对无误的复制件或者证明该物证的照片、录像等其他证据。（二）原物为数量较多的种类物的，提供其中的一部分。”

（3）视听资料。视听资料是指用以证明案件事实，利用录音、录像以及计算机等高科技设备取得的音响图像材料和利用电脑等设备取得和存储的数据材料。它是随着科学技术的发展和司法实践的需要而出现的一种新型证据。视听资料的表现形式主要是录音带、录像带、电影胶卷、微型胶卷、传真资料、电子计算机存储的数据等。④

视听资料有以下特点：一是科学性。视听资料是科学及时发展的产物，对于科

① 梁凤云：《新行政诉讼法逐条注释》，中国法制出版社 2017 年版，第 197—199 页。
② 信春鹰主编：《中华人民共和国行政诉讼法释义》，法律出版社 2014 年版，第 86 页。
③ 江必新、梁凤云：《行政诉讼法理论与实务》（第三版），法律出版社 2016 年版，第 725—726 页。
④ 梁凤云：《新行政诉讼法逐条注释》，中国法制出版社 2017 年版，第 197—199 页。

学技术有着较强的依赖性，不仅生成需要特定的科学技术设备，人类认识它亦需要依赖特定的科学技术设备，必须通过特定的设备如录音带、录像带、激光唱片、计算机软盘、X 射线探测信息存储软盘等载体。二是直观性。视听资料可以直观地、形象地展示、反映、再现有关案件事实的声音特征和现象特征，较当事人陈述更加形象、直观、全面、综合，较物证更有动态性、连续性、完整性，包含的信息量更大，说服力也比较强。三是便利性。视听资料具有体积较小、重量较轻、存储方便、保存时间久远、便于保存、便于检索、便于复制、便于使用等特点，与其他证据相比，具有明显的便利性和高效性。但是正是由于这些特点，视听资料也存在易于毁灭、易于删改、易于伪造的缺陷。①

《行政诉讼证据规定》第十二条规定，当事人向人民法院提供计算机数据或者录音、录像等视听资料的，应当符合下列要求：“（一）提供有关资料的原始载体。提供原始载体确有困难的，可以提供复制件；（二）注明制作方法、制作时间、制作人和证明对象等；（三）声音资料应当附有该声音内容的文字记录。”

（4）电子数据。所谓电子数据，是指与案件事实有关的电子邮件、网上聊天记录、电子签名、网络访问记录等以数字形式存在的证据。电子数据的载体包括磁盘、硬盘、光盘等计算机软件、硬件和网上淘宝、电子邮件、微博、MSN、QQ 账号等虚拟网络交易和交流方式的记录等。②

电子数据是《行政诉讼法》2014 年修改新增加的证据种类，具有以下特点：①复合性。随着网络技术尤其是多媒体技术的出现，电子数据不再限于单一的方式，而是综合了文字、图形、图像、动画、音频、视频等各种多媒体信息，几乎涵盖了所有传统证据的类型。②高科技性。电子数据是现代电子信息化产业高速发展的产物，其载体是计算机和互联网等高科技设备。随着计算机和互联网技术的不断发展，其对科学技术的依赖性也越来越强，并不断更新变化。③脆弱性。电子数据的脆弱性主要表现在两个方面：一是数据本身有易受损性。操作人员的误操作或者供电系统、通信网络故障等环境和技术方面的原因都会造成数据的不完整。甚至在收集电子数据的过程中，也可能会对原始数据造成很严重的修改或者删除，并且难以恢复。二是电子数据存储在特殊介质上，存储的数据内容易被删除、修改、复制，而且不易留下痕迹，更不易被发现，即使被发现，鉴定也较为困难。④隐蔽性。与传统的纸质信息相比，电子数据赖以存在的信息符号不易被直接识别。它以一系列电磁、光电信号形式存在于光盘、磁盘等介质上，如要阅读，必须借助于适

---

① 江必新、梁凤云：《行政诉讼法理论与实务》（第三版），法律出版社 2016 年版，第 727—728 页。

② 梁凤云：《新行政诉讼法逐条注释》，中国法制出版社 2017 年版，第 197—199 页。

当的工具。而且作为证据的电子数据往往与正常的电子数据混杂在一起，要从海量的电子数据中甄别出与案件有关联的电子数据难度较大。①

（5）证人证言。证人证言是指了解案件有关情况的非本案诉讼参加人关于案件事实的陈述。向法院陈述自己知道的情况、证明案情的人，称为证人。我国《行政诉讼法》没有对证人资格作出规定。有关证人资格的内容规定在司法解释中。《行政诉讼证据规定》第四十一条规定，凡是知道案件事实的人，都有出庭作证的义务。第四十二条规定，不能正确表达意志的人不能作证。我国对于证人的理解为狭义上的理解，即不包括当事人。因此，行政相对人和行政机关都不能在自己的案件中作为证人出庭作证。②

证人证言的特点是：一是主观性。法律要求证人证言必须是对案件事实的客观描述，不允许作推测、推断、预测和评论。但是，对于证人证言来说，法律的要求并不能杜绝证人证言的主观性，证人自身对于案件事实是根据个人感觉和经验作出的判断。二是易变性。证人证言由于证人个体的记忆能力和感受能力的限制，随着时间的推移，不同的证人对于特定的案件事实的感知和记忆结果会逐渐淡化和模糊。如果在其他信息的干扰下，有可能出现变化甚至向相反的记忆转化。③

《行政诉讼证据规定》第十三条规定，当事人向人民法院提供证人证言的，应当符合下列要求："（一）写明证人的姓名、年龄、性别、职业、住址等基本情况；（二）有证人的签名，不能签名的，应当以盖章等方式证明；（三）注明出具日期；（四）附有居民身份证复印件等证明证人身份的文件。"

（6）当事人陈述。当事人陈述是指原告、被告、第三人就自己所经历的案件事实，向法院所作的叙述、承认和陈词。在司法实践中，当事人陈述的内容往往不仅仅是对案件事实的认识、对行政行为合法性的认识，还包括其对行政行为合法性进行处理的意见、各种程序上的申请以及表达证据采用和法律适用的意见等。例如，当事人要求法院判决撤销或者维持行政行为、申请撤诉等。对于案件事实以外的内容属于适用法律层面的问题，不是单纯的事实层面的问题，因此不能作为当事人陈述来使用。④

当事人陈述的特点有：一是双重性。一方面，当事人是行政法律关系的参与者，对于行政法律关系的产生、变更或者消灭较其他诉讼参与者更加了解、更加全面、更加深刻；另一方面，当事人是行政法律关系的参与者，其陈述往往限于对自

① 信春鹰主编：《中华人民共和国行政诉讼法释义》，法律出版社2014年版，第87页。
② 梁凤云：《新行政诉讼法逐条注释》，中国法制出版社2017年版，第197—199页。
③ 江必新、梁凤云：《行政诉讼法理论与实务》（第三版），法律出版社2016年版，第734—735页。
④ 梁凤云：《新行政诉讼法逐条注释》，中国法制出版社2017年版，第197—199页。

己有利的部分，对案件事实可能有所隐瞒、删减甚至歪曲，因此，具有主观性、片面性和情绪性的特点。二是时间性。所谓时间性，是指当事人陈述必须限制在诉讼过程中。对于诉讼前或者诉讼外进行的陈述，即便与案件事实有关联，也不属于当事人陈述。当事人在行政程序中的陈述可能属于书证或其他证据形式，但是，当事人陈述必须在诉讼中形成。[①]

（7）鉴定意见。行政案件有一个显著的特征是，许多案件的待证事实涉及化学、医学、工程、计算机、网络等专业知识。对于这些专业知识，法院并不具备专长，通常交由专门的鉴定机构进行鉴定或者由专业人员出庭作出说明。鉴定意见是指具备资格的鉴定人对行政案件中出现的专门性问题，通过分析、鉴别、检验和判断后作出的书面意见。例如，产品质量鉴定、医疗事故鉴定、审级分析鉴定、文书鉴定、指纹鉴定等。由于鉴定意见是运用专业知识所作出的鉴别和判断，具有科学性和较强的证明力。[②]

但是，鉴定意见并不是不容置疑的证据，也不具有终局性、权威性。因此《行政诉讼法》2014 年修订将“鉴定结论”改为“鉴定意见”，表述更为科学、准确，更符合鉴定活动的本质特征。[③] 鉴定意见是由专门知识的人员，根据客观材料作出的鉴别和判断，表达的是个人的认识和判断，具有一定的主观性。既然具有一定的主观性，就应当允许当事人对其提出质疑。法院应当结合案件的全部证据，加以综合审查判断，准确认定案件事实，作出正确判断，而不是被动地将“鉴定结论”直接认定为定案证据。

《行政诉讼证据规定》第十四条规定，被告向人民法院提供的在行政程序中采用的鉴定结论，应当载明委托人和委托鉴定的事项、向鉴定部门提交的相关材料、鉴定的依据和使用的科学技术手段、鉴定部门和鉴定人鉴定资格的说明，并应有鉴定人的签名和鉴定部门的盖章。通过分析获得的鉴定结论，应当说明分析过程。

（8）勘验笔录。勘验笔录是指人民法院对有关案件事实的现场或物品进行就地检验、测量、勘查和分析所作的书面记录。一般来说，它是对客观事实的反映，能够证明案件的真实情况，是诉讼中的一种独立证据。与现场笔录相比，勘验笔录是对案件现场或物品静态的全面综合的勘查、检验记录，往往具有滞后性。[④]

勘验笔录的特点是：一是客观性。勘验笔录记载的内容不允许含有主观成分，

① 江必新、梁凤云：《行政诉讼法理论与实务》（第三版），法律出版社 2016 年版，第 735—736 页。
② 梁凤云：《新行政诉讼法逐条注释》，中国法制出版社 2017 年版，第 197—199 页。
③ 信春鹰主编：《中华人民共和国行政诉讼法释义》，法律出版社 2014 年版，第 88 页。
④ 信春鹰主编：《中华人民共和国行政诉讼法释义》，法律出版社 2014 年版，第 89 页。

不允许勘验人员进行分析判断，只能是勘验人员自身或者借助于仪器设备感知的事实。为保证勘验笔录的客观性和公正性，《行政诉讼证据规定》第三十三条规定，人民法院可以依当事人申请或者依职权勘验现场。勘验现场时，勘验人必须出示人民法院的证件，并邀请当地基层组织或者当事人所在单位派人参加，当事人或其成年亲属应当到场，拒不到场的，不影响勘验的进行，但应当在勘验笔录中说明情况。二是综合性。勘验笔录往往反映的不是勘验对象某一方面的特征，而是各个方面的综合性特征，其笔录可以采取文字记录、现场绘图、现场照片或者现场录像等多种方式进行。采用音像方式进行勘验的，和视听资料不同。视听资料记录的是案件发生当时的情况，而作为勘验笔录的音像材料则是记录案件发生或勘验过程中物质的存在状态。勘验笔录的综合性要求勘验现场时绘制的现场图，应当注明绘制的时间、方位、绘制人姓名和身份等内容。当事人对勘验结论有异议的，可以在举证期限内申请重新勘验，是否准许由人民法院决定。

（9）现场笔录。现场笔录是行政诉讼与民事诉讼唯一不同的证据种类，[①] 只有《行政诉讼法》对现场笔录的证据形式作了规定。现场笔录是指行政机关工作人员在执行职务过程中对有关管理活动的现场情况所作的书面记录。例如，司机酒后开车，民警对于违章情况所作的笔录就属于现场笔录。在行政诉讼中，被告行政机关向人民法院提供的现场笔录，应当载明时间、地点和事件等内容，并由执法人员和当事人签名。当事人拒绝签名或者不能签名的，应当注明原因。有其他人在现场的，可由其他人签名。法律、法规和规章对现场笔录的制作形式另有规定的，从其规定。[②]

行政机关制作现场笔录，旨在即时取得证据并防止行政相对人事后翻供。因此，现场笔录通常成为行政机关当场处罚或者及时处理的依据。[③] 现场笔录具有以下特征：一是客观性。现场笔录必须是基于客观事实所作出的笔录。现场笔录的客观性并不意味着现场笔录一定符合待证事实的客观情况。是否能够证明待证事实需要经过法院的审查判断。二是行政性。行政性表现在以下几个方面：①现场笔录是行政机关及其工作人员在行政程序中制作的，构成了行政案卷的一部分。②现场笔录不能事后补作。事后补作的可能是属于其他种类的证据或者是违反了“先取证，后裁决”原则。③行政性还要求该笔录必须是在现场制作的。“现场”包括两个要求：其一，必须是在案件事实发生之时即当场作出的；其二，必须是在案发现场作

① 信春鹰主编：《中华人民共和国行政诉讼法释义》，法律出版社2014年版，第88页。
② 梁凤云：《新行政诉讼法逐条注释》，中国法制出版社2017年版，第197—199页。
③ 信春鹰主编：《中华人民共和国行政诉讼法释义》，法律出版社2014年版，第89页。

出的即当地作出的。④现场笔录必须由执法人员和当事人签名以证明其现场性。当事人拒绝签名或者不能签名的，应当注明原因。有其他人在现场的，可由其他人签名。①

（撰写人：周孟伟）

87

人民法院依申请或依职权调取证据的标准和要求有哪些？

调取证据，又称调查收集证据，是指人民法院在诉讼中按照法定程序发现、提取、采集并固定与案件事实有关的证据材料的活动。

2014年修订后的《行政诉讼法》第四十条规定，人民法院有权向有关行政机关以及其他组织、公民调取证据。这是人民法院调取证据的基本遵循。调取证据是人民法院行使行政审判权的重要方式之一。依据该法有关规定，调取证据分为依申请调取证据和依职权调取证据。

一、依申请调取证据

依申请调取证据，是指人民法院根据原告或者第三人的申请向有关国家机关以及其他组织、公民调取证据。

根据相关法律规定，行政诉讼当事人，不仅行政机关，作为行政相对人的公民、法人或者其他组织在特定情形下亦负有举证责任，如提起行政诉讼应举证证明符合法定起诉条件，提起行政赔偿应举证证明损害的存在和损害与行政行为之间的因果关系等。由于各种主客观条件的局限，原告或者第三人不能自行收集证据的情况并不鲜见。因此，相关法律、司法解释规定了依申请调取证据。从本质上讲，依申请调取证据，是当事人举证的一种特殊形式，人民法院根据当事人的申请调取证据是当事人举证行为的有益补充。

原《最高人民法院关于执行〈中华人民共和国行政诉讼法〉若干问题的解释》（已废止）第二十九条规定，有下列情形之一的，人民法院有权调取证据：（1）原告或者第三人及其诉讼代理人提供了证据线索，但无法自行收集而申请人民法院调

① 江必新、梁凤云：《行政诉讼法理论与实务》（第三版），法律出版社2016年版，第739—740页。

取的；（2）当事人应当提供而无法提供原件或者原物的。根据该规定，原、被告均可申请调取证据，但行政机关申请调取证据与其职权、地位不相称，其后的司法解释予以了修正。

《行政诉讼证据规定》第二十三条规定，原告或者第三人不能自行收集，但能够提供确切线索的，可以申请人民法院调取下列证据材料：（1）由国家有关部门保存而须由人民法院调取的证据材料；（2）涉及国家秘密、商业秘密、个人隐私的证据材料；（3）确因客观原因不能自行收集的其他证据材料。该规定明确了原告或者第三人可申请调取证据的具体情形。可见，原告或者第三人及其诉讼代理人因无法自行收集而申请调取证据，应提供证据线索，不能天马行空、率性而为。

2014 年修订后的《行政诉讼法》第四十一条规定，与本案有关的下列证据，原告或者第三人不能自行收集的，可以申请人民法院调取：（1）由国家机关保存而须由人民法院调取的证据；（2）涉及国家秘密、商业秘密和个人隐私的证据；（3）确因客观原因不能自行收集的其他证据。该规定吸纳了《行政诉讼证据规定》的规定，略作改动。

《行诉解释》第三十九条规定，当事人申请调查收集证据，但该证据与待证事实无关联、对证明待证事实无意义或者其他无调查收集必要的，人民法院不予准许。该规定强调调查收集证据必要性的同时，亦对司法实践中滥用调查取证申请权进行了合理规制。根据《行政诉讼法》上述规定，"当事人"应作狭义解释，仅包括原告或者第三人，不应包括被告。

对上述法律、司法解释可作如下理解：（1）明确了申请调取证据的主体，仅限于原告或者第三人，被告不能申请调取证据。这是因为被告拥有行政权，处于优势地位，具有调查取证的能力和水平。《行政诉讼法》第三十六条第二款规定，原告或者第三人提出了其在行政处理程序中没有提出的理由或者证据的，经人民法院准许，被告可以补充证据。（2）确因客观原因，如不可抗力、有权机关保存、涉及他人合法权益等，单凭一己之力无法取得，方可申请调取。法律、司法解释除规定了调取证据的具体情形外，还规定了兜底条款，人民法院可以结合具体案情综合判断，决定是否准许。（3）强调调查收集证据的必要性。对必要性的判断，可结合《行诉解释》第四十二条"能够反映案件真实情况、与待证事实相关联、来源和形式符合法律规定"进行，但不应过于严格，以免影响对行政行为合法性的审查和对当事人合法权益造成侵害。

依申请调取证据，还需要强调以下几点：（1）依申请调取证据，是当事人举证的一种特殊形式，应当在举证期限内提交调取证据申请。《行政诉讼证据规定》第二十四条对此进行了明确规定。（2）原告、第三人申请调取证据，但是否调取由人民法院决定。《行政诉讼证据规定》第二十五条第一款规定，经审查符合调取证据条件的，应当及时决定调取；不符合调取证据条件的，应当向当事人或者其诉讼代理人送达通知书，说明不准许调取的理由。当事人及其诉讼代理人可以在收到通知书之日起3日内向受理申请的人民法院书面申请复议一次。(3)原告、第三人申请人民法院调取的证据，由其在庭审中出示，并由其他当事人质证。《行政诉讼证据规定》第三十八条亦作了明确规定。(4)为了保障人民群众的知情权、参与权，乃至监督权，《政府信息公开条例》规定了公民、法人和其他组织依法享有获取政府信息的权利，行政相对人能够通过信息公开渠道获得证据的，不能申请法院调取。

二、依职权调取证据

依职权调取证据，是指"人民法院主动向有关行政机关以及其他组织、公民调取证据"①。

司法具有被动性，一般情形下，法院不应主动调查取证；司法具有中立性，过分强调"主动出击"，会减损法院中立形象，破坏法治权威。《行政诉讼法》之所以规定人民法院调取证据制度，主要基于如下考虑：首先，人民法院审理行政案件，对行政行为是否合法进行审查。合法性审查原则的确立，意味着行政行为接受人民法院"检验"的全面性，不应仅局限于原告的诉讼请求和事实理由。为全面审核证据，查明案件事实，有必要赋予人民法院调取证据的权力。其次，行政程序中，行政机关与行政相对人的法律地位是平等的，平等但不对等，前者具有行政职权，有调查核实的天然优势；在行政诉讼中，行政机关的应诉水平和举证能力明显强于行政相对人，赋予人民法院调取证据之权，有利于纠正举证能力的失衡，追求实质正义。最后，行政诉讼不仅解决行政争议，定纷止争，维护当事人合法权益，还要监督政府依法行政，保护国家利益和社会公共利益。行政诉讼中，对各方当事人，尤其行政机关一方不利的证据，可能出现刻意隐瞒或拒绝提供的情况，人民法院调取证据能够更好地监督政府、维护公益。

2014年修订前的《行政诉讼法》赋予了人民法院调取证据之权，但未作任何的限制，无法凸显司法的中立、被动地位。《行政诉讼证据规定》对此进行了完善。该司法解释第二十二条规定，有下列情形之一的，人民法院有权向有关行政机关以及其他组织、公民调取证据："（一）涉及国家利益、公共利益或者他人合法权益的事实认定的；（二）涉及依职权追加当事人、中止诉讼、终结诉讼、

① 李广宇：《新行政诉讼法逐条注释》（上卷），法律出版社2015年版，第331页。

回避等程序性事项的。”2014年修订后的《行政诉讼法》在上述司法解释的基础上，进一步明确“不得为证明行政行为的合法性调取被告作出行政行为时未收集的证据”。

根据上述法律、司法解释对依职权调取证据可作如下理解：(1) 举证责任事关当事人成败。由当事人举证，是举证规则的核心内容。鉴于法院的居中裁判地位，依职权调取证据应严格贯彻“法无授权即禁止”，否则举证责任制度将形同虚设，亦重创整个证据制度的存在价值。(2) 依职权调取证据的具体情形有明确的规定，无兜底条款。只有涉及公益、他人合法权益，以及程序性事项时方可进行。对前者，若不依职权调取，裁判结果可能遂了当事人的“愿”，但对公益造成无法挽回的损失；对后者，如不依职权调取，可能使行政诉讼程序无以为继。(3) 何为国家利益、公共利益，相关法律没有明确的界定。一般认为，前者指国家在整体上具有的政治、经济和安全利益，后者指不特定多数人对于公共物品、公共设施、公共服务等重大关切所具有的占有、使用、分享的权利①，两者的内涵、外延并不非常明晰，需要法院根据具体案情整体把握。涉及他人合法权益的，人民法院可依法通知其作为第三人参加诉讼，由最关心自己权利、最了解相关事实的第三人举证，应优先于法院依职权调取证据。对于追加当事人、回避、中止诉讼、终结诉讼，2014年修订后的《行政诉讼法》第二十九条、第五十五条分别作了规定，其他程序性事项不涉及当事人实体权益的，亦可依职权调取。

此外，还需要强调以下几点：(1) 行政诉讼中，被告及其诉讼代理人不得自行向原告、第三人和证人收集证据，法院更不得为证明行政行为的合法性调取证据，这是法院依职权调取证据不得逾越的“底线”。(2) 不同于依申请调取证据，人民法院依职权调取的证据，应由法庭出示，并可就调取该证据的情况进行说明，听取当事人意见。(3) 证据种类除物证、书证外，还包括证人证言、勘验笔录、鉴定意见等，因此，从广义上讲，依申请或者依职权通知证人出庭、勘验现场、进行鉴定等，均属于调取证据的范畴，均应受上述法律、司法解释的约束。

（撰写人：刘长江）

---

① 边沁：《道德与立法原理导论》，时殷弘译，商务印书馆2000年版，第58页。转引自高志宏：《公共利益法律关系的主体论及其功能实现》，载《南京社会科学》2017年第6期。

88

行政诉讼证据的证明标准为何？

证明标准不是法律概念，而是学理概念。它是指“当事人为完成其举证责任，提供证据说明待证事实所要达到的可信程度”①。作为学理概念的证明标准对指导当事人完成举证、人民法院“精准”审和判具有重要意义。

《行政诉讼法》第五条规定，人民法院审理行政案件，以事实为根据，而作为根据的“事实”应是能够用证据证明的事实，即法律事实，否则事实将成为虚无缥缈的东西，失去客观性。因此，证据制度为行政诉讼的重要制度，证据问题贯穿于行政诉讼的全过程。除证据种类、证据性质外，证据制度还包含举证责任和证明标准两项重要内容。举证责任，解决的是证明义务的分配问题；证明标准则是举证责任确定后，证明义务人举证所要达到的“深”度。没有达到这个“深”度，则当事人未完成举证责任，在待证事实处于真伪不明的状态下，要承担不利法律后果。因此，当事人要按照证明标准进行举证，证明标准为当事人举证指明方向。

根据《行政诉讼法》第六十九条规定，行政行为的作出应当事实认定清楚，证据确凿。但依据该法第七十条规定，“主要证据不足”人民法院才判决撤销或部分撤销行政行为。事实上，“证据确凿”的客观真实标准是一种过于理想化的标准，司法实践中不具有可操作性，需要根据行政案件的性质、对当事人权益的影响大小、被诉行政行为的政策考量等因素，确定认定案件事实的证明标准。因此，证明标准对于人民法院正确衡量、判断当事人提供的证据，查明行政案件事实，全面审查行政行为的合法性起到举足轻重的作用。

此外，行政诉讼证据的证明标准，对行政机关依法行政具有“传导”效应，有利于促进行政机关在行政程序中树立证据意识，将积极、主动调查收集证据贯彻于行政执法全过程，不越权，不擅为，从而保障行政相对人合法权益。

证明标准的确立是一个复杂的系统工程，除上述因素外，它还要充分考虑“行政诉讼的诉讼目的、举证责任、行政行为类型多样化”② 等。通常认为，依据相关

---

① 何海波：《行政诉讼法》（第二版），法律出版社 2016 年版，第 426 页。

② 江必新、梁凤云：《行政诉讼法理论与实务》（第三版），法律出版社 2016 年版，第 804 页。

法律规定，总结司法实践经验，现阶段行政诉讼证据可确立如下证明标准：

一、优势证明标准

优势证明标准亦称高度盖然性标准，是指“行政机关对事实所作的认定，凭现有证据并结合生活常理具有占优势的盖然性，因而比较可信”①。

无论从行政诉讼发展史，还是从我国相关法律规定看，行政诉讼制度肇始于民事诉讼。通说认为，民事诉讼证据证明标准采取高度盖然性标准。基于民事、行政诉讼的源流关系，一般情形下，行政诉讼证据证明标准同样可以采用该标准，如轻微的行政处罚决定，行政裁决行为，行政机关在紧急情形下作出的行政强制行为，原告提出保护其人身、财产合法权利的申请，行政机关公告等程序性问题，以及行政机关致人损害的事实认定等。

《行政诉讼证据规定》第六十三条的规定，系优势证明标准的集中体现。该条规定：“证明同一事实的数个证据，其证明效力一般可以按照下列情形分别认定：（一）国家机关以及其他职能部门依职权制作的公文文书优于其他书证；（二）鉴定结论、现场笔录、勘验笔录、档案材料以及经过公证或者登记的书证优于其他书证、视听资料和证人证言；（三）原件、原物优于复制件、复制品；（四）法定鉴定部门的鉴定结论优于其他鉴定部门的鉴定结论；（五）法庭主持勘验所制作的勘验笔录优于其他部门主持勘验所制作的勘验笔录；（六）原始证据优于传来证据；（七）其他证人证言优于与当事人有亲属关系或者其他密切关系的证人提供的对该当事人有利的证言；（八）出庭作证的证人证言优于未出庭作证的证人证言；（九）数个种类不同、内容一致的证据优于一个孤立的证据。”

当然，优势证明标准有其丰富的内涵和较为广泛的适用范围，不仅仅囿于上述司法解释规定的情形。一般而言，只要双方当事人为证明同一事实是否存在提供的证据相反，便有了两者“一决高下”的前提。两者相较，一方当事人提供的证据的证明效力具有优势，足以使人民法院确信其主张的案件事实真实存在，或者更具有真实存在的可能性，即可适用该原则，采信优势证据，实现“优胜劣汰”。例如，在北京四中院审结的一起行政案件中，被告某区政府否认实施了原告北京某研究所所述拆除行为，法院经审理认为，涉案“房屋处于征收范围，原告已经提交了强制拆除房屋现场的部分视频资料，房屋内存在机器设备的清单以及拆除现场有摄像证据线索，结合拆除现场有警察、城管工作人员，原告向某公安分局报警等事实，可以认定原告已经尽到了初步的证明义务”。

---

① 何海波：《行政诉讼法》（第二版），法律出版社2016年版，第428页。

二、排除合理怀疑标准

排除合理怀疑标准，是指“对于事实的认定，已没有符合常理的、有根据的怀疑，实际上达到确信的程度”①。

2012年修订后的《刑事诉讼法》正式确立了“排除合理怀疑”的证明标准。“排除合理怀疑”自此被正式、明确引入我国刑事诉讼立法。《行政诉讼法》没有明确规定适用该标准，亦未有类似适用民事诉讼相关规定的条款。行政诉讼中，之所以在特定情形下，采取“排除合理怀疑”这个“高标准”，是因为某些行政行为对行政相对人人身、财产权益造成的重大影响，不亚于刑事制裁对当事人带来的不利。一般认为，行政拘留、数额较大的罚款、没收财产、责令停产停业和吊销证照等重大行政处罚，取消已经给予的行政许可等应采用该标准。

根据诉讼原理，行政诉讼中，适用排除合理怀疑标准，应从如下方面把握：首先，行政行为对行政相对人人身、财产权益不仅有影响，而且影响重大，这是适用该标准的前提条件。其次，案件主要事实（非全部事实）均有证据证明，证据之间、证据与事实之间没有互相矛盾之处，或者虽有矛盾之处但能够作出合乎情理的解释，这是该标准的核心内容。再次，人民法院在证据与事实存在与否之间能够确信得出唯一正确结论，接近于“证据确凿”的程度，这是适用该标准的逻辑结果。最后，在对案件进行审查过程中，对行政相对人的举证责任，不能科以排除合理怀疑的证明标准，这是行政诉讼的目的决定的。例如，在北京四中院审结的一起行政案件中，原告黄某某主张邮件装有两份行政复议申请，法院经审理认为，“不能排除只有一件行政复议申请材料的可能”，但“在信封内的行政复议材料与信封表面记载不一致的情况下，被告北京市某区政府未能提供证据证明，就材料不一致的问题履行过相应的核实义务，对此应当承担不利的法律后果”。

此外，行政机关的有些行为，如公安、海关等部门进行的例行检查或者抽查等，可能不需要任何证据，相关法律，如《居民身份证法》亦规定了行政相对人的配合义务。只要排除行政机关的明显恣意、任性而为，未对相对人合法权益造成影响，应具有正当性，上述两标准似乎均无适用的必要性。当然，这些行为是否系行政行为，还涉及行政行为成熟性判断问题，在此不再赘述。

最后，需要强调的是，行政权作为对公民、法人或者其他组织权利影响最为广泛、最为深远的权力，为审查其表现形式——行政行为合法性确立的证明标准不可能“放之四海而皆准”，且证明标准本身仍存在“再解释”空间。因此，在

---

① 全国人大法制工作委员会刑法室：《关于修改中华人民共和国刑事诉讼法的决定：条文说明、立法理由及相关规定》，北京大学出版社2012年版，第53页。

具体案件中，还要“具体问题具体分析”，以准确适用上述证明案件事实的证明标准。

（撰写人：刘长江）

89

行政诉讼中非法证据排除的要求有哪些？

广义的证据排除包括意见证据排除、传闻证据排除和非法证据排除，《行诉解释》第四十三条的规定是我国行政诉讼非法证据排除的细化解释，“以非法手段取得的证据”分为以下几类：

一是严重违反行政调查规则收集的证据。根据我国的立法现状可知，规定非法证据排除的法律条文并未对具体的行政调查行为作出规定，《行政处罚法》等少数法律作出简略规定，各行政执法部门颁行的规范本部门行政执法程序的规章和规范性文件构成了行政程序立法的主体，这些立法均从执法人员及权限、调查取证的方式和手段、步骤等方面进行规范，行政主体违反上述规定取得的证据，若严重侵害到原告和第三人的合法权益，或使收集的证据材料缺乏真实性，则此类证据应当被认定为非法证据且应当予以排除。

二是严重违反行政采信规则收集的证据。行政主体在行政程序中应当遵循行政采信规则，在我国表现为卷宗排他性原则，即行政行为作出仅能以案卷为依据，也就是应当以经过听证且记载于案卷的证据为依据，不得在卷宗以外，以当事人未知悉与质证的证据为依据。卷宗排他性原则要求司法机关不能以行政机关提供的卷宗以外的证据来确定案件事实，由于行政诉讼的特殊性，行政机关承担证明自己具体行政行为合法的举证责任，这种合法性不能依靠事后的补充材料来证明，而必须依据行政行为作出时掌握的材料，因此凡不符合记录在卷宗内的并且是由当事人经过质证的证据不能作为定案依据。

三是以违反法律强制性规定的手段获取且侵害他人合法权益的证据。《行诉解释》对此条有较大程度的修改，首先将违反法律“禁止性”规定改为“强制性”规定，强制性规定的外延较禁止性规定更大，既包括不得、禁止等禁止性规定，也包括应当、必须等肯定性规定。从文义解释方法来看，这里的“法律”是指全国人大及其常委会颁布的法律性文件，不宜包括行政法规特别是地方性法规，但从加强对行政机关收集证据行为的监督和促进依法行政角度来看，也可扩大解释为包括法律、法规和规章。另外，获取手段违法的同时要构成侵害他人合法权益，相较原来的法律规定限缩了非法证据排除的范围，扩大了非法证据采纳范围，需考虑行政管理的复杂性和取证的难易程度，通过利益衡量的方法进行综合判断。

四是以利诱、欺诈、胁迫、暴力等不正当手段取得的证据。这主要是指行政机关采用利益诱导，故意捏造虚假情况和歪曲、掩盖真相的方法或者暴力恐吓及其他类似强制手段而获取的证据，这种取证方式本身违反了法律的规定，使得获取的证据材料丧失真实性，也必然会侵犯相对人的权益，背离了公序良俗原则。《行政诉讼证据规定》第五十七条第三项规定："以利诱、欺诈、胁迫、暴力等不正当手段获取的证据材料"不能作为定案依据。对于"利诱""欺诈""胁迫""暴力"本身的认定只能结合个案，没有确切简明的标准。因为对于不同诉讼地位的当事人其取证能力大小不一，对不同年龄、背景、知识水平的当事人可能产生的影响也难以统一认定。

在行政程序中遭受行政机关非法取证行为侵害的行政诉讼中的原告，以及虽然在行政程序中不是原告，但是与该案件的处理结果存在利害关系的第三人。《行政诉讼证据规定》第二十一条规定，对于案情比较复杂或者证据数量较多的案件，人民法院可以组织当事人在开庭前向对方出示或者交换证据，并将交换证据的情况记录在卷。第三十五条第一款规定，证据应当在法庭上出示，并经庭审质证，未经庭审质证的证据，不能作为定案的依据。结合两条法律规定，如果法庭组织了庭前证据交换，当事人对于非法证据的异议应当在此阶段提出，若没有，则在法庭质证阶段提出。《行政诉讼法》第三十四条第一款规定，被告对作出的行政行为负有举证责任，应当提供作出该行政行为的证据和所依据的规范性文件。因此，如果原告对于被告在行政程序中取得证据的合法性提出异议的，应当由被告承担举证责任和说服责任，对该证据取得方式的合法性予以证明。

在证据的合法性审查方面，人民法院应当根据案件的具体情况，从以下方面进行审查：（1）证据是否符合法定形式；（2）证据的取得是否符合法律、法规、司法解释和规章的要求；（3）是否有影响证据效力的其他违法情形。法庭应当根据案件的具体情况，从以下方面审查证据的真实性：（1）证据形成的原因；（2）发现证据时的客观环境；（3）证据是否为原件、原物，复制件、复制品与原件原物是否相符；（4）提供证据的人或者证人与当事人是否具有利害关系；（5）影响证据真实性的其他因素。人民法院在对书证、物证、证人证言、视听资料、鉴定意见等证据进行审查时，如果发现证据形式不符合要求，法官或合议庭应当要求当事人补正，在接纳证据时应当按照这些形式要求进行逐项审查，如果发现形式要件不全，应当及时给当事人指出，及时补正，而不能简单地把证据接纳下来，留待庭审时作为非法证据予以排除或直接承认其效力。应当注意的是，行政诉讼的非法证据排除更加复杂，需引入利益衡量的解释方法，将非法取证行为所保护权益的大小与非法取证行为造成的危害进行比较，并将违法取证行为的严重程度、案件的重要程度、该证据在全案中的证明力大小进行对照，以确定最值得保护的权益。

（撰写人：张玮）

第七章　审理程序

90

行政审理程序的主要类型有哪些?

行政审理程序的主要类型包括第一审普通程序、简易程序、第二审程序及审判监督程序。有关简易程序的内容，将于问题“简易程序的适用条件和一般流程是什么”中详细阐述。结合《行政诉讼法》及《行诉解释》的规定，本文重点对行政审理的第一审普通程序、第二审程序及审判监督程序综合展开论述。

一、文书收取与送达

当案件立案之后，为保障案件审理的顺利进行，法院应当依程序完成文书的收取与送达工作。

对于第一审普通程序而言，法院应当在立案之日起 5 日内，向被告送达起诉状副本。被告在收到起诉状副本之日起 15 日内向法院提交作出行政行为的证据和所依据的规范性文件，并提出答辩状。人民法院应当在收到答辩状之日起 5 日内，向原告送达答辩状副本。

对于第二审程序而言，法院也应当按照上述期限的要求完成上诉状及答辩状的收取与送达。需注意的是，当事人应当向原审法院提出上诉，由原审法院完成文书送达后 5 日内将所有材料包括全部案卷和证据，报送第二审法院。

审判监督程序，根据提起主体的不同，分为当事人申请再审的、法院基于自我监督或者上下级监督而引起的和检察院提出抗诉或者检察建议的三类。对于当事人申请再审的，法院也应当按照上述期限的要求完成再审申请书及对方当事人书面意见的收取与送达。

二、审理方式及审判组织形式

通常情况下，对行政审理的第一审普通程序、第二审程序应当由审判员组成或者由审判员、陪审员组成三人以上单数的合议庭。除涉及国家秘密、个人隐私和法律另有规定的或者涉及商业秘密经当事人申请法院允许不公开审理的，都应当公开审理案件。且无论是公开审理还是不公开审理的案件，一律公开宣告判决。

但是，对于第一审普通程序，如果有《行诉解释》第六十九条第一款规定的情形之一的，已经立案的，应当裁定驳回起诉。同样，对于第二审程序，《行政诉讼法》第八十六条规定："人民法院对上诉案件，应当组成合议庭，开庭审理。经过阅卷、调查和询问当事人，对没有提出新的事实、证据或者理由，合议庭认为不需要开庭审理的，也可以不开庭审理。"

对于审判监督程序，法院主要采取书面审查的方式，根据案件需要决定是否询问当事人，仅在有新的证据可能推翻原判决、裁定的情况下，法院才应当询问当事人。同时，参照《最高人民法院关于适用〈中华人民共和国民事诉讼法〉审判监督程序若干问题的解释》第八条之规定，人民法院受理再审申请后，应当组成合议庭予以审查。

三、审理期限及其延长

对于第一审普通程序，法院应当在立案之日起6个月内作出第一审判决。对于上诉案件，法院应当在收到上诉状之日起3个月内作出终审判决。对于审判监督程序，如果是当事人申请再审的，法院应当自再审申请案件立案之日起6个月内审查；如果是检察院提出抗诉的案件，接受抗诉的法院应当自收到抗诉书之日起30日内作出再审的裁定；如果是检察院提出检察建议的，法院应当在3个月内进行审查。

对于第一审普通程序及第二审程序，有特殊情况需要延长审理期限的，由高级人民法院批准，高级人民法院自己审理的案件需要延长审理期限的，由最高人民法院批准。而审判监督程序，当事人申请再审的，有特殊情况需要延长审理期限的，由本院院长批准。

四、审理结果

对于第一审普通程序，属于《行诉解释》第六十九条规定的十种情形的，应当裁定驳回起诉。而采取判决结案的，根据案件审理的不同情况，处理结果分为驳回原告诉讼请求、撤销和要求重新作出行政行为、履行职责、给付、确认违法、确认无效、变更等。

应当注意的是，经撤销后重新作出行政行为的，被告不得以同一事实和理由作出与原行政行为基本相同的行政行为，但是法院以违反法定程序为由判决撤销的，不受其限制。对于原告请求被告履行法定职责或者给付义务的，未先向被告提出申请的，法院裁定驳回起诉。对于行政行为轻微违法而被法院判决确认违法的，主要是指“处理期限轻微违法”、“通知、送达等程序轻微违法”以及其他程序轻微违法的且对原告的重要程序性权利不产生实质损害的情形。最后，应当作出确认无效判决的案件，不受原告诉讼请求的限制；相反，原告起诉请求确认行政行为无效，但法院审查后认为不属于无效情形且经释明原告拒绝变更诉讼请求的，判决驳回原告的诉讼请求；且公民、法人或者其他组织仅能对 2015 年 5 月 1 日之后作出的行政行为提起确认行政行为无效的诉讼，否则法院将不予立案。

对于第二审程序，根据案件审理的不同情况，处理结果分为维持原判决、裁定；依法改判、撤销或者变更原判决、裁定；发回原审法院重审，或者查清事实后改判；对严重违反法定程序的，裁定撤销原判决，发回原审法院重审。

对于审判监督程序，法院审理再审案件，认为原生效判决、裁定确有错误，在撤销原生效判决或者裁定的同时，可以对生效判决、裁定的内容作出相应裁判，也可以裁定撤销生效判决或者裁定，发回作出生效判决、裁定的人民法院重新审理。如果是检察院抗诉的案件，法院再审开庭时，应当通知检察院派员出庭。

（撰写人：胡荣）

91

简易程序的适用条件和一般流程是什么?

为提高行政诉讼的效率，节约司法资源，降低当事人参加行政诉讼的成本，保障当事人的合法权益，《行政诉讼法》于第八十二条至第八十四条对行政诉讼适用简易程序作出规定，并于《行诉解释》第一百零二条至第一百零五条进一步充实其内容。

一、简易程序的适用条件

依据《行政诉讼法》第八十二条之规定，“事实清楚、权利义务关系明确、争议不大”是行政诉讼简易程序的适用条件。“事实清楚”，是指当事人对争议的事实陈述基本一致，并能提供相应的证据，无须人民法院调查收集证据即可查明事实；“权利义务关系明确”，是指行政法律关系中权利和义务能够明确区分；“争议不大”，是指当事人对行政行为的合法性、责任承担等没有实质分歧。具体而言，以下四种类型的第一审行政案件符合条件，可以适用简易程序：（1）被诉行政行为是依法当场作出的；（2）案件涉及款额2000元以下；（3）属于政府信息公开案件的；（4）当事人各方同意适用简易程序的。

二、简易程序适用条件的除外

由于适用简易程序的只能是第一审行政案件，因此对于当事人上诉的第二审案件，不能适用简易程序。当事人之所以上诉，就是对一审裁判的事实认定及法律适用产生了较大的争议，不再具备适用简易程序所必需的条件——事实清楚、权利义务关系明确、争议不大。

另外，发回重审、按照审判监督程序再审的案件也不能适用简易程序。依据《行政诉讼法》第八十九条之规定，发回重审虽然是按照第一审的程序进行审理，但发回重审的情形主要包括原判决认定基本事实不清、证据不足，原判决遗漏当事人或者违法缺席判决等严重违反法定程序的，这些情形均是与适用简易程序的基本条件相违背的。

审判监督程序是纠错程序，依据《行政诉讼法》第九十一条之规定，按照审判监督程序再审的事由，主要集中于事实认定和法律适用，或者有其他严重的程序违法行为等，因此也不能够适用简易程序。应当注意的是，即便是当事人超过上诉期未提起上诉而发生法律效力的一审判决、裁定，直接由原一审法院按照第一审程序提起再审的，同样也不能适用简易程序。

三、适用简易程序的一般流程

（一）审判主体

依据《行政诉讼法》有关管辖的规定，虽然基层人民法院、中级人民法院、高级人民法院和最高人民法院都可以审理第一审行政案件，但是高级人民法院和最高人民法院只是管辖本辖区内重大、复杂的第一审行政案件，明显不符合“事实清楚、权利义务关系明确、争议不大”的要求，不能适用简易程序进行审理。因此，通常情况下，适用简易程序的主体为基层人民法院。中级人民法院由于其管辖范围包括国务院部门或者县级以上地方人民政府所作的行政行为，其中的信息公开案件，依规定可以适用简易程序。故中级人民法院在一些特定案件的审理中，也能够成为适用简易程序的主体。

（二）审理方式

不同于普通程序合议制的审理方式，适用简易程序采用的是独任制的审理方式，即不再需要由三人以上单数的审判员、人民陪审员组成合议庭，而是由审判员一人独任审理。这是因为适用简易程序的案件案情清楚，权利义务关系简单，由一名审判员进行审理，已经可以保证案件的审判质量，同时能够实现节约司法成本，提升诉讼效率的目的。

（三）审理流程

《行政诉讼法》只是笼统地规定适用简易程序审理的行政案件，应当在立案之日起45日内审结。可以说，简易程序的审限相较于第一审普通程序6个月的审限，是大幅度地缩短了，因此，也应当允许简易程序的审理流程更为简便、灵活自主，以保证符合其设立的初衷。

依据《行诉解释》的规定，适用简易程序的案件，在传唤当事人、通知证人或者送达裁判文书以外的诉讼文书的方式上，法院可以采用口头通知、电话、短信、传真、电子邮件等简便方式。在举证期限方面，举证期限由法院确定，也可以由当事人协商一致并经法院准许，但不得超过15日。且双方当事人均表示同意立即开庭或者缩短举证期限、答辩期间的，法院可以立即开庭审理或者确定近期开庭。

在庭审程序方面，适用简易程序审理的案件，应当尽量做到一次开庭且能够当庭宣判，法庭调查和辩论可以围绕主要争议问题进行，庭审环节可以适当简化或者合并，但不能减损当事人享有的诉讼权利，如申请回避的权利，适用本民族语言、文字进行诉讼的权利等。

（四）程序转换

人民法院在适用简易程序审理案件的过程中，一旦发现存在不宜适用简易程序的情形或者出现导致案件不再符合简易程序适用条件的新情形时，应当在审理期限届满前通过裁定方式，将审理程序转变为普通程序，并及时书面通知各方当事人。而关于不宜再适用简易程序的情形，虽然法律没有作出具体的规定和细化，但是从司法实践来看，主要分为与案件事实相关的情形、与案件程序相关的情形及其他情形。

与案件事实相关的情形主要包括当事人改变或者增加其诉讼请求的，进而导致案情复杂化；当事人依法申请调取证据、申请证人出庭、申请勘验或鉴定等，而法院经审查认定确有必要进行的，导致案情事实不确定，客观上也无法在45日内审结的。与案件程序相关的情形主要包括需要追加被告、追加第三人，或者法律文书无法及时送达，需要公告送达等，客观上需要花费大量时间，无法在简易程序规定审限内审结的。其他情形如案情虽然简单，但是经过审理发现当事人情绪激烈，涉及大量同类型案件的，可能产生重大影响、引发群体性事件的。对于上述情形，人民法院一旦发现，即应当裁定将审理程序转变为普通程序。

（撰写人：胡荣）

92

行政诉讼调解的适用条件和基本原则是什么?

一、人民法院审理行政案件，不适用调解

人民法院审理行政案件，原则上不适用调解的原因包括：一是行政诉讼是人民法院审查具体行政行为的合法性问题，行政行为是否合法没有调解的余地；二是调解以双方当事人能自行处分自己的实体权益为前提，但行政机关是代表国家、以国家名义实施其行为的，行政机关不能自行任意处分自己的实体权益，从而行政争议缺乏调解的基础；三是行政争议由于发生在不平等的双方当事人之间，如对双方调解，行政机关在调解中可能利用权力压制对方当事人使其屈服，也可能通过牺牲国家、社会利益来与对方当事人达成协议，以避免对簿公堂中对方当事人指控自己的违法行为而可能出现的尴尬局面；四是不适用调解，不排除法院在公开审理前或公开审理中向当事人双方宣传法律政策，从而也不排除法院允许原告在认识到其指控不当后撤诉和允许被告在认识到其行为违法不当后改变原具体行政行为以及原告同意后撤诉。①

但是刚性判决并不是解决行政争议的唯一手段。由于违法或合法的单一判决模式与行政活动高度复杂性相比，存在着固有局限性，所以一味地进行刚性裁判，不仅不能彻底地解决矛盾纠纷，还可能激发更大的矛盾，导致“案结事未了”的情形。久而久之会造成公民对于行政诉讼的期待值下降，行政裁判的公信力不足等问题。

随着社会多元化、复杂化以及城市飞速发展引发的社会矛盾纠纷的激增，人民法院如果能在查清事实，分清是非的基础上，引导双方当事人互谅互让，对于快捷、妥善、彻底地平息纠纷、化解矛盾具有十分重要的意义。因此，在行政诉讼中适当引入调解，不仅有利于妥善处理行政争议，还可以增进当事人与行政机关的相互理解和信任。故《行政诉讼法》规定行政赔偿、补偿以及行政机关行使法律、法规规定的自由裁量权的案件可以调解。遇到拒绝履行调解书的情形，也可以申请人

---

① 参见姜明安：《行政诉讼法》，法律出版社2007年版，第63页。

民法院强制执行或者由行政机关依法强制执行。[①]《行诉解释》也进一步对人民法院审理行政案件径行调解的情形作出了规定。[②]

二、行政赔偿、补偿案件可以调解

补偿与赔偿系两种法律制度，前者系以国家合法行为为基础的损失补偿，后者乃是以违法行为为基础的损害赔偿。对于行政赔偿诉讼适用调解的问题，高家伟教授认为："行政赔偿诉讼可以适用调解的主要原因是诉讼客体是受害人的个人权利即取得国家赔偿的权利，这种权利都具有可以自由处分的性质，只要不违反法律，损害他人权益，任何人不得干预。另外，对如何赔偿，赔多赔少，行政机关也有一定的裁量权。这是行政赔偿诉讼可以适用调解的基础。"[③] 行政补偿同样如此，对于受害人来说，无论是取得国家赔偿，还是取得国家补偿，这种权利都具有可以自由处分的性质，并无二致。

此外，《国家赔偿法》还专门对赔偿决定中的协商程序作出规定。《国家赔偿法》第十三条第一款规定："赔偿义务机关应当自收到申请之日起两个月内，作出是否赔偿的决定。赔偿义务机关作出赔偿决定，应当充分听取赔偿请求人的意见，并可以与赔偿请求人就赔偿方式、赔偿项目和赔偿数额依照本法第四章的规定进行协商。"该协商程序也可以是一个独立的国家赔偿解决程序，具有相对的独立性。这种相对的独立性主要体现在赔偿请求人和赔偿义务机关在经过协商之后，可能最终作出一个经过双方合意、体现双方意志的赔偿决定，也可以作出一个体现双方意志的赔偿协议。[④]

三、行政机关行使法律、法规规定的自由裁量权的案件可以调解

除去行政赔偿、补偿案件，可以调解的案件类型事实上只有行政机关行使法律、法规规定的自由裁量权的这一种情形。这是由行政诉讼调解的有限原则所决定的。有限原则是指行政诉讼调解的适用范围是有限的。因为从法律赋予权力的角度看，行政机关并非对任何行政行为和任何事项都有处分权。而且，如果不对行政诉讼调解的

---

① 《行政诉讼法》第六十条规定："人民法院审理行政案件，不适用调解。但是，行政赔偿、补偿以及行政机关行使法律、法规规定的自由裁量权的案件可以调解。调解应当遵循自愿、合法原则，不得损害国家利益、社会公共利益和他人合法权益。"

第九十五条规定："公民、法人或者其他组织拒绝履行判决、裁定、调解书的，行政机关或者第三人可以向第一审人民法院申请强制执行，或者由行政机关依法强制执行。"

② 《行诉解释》第八十四条规定："人民法院审理行政诉讼法第六十条第一款规定的行政案件，认为法律关系明确、事实清楚，在征得当事人双方同意后，可以迳行调解。"

③ 高家伟：《国家赔偿法学》，中国工商出版社2000年版，第228页。

④ 江必新、梁凤云、梁清：《国家赔偿法理论与实务》，中国社会科学出版社2010年版，第1094—1095页。

范围作出限制，有可能导致诉讼调解的滥用，从而影响行政诉讼立法宗旨的实现。

法律规定中在自由裁量权之前加上“法律、法规规定的”定语，是因为行政机关的自由裁量事项应当由立法机关所明文规定。至于如何判断行政机关就某一事项具有裁量权，“在具体案件中应当根据有关法律规范予以确定。从法律技术来看，裁量授权有时通过明示的‘裁量’，但多数情况下是通过诸如‘可以’、‘得’、‘有权’等术语。有时，裁量也可能产生于法律规则的总体关联点”①。

四、调解应当遵循的原则

依法律规定，调解应当遵循自愿、合法原则。

（一）自愿原则

调解强调自愿原则，首先要求人民法院予以遵循。既要适时提出调解建议，又要尊重当事人意思自治，任何一方当事人不同意调解的，不得强行为之。

（二）合法原则

合法原则有三层含义，第一层含义是，行政诉讼调解不能排除或放弃对被诉行政行为的合法性审查。人民法院应当首先对行政行为的类型及其合法与否有了初步判断后，再根据具体案情确定是否提出调解建议。第二层含义是，行政诉讼调解不同于私法上的意思自治，人民法院应当对调解活动以及调解内容是否合法进行监督。第三层含义是，行政诉讼调解应限于当事人就诉讼标的具有处分权，不仅事实上有处分的可能，法律上也要有处分的权限。

行政调解的同时注意不得损害国家利益、社会公共利益和他人合法权益。

（撰写人：李振凡）

93

行政诉讼中当事人有哪些诉讼权利和诉讼义务？

在行政诉讼中，当事人是指因发生行政争议，以自己的名义进行诉讼，并受人民法院裁判拘束的主体，包括原告、被告、第三人及共同诉讼人。②《行政诉讼法》

① ［德］哈特穆特·毛雷尔：《行政法学总论》，高家伟译，法律出版社2002年版，第126页。

② 李广宇：《新行政诉讼法逐条注释》（上卷），法律出版社2015年版，第206页。

对当事人的诉讼权利规定，主要是根据当事人在诉讼中的主体地位以及诉讼中具体活动的要求而定的。我国《行政诉讼法》对于当事人的诉讼权利采取了相对集中规定和分散式规定两种方法。在《行政诉讼法》第四章“诉讼参加人”中，对当事人享有的诉讼权利予以较为集中的规定，其中包括双方均享有的权利，如委托代理人、提出回避申请、查阅本案庭审材料、收集提供证据等。除此之外，行政诉讼法对其他诉讼权利采取了分散式规定。例如，起诉权、使用本民族语言文字诉讼的权利、进行辩论权、管辖异议权、申请公开审理权、申请人民法院调取证据权、申请诉前保全证据权、质证权等。最高人民法院的司法解释就《行政诉讼法》的一些未尽事宜作了规定，如被告在特定情形下的补充证据权、申请重新鉴定权、申请证人出庭作证权、申请行政执法人员出庭作证权、依法提供新证据权等。

一、当事人在行政诉讼中的权利

根据行政诉讼法及民事诉讼法的有关规定，当事人在行政诉讼中享有以下权利：（1）平等对待权。（2）获取诉讼资料和必要信息的权利。（3）用本民族的语言进行诉讼的权利。（4）提供证据和申请保全证据的权利。（5）出庭陈述和辩论的权利。（6）委托代理人的权利。（7）申请回避的权利。（8）查阅本案庭审材料、庭审笔录和申请补正庭审笔录的权利。（9）对司法决定申请复议的权力。（10）提出上诉的权利。（11）向人民法院申请执行的权利。（12）提出申诉的权利。

此外，行政诉讼原告还享有一些在民事诉讼中没有规定的特殊权利。（1）起诉权。这一点与被告完全不同，在行政诉讼中，作为行政法律关系的行政主体一方只有应诉、上诉权，不可能有起诉与反诉的权利。而在民事诉讼中，诉讼双方当事人可以互为原被告，所以双方当事人都有起诉与反诉权。（2）申请延长起诉期限的权利。《行政诉讼法》第四十八条规定，公民、法人或者其他组织因不可抗力或者其他特殊情况耽误起诉期限的，在障碍消除后的10日内，可以申请延长期限，由人民法院决定。（3）申请复议和提起诉讼的选择权。《行政诉讼法》第四十四条规定，对属于人民法院受案范围的行政案件，公民、法人或者其他组织可以先向行政机关申请复议，对复议决定不服的，再向人民法院提起诉讼；也可以直接向人民法院提起诉讼。法律、法规规定应当先向行政机关申请复议，对复议决定不服再向人民法院提起诉讼的，依照法律、法规的规定。（4）申请停止被诉行政行为执行的权利。《行政诉讼法》第五十六条规定，诉讼期间，不停止行政行为的执行。但有下列情形之一的，裁定停止执行：被告认为需要停止执行的；原告或者利害关系人申请停止执行，人民法院认为该行政行为的执行会造成难以弥补的损失，并且停止执行不损害国家利益、社会公共利益的；人民法院认为该行政行为的执行会给国家利益、社会公共利益造成重大损害的；法律、法规规定停止执行的。（5）申请撤诉的权利。《行政诉讼法》第六十二条规定，人民法院对行政案件宣告判决或者裁定前，原告申请撤诉的，或者被告改变其所作的行政行为，原告同意并申请撤诉的，是否准许，由人民法院裁定。（6）附带请求国家赔偿的权利。根据国家赔偿法的规定，公民、法人或者其他组织的合法权益受到行政机关或者行政机关工作人员作出的行政行为侵犯造成损害的，有权请求赔偿。公民、法人或者其他组织单独就损害赔偿提出请求，应当先由行政机关解决；对行政机关的处理不服，可以向人民法院提起诉讼。

二、当事人在行政诉讼中的义务

诉讼权利和诉讼义务相辅相成，《行政诉讼法》对当事人的义务采取的同样是相对集中和分散式的规定。例如，当事人必须依法行使诉讼权利，遵守诉讼秩序，履行发生法律效力的法律文书等诉讼义务。对于当事人的义务主要通过“应当”“必须”等表述方法，对当事人的诉讼行为进行规范。

根据《行政诉讼法》及《民事诉讼法》的有关规定，当事人在行政诉讼中负有以下义务：（1）必须依法行使诉讼权利，不得滥用法律赋予的行政诉讼权利，实施妨害诉讼的行为。（2）陈述案件事实、提供证据必须实事求是，不得捏造事实、伪造证据。（3）被告在行政诉讼中负有举证责任，在诉讼期间不得自行向原告和证人收集证据。（4）庭审中，当事人未经法庭许可，不得中途退庭。原告中途退庭的，按自动撤诉处理，被告中途退庭的，可以缺席判决。（5）当事人在庭审过程中应当遵守法庭纪律，维护法庭秩序，服从法庭指挥，尊重对方当事人和其他诉讼参与人的诉讼权利，未经审判长许可不得随意发言或向对方当事人提问。（6）当事人必须履行人民法院已经发生法律效力的法律文书。

（撰写人：苏美夏）

94

行政诉讼庭审的一般流程是什么？

《行政诉讼法》规定了开庭审理的内容，但是没有规定开庭审理的程序。《四五改革纲要》中提出“案件事实查明在法庭、辩诉意见发表在法庭、裁判理由形成在法庭”的基本要求，切实发挥庭审中心作用。根据司法实践，开庭审理的程序主要包括以下几个阶段：

一、开庭前的准备阶段

开庭准备是开庭审理的最初阶段，是为了保障开庭审理顺利进行而设置的程序。但是，它不同于“审前准备程序”，开庭准备实际上已经属于开庭审理程序中的一部分。根据民事诉讼法的规定，在开庭审理之前，人民法院应当完成以下几项工作：一是依法告知当事人和其他诉讼参与人出庭应诉的日期。开庭日期确定后，应当在开庭3日前将传票送达当事人。对于当事人在外地的，应当留有必要的在途时间。二是发布开庭公告。公开开庭审理的，人民法院在开庭3日前应当将当事人姓名、案由和开庭时间、地点进行公告。公告可以张贴于法院的公告栏，也可以张贴于当事人住所、工作单位及有关的场所。

二、出庭情况审查阶段

审查的内容主要有：(1) 查明当事人和其他诉讼参与人是否到庭，手续是否齐全，核实双方证据是否送达对方等情况。(2) 由书记员宣读法庭纪律。(3) 法官助理宣布审判长、审判员入席。向审判长报告诉讼参加人和其他诉讼参与人到庭情况，说明法庭准备工作就绪，请审判长正式宣布开庭。(4) 审判长宣布开庭。(5) 宣布案由、告知当事人诉讼权利和义务。值得注意的是，审判长宣布开庭后法庭辩论终结前，当事人可以提出回避申请。人民法院应当在法定期限内以口头或者书面形式作出决定。申请人对驳回回避申请决定不服的，可以申请复议一次。复议期间，被申请回避的人员不停止参与本案的工作。

三、法庭调查阶段

根据司法实践，法庭调查一般按照以下程序进行：(1) 原告宣读起诉状，被告宣读答辩状，有第三人参加诉讼的，第三人陈述其诉讼主张。(2) 当事人陈述和询问当事人。(3) 告知证人出庭作证和如实陈述的义务，询问证人、审查证人证言材料。(4) 询问鉴定人、勘验人，审查鉴定结论、勘验笔录。(5) 审查书证、物证及视听材料。当事人在法庭上有权提出新的证据，还可以要求重新鉴定、调查或者勘验，是否准许由人民法院决定。审判长或者其他合议庭成员根据行政诉讼法的有关规定和起诉、答辩的内容，归纳法庭审查的内容，审前准备程序已经确定争议焦点和法庭审查重点的，不再归纳。因《行政诉讼法》规定被告承担举证责任，因此法庭调查阶段应突出对被诉行政机关的调查，可采取行政相对人提问，行政机关答辩，法庭对双方进行补充询问的方式进行。如果合议庭认为案件事实已经查清，审判长即可宣布法庭调查结束，进入辩论阶段。

四、法庭辩论阶段

法庭辩论应当遵循公平原则，确保各方当事人在不重复之前陈述的前提下充分发表意见。法庭辩论时，合议庭应当根据案件的具体情况，由负担举证责任的一方当事人首先发言。在行政行为合法性问题成为争议焦点的情况下，一般应由被告一方发言，再由原告一方发言，最后双方进行辩论。在案件侵害事实、行政协议、依申请不作为等问题成为争议焦点的情况下，一般应当先由原告及其诉讼代理人发言，再由被告进行发言，最后进行辩论。如果有第三人参加诉讼，应在原被告发言后再进行发言。法庭辩论由审判长主持，法庭质证和法庭辩论可以交替进行。在辩论过程中，如果发现有新的事实和证据需要审查的，合议庭应当宣布中止法庭辩论，回复法庭调查或质证，结束后再恢复法庭辩论。当审判长认为应待查明的事实已辩论清楚，即可宣布结束辩论。

五、最后陈述阶段

最后陈述是法庭审理的一个独立的诉讼环节，各方当事人对己方主张进行最后总结陈述，如在前阶段有未尽之言，可以在此独立完整地阐明自己的观点，从而弥补在法庭调查和法庭辩论中辩护的不足。

六、合议庭评议阶段

原被告在按顺序进行最后陈述后，审判长宣布休庭。合议庭成员以法庭调查和辩论内容为基础，认定案件事实，分清是非责任，合议庭评议应当秘密进行，不受任何组织和个人的干预。在评议时，合议庭成员可以平等地表明自己对案件的处理意见。合议庭成员意见不一致时，适用少数服从多数的原则，按多数意见作出裁决。评议过程制成评议笔录，评议中有不同意见必须如实记录入笔录，由合议庭全体成员签名。重大疑难案件由院长提交审判委员会讨论决定。有关材料应当归档放入副卷。

七、公开宣判阶段

行政案件无论是否公开审理，都应当公开宣判。能够当庭宣判的，由审判长在休庭结束，恢复开庭后当庭宣判，并在 10 日内向当事人发送裁判文书。不能当庭宣判的择日宣判。凡是定期宣判的，人民法院在宣判后应当立即发给行政裁判文书，并告知当事人上诉权、上诉期限、上诉法院和其他有关注意事项。

（撰写人：张玮）

95

庭前准备程序有哪些主要功能和注意事项?

庭前准备是指人民法院在案件受理后至开庭审理前，为了保证诉讼活动的顺利进行和案件得到正确及时审理而由人民法院工作人员进行的各项准备工作，其主要功能在于创造开庭审理的必要条件，保障开庭审理的顺利进行，因此庭前准备程序是实现以庭审为中心的关键环节。

我国诉讼法律虽然没有对庭前程序作出明确具体的规定，但是根据司法实践经验总结出来的庭前准备程序包括：审查当事人资格（是否需要更换、追加或者通知当事人参加诉讼等）、审核诉讼文书（是否有调证和回避等申请等）、组成合议庭、送达起诉状副本和答辩状副本及其证据材料、决定是否需要调查收集证据、确定举证期限及时组织当事人进行证据交换、审查行政行为所依据的法律法规、庭前调查、庭前会议等。这些程序能够使得法庭梳理证据、固定无争议事实和证据、厘清有争议事实和证据、准确归纳争议焦点，使案件达到可以开庭审理的条件，即在庭审中围绕争议焦点和事实举证质证、充分辩论，尽可能通过一次集中审理形成心证，及时作出裁判，公正高效解决纠纷。

具体来说，从满足集中审理的要求出发，庭前准备程序具备以下方面的功能：一是整理争议焦点的功能。庭前准备程序的功能之一就是以行政行为合法性为框架，查明行政机关是否已经作出行政行为、该行为是否存在违法的可能、侵犯原告的何种权利、是否存在其他利害关系人等。只有使争议焦点明确，当事人才可能在庭审中针对其进行举证、质证，法官才能判断当事人的论证是否准确充分。没有明确的争议焦点，无论是法官还是当事人在庭审中都将失去方向。二是固定证据的功能。庭审是一个公开论证的过程。司法在时间和空间上的特殊要求决定了证据必须在开庭前固定下来，否则将造成时间上的拖延和多次的审理，纠纷难以有效地解决。三是促成调解或和解的功能。在争议焦点明确，证据得到固定以后，当事人即使没有经过一个充分的论证程序，但在确定争议焦点和固定证据的过程中，其实际上已经就自己的主张和证据作过一番考虑，并且与对方的观点和证据作了比较衡量，有助于当事人接受调解或和解。

如何充分进行庭前准备程序，需要注意以下几个问题：

1. 庭前准备程序应当更加注重当事人主义和职权主义的结合。庭前工作的内容不仅仅是为了让法官熟悉案情并由此作出庭审的内容，还应重点确定当事人的争议焦点和证据交换。充分调动当事人和代理人的积极性，同时发挥法院职权主义的优势，通过职权调取证据、指定鉴定人等方式保障原告的诉讼权利。

2. 需要多方主体参与庭前准备程序，合理确定法官、法官助理、当事人的关系以及责任。在庭前准备程序中，应当改变以往法院主导的职权主义色彩，更加注重加入当事人主义的因素，通过庭前会议、证据交换、调取证据等方式保障原告的诉讼权利、增强诉讼能力。法院和当事人共同参与，体现协同主义原则。由于法官员额制改革之后，法官面临案多人少的压力，因此要发挥法官助理的积极作用。法官助理主持并引导庭前准备程序，控制庭前准备工作的各个程序，针对诉讼请求、无争议事实和证据、争议焦点等及时作出庭前准备报告并向承办法官及合议庭汇报。这样能避免主审法官与当事人之间有直接的接触，有助于任何接触都具有公开性、程序化。

3. 庭前准备程序的效果应当予以固定，通过过滤功能使其体现法定效力。过滤功能意味着对于审前程序中已经明确的事实，在庭审中不能有相反的意思表示。庭前准备中确定的事实、交换的证据、固定的争点、阐明的观点对庭审具有约束力，庭审中可不再对无争议的事实证据进行调查质证。当事人如果在审前程序中不提供或者不按时提供证据、提交答辩状，除非有特别重大的事由，否则法院不应当采纳。

4. 庭前准备程序的方式应当既规范又灵活。前述的庭前准备具体程序中应以固定争议焦点为核心步骤，贯穿庭前准备程序的始终，庭前调查、庭前会议视案件的繁简程度进行选择，其他程序属于必要步骤。诉答阶段，在固定诉请请求的同时，应分析请求权基础及构成要件；证据交换后，对有争议事实督促当事人调查或依职权调查；庭前会议中，应对已准备事项予以总结并形成笔录，做到“四固定”：诉讼请求固定、证据固定、无争议事实固定、争点固定。同时进行调解，因事实已基本清楚，当事人已充分沟通，调解成功的概率相当大。

（撰写人：张伟）

96

行政案件按撤诉处理的主要情形有哪些？

按撤诉处理是指原告向人民法院提起行政诉讼之后，原告方不按照法律规定行使权利并且承担相应的诉讼义务，人民法院根据法律规定并结合实际情况直接终止原告提起的诉讼活动，导致诉讼的终结。

1. 原告或者上诉人经传票传唤，无正当理由拒不到庭或者未经许可中途退庭的。

《行政诉讼法》第五十八条规定，经人民法院传票传唤，原告无正当理由拒不到庭，或者未经法庭许可中途退庭的，可以按照撤诉处理。行政诉讼法明确规定了当事人的诉讼权利，同时，当事人也必须依照法律规定行使诉讼权利并承担相应的诉讼义务。原告或者上诉人经人民法院传票传唤，无正当理由拒不到庭或者未经许可中途退庭的行为，实际上是放弃自己起诉权的默示行为，应当按照撤诉处理。

首先，关于经传票传唤的理解。传票传唤的事由必须是通知开庭，其他事由如谈话、询问等均不能按撤诉处理。而且传票的内容应当规范，案号、开庭时间、开庭地点等都需要在传票中予以列明，符合相应的法律规定。传票寄出就具有法律效力，各方当事人收到之后，应当遵守传票中所列明的事项，也即在传票记载的时间，到达指定的地点，参加相应的诉讼活动。如果当事人未遵守传票所记载的内容，也无正当理由的就应当承担相应的法律后果，即人民法院可以根据情况，决定是否按照撤诉处理。需要说明的是，传票的内容以及签发必须符合法律的规定，必须准确、清晰。传票中所载的当事人名称、地址要准确，以防重名问题；对于开庭的时间、地点合理安排，并填写准确。如开庭时间不能误写为法定休息日，或已经过去的时间，或日历上没有的时间；地点则不能简单地填写到哪个法院或者哪个业务庭开庭，应当写明具体庭审地点等，否则尽管具备了传票的外观，但其并未产生传票的法律效力。

其次，关于拒不到庭的理解。拒不到庭一般有明示和默示两种。明示是原告或者上诉人收到传票后，基于其他诉讼目的，明确告知法院届时不到庭参加诉讼，并且在释明相关法律后果之后，仍然表示不到庭参加诉讼。默示是指原告或者上诉人以特定行为表示其不到庭参加诉讼，即在合理的时间范围内不到庭参加诉讼。

第三，关于正当理由的理解。正当理由是指原告或者被告确因不可抗力等客观上的实际障碍而不能到庭。如果当事人确实存在“正当理由”不能到庭，应当提前通知人民法院，理由是否成立，由人民法院审查决定。认定正当理由的标准，应当以客观情况作为判断的基本原则。主要包括在传票所规定的时间内，是否发生了当事人无法克服、无法避免的直接导致当事人不能到庭参加诉讼的因素，如地震、水灾、大雾等自然因素；或者发生了其他意外情况，如当事人突然生病住院，途中发生交通事故，受到司法机关或者第三人拘禁，丧失人身自由等。这些客观原因导致当事人无法到庭参加诉讼的，属于正当理由。对于原告或者上诉人以自己记错或者忘记开庭时间、开庭地点或者上班高峰交通拥堵、与其他法院开庭时间冲突等具有主观因素为由而不能到庭的，则不能认定为正当理由。

第四，关于未经法庭许可，中途退庭的理解。无论是经过传票传唤还是以电话通知等形式已经传唤当事人到庭的，当事人应当遵守法庭纪律和法庭秩序，听从法庭指挥，即使是经过法庭辩论程序，庭审过程基本完成，原告或者上诉人也不能擅自离开法庭，如果原告或者上诉人未经法庭许可，中途退庭，不再参加庭审活动，视为藐视法庭，应当按撤诉处理。

2. 第一审程序、第二审程序均得适用。按撤诉处理的情形不仅适用于第一审程序，也适用于第二审程序。在第二审程序中，如果上诉人经传票传唤拒不到庭，或者未经法庭许可中途退庭，人民法院可以按撤回上诉处理。

3. 原告或者上诉人未按规定的期限预交案件受理费，又不提出缓交、减交、免交申请，或者提出申请未获批准的。

《行诉解释》第六十一条规定，原告或者上诉人未按规定的期限预交案件受理费，又不提出缓交、减交、免交申请，或者提出申请未获批准的，按自动撤诉处理。在按撤诉处理后，原告或者上诉人在法定期限内再次起诉或者上诉，并依法解决诉讼费预交问题的，人民法院应予立案。原告起诉或者上诉人提起上诉后，按照规定交纳案件受理费或者上诉费是人民法院受理案件的一个前提。如果当事人没有交纳案件受理费或者上诉费，或者没有足额交纳案件受理费或者上诉费，申请缓交、减免或免交又未获批准而仍不预交或不足额预交的，人民法院则不应立案受理，案件不进入诉讼程序。已经进入诉讼程序的，由人民法院依法按照当事人自动撤诉处理。

（撰写人：李振凡）

97

原告申请撤诉应当具备哪些条件?

一、相关法律法规

《行政诉讼法》第六十二条规定:“人民法院对行政案件宣告判决或者裁定前,原告申请撤诉的,或者被告改变其所作的行政行为,原告同意并申请撤诉的,是否准许,由人民法院裁定。”

《最高人民法院关于行政诉讼撤诉若干问题的规定》第二条规定:“被告改变被诉具体行政行为,原告申请撤诉,符合下列条件的,人民法院应当裁定准许:

(一)申请撤诉是当事人真实意思表示;

(二)被告改变被诉具体行政行为,不违反法律、法规的禁止性规定,不超越或者放弃职权,不损害公共利益和他人合法权益;

(三)被告已经改变或者决定改变被诉具体行政行为,并书面告知人民法院;

(四)第三人无异议。”

二、原告申请撤诉情形

原告撤诉是终结诉讼的一种制度,是指人民法院对行政案件宣告判决或者裁定前,原告主动申请撤回诉讼请求,终止诉讼程序的一种诉讼行为。撤诉制度是新形势下解决行政纠纷的一种创新方式,其充分发挥当事人的意思自治,同时也实现了案件争议的实质性化解,真正达到“案结事了”的法律效果。以撤诉方式结案,有利于密切诉讼双方当事人之间的关系,有利于案件的执行,有利于及时审结行政案件。[①] 因此,最高人民法院对于行政诉讼撤诉的态度是,鼓励和提倡双方当事人通过合意协商,在妥善解决争议的基础上通过撤诉的方式结案。[②]

根据撤诉制度的相关法律规定,原告申请撤诉存在两种情形:一种是原告在诉讼过程中主动申请撤诉,另一种是被告改变其所作的行政行为,原告同意并申请撤诉,即原告的纠纷通过和解的方式已经得到实质性解决。“原告在法律规定的范围

---

① 张建平:《对行政诉讼中撤诉的再认识》,载《法学论坛》1991 年第 3 期。

② 《最高人民法院关于认真贯彻执行〈关于行政诉讼撤诉若干问题的规定〉的通知》(2008 年 1 月 31 日)。

内可以随意处分自己的诉讼权利，可以放弃自己的诉讼权利，但是，一经诉讼，原告便不能随意处分自己的诉讼权利，申请撤诉必须经过人民法院准许”①，也即原告具有申请撤诉的权利，但是否准许取决于法院。这是由于行政案件不同于民事案件平等主体之间完全意思自治，行政案件的处理必须受到司法权的监督，人民法院负有对行政机关的行政行为的合法性进行监督审查的义务。

三、原告申请撤诉的条件

根据《行政诉讼法》第六十二条的规定，原告申请撤诉必须满足特定的条件才能获得法院的准许，才能真正实现以原告撤诉终结诉讼的目的。《最高人民法院关于行政诉讼撤诉若干问题的规定》第二条只对被告改变被诉具体行政行为后原告申请撤诉的条件作出明确的规定，并没有对原告自愿申请撤诉情形所需的条件作出规定，本文对原告申请撤诉两种情形所需满足的特定条件一并予以讨论：

1. 申请撤诉的主体是原告，包括原告委托的诉讼代理人或法定代理人。如果原告没有诉讼行为能力，则由其法定代表人代为申请撤诉。因为诉讼是由原告提起的，被告及第三人没有权利提出撤诉请求，只能被动地参与到诉讼中。

2. 申请撤诉必须基于原告的真实意思表示。这一条件体现了自愿原则，因为行政诉讼双方当事人属于不对等的管理者与被管理者的关系，原告很可能迫于被告行政机关的压力或慑于行政机关的威力而违心撤诉，这违背了撤诉制度的立法宗旨。因此，原告申请撤诉必须是出于其自愿。即使行政机关改变了行政行为，原告仍不满意变更后的行政行为坚持继续原诉讼的，人民法院不可以强迫或诱导原告撤诉，而应继续审理。此外，原告申请撤诉必须明确提出，一般审理过程中需要原告提交书面的撤诉申请，而不存在默示或推定撤诉的情形。

3. 申请撤诉必须符合法律规定。首先，对于原告主动申请撤诉的，必须符合法律规定，不能规避法律或损害国家、集体、他人的权益。例如，原告起诉后发现裁判结果可能对其不利，遂要求撤诉以避免承担不利后果，则其撤诉是不予准许的。如果原告在申请撤诉时有违法行为，人民法院可以依照《民事诉讼法》的相关规定裁定不准予撤诉。其次，对于行政机关变更行政行为后，原告同意并申请撤诉的，根据《最高人民法院关于行政诉讼撤诉若干问题的规定》第二条的规定，被告改变被诉具体行政行为，不违反法律、法规的禁止性规定，不超越或者放弃职权，不损害公共利益和他人合法权益，原告申请撤诉的，人民法院应当裁定准许。这一条件体现了有限原则，即被告改变被诉具体行政行为是有范围限制的，行政机关并

---

① 胡康生主编：《行政诉讼法释义》，北京师范学院出版社1989年版，第82页。

非对任何行政行为都具有处分权，对于行政机关没有处分权或者违法的行政行为，人民法院是不予准许的，这就体现了人民法院对行政机关行政行为的司法审查权。

4. 原告申请撤诉必须在人民法院对行政案件宣告判决或者裁定前提出，这是对原告申请撤诉的时限要求。申请撤诉产生的法律效果为案件诉讼程序终结，如果行政案件宣告判决或者裁定，也就意味着该行政案件已经审理终结，也就没必要申请撤诉来终结诉讼程序。

5. 原告申请撤诉必须经人民法院准许。撤诉制度包含两部分内容，一是原告申请撤诉行为，二是人民法院的准许行为。原告是否申请撤诉是原告在诉讼过程中的一项基本权利，但是否准许需人民法院经过审查后决定。如果当事人申请撤诉符合上述四个条件，则人民法院在审查后可以作出准许撤诉裁定。根据《最高人民法院关于行政诉讼撤诉若干问题的规定》第五条的规定，被告改变被诉具体行政行为，原告申请撤诉，有履行内容且履行完毕的，人民法院可以裁定准许撤诉；不能即时或者一次性履行的，人民法院可以裁定准许撤诉，也可以裁定中止审理。

（撰写人：张丽同）

98

行政诉讼二审程序的审查重点是什么？

第二审程序是上一级人民法院基于当事人的上诉，对下一级人民法院未生效的裁判进行审理和裁判的诉讼程序。第二审程序是一种裁判瑕疵的纠正程序，对于纠正法院裁判错误，保护当事人的合法权益，维护法律的统一适用具有积极的意义。《行政诉讼法》第七章第四节专节规定了第二审程序。

一、上诉人的确定

《行诉解释》第一百零七条规定，第一审人民法院作出判决和裁定后，当事人均提起上诉的，上诉各方均为上诉人。诉讼当事人中的一部分提出上诉，没有提出上诉的对方当事人为被上诉人，其他当事人依原审诉讼地位列明。需要注意的是，在共同诉讼中上诉人和被上诉人如何确定，一般来说，共同诉讼分为必要共同诉讼和普通共同诉讼。对于普通共同诉讼而言，由于被诉行政行为是一类行政行为而由法院合并审理，其各自享有上诉权，可以独立提起上诉。在普通共同诉讼中，是否作为被上诉人，取决于对方当事人是否将其列为被上诉人，其并非自然成为共同被上诉人。

二、提出上诉的具体程序

一是根据《行诉解释》第一百零八条规定，当事人提出上诉，应当按照其他当事人或者诉讼代表人的人数提出上诉状副本。二是当事人提出上诉，一般应当通过原审人民法院提出。当事人提起上诉，既可以向原审人民法院提出，也可以向第二审人民法院提出。三是上诉状副本应当发送其他当事人。四是原审人民法院应当对是否符合上诉条件进行形式审查。五是对方当事人不提出答辩状的，不影响人民法院审理。①

三、二审程序的审查重点

《行诉解释》第一百零九条规定，第二审人民法院经审理认为原审人民法院不予立案或者驳回起诉的裁定确有错误且当事人的起诉符合起诉条件的，应当裁定撤销原审人民法院的裁定，指令原审人民法院依法立案或者继续审理。第二审人民法院裁定发回原审人民法院重新审理的行政案件，原审人民法院应当另行组成合议庭进行审理。原审判决遗漏了必须参加诉讼的当事人或者诉讼请求的，第二审人民法院应当裁定撤销原审判决，发回重审。原审判决遗漏行政赔偿请求，第二审人民法院经审查认为依法不应当予以赔偿的，应当判决驳回行政赔偿请求。原审判决遗漏行政赔偿请求，第二审人民法院经审理认为依法应当予以赔偿的，在确认被诉行政行为违法的同时，可以就行政赔偿问题进行调解；调解不成的，应当就行政赔偿部分发回重审。当事人在第二审期间提出行政赔偿请求的，第二审人民法院可以进行调解；调解不成的，应当告知当事人另行起诉。结合《行政诉讼法》的规定，二审法院应当对案件进行全面审查。这里的全面审查主要包括三层含义：一是既要审查一审裁判认定的事实是否清楚，又要审查一审人民法院适用法律是否正确，还要审查一审人民法院审理行政案件是否违背法定程序。同时，对当事人在二审中提出的新的事实和新的证据以及对一审的陈述进行的补充也都应进行审查。二是进行全面审查的目的就是要充分发挥二审法院的积极性和主动性，全面客观地了解案情，实事求是地作出正确判断。同时，进行全面审查，也是对下级人民法院执法水平的审查，有利于上级法院对下级工作的监督和指导。三是全面审查行政案件必然涉及审查行政行为的问题，在二审中，对行政行为的审查同样是对其合法性进行审查。

此外，二审法院应当就一审裁判和被诉行政行为的合法性进行审查，不受上诉

① 梁凤云：《行政诉讼法司法解释讲义》，人民法院出版社2018年版，第282—283页。

请求范围的限制。因为一是行政诉讼的宗旨是保护行政相对人的合法权益和监督行政机关依法行政。人民法院只有在依法纠正行政机关的违法行为的前提下，才能谈得上保护行政相对人的合法权益。二是《行政诉讼法》规定的合法性审查原则不仅仅适用于第一审程序，还适用于第二审程序、再审程序等诉讼程序。三是行政诉讼争议的焦点是被诉行政行为的合法性，无论上诉人的上诉请求是什么，其诉讼请求都附属于这个诉讼标的。

（撰写人：李振凡）

99

行政上诉状及答辩状的撰写有哪些注意事项？

行政上诉状及答辩状均为当事人二审上诉使用。行政上诉状供行政案件的当事人对一审判决、裁定不服提起上诉用。行政答辩状是行政诉讼中的被上诉人针对上诉人在行政上诉状中提出的诉讼请求、事实与理由，向人民法院作出的书面答复。《行政诉讼法》第六十七条对诉状送达期限作出了相应规定：人民法院应当在立案之日起5日内，将起诉状副本发送被告。被告应当在收到起诉状副本之日起15日内向人民法院提交作出行政行为的证据和所依据的规范性文件，并提出答辩状。人民法院应当在收到答辩状之日起5日内，将答辩状副本发送原告。被告不提出答辩状的，不影响人民法院审理。

判决书与裁定书对应不同的上诉期限。一般法院会在相应的裁判文书最后写明。对于判决书，各方当事人可于收到判决书15日内向一审法院提交上诉状，并按对方当事人人数提交上诉状副本，上诉于上一级人民法院。对于裁定书，各方当事人可于收到裁定书10日内向一审法院提交上诉状，并按对方当事人人数提交上诉状副本，上诉于上一级人民法院。当事人应当严格按照裁判类型，在裁判文书指明的日期范围内提交诉状，以防超期丧失上诉权。

撰写上诉状及答辩状应当遵循规范的格式。在上诉状中，首先，应当写明上诉人及被上诉人基本信息，列明姓名或名称等基本情况，包括民族、出生日期、住址等，具体内容应当与一审当事人信息一致。还应当写明：上诉人（姓名或名称）因某一案（写明案由），不服某人民法院某年某月某日作出的判决或裁定（写明裁判文书名称)，现提出上诉。其次，应当列明具体的上诉请求及上诉理由，上诉理由包括不服原审判决和裁定的事实及理由。落款处写明上诉人信息，签名或者盖章，并写日期。最后，应当在上诉状最后写明：附上诉状副本××份。应当注意的是，应按被上诉人的人数提交符合份数要求的上诉状副本。另外，有新证据的，应随上诉状附上新的证据。

被上诉人应当在收到上诉状 15 日内向法院提交答辩状，上诉答辩状的格式与一审答辩状一致。首先，应当写明答辩人信息，包括名称、地址、法定代表人等基本信息。有法定代表人的，写明法定代表人的姓名、职务等基本信息。有委托代理人的，写明委托代理人的姓名、工作单位等基本信息。其次，应当写明：因某某诉我单位（写明案由或起因）一案，现答辩如下，之后写明答辩请求、事实和理由，其中要列明答辩的观点、事实与理由。落款处写明上诉人信息，签名或者盖章，并写日期。最后，应当根据对方当事人人数附相应的答辩状副本和证据。

（撰写人：李晓飞）

100

如何理解和把握行政诉讼审判监督程序的类型和适用条件？

审判监督程序是指人民法院、人民检察院对业已发生法律效力的判决和规定，发现在认定事实或者适用法律上确有错误，依法提起并对案件进行重新审查的程序。我国《行政诉讼法》第七章第五节审判监督程序规定了行政诉讼的再审程序，包括当事人申请再审、法院启动再审以及检察院抗诉。

第一，当事人可以申请再审。根据现行《行政诉讼法》规定，当事人对已经发生法律效力的判决、裁定，认为确有错误的，可以向上一级人民法院申请再审，但判决、裁定不停止执行。人民法院判决其承担义务或者减损其权益的第三人，也有权申请再审。在时间上，当事人应当自知道或者应当知道其合法权益受到损害之日起 6 个月内，向上一级人民法院申请再审。根据《行诉解释》第一百一十条规定，有下列情形之一的，自知道或者应当知道之日起 6 个月内提出：“（一）有新的证据，足以推翻原判决、裁定的；（二）原判决、裁定认定事实的主要证据是伪造的；

（三）据以作出原判决、裁定的法律文书被撤销或者变更的；（四）审判人员审理该案件时有贪污受贿、徇私舞弊、枉法裁判行为的。”对于当事人的申请再审，人民法院需要通过审查对是否再审予以确认，因此，当事人不是提起审判监督程序的法定主体。具有审判监督权的组织是最高人民法院和地方各上级人民法院。当事人申请再审的事由包括：（1）不予立案或者驳回起诉确有错误的；（2）有新的证据，足以推翻原判决、裁定的；（3）原判决、裁定认定事实的主要证据不足、未经质证或者系伪造的；（4）原判决、裁定适用法律、法规确有错误的；（5）违反法律规定的诉讼程序，可能影响公正审判的；（6）原判决、裁定遗漏诉讼请求的；（7）据以作出原判决、裁定的法律文书被撤销或者变更的；（8）审判人员在审理该案件时有贪污受贿、徇私舞弊、枉法裁判行为的。当事人主张的再审事由成立，且符合《行政诉讼法》和《行诉解释》规定的申请再审条件的，人民法院应当裁定再审。当事人主张的再审事由不成立，或者当事人申请再审超过法定申请再审期限、超出法定再审事由范围等不符合《行政诉讼法》和《行诉解释》规定的申请再审条件的，人民法院应当裁定驳回再审申请。当事人要启动申请再审的程序，应当提交再审申请书等材料。人民法院应当自再审申请案件立案之日起6个月内审查。根据《行诉解释》的规定，审查再审申请期间，被申请人及原审其他当事人依法提出再审申请的，人民法院应当将其列为再审申请人，对其再审事由一并审查，审查期限重新计算。经审查，其中一方再审申请人主张的再审事由成立的，应当裁定再审。各方再审申请人主张的再审事由均不成立的，一并裁定驳回再审申请。审查再审申请期间，再审申请人申请人民法院委托鉴定、勘验的，人民法院不予准许。当事人主张的再审事由成立，且符合行政诉讼法和本解释规定的申请再审条件的，人民法院应当裁定再审。当事人主张的再审事由不成立，或者当事人申请再审超过法定申请再审期限、超出法定再审事由范围等不符合行政诉讼法和本解释规定的申请再审条件的，人民法院应当裁定驳回再审申请。

第二，法院可以自行启动再审程序。由人民法院启动的再审程序主要包括两种方式：最高人民法院发现地方各级人民法院或者地方上级人民法院发现下级各人民法院已经生效的行政裁判确有错误的，可以行使审判监督权，决定将案件提审或指令下级人民法院再审。各级人民法院院长发现本院已经发生法律效力的裁判确有错误的，认为需要再审的，可以依法行使审判监督的权力，履行审判监督职责，提交审判委员会讨论。人民法院启动再审程序需要注意以下几个问题：一是关于中止原裁判执行。最高人民法院对地方各级人民法院已经发生法律效力的判决、裁定，上级人民法院对下级人民法院已经发生法律效力的判决、裁定，如果发现确有错误，应在提审或者指令下级人民法院再审的裁定中同时写明中止原判决、裁定的执行。

二是在此阶段，并不作出撤销改变或者维持原裁判的裁定。按审判监督程序决定再审或提审的案件，由再审或提审的人民法院在作出新的判决、裁定中确定是否撤销、改变或者维持原判决、裁定；达成调解协议的调解书送达后原判决、裁定及时生效。三是关于二审裁判的指令再审问题，由第二审人民法院判决、裁定的案件，上级人民法院需要指令再审的，应当指令第二审人民法院再审。

第三，人民检察院可以提起抗诉。最高人民检察院对各级人民法院已经发生法律效力的判决、裁定，上级人民检察院对下级人民法院已经发生法律效力的判决、裁定，发现有《行政诉讼法》第九十一条规定情形之一，或者发现调解书损害国家利益、社会公共利益的，应当提出抗诉。地方各级人民检察院对同级人民法院已经发生法律效力的判决、裁定，发现有《行政诉讼法》第九十一条规定情形之一，或者发现调解书损害国家利益、社会公共利益的，可以向同级人民法院提出检察建议，并报上级人民检察院备案；也可以提请上级人民检察院向同级人民法院提出抗诉。

对于检察院提起再审抗诉的权力，一般来说，只有涉及国家利益或者社会公共利益以及他人重大的合法权益的行政案件，人民检察院才能发起再审程序。对于不涉及公共利益的行政案件，人民检察院不能提起再审抗诉。如果人民检察院依职权参与一般的行政案件，极容易破坏裁判建立的行政法律关系的稳定性，同时也违背诉讼经济的原则，不利于制止滥用申诉权的行为。人民检察院受理抗诉案件的来源，主要是当事人不服人民法院已生效的行政判决、裁定向人民检察院提出申诉；公民、法人和其他组织检举的；同级国家权力机关和上级人民检察院交办的；以及其他由人民检察院自行发现的案件。

（撰写人：李晓飞）

101

对妨害行政诉讼行为采取强制措施的适用条件和适用程序是什么？

对妨害行政诉讼行为采取的强制措施，指的是人民法院在行政诉讼中为保证审判执行工作的推进而依法对妨害行政诉讼行为的人所采取的强制教育和制裁手段。[①] 但是人民法院在行政诉讼中采取强制措施需要满足必要的条件和履行法定的程序。

一、对妨害行政诉讼行为采取强制措施的适用条件

理解对妨害行政诉讼行为采取强制措施适用条件的关键是理解妨害行政诉讼的行为。妨害行政诉讼的行为是指在行政诉讼过程中，当事人、诉讼参与人和案外人员故意扰乱行政诉讼秩序，阻碍诉讼活动正常进行的违法行为。妨害行政诉讼的行为在行为主体上具有多样性，可能是诉讼参与人，也可能是案外人；在行为方式上，也有多种表现，但总体上符合以下要件：第一，已实施妨害行政诉讼的行为，如辱骂审判人员、抗拒执行等。第二，具有妨害诉讼行为的主观恶意。过失不构成妨害行政诉讼的行为。第三，妨害行为在行政诉讼中造成了一定的后果。妨害行为必定会对诉讼产生不同程度的影响，但并非对所有的妨害行为都要采取强制措施，后果轻微的妨害行为可以不采取强制措施。妨害行政诉讼的行为由人民法院认定，实施对妨害行政诉讼行为采取的强制措施必须由人民法院决定。

根据《行政诉讼法》第五十九条第一款的规定，妨害行政诉讼的行为主要有以下七种：一是有义务协助调查、执行的人，对人民法院的协助调查决定、协助执行通知书，无故推拖、拒绝或者妨碍调查、执行的；二是伪造、隐藏、毁灭证据或者提供虚假证明材料，妨碍人民法院审理案件的；三是指使、贿买、胁迫他人作伪证或者威胁、阻止证人作证的；四是隐藏、转移、变卖、毁损已被查封、扣押、冻结的财产的；五是以欺骗、胁迫等非法手段使原告撤诉的；六是以暴力、威胁或者其他方法阻碍人民法院工作人员执行职务，或者以哄闹、冲击法庭方法扰乱人民法院工作秩序的；七是对人民法院审判人员或者其他工作人员、诉讼参与人、协助调查和执行的人员恐吓、侮辱、诽谤、诬陷、殴打、围攻或者打击报复的。如果当事人在诉讼过程中存在以上妨害行为，法院可根据当事人妨害行为的轻重采取不同的强制措施。

二、对妨害行政诉讼行为采取强制措施的适用程序

根据《行政诉讼法》第五十九条的规定，对于妨害行政诉讼的行为但是未构成犯罪的，人民法院视其情节轻重依法予以训诫、责令具结悔过或者处 1 万元以下的罚款、15 日以下的拘留四种强制措施。由于这四种强制措施的惩罚力度有所区别，因此其适用条件、适用程序也都有所差异。

第一，训诫是一种最轻的强制措施，主要针对有轻微妨害行政诉讼行为且能够

---

① 江必新、邵长茂：《新行政诉讼法修改条文理解与适用》，中国法制出版社 2015 年版，第 221 页。

听从教育及时认错的人。训诫经过合议庭决定，由审判长以口头方式提出批评和警告，指出其违法性和危害后果，使其认识到自身错误，且不得再犯。对于训诫的内容应当记入笔录，由本人签字并且存入案卷。第二，责令具结悔过属于一种较为轻微的强制措施，主要针对妨害行政诉讼行为情节和后果均较为轻微的情形。其适用一般也应当当庭进行，由合议庭作出决定，审判长进行批评教育，责令悔过，妨害诉讼行为的人当庭宣读悔过书。对于责令具结悔过的过程应当记入笔录，连同悔过书一同存入案卷。第三，罚款主要针对妨害行政诉讼行为的情节和后果比较严重的人。人民法院可以根据妨害者的具体情节、所造成的危害后果、认错情况以及经济状况来决定罚款数额。对于罚款，一般先由合议庭提出意见，经院长批准，并制作罚款决定书，送达被罚款人。被罚款人如果对罚款决定不服的，可以在接到决定书的次日起3日内，采取书面的方式，向作出决定的人民法院提出或者直接向上一级人民法院提出申请复议一次。如果书面申请有困难的，可以口头申请。当事人的口头申请，应当记入笔录，由当事人签名或者盖章。[①] 第四，拘留是一种最为严厉的行政诉讼强制措施，主要针对妨害行为情节恶劣、认错态度不好、有可能继续作出妨害诉讼行为等妨害行政诉讼行为情节和后果都非常严重的人。因此，在适用本强制措施时，必须十分慎重。只有对极少数有严重妨害诉讼行为的人，经过多次耐心教育仍然坚持不改的，方可实行拘留，以保证诉讼活动的顺利进行。[②] 拘留决定先由合议庭提出意见，报人民法院院长批准，并且制作拘留决定书，由司法警察携带拘留决定书将被拘留人送交当地公安机关看管。被拘留不服的，可以参照不服罚款决定的程序向上一级人民法院申请复议一次，但复议期间不停止原拘留决定的执行。拘留期间，如果被拘留人承认并改正错误，表现良好不存在社会危险的，人民法院可以决定提前解除拘留。

根据《行诉解释》第八十三条的规定，上述四种强制措施中，罚款和拘留可以单独适用，也可以合并适用。对同一妨害行政诉讼行为罚款和拘留不得连续适用。如发生新的妨害行政诉讼的行为的，人民法院可以重新予以罚款、拘留。

（撰写人：张丽同）

---

① 《最高人民法院关于对因妨害民事诉讼被罚款拘留的人不服决定申请复议的期间如何确定问题的答复》（〔93〕法民字第7号）。

② 《最高人民法院、公安部关于执行民事诉讼法（试行）第七十八条有关拘留的规定的联合通知》（1983年2月19日）；《最高人民法院关于在执行经济纠纷案件中严禁违法拘留人的通知》（法发〔1992〕25号）。

102

行政诉讼中先予执行的条件及适用范围是什么?

2014 年《行政诉讼法》修改后在第五十七条新增了关于“先予执行”的规定。《行政诉讼法》2014 年修改前先予执行制度主要体现在司法解释中,《行政诉讼法》参照《民事诉讼法》有关规定创设了一条先予执行制度,将先予执行制度从司法解释上升为法律,说明先予执行制度在行政诉讼实践中的必要性、紧迫性。

一、先予执行的条件

在行政诉讼中,先予执行一般是指在法院生效裁判确定之前裁定由行政机关预先支付给原告部分财物或者作出一定行政行为的法律制度。通常只有在裁判文书生效后,才涉及执行问题。在我国诉讼中终局执行是原则,先予执行是例外。由于先予执行制度是执行制度中的特例,它的适用并不具有普适性,在具备特定条件下才可适用该制度。

先予执行的条件:第一,案件类型必须为起诉行政机关没有依法支付抚恤金、最低生活保障和工伤、医疗社会保险金的案件;发给抚恤金、最低生活保障金和支付工伤、医疗社会保险金以外的案件,不能先予执行。第二,案件权利义务关系明确、清晰。这里的关系明确是指法院立案后,根据诉讼材料可以判断案件结果,并且明确的权利义务关系是有利于原告的,即原告的胜诉率较大;如果原告必定败诉,那么即使关系明确,也不能裁定先予执行。第三,不先予执行将严重影响原告的生活。不采取先予执行措施,申请人的生活将难以维持,严重影响申请人的正常生活,即必须具有现实必要性。第四,原告提出了先予执行的申请。先予执行是法院依申请的诉讼行为,且这里的当事人只能是原告,利害关系人提出该申请是不启动先予执行的程序的。

二、先予执行的适用范围

由于先予执行制度是终局执行的例外情形,其并非针对所有行政案件都适用,在满足特定情形下才可以适用该制度,否则有违该制度设立的目的。先予执行制度把一方当事人的给付义务提前,增加了一方当事人的负担,所以对其适用必须按照法律的规定,否则会损害一方当事人的权利,并且会对今后生效裁定的执行带来困难。行政诉讼中，先予执行的适用范围包括金钱给付和行为给付两类。

根据现行《行政诉讼法》的规定，先予执行的对象主要是金钱，主要包括四种金钱类给付：

一是抚恤金。抚恤金是指军人、国家机关工作人员、参战民兵等因公牺牲或者伤残，由民政部门依法对死者的家属或者伤残者发给的费用。[①] 抚恤金是对上述死亡人员的家属和伤残者经济上的一种补助，行政机关如果没有依法发放抚恤金，将使某些以抚恤金为主要生活来源的公民在生活上产生困难。因此，一旦当事人提出申请，需要提前执行的，法院可以作出裁定先予执行。[②]

二是最低生活保障金。最低生活保障金是指收入低于最低生活保障线而使基本生活发生困难的公民，有权从国家获取的最低生活保障费。每个公民都可享受社会进步带来的福利，最低生活保障金就是对贫困公民基本生活的物质保障。如果行政机关没有按时支付公民最低生活保障金，势必影响其正常生活，所以符合先予执行的基本条件。

三是工伤社会保险金。工伤社会保险金是指在工作过程中遭受事故伤害或患有职业病而依法获取的经济补偿。

四是医疗社会保险金。医疗社会保险金是指对社会公民提供的基本的医疗社会保障，以减轻公民就医负担。

综上，可以看出先予执行制度是在原告处于紧急、迫切的情况下才会采取的措施。

同时，《民事诉讼法》对行为给付作出了明确的规定，在紧急状态下，“需要立即停止侵害、排除妨害”“立即制止某项行为”等情形。行政诉讼相关法律法规对行为给付没有作出明确的规定，但是笔者认为在紧急状态、满足特定情形的前提下，行政机关需要预先作出行政行为时可以采取先予执行措施。当然，什么情形才符合行为给付先予执行的条件，这就需要法院在审理案件过程中发挥法官的主观能动性，自由裁量。

先予执行制度作为法院执行制度的一种特例，该制度的实施不仅可以解决当事人在生产、生活中的特定需求，也有利于维护法律秩序，体现社会对公民的人文关怀。

（撰写人：张丽同）

---

① 江必新、梁凤云：《行政诉讼法理论与实务》（第三版），法律出版社2016年版，第1267页。

② 黄杰主编：《行政诉讼法贯彻意见析解》，中国人民公安大学出版社1992年版，第152页。

103

行政诉讼中法院如何正确处理检察机关作出的检察建议？

检察建议最先出现在2012年修改后的《民事诉讼法》中，作为近似于“同级抗”的监督方式出现，与抗诉相辅相成，构成一个完整的监督体系。检察建议是人民检察院为促进法律正确实施、促进社会和谐稳定，在履行法律监督职能过程中，结合执法办案，建议有关单位完善制度，加强内部制约、监督，完善社会管理、服务，预防和减少违法犯罪的一种重要方式。

与抗诉“上抗下”“不抗不审”的特点不同，检察建议在适用范围上更具全面性，能避免抗诉抗什么审什么的现象，有助于法院更加全面地审理案件，维护司法公正。同时，在处理上更具有高效性，避免了抗诉烦琐的程序，可以缩短办案周期，节省司法成本。

《行政诉讼法》最初是没有规定检察建议的。有学者认为检察建议的实质是为最终实现“同级抗、同级审”创造条件，如果赋予“检察建议”与抗诉同样的效力，很可能会导致再审启动权的滥用。[①] 后在《民事诉讼法》有效实践以及实际需要的基础上，新《行政诉讼法》中引入“再审检察建议”。其第九十三条第二款、第三款对检察院检察建议的适用情形进行了规定。2018年2月8日施行的《行诉解释》第一百二十六条、第一百二十七条则对人民法院对检察院提出的检察建议如何处理在程序上予以明确。

关于检察建议的提出和接收主体。检察建议的提出主体是地方各级人民检察院，接收主体为同级人民法院。上级检察院对下级法院可以直接提出抗诉，无须采取检察建议的方式。

关于检察建议的作出来源，主要包括当事人向检察院提出申请和检察院自身依职权作出两种。关于当事人申请的检察建议，《行诉解释》第一百一十七条对当事人可以向检察院申请检察建议的情形进行了规定，主要包括三种情形：（1）人民法院驳回再审申请的；（2）人民法院逾期未对再审申请作出裁定的；（3）再审判决、

① 参见江必新主编：《民事诉讼新制度讲义》，法律出版社2013年版，第362页。

裁定有明显错误的。其中，在人民法院基于检察建议作出再审判决、裁定后，当事人申请再审的，人民法院不予立案。关于检察院自行提出的检察建议，《行政诉讼法》第九十三条第二款规定，对于已经发生法律效力的判决、裁定，若具有第九十一条规定的八种再审事由，检察院即可提出检察建议。对于调解书，则需符合损害国家利益或者社会公共利益的条件。检察院除可对法院作出的裁判文书、调解书提出再审检察建议外，还可对再审程序以外的其他程序中审判人员的违法行为向同级法院提出检察建议。

关于法院对检察建议的处理程序。《行诉解释》第一百二十六条对法院处理检察建议的程序进行了规定，即人民法院在收到再审检察建议后，应当组成合议庭，在3个月内进行审查，发现原判决、裁定、调解书确有错误，需要再审的，应依照《行政诉讼法》第九十二条规定裁定再审，并通知当事人；经审查，决定不予再审的，应当书面回复人民检察院。需要注意的是，对于法院已经驳回当事人再审申请裁定的情形，人民法院亦应按照《行诉解释》第一百二十六条的规定程序进行处理。这种处理方式有利于解决当事人无限申诉、法院和检察院多头处理的问题，有利于维护既判力权威，有利于维护社会关系的稳定，也是符合“一次再审、一次抗诉”的原则要求的。

需要注意的是，检察建议只是“建议”，不具有诉讼法意义上的法律效力。与抗诉的法律效力在于引起法院再审不同，检察建议的作用在于敦促法院对原有裁判与调解进行审查。[①] 检察机关提出检察建议后，是否进行再审，由人民法院审查后依法决定。因此，人民法院在处理检察建议时，应采用比抗诉适用更加严格的决定程序，要防止检察建议被滥用。

（撰写人：程曼）

① 李广宇：《新行政诉讼法逐条注释》（下），法律出版社2015年版，第795页。

第八章　裁判方式

104

人民法院对规范性文件进行附带审查的标准是什么？

规范性文件应否接受司法审查，如何对规范性文件进行司法审查，在我国可谓历久而弥新的话题，相关的探讨在我国行政诉讼制度建立以来的20余年从未停歇。2018年，随着《行诉解释》出台，对规范性文件的司法审查制度有了迄今为止最为详尽的规定。《行诉解释》第十一章以专章方式明确了规范性文件司法审查的管辖法院、提出时间、听取意见制度、处理方式、监督方式及如何进行审查等系列重要规定。据此，人民法院对规范性文件合法性的司法审查过程以较为完备的方式固定了下来，这对于充分保护公民、法人和其他组织的合法权益，有效监督行政机关依法行政和维持法制统一均具有十分重大的现实意义。

如果对规范性文件进行类型化分析，可诉的规范性文件主要限于创设性的规范性文件，而指导性、解释性的规范性文件以及仅涉及行政机关内部机构设置、职权分配、行政程序、裁量基准的规范性文件往往不具有直接可诉性。首先，指导性的规范性文件在内容上主要表现为倡导、号召、建议和设想，具有非强制性。与纯粹指导性的规范性文件不同，解释性的规范性文件可以通过适用于行政行为而对公民、法人或者其他组织的权利义务产生实际影响，因此应当纳入一并审查范围。但解释性的规范性文件在得到适用之前，往往并不直接设定权利义务，因此不具有可诉性。规范行政机关内部事项的规范性文件，包括裁量基准在内，一般需要借助于行政行为才能产生外部法律效果，可以作为一并审查的对象，亦不具有直接的可诉性。当然，判断规范性文件属性的依据是其内容而非名称，且同一规范性文件可以同时包含指导性、创设性、解释性的内容，因此审查可诉性的关键在于审查其中是否包含直接影响权利义务的内容。

对规范性文件的司法审查应当坚持全面的合法性审查原则。根据《行诉解释》

第一百四十八条的规定，人民法院对规范性文件进行一并审查时，可以从规范性文件制定机关是否超越权限或者违反法定程序、作出行政行为所依据的条款以及相关条款等方面进行。有下列情形之一的，属于“规范性文件不合法”：“（一）超越制定机关的法定职权或者超越法律、法规、规章的授权范围的；（二）与法律、法规、规章等上位法的规定相抵触的；（三）没有法律、法规、规章依据，违法增加公民、法人和其他组织义务或者减损公民、法人和其他组织合法权益的；（四）未履行法定批准程序、公开发布程序，严重违反制定程序的；（五）其他违反法律、法规以及规章规定的情形。”

在对规范性文件司法审查后的处理方式上，《行诉解释》规定，人民法院经审查认为行政行为所依据的规范性文件合法的，应当作为认定行政行为合法的依据；经审查认为规范性文件不合法的，不作为人民法院认定行政行为合法的依据，并在裁判理由中予以阐明。作出生效裁判的人民法院应当向规范性文件的制定机关提出处理建议，并可以抄送制定机关的同级人民政府、上一级行政机关、监察机关以及规范性文件的备案机关。

对于认定规范性文件不合法的，人民法院可以在裁判生效之日起 3 个月内，向规范性文件制定机关提出修改或者废止该规范性文件的司法建议。规范性文件由多个部门联合制定的，人民法院可以向该规范性文件的主办机关或者共同上一级行政机关发送司法建议。接收司法建议的行政机关应当在收到司法建议之日起 60 日内予以书面答复。情况紧急的，人民法院可以建议制定机关或者其上一级行政机关立即停止执行该规范性文件。此外，人民法院认为规范性文件不合法的，应当在裁判生效后报送上一级人民法院进行备案。涉及国务院部门、省级行政机关制定的规范性文件，司法建议还应当分别层报最高人民法院、高级人民法院备案。

（撰写人：李晓飞）

105

人民法院审理行政案件适用法律规范的基本要求是什么？

所谓法律适用，是指人民法院按照法定程序，将法律、法规、规章和其他规范性文件具体运用于行政案件，对行政行为进行合法性审查的活动①。

① 江必新，梁凤云：《行政诉讼法理论与实务》（第三版），法律出版社 2016 年版，第 1434 页。

行政诉讼的法律适用与民事诉讼及刑事诉讼的法律适用相比有着鲜明特征。判断一项行政行为是否合法有多项条件，包括行政行为的证据确凿、适用法律法规正确，符合法定程序，无超越职权、滥用职权等情形。而且，行政机关行使法定职权的依据除了法律法规等，还有各类规范性文件。此类规范性文件往往涉及各个效力层面、各个历史时期，而且规范性文件之间还存在职权交叉、职权冲突等矛盾情形。法院在适用法律的过程中，主要审查行政机关在行政行为中适用的行政实体法律和行政程序法律的合法性状况，而且，法院适用的法律不仅仅是被告在行政行为作出时依据的法律和诉讼中提供的规范性文件，也包括被告在行政行为作出时应当作为依据而没有作为依据的规范性文件。所以，行政诉讼的法律适用与民事诉讼、刑事诉讼等相比十分繁杂。

关于行政审判的法律适用，法律、司法解释及最高人民法院有关文件均就如何适用行政法律法规进行了规定。《行政诉讼法》第六十三条规定，人民法院审理行政案件，以法律和行政法规、地方性法规为依据。地方性法规适用于本行政区域内发生的行政案件。人民法院审理民族自治地方的行政案件，并以该民族自治地方的自治条例和单行条例为依据。《行诉解释》第一百条规定，人民法院审理行政案件，适用最高人民法院司法解释的，应当在裁判文书中援引。人民法院审理行政案件，可以在裁判文书中引用合法有效的规章及其他规范性文件。《关于审理行政案件适用法律规范问题的座谈会纪要》是规范行政诉讼法律适用的重要文件，其中具体规定了关于行政案件的审判依据、关于法律规范冲突的适用规则、关于新旧法律规范的适用规则等重要内容。

在种类众多的行政诉讼法律法规、规章、规范性文件中，涉及行政诉讼的法源问题，也就是行政诉讼法律适用的依据问题。根据上述规定，人民法院审理行政案件，以法律和行政法规、地方性法规为依据。地方性法规适用于本行政区域内发生的行政案件。人民法院审理行政案件，参照规章。应当指出的是，对符合法律、行政法规规定的规章，人民法院审理行政案件时，应当承认规章的效力。对不符合或者不完全符合法律、行政法规的规章，人民法院不应承认其效力。立法者明确否定了规章可以作为人民法院审判“依据”的观点，理由主要是行政诉讼的立法目的和审判机关只向权力机关负责的原则。

在行政诉讼的法律适用中，数量最多、最易发生效力冲突的是规章。由于规章和其他规范性文件往往可以直接适用，大量行政行为依据的是规章及规章以下规范性文件，在审判中法院审查规章是否符合法律法规规定就成了司法审查的重点。一般认为，审查规章是否符合法律法规规定，涉及四项内容：第一，规章涉及的内容必须在法律法规规定的权限范围内，享有规章制定权的行政机关在制定规章时必须明确其依据，规章不得单独设定行政相对人的权利和义务，只能对上位法进行细化。第二，规章的内容必须符合社会主义法治国家原则，不得与宪法、法律和法规相抵触。在《立法法》《行政处罚法》《行政许可法》等法律中，均对法律法规规章的权限、内容进行了详细规定，划定了专属于法律规定的范围。现实中，由于行政行为的复杂性，可能会出现规章规定的内容超越上位法律的情形，此时人民法院审理行政案件不将规章作为司法审查的依据。第三，规章制定的程序必须符合法定程序。目前，我国专门就规章的立项、起草、审查、决定、公布、解释进行了比较详细的规定，并且明确规定了违反条例制定的规章无效。第四，规章不得存在重大且明显的瑕疵。通说认为，"重大且明显的瑕疵"属于不确定法律概念，故"重大且明显的"判断标准应当是建立在理性人基础上的法律评定标准。

在人民法院审理行政案件适用法律规范的过程中，还有必要明确规范性文件的法律地位和效力，这对于准确进行法律适用非常重要。对于其他规范性文件在行政审判活动中的法律地位，《行政诉讼法》没有规定，但在实践中，其他规范性文件发挥了巨大的作用。《关于审理行政案件适用法律规范问题的座谈会纪要》指出，关于其他规范性文件，其并非正式的法律渊源，对于人民法院不具有法律规范意义上的约束力。但是，人民法院经审查认为被诉具体行政行为依据的具体应用解释和其他规范性文件合法、有效并合理、适当的，在认定被诉具体行政行为合法性时应承认其效力；人民法院可以在裁判理由中对具体应用解释和其他规范性文件是否合法、有效、合理或者适当进行评述。

（撰写人：李晓飞）

106

行政诉讼中适用民事法律规范有哪些要求？

在行政诉讼的法源当中，存在《民事诉讼法》规定了某些程序而《行政诉讼法》未作规定的内容，此时这些内容也属于行政诉讼的法源。《行政诉讼法》第一百零一条规定，人民法院审理行政案件，关于期间、送达、财产保全、开庭审理、调解、中止诉讼、终结诉讼、简易程序、执行等，以及人民检察院对行政案件受理、审理、裁判、执行的监督，本法没有规定的，适用《民事诉讼法》的相关规定。《行诉解释》第一百四十一条规定，人民法院一并审理相关民事争议，适用民事法律规范的相关规定，法律另有规定的除外。可见，对于行政诉讼法没有规定的事项，《民事诉讼法》也属于参照的法律地位，这种适用起到补充和辅助的作用。

应当指出的是，《行政诉讼法》2014年修订以前的法律，及2018年2月8日起施行的《行诉解释》之前的司法解释，均规定了某些情况下法院可以“参照适用”民事诉讼的有关规定，现行《行政诉讼法》及《行诉解释》均将“参照适用”改为了“适用”。这一趋势表明，在行政诉讼中引用民事法律得到了立法者明确的认可，过去“参照适用”仅表明法院对于行政诉讼法中没有明确规定的内容，可以选择相应的民事法律进行适用，换句话说，过去在行政诉讼中对民事法律“可用可不用”。这一立法趋势的转变，由多个原因引起，首先在于公私法相互渗透的趋势。进入20世纪后，公私法划分的严格对立局面出现了日渐融合的趋势，特别是私法向公法的渗透，其重要原因就在于私法出现的时间比公法早，理论更加完善，尤其是民法的发展，代表了一个国家法律发展的繁荣程度。因此公法吸收借鉴了私法上的部分规定。其次，随着法治政府理念及建设服务型政府理念的发展，在行政法中引入私法理念以及运用私法手段，对私法的进一步发展以及对公权的限制都起到了重要的作用。

《行诉解释》明确指出，对行政附带民事诉讼适用民事法律规范的相关规定，此类适用即属于直接适用。在调整财产变动关系之上，因为相关法律规范并不专注于权力服从关系和平等关系的区别，所以民法规范在该领域有适用的余地。与此类似的，还有行政协议类案件，如涉房屋征收补偿协议类案件也能够适用民事法律。在行政协议类案件中，由于行政协议不同于传统的单方行政行为，是一种协商性行政行为，这一性质不仅体现了行政机关的意志，还体现了行政相对人的意志。这种方式弥补了传统行政管理手段的不足，用协议的方式明确相对人的权利和义务，更易为相对人所接受。而且在市场经济条件下，行政机关类行政主体在市场经济中为了减小公权力带来的影响，以行政协议的方式与其他市场经济主体往来更加能够保障市场经济平稳运行。当然，在实践中，一些不同种类的协议是否属于行政协议仍有争议，但在相关诉讼中可以适用部分民事法律已达成共识。

《行政诉讼法》2014年修改后，行政诉讼适用民法规范有了基本的框架，即区分行政协议案件和一并审理民事争议这两种情况。除此之外，一般案件中也可能适用民事法律规范，但其适用应当满足一定条件。一是与本案行政行为的合法性相关。一些行政行为的引起本身和民事纠纷有关，如拆迁补偿安置协议引发的拆迁纠纷。二是与本案的利害关系人的财产权益、人身权益、劳动权益等相关。三是涉及行政民事交叉的案件。四是涉及经济法的法律。

一般认为，行政诉讼中适用的民事法律规范包含四层含义。一是一般民事法律原则的运用。例如，民法中存在公序良俗原则、诚实信用原则、情势变更原则、不当得利和无因管理原则等。在行政法学界，对于诚实信用原则的探讨并非局限于行政协议领域，许多论文是在行政法的大背景下探讨诚实信用原则的。而其他原则也或多或少体现在行政案件中，尤其是行政协议领域。此外，民法中的“帝王原则”诚实信用原则也与传统行政法上的信赖利益保护原则、比例原则息息相关。二是一般法律制度。例如，在公房类案件中，北京地区的公房管理类案件由于没有直接的法律依据，因此在公房承租人变更等问题上，需要运用民事法律予以解决。而在其他众多民事与行政交叉领域，因为民事法律覆盖面广、发展成熟，故也需要经常运用到民事法律的具体规定。三是“法律技术类规定”，我国法院在行政裁判中还常常适用民法关于期间的计算规则。这属于法律技术的约束性规定，通常可以直接适用，因为在行政领域，这些规则也几乎没有特殊之处。另外，法院还在当事人身份、年龄、行为能力、住所等的认定上，常常直接适用《民法总则》的规定。四是程序性规定。《行政诉讼法》第一百零一条规定，人民法院审理行政案件，关于期间、送达、财产保全、开庭审理、调解、中止诉讼、终结诉讼、简易程序、执行等，以及人民检察院对行政案件受理、审理、裁判、执行的监督，本法没有规定的，适用《民事诉讼法》的相关规定。

此外，《最高人民法院关于审理行政协议案件若干问题的规定》第二十七条规定，人民法院审理行政协议案件，应当适用行政诉讼法的规定；行政诉讼法没有规定的，参照适用民事诉讼法的规定。人民法院审理行政协议案件，可以参照适用民事法律规范关于民事合同的相关规定。

（撰写人：李晓飞）

107

新旧法规定不一致时的法律适用原则和标准是什么？

一般来说，法律适用的原则是新法优于旧法。法律规范的制定存在滞后性，其反映的一般是制定时的社会生活情况，而随着社会经济等领域发生变化，部分法律随之需要修改与完善。在行政诉讼中，依据的法源包括法律、行政法规、规章、司法解释及大量的规范性文件，这些法律规范的修订和完善包括制定新的法律、修改旧的法律条款、废除旧的法律等，在这一过程中随之出现旧法与新法之间的矛盾冲突，需要在审判中确定应当适用的法律规范。新法优于旧法是一个原则性规定，多数法律规范在实施之后，会随即宣布废止原有的法律。例如，《行诉解释》第一百六十三条规定："本解释自2018年2月8日起施行。本解释施行后，《最高人民法院关于执行〈中华人民共和国行政诉讼法〉若干问题的解释》（法释〔2000〕8号）、《最高人民法院关于适用〈中华人民共和国行政诉讼法〉若干问题的解释》（法释〔2015〕9号）同时废止。最高人民法院以前发布的司法解释与本解释不一致的，不再适用。"

在行政诉讼法律中，分为实体性法律及程序性法律。新法优于旧法的原则主要针对实体性法律的运用，而对于程序性法律一般适用新法的规定。制定实体法律的目的主要在于设定、变更公民的权利和义务，出于行政法的信赖利益保护原则和维护正常的行政法律秩序，如果行为后的法律发生变更，除法律另有规定外，应当适用行为时的法。而对于程序性法律，在行政行为的程序当中，新的法律规范业已公布实施，则对于正在进行的行政程序，应当适用新的法律规范。

但是在某些情况下，新法优于旧法原则也有例外。比如，特定的法律规范有明确的规定。有些特定法律规范明确规定，实体问题依据新的法律或者程序问题依据旧的法律的，从其规定。例如，《矿产资源法》规定，对于本法实施前，未办理批准手续、未划定矿区范围、未取得采矿许可证开采矿产资源的，应当依照本法有关规定申请补办手续，即对于旧法未规定需要申请的事项，不适用旧法，应当适用新法的规定。

此外，我国《立法法》第九十三条规定，法律、行政法规、地方性法规、自治条例和单行条例、规章不溯及既往，但为了更好地保护公民、法人和其他组织的权利和利益而作的特别规定除外。在公安部发布的《公安机关执行〈中华人民共和国治安管理处罚法〉有关问题的解释》中引用了《立法法》中关于该条规定，其第十五条规定："……按照《中华人民共和国立法法》第84条的规定，《治安管理处罚法》不溯及既往。《治安管理处罚法》施行后，对其施行前发生且尚未作出处罚决定的违反治安管理行为，适用《中华人民共和国治安管理处罚条例》；但是，如果《治安管理处罚法》不认为是违反治安管理行为或者处罚较轻的，适用《治安管理处罚法》。"这一规定体现了"从新从优"原则，如果行政行为作出之时，新的实体法律规范生效，一般情况下应当适用旧的法律规范，但是，如果适用新法有利于保护公民合法权益的，适用新的法律规范。

还需要指出的是，法律明确了在特别规定与一般规定发生冲突时新旧法律适用的规则。《立法法》第九十二条规定，同一机关制定的法律、行政法规、地方性法规、自治条例和单行条例、规章，特别规定与一般规定不一致的，适用特别规定；新的规定与旧的规定不一致的，适用新的规定。《立法法》第九十四条规定，法律之间对同一事项的新的一般规定与旧的特别规定不一致，不能确定如何适用时，由全国人民代表大会常务委员会裁决。行政法规之间对同一事项的新的一般规定与旧的特别规定不一致，不能确定如何适用时，由国务院裁决。此外，《立法法》第九十五条第一款规定，地方性法规、规章之间不一致时，由有关机关依照下列规定的权限作出裁决；同一机关制定的新的一般规定与旧的特别规定不一致时，由制定机关裁决。此处的规定，由于出现了一般规定与特殊规定的冲突，故《立法法》根据法律的不同位阶制定了不同的适用规则，突破了实体问题从旧、程序问题从新的原则，而改为由有权机关进行裁决。

（撰写人：李晓飞）

108

人民法院对地方性法规的适用有哪些要求？

地方性法规是指省、自治区和直辖市的人民代表大会及其常委会，设区的市的人民代表大会及其常委会所制定的规范性文件的总称。所谓法律适用，是指人民法院按照法定程序，将法律、法规、规章和其他规范性文件具体运用于行政案件，对行政行为进行合法性审查的活动。地方性法规对于行政管理和司法审判具有重要的指引作用。对于行政机关而言，行政诉讼的法律适用是人民法院对行政机关在具体行政行为中进行的法律适用的审查，是针对同一行政管理事项的第二次法律适用，此次法律适用是对第一次法律适用的监督。[①] 这种监督是司法机关纠正行政违法行为，司法权对行政权的制衡的体现。

一、适用地方性法规的法律依据

根据《行政诉讼法》第六十三条第一款规定：“人民法院审理行政案件，以法律和行政法规、地方性法规为依据。地方性法规适用于本行政区域内发生的行政案

① 姜明安主编：《行政法与行政诉讼法》，北京大学出版社、高等教育出版社2011年版，第504—505页。

件。”地方性法规的适用是有条件的，即地方性法规适用于本行政区域内发生的行政案件。这一规定是存在现实基础的，因为在实践中，很多行政行为是依据地方性法规作出的，如果不允许法院援引地方性法规审查行政行为，将使很多行政行为丧失合法基础，妨碍行政管理活动的正常进行，还会导致行政审判陷入无法可依的困境。同时，法律、行政法规的规定有时候并不具体或不具有解决地方问题的针对性，难以直接援引来审查行政行为的合法性。因此，必须承认地方性法规在行政审判领域具有一定的适用价值。

二、人民法院对地方性法规的适用标准

行政诉讼的目的是通过审查行政行为的合法性，保护行政相对人因违法行政行为所受损害的合法权益。目前法院在适用地方性法规时存在两种极端情形：一是完全承认地方性法规的合法性，认为应当直接作为审查行政行为的依据；二是不评价地方性法规合法性，直接适用上位法审理行政案件。地方性法规作为行政法的法律渊源之一，如果法院在审查行政行为所依据的法律规范是不合法的，就无法实现行政审判目的。行政审判中，法院要避免盲目适用或故意规避适用地方性法规，适用的地方性法规需满足以下标准：

第一，维护国家法制统一的标准。人民法院审判中应确保具体案件的法律适用贯彻和体现国家法制统一原则。首先，国家法制统一为行政审判适用地方性法规提供正当性基础，如果地方性法规严格依照宪法和法律立法，立足于国家法制统一，从这个层面上讲地方性法规是中央立法的具体化。其次，国家法制统一对行政审判适用地方性法规作出某种限制。因为行政审判负有维护国家法制统一职责，法律适用作为其关键环节应发挥维护国家法制统一作用。行政机关只有首先监督行政机关所依之“法”符合法制统一的实质性标准，进而才能正确、有效地监督行政机关依法行使职权。[①] 在行政审判中适用地方性规范必须遵循法律实施统一性的标准，体现司法统一的精神。

第二，不得与宪法、法律、行政法规相抵触的标准。法院在适用地方性法规时，需要首先依据法律规范冲突适用规则严格审查和评价具体行政行为所适用的地方性法规是否与上位法相抵触。根据法律位阶，宪法、法律、行政法规的法律效力均高于地方性法规，如果地方性法规与宪法、法律、行政法规相抵触，则应直接适用上位法。如果不相抵触，则应适用更为具体、可操作性更强的地方性法规。具体可以通过以下方面判断地方性法规是与宪法、法律、行政法规相抵触的：一是对于

① 方世荣：《论依法行使行政职权之“法”的标准——关于完善〈行政诉讼法〉立法目的的一种思考》，载《行政法学研究》2009 年第 3 期。

法律规定禁止的行为，地方性法规允许实施该行为；二是对于法律规定可以或者应当实施的行为，地方性法规作出禁止性或限制性规定；三是在没有法律依据的情况下，地方性法规限制公民、法人和其他组织的权利或者科以义务；四是在没有法律依据的情况下，地方性法规为某些行业或组织、某类公民设定权利或者减免义务；五是在法律对某种违法行为作了处罚规定的情况下，地方性法规扩大处罚主体、增加处罚种类、提高处罚幅度等。

（撰写人：张丽同）

109

人民法院对规章的参照适用有哪些情形和标准？

规章是行政规章的简称，是指国务院各部门以及各省、自治区、直辖市的人民政府和较大的市的人民政府根据法律、法规制定的有关行政管理的规定、办法、规则等规范性文件的总称。规章包括国务院部门制定的规章和地方政府制定的规章，简称为部门规章和地方规章。[①] 规章是法律、法规的延伸和具体化，对行政管理和行政审判发挥着重要的作用，故有必要对其适用性进行研究。

一、参照规章适用的情形

根据《行政诉讼法》第六十三条的规定，法律、行政法规是行政审判的依据，规章在行政诉讼法律适用中处于“参照”地位。“依据”与“参照”不同，依据是必须以其为标准、尺度，法院负有必须适用的义务；参照仅指参考并仿照，是有选择的适用。[②] 人民法院对规章的参照适用是指在行政案件审理中，法律、法规对某些问题没有明确、具体规定的情况下，而规章对相应问题作出了明确、具体的法律规定，且与上位法不相抵触的情况下可参照规章处理具体案件。合法有效的规章是法院参照适用规章的前提，否则不应参照适用，具体情形如下：

一是有规章制定权的地方政府在法律法规的权限范围内根据当地的具体情况制定的内容更详尽的规章。如根据《行政处罚法》第十二条、第十三条的规定，有规

---

① 江必新、梁凤云：《行政诉讼法理论与实务》（第三版），法律出版社 2016 年版，第 1463 页。

② 谭宗泽、陈子祯：《论地方政府规章在行政诉讼中的适用》，载《行政法学研究》2017 年第 4 期。

章制定权的市人民政府制定的规章可以根据当地的经济生活水平在法律、行政法规对某类违法行为的处罚种类、适用范围进行限缩，降低处罚幅度的规章，法院在行政审理过程中对该类规章可以参照适用。二是法院可以参照适用没有扩大行政机关职权范围的规章，即没有超越法定职权，包括超越层级、超越法定事项、超越部门等方面。如果法律、法规没有授予行政机关某种管理权，而规章授予该行政机关相应的管理职权，即构成超越部门管辖权，则该规章不可适用。三是没有上位法作为依据的前提下，对公民、法人或其他组织的权利进行限缩或增加义务的规章，不能参考适用。根据“法无授权皆禁止”原则，只有法律、法规可以规定公民、法人、其他组织的权利、义务，规章不得在没有授权的情况下减损公民应享有的权利。四是规章符合宪法、法律、法规的立法精神和原则的，法院可以参照适用；如果规章不完全符合法律、法规的立法精神或原则，人民法院对于规章是否适用有灵活的选择权。

二、参照规章适用的标准

《立法法》第八十条、第八十二条对规章设定权利义务的范围进行了限定，这也就要求人民法院在参照规章时，需要对规章是否合法有效进行判断，合法有效的规章人民法院才可以作为裁判的依据。人民法院对规章参照适用时需按以下三个标准进行审查：

一是规章涉及的内容不存在超越职权问题，必须在法定权限范围之内。根据越权无效原则，规章涉及的内容必须在法律和法规授权范围之内才是合法的，制定规章的行政权力不得超越法律、法规授予的权力，否则就意味着规章可以凌驾于宪法和法律之上。[①] 二是规章制定的程序必须符合法定程序。制定规章作为一种立法行政行为，是一项重要的行政活动，必须经过严格的正式法定程序，符合《规章制定程序条例》的规定，确保程序合法也是依法行政的基本要求。三是规章的内容不得与上位法相抵触，即不得与宪法、法律和法规相抵触。规章在行政法律规范中处于补充性参考地位，根据《立法法》第八十八条规定，法律、行政法规的效力高于地方法规和规章。这就要求规章设定的利害关系人的义务的范围、行政职责范围应与法律、法规确定的范围一致，这也是社会主义法制统一的基本要求。如果规章的内容超越了法定职权范围或制定程序不符合法定程序，则法院应对规章的整体不予适用；如果规章有部分内容与上位法相抵触，就该部分内容法院不予适用，但不影响其他不相抵触部分的适用。

（撰写人：张丽同）

---

① 江必新：《试论人民法院审理行政案件如何参照规章》，载《中国法学》1989年第6期。

110

下位法与上位法相抵触时如何适用法律?

“上位法”与“下位法”是立法法确立的划分法律位阶的两个基本范畴。《立法法》第八十七条至第九十一条确立了我国不同类型法律规范之间的效力等级关系,[①]不同效力等级的法律规范对同一法律事实所确定的权利、义务、职权、职责的性质或范围等方面存在不吻合的情形即构成法律规范的抵触。下位法与上位法之间的抵触是法律规范冲突的一种表现。

一、下位法与上位法相抵触应具备的基本条件

针对同一事项，下位法与上位法的规定内容不同，下位法的规定违背上位法的原则和条文，即构成相抵触。下位法与上位法相抵触的标准、基本条件决定着相抵触的情形，下位法与上位法相抵触的标准理论界一直存在争议，但对于相抵触需要满足以下基本条件：首先，下位法与上位法均是合法有效的，都具有法律效力，该条件是构成上位法与下位法抵触的基础。被废除、被撤销或效力待定的法律规范不属于相抵触的范畴。其次，发生抵触的法律规范必须属于上下位阶关系，彰显了上位阶的法律规范对下位阶法律规范的权威性。同一位阶的法律规范之间不存在相抵触。比如，同属于全国人民代表大会制定的属于法律的《行政强制法》和《行政许可法》之间不存在相抵触。虽然属于不同位阶的法律规范，但不具有直接或间接上下位法关系的法律规范之间不存在相抵触。比如，行政规章和地方性法规。行政规章属于全国性规范，地方法规属于地方性规范，在法律位阶之中，全国性规范应

① 《立法法》第八十七条规定，宪法具有最高的法律效力，一切法律、行政法规、地方性法规、自治条例和单行条例、规章都不得同宪法相抵触。

第八十八条规定，法律的效力高于行政法规、地方性法规、规章。行政法规的效力高于地方性法规、规章。

第八十九条规定，地方性法规的效力高于本级和下级地方政府规章。省、自治区的人民政府制定的规章的效力高于本行政区域内的设区的市、自治州的人民政府制定的规章。

第九十条规定，自治条例和单行条例依法对法律、行政法规、地方性法规作变通规定的，在本自治地方适用自治条例和单行条例的规定。经济特区法规根据授权对法律、行政法规、地方性法规作变通规定的，在本经济特区适用经济特区法规的规定。

第九十一条规定，部门规章之间、部门规章与地方政府规章之间具有同等效力，在各自的权限范围内施行。

高于地方性规范，但因行政规章和地方性法规之间不存在直接或间接的上下位法律关系，它们之间的冲突不是相抵触，且它们之间不存在上位阶对下位阶的权威。根据《立法法》的规定，该冲突由有关机关裁决解决。最后，上位法与下位法均需针对同一事项进行规范，同一规范事项是将不同位阶的法律规范串联成上下位法关系的关键环节，在同一事项上，可以适用不同位阶的法律规范时才有可能构成相抵触。

二、下位法与上位法相抵触的情形

行政法的渊源比较多元化，包括法律、法规、规章、条例及一般的规范性文件，因此，行政法律规范冲突在外观形式上表现得更为全面和典型。

2004 年，最高人民法院针对司法实务中关于下位法与上位法相抵触的十种情形进行了列举式归纳：[①] 下位法缩小上位法规定的权利主体范围，或者违反上位法立法目的扩大上位法规定的权利主体范围；下位法限制或者剥夺上位法规定的权利，或者违反上位法立法目的扩大上位法规定的权利范围；下位法扩大行政主体或其职权范围；下位法延长上位法规定的履行法定职责期限；下位法以参照、准用等方式扩大或者限缩上位法规定的义务或者义务主体的范围、性质或者条件；下位法增设或者限缩违反上位法规定的适用条件；下位法扩大或者限缩上位法规定的给予行政处罚的行为、种类和幅度的范围；下位法改变上位法已规定的违法行为的性质；下位法超出上位法规定的强制措施的适用范围、种类和方式，以及增设或者限缩其适用条件；法规、规章或者其他规范性文件设定不符合行政许可法规定的行政许可，或者增设违反上位法的行政许可条件。

三、下位法与上位法相抵触时的法律适用原则

“上位法优于下位法”是一项重要的解决法律规范冲突的原则。即在下位法与上位法相抵触的时候，优先适用上位法。而在下位法不与上位法相抵触的时候，却是优先适用下位法。[②] 下位法是处于较低位阶的法律，其一般是在上位法的范围内根据地域、经济等条件针对某一事项作出更详尽、具体的规定，因为很多行政行为是依据下位法作出的，并未引用上位法，这就要求法院在审查具体行政行为是否合法时，为了维护法制统一，需对下位法的合法性进行判断，如果下位法与上位法不冲突时优先选择适用下位法更具有可操作性。这就是法律适用的“就近适用”规则。如果经审查下位法与上位法相抵触时，优先适用上位法。因为下位法与上位法

---

① 参见《最高人民法院关于印发〈关于审理行政案件适用法律规范问题的座谈会纪要〉的通知》（法〔2004〕第 96 号）。

② 孔祥俊：《法律规范冲突的选择适用与漏洞填补》，人民法院出版社 2004 年版，第 243—244 页。

相抵触时一般是限缩行政相对人的权利，扩大行政机关的职权，对相对人的合法权益造成侵害，故行政审判过程中对与上位法相抵触的下位法不予适用。

（撰写人：张丽同）

111

行政诉讼合法性审查标准包括哪些方面？

《行政诉讼法》第六条规定："人民法院审理行政案件，对行政行为是否合法进行审查。"故人民法院对行政案件的一般审查标准即为对涉案行政行为进行合法性审查。那么合法性审查的具体内容应如何判断呢？根据《行政诉讼法》第六十九条到第七十九条的规定，人民法院审理行政案件应从以下几个方面对行政行为是否具有合法性进行审查。

一、行政机关作出的行政行为是否在其职权范围之内，是否存在超越职权、滥用职权的情形

行政机关作出行政行为的前提，是其要有相应的职权，而其权力来源应当是法律所设定并给予行政机关的。法律在此处应当包括宪法、法律、行政法规、地方性法规（自治条例）、单行条例、行政规章（部门规章和地方政府规章）。除一些法律保留事项，如限制人身自由的行政处罚等由法律授权，其他各项行政职权由不同的规范性文件所授予。

二、行政机关作出行政行为时的证据是否确凿，所认定的事实是否清楚

在行政诉讼中，行政机关负有证明其行政行为合法的举证责任，那么此时，行政机关就需要举证证明其作出行政行为所认定的事实清楚，所依据的证据充分。而人民法院则要对行政机关的证据进行审查，若行政机关在法定的举证期限内未提供证据，或者提供的证据不足以证明被诉的行政行为合法，则应认定涉诉的行政行为违法。在认定证据时应当遵循证据规则所确定的证据三性，即根据证据的真实性、合法性、关联性确定可定案证据。

三、行政机关作出行政行为适用法律、法规是否正确

在判断行政机关作出行政行为适用法律、法规是否正确的时候应当考虑行政机关作出行政行为时，是否属于未援引具体的法律规范；或者援引了法律规范却未援引具体的条目；或者在适用法律规范时忽略了法律规范的效力等级，不符合其适用的效力范围；或者没有考虑一般法与特殊法，新法与旧法的关系；或者认定事实正确，却错误引用法律条文；或者在引用法律条文时出现了遗漏引用的情形。需要注意的是，对上述几种引用法律、法规是否正确的情形进行判断时，相应的处理方式也不同，应当根据对不同案件的不同影响，具体问题具体分析。

四、行政机关作出行政行为是否符合法定程序

程序正当原则，是行政法原则中的一个重要原则，这就意味着，判断一个行政行为是否合法，既要考虑其实体是否合法也要考虑其程序是否合法。行政程序的基本制度包括回避制度、听证制度、信息公开制度、说明理由制度、案卷制度等①。在遵循这些制度的基础之上，针对不同的行政行为，人民法院还应当审查其作出的行政行为是否遵循了法律、法规、规章所规定的程序，有无出现超越法定期限或者错误适用简易程序等情形，有无出现未遵循法律规定的顺序的情形，如在征收补偿中是先作出征收补偿决定再强制拆迁，还是未经征补就强制拆迁等。需要注意的是，针对不同的程序错误，人民法院所作出的处理方式也应当不同，应根据行政程序违法的情节进行程度上的区分，如对于情节轻微的程序上的瑕疵，人民法院判决确认违法，但不撤销行政行为。

五、起诉行政机关履行法定职责类案件，行政机关是否具备其被诉的法定职责，是否存在不履行或者怠于履行法定职责的情形

人民法院在判断行政机关是否履行了法定职责时，应当确定行政机关的法定职责来源。从权利义务角度而言，法定职责本质上是法定义务，是行政机关在行使行政权时对于国家、行政相对人、行政相关人等利害关系人应当尽到的义务。而行政机关是否尽到这些义务则关系着相对人的权利是否得到保障。正因如此，法定职责在确立时，通常有着外部的表现形式，具体表现为法律、行政法规、规章等能够确立其具体的管理职能的规范性文件（包括授权性和义务性规范）。但是，在界定法定职责时，也不能泛泛地一概而论，因为其应当是由成文的书面性行政规范性文件明确规定的职责，否则，也会将行政主体置于一个严苛而且不稳定的地位上，当行政主体对自身的职责没有具体的法律条文可以遵循参照时，也不利于其行使法定职权，同样地也会危害相对人的合法权益。

六、行政机关作出的行政行为是否存在明显不当的情形

《行政诉讼法》在第七十条引入明显不当这一审查根据，对于全部行政行为明

---

① 江必新、贺荣、池强、王振清：《行政审判实务教程》，中国法制出版社2012年版，第232页。

显不当的，可以依法予以撤销。这就意味着，人民法院在审查行政行为时，应考虑到如果行政机关只考虑后期行为的便利性而不考虑事情本身的合理性和行政相对人的接受程度，导致其作出的行政行为严重偏离公正的准则，此种行政行为也是行政机关对其裁量职责的怠惰，会危害相对人的合法权益，应予以纠正。

以上六个方面是人民法院认定行政行为合法的一般标准，满足这几个条件才能认定行政机关的行为符合合法性审查标准。人民法院经审理如果认定行政机关的行政行为符合上述标准，则应判决驳回原告的诉讼请求；经审理如果行政机关的行政行为不符合上述标准，则人民法院应判决撤销或者部分撤销，并可以判决行政机关重新作出行政行为，其中，针对行政机关不履行法定职责的案件，判决行政机关在一定期限内履行，针对行政机关依法负有给付义务的，判决行政机关履行给付义务，针对行政处罚明显不当，或者其他行政行为涉及对款额的确定、认定确有错误的，人民法院可以判决变更。针对人民法院判决确认违法或者无效的案件，可以同时判决责令行政机关采取补救措施；给原告造成损失的，依法判决行政机关承担赔偿责任。

（撰写人：孙嘉琳）

112

如何理解和判断行政机关超越职权？

超越职权是指行政机关及其工作人员在执行职务中，行使了法律没有授予其职权的行为。[①] 判断行政机关的行政行为是否超越法律职权，首先要立足我国现有的法律规定，《行政诉讼法》第七十条第一款规定，行政行为超越职权的，人民法院判决撤销或者部分撤销，并可以判决被告重新作出行政行为。由此可知，《行政诉讼法》把超越职权与主要证据不足、适用法律法规错误、违反法定程序、滥用职权、明显不当并列，即说明超越职权不属于上述其他行政违法。且超越职权所适用的判决为撤销或者部分撤销，并可以判决被告重新作出行政行为，故针对需要判决限期履行的不作为行为或者可判决变更的显失公正的行政处罚也均不属于超越法律职权。

行政机关的具体职权主要包括层级管辖权、部门管辖权、地域管辖权，因此，

① 蔡小雪：《行政审判与行政执法实务指引》，人民法院出版社2009年版，第612页。

超越法律职权的表现形式，分别是超越层级管辖权、超越部门管辖权、超越地域管辖权。

一、超越层级管辖权

层级管辖权主要是指上下级行政机关之间对某项行政管理事务管理职责上的分工和权限的划分。超越层级管辖权主要表现为上下级行政机关行使了属于对方行政机关的职权。在司法实践中，下级行政机关越权行使了法律法规授权上级行政机关职权的情形比较常见，法院在审查下级机关的行政行为时，需要从其相关的职权依据的上位法来确定其权力来源，如在《土地管理法》中，对确定批准建设征用耕地的主体行政机关依据的是具体批准的亩数，因此，判断批准机关的批准行为是否超越职权，就应当依据法律规定的亩数来进行确定。其中，需要注意的是，行政机关的内部机构和派出机构越权行使该机关的职权也属于超越层级管辖职权，因为法律法规所授予的是行政机关的职权，其内部机构和派出机构并不能以行政主体的身份来行使其权力，但是如果有法律、法规特别授权的内部机构和派出机构除外。

上级机关行使法律明确授予下级机关的职权，属于超越层级管辖权的范畴，但是，由于上级机关通常具有改变或者撤销下级机关不适当的决定和命令的权力，因此，上级行政机关对下级行政机关所作的错误的具体行政行为依法予以纠正的情形不属于超越层级管辖权的范畴。

二、超越部门管辖权

部门管辖权主要是指行政机关组织法所确立的行政机关体系中各部门之间实施行政管理职权的分工和权限。超越部门管辖权主要表现为超越法律法规授予本部门行政机关的行政管理职权，而行使其他行政部门的管理职权。通常造成此种越权行为的因素有内部因素和外部因素，内部因素是指行政机关工作人员因利益驱动越权行使其他部门的职权，如罚款、罚没。外部因素通常指行政机关对自身职权的认识不清而造成的，如误将不属于交叉职权当成交叉职权造成越权；未注意特别法或特别条款的规定而造成超越职权；因依据不合法的规范性文件造成超越职权。

除此之外，需要注意的是，行政机关越权行使司法权也属于超越部门管辖权的范畴。因为我国法律规定，司法权只能由人民法院行使，其他行政机关均不能行使，这其中，司法权包括司法裁判权、司法强制执行权。但是，法律法规已授权给行政机关行使某种强制执行权的不包括在内。

三、超越地域管辖权

地域管辖权指的是行政机关依职权实施行政管理权限的地域范围，通常情况下，地域管辖范围由各级行政区划确定，分为一般地域管辖和特殊地域管辖。超越地域管辖权主要表现形式有以下几种：第一，在行政处罚中，对行为发生地确定不准确，如在一些涉及环境保护的案件中，通常会涉及对污染企业处罚的问题，而环境污染有时是属于流动性的污染，其危害地可能与行为地不一致，此时就有可能出现行政处罚上的超越地域管辖权的情况。第二，由于行政区划在确定区划边界时可能会产生争议，那么因此就会产生由于区划不明而导致的地域管辖权不明，在这种情况下，行政机关应当报两级行政机关共同的上级行政机关进行确定，确定后再进行管辖，若未经确定，擅自执行，则构成超越地域管辖权。第三，两个行政机关均对同一事项具有管辖权时，应当由先发现的行政机关行使，后发现的行政机关再做处理属于超越地域管辖权的范畴，但是法律另有规定的除外。

除此之外，需要特别注意的是，有法律法规明确规定由跨行政区划管辖权的行政机关进行行政管理的行为不属于超越地域管辖权的范畴。

人民法院在审查行政机关的行为是否属于超越职权的情形时，应充分考虑其依据的法律法规规章，但是在我国的单行法律法规规章中通常对某行政机关的职权只作原则上的规定，而在其他的法律法规规章中作详细规定，因此，在依据法律法规对行政机关的行为进行审查时，不能囿于其自身提供的证据材料，而应当结合原告或第三人提供的其他的法律法规进行综合判断，甚至需要通过查阅其他法律、法规及规章才能判断出来，且不能仅仅依据作出行政行为的加盖行政管理部门公章的文件，还应当根据有关法律、法规及规章的具体规定及批准该组织成立的文件，进行全面的审查判断。

（撰写人：孙嘉琳）

113

如何理解和判断行政机关滥用职权？

若要确定行政机关的行政行为属于“滥用法律职权”的情形，首先就要明确滥用法律职权的内涵。滥用职权指的是行政机关滥用自由裁量权，违背或偏离法律法规的目的或原则，但是未超过法定权限——这也是滥用职权与超越职权的主要区别之一。

在论述自由裁量权时，行政法上最多被提及的是合理行政原则，但是对于自由裁量权的不恰当使用，既存在不合理的情形也存在不合法的情形，因此要明晰的是，《行政诉讼法》明确规定，人民法院审理行政案件是对行政行为的合法性进行审查，所以，滥用职权也应当被定性为不合法的行为，故其对于超越行使自由裁量权的模式应当认定其为严重不合理导致其不合法，换言之，是行政机关的行政行为严重违背了合理行政原则而导致其不合法。行政法理论上的合理行政原则包括公平公正对待原则、考虑相关因素原则、比例原则，那么行政机关“滥用法律职权”作出行政行为的主要情形亦即严重违反上述原则。

一、违反公平公正对待原则

公平公正对待原则指的是行政机关要平等对待行政相对人，不偏私、不歧视。同时，面对同等情况应当同等对待，不同情况应当区别对待，不恣意地实施差别待遇。如将某类人作特殊化处理，不允许残疾人参加职业资格考试等，就属于违反公平公正对待原则。但是，在考虑这些情形时，应当全面结合法律规定和行业规定进行判断，因为在某些职业资格选拔时对身体素质和其他条件有客观的要求，如航空、航海等，此时的特殊化处理不应当被认定为违反公平公正对待原则。

二、违反考虑相关因素原则

考虑相关因素原则指的是行政机关在作出行政决定和作出行政裁量时，只能考虑符合授权目的的相关因素，不得考虑不相关因素。

违反考虑相关因素原则通常表现为行政机关作出行政决定时未考虑相关因素或者考虑了不相关因素。此处的相关因素应当理解为法律因素以及客观事实因素。所谓法律因素指的是法律法规中明确规定的因素，如《行政处罚法》第四条第二款规定，设定和实施行政处罚必须以事实为依据，与违法行为的事实、性质、情节以及社会危害程度相当。此处的“违法行为的事实、性质、情节以及社会危害程度”就是行政机关在进行行政处罚时需要考量的因素，具体而言，如《治安管理处罚法》第十二条规定，已满 14 周岁不满 18 周岁的人违反治安管理的，从轻或者减轻处罚；不满 14 周岁的人违反治安管理的，不予处罚，但是应当责令其监护人严加管教。第十四条规定，盲人或者又聋又哑的人违反治安管理的，可以从轻、减轻或者不予处罚。此处的规定就是公安机关在进行行政处罚时应当考虑的相关因素。客观事实因素则主要是指人们在日常工作中，通常在处理某类事务时，从情理和惯例上一般都要予以考虑的情况。[①] 如行政许可中的同等情况，申请在先原则；拆除违法建筑中，限期拆除的时间不能中断等。

① 蔡小雪：《行政审判与行政执法实务指引》，人民法院出版社 2009 年版，第 687 页。

考虑了不应考虑的因素通常是行政机关在作出行政行为后，把法律规定了的不应该考虑的因素或根据常理不应当考虑的因素作为行政机关作出行政行为的依据，如交通警察执法时，只查处普通私家车的违法驾驶行为，对公车的违法驾驶行为不予处罚。

三、违反比例原则

比例原则又称“禁止过分”原则或最小侵害原则，行政机关实施行政行为应兼顾行政目标的实现和保护相对人的权益，如为实现行政目标可能对相对人权益造成某种不利影响时，应将这种不利影响限制在尽可能小的范围和限度内，保持二者都处于适度的比例。①

违反比例原则具体表现为三个方面，其一，行政机关实施行政行为时可以在多种方案中选择，但是却没有选择对相对人造成损害最小的方案，从而侵害了相对人的权益。其二，行政机关拟实施行政行为时，没有进行利益衡量，未选择最适当的解决方案。其三，行政机关在实施对相对人不利的行政行为时，在没有认定该行为对于应达到的目的是必要的情况下就实施。

四、违反法定目的

除上述三个原则外，行政机关违反法定目的实施的行政行为也应当属于“滥用法律职权”的范畴。在此种情形下，行政机关的工作人员通常都表现为主观故意，其由于执法者的个人利益或者小团体的利益，假公济私，如公安机关在进行行政处罚时，由于任务要求或者创收要求，对一切违反《治安管理处罚法》的行为都采取处以顶格罚款，或者凭个人好恶偏袒，优待一些企业或者个人，等等。此种情形下的行政行为已经违背了最初要求作出这些行政行为的法定目的，构成了滥用职权。

人民法院在审查行政机关的行为是否存在滥用职权的问题时要进行充分的考虑，一方面要确认被诉的行政行为是否属于行政机关自由裁量的范畴，在确定之后，要充分审查其作出行政行为的目的和所考量的具体因素；另一方面要在此基础之上结合行政机关自身的说明并且查明相关的法律法规所确立的目的和原则从而进行共同的判断和认定，在进行判断时，还可以结合同等案件中行政机关的处理结果，从而比较行政相对人得到的权利和承担的义务是否相称，以此来判断行政机关的行为是否属于“滥用法律职权”的范畴。

（撰写人：孙嘉琳）

① 姜明安主编：《行政法与行政诉讼法》，北京大学出版社2011年版，第74页。

114

行政行为明显不当的判断标准是什么?

随着行政管理领域的不断拓展以及行政管理手段的逐步复杂化，行政裁量权亦随之不断扩大，而行政裁量权失控的问题也日益突出。虽然《行政诉讼法》规定了行政行为“滥用职权”可以撤销以及行政处罚显失公正可以变更，法院可以对行政裁量进行一定程度的审查。但是实践中，法官极少在滥用裁量权意义上使用“滥用职权”标准,[①] 同时变更判决适用范围狭窄，因此实务中对于行政裁量的司法审查非常有限。为促进行政争议的实质性解决，回应人民群众对行政审判的新要求和新期待，在2014年修订前的《行政诉讼法》规定法院可以判决撤销“滥用职权”的全部行政行为以及变更“显失公正”的行政处罚的基础上，2014年修订后的《行政诉讼法》在第七十条引入“明显不当”这一审查根据，对于全部行政行为明显不当的，可以依法予以撤销。由此，法院对于行政行为的合理性进行一定程度的审查在立法上得到了进一步确认，并在原有规定的基础上得到扩大，一些无法明确认定为“滥用职权”的行政行为，可以通过“明显不当”这一审查标准予以纠正。

“明显不当”的现实意义在于，法律赋予行政机关裁量权力，也要求行政机关根据具体情形斟酌处理，如果行政机关只考虑后期行为的便利性而不考虑事情本身的合理性和行政相对人的接受程度，以致严重偏离公正的准则，是对其裁量职责的怠惰，应该予以纠正。

但是对于“明显不当”应该归属于“合法性审查”抑或“合理性审查”，学界和实务界仍有不同的认识，不过从本质上说，不同说法背后是两种不同的合法性概念之间的争议，即“形式合法”和“实质合法”。在实质合法的语境下，司法审查

---

① 参见黄雪娇:《行政判决“明显不当”标准之探讨——〈最高人民法院公报〉和最高人民法院指导性案例中的行政处罚案例为样本的分析》，载《河南财经政法大学学报》2017年第2期：一方面“滥用职权”标准极易与作为日常用语的“滥用职权”“滥用权力”发生混同，使得其含义被宽泛地理解为“违法”，客观上造成“滥用职权”标准成为其他司法审查标准的上位概念，用于统称主要证据不足、适用法律、法规错误、违反法定程序、超越职权等具体的违法情形；另一方面，法官适用“滥用职权”标准审查案件，被诉行政机关及其工作人员可能还面临着刑法上“滥用职权罪”的刑事追责问题，这也是导致法官在司法实践中极少适用这项标准作出裁判的重要原因。

中行政行为只有合法与不合法两种情况，对于形式合法但是违反一般法律原则的行为，仍属于实质违反合法性原则的行为。就行政诉讼立法而言，行政诉讼法在修改过程中增加了行政行为“明显不当”这一审查标准，但维持了法院对行政行为“是否合法”进行审查这一表述。[①] 全国人大常委会法制工作委员会编著的《中华人民共和国行政诉讼法释义》以及《中华人民共和国行政诉讼法解读》等读本中称，行政诉讼法修改“在坚持合法性审查原则的前提下，对合法性原则的内涵作了扩大解释”，将明显不当的行政行为也作为违法行为。[②] 可以看出，一方面，立法者鼓励法院对行政裁量的合理性进行适度审查；另一方面，立法者在合理性审查的概念上坚守了实质合法的观点，合理性审查也纳入合法性审查的范畴。[③]

不过，由于“明显不当”作为不确定法律概念，其内涵和外延都有比较大的弹性空间，同时立法以及司法解释都未对这一概念作出明确和权威的解释，导致在司法实务中对“明显不当”的适用纷繁复杂。

首先，就明显不当的适用范围来说，不少案件实际上对明显不当作出不符合立法原意的宽泛理解，存在误用明显不当标准的情形。如前所述，明显不当是针对行政裁量而言的，而裁量可能存在于行政行为作出的各个环节，如在认定事实、适用法律和选择行政程序时均可能存在裁量因素，如果这些阶段裁量权的行使极不合理，在一定意义上也可归入明显不当的范畴。但从《行政诉讼法》第七十条的规定看，既然明显不当是与主要证据不足、适用法律法规错误、违反法定程序、超越职权、滥用职权相并列的审查标准，在各自的内涵和外延上就应当既有区分又能衔接。在此意义上，明显不当应当在排除了超越职权、事实认定、法律适用、行政程序等审查要素后只适用于行政实体处理的裁量，目前主要是行政处理方式的裁量。[④] 同时，区别于“滥用职权”包含的行政机关违背法律目的、恶意行使权力的主观恶意。

其次，就明显不当的审查依据或者说判断标准来说，学界和实务界仍有不同的争议。“明显”与“不明显”没有明显的区分标准；“当”与“不当”也没有辩论的意义。不过，沈岿教授曾对“裁量明显不当”标准所作的论证值得深思。他认为裁量明显不当标准主要审查行政裁量是否明显与立法目的和精神、基本法治原则、

① 何海波：《论行政行为“明显不当”》，载《法学研究》2016年第3期。

② 参见袁杰主编：《中华人民共和国行政诉讼法解读》，中国法制出版社2014年版，第21页；信春鹰主编：《中华人民共和国行政诉讼法释义》，法律出版社2014年版，第20页。

③ 何海波：《论行政行为“明显不当”》，载《法学研究》2016年第3期。

④ 何海波：《论行政行为“明显不当”》，载《法学研究》2016年第3期。

习惯法、一般公平正义观念或常人理性相悖，而不是追究主观过错。[1] 同时，考虑到合法性审查原则的统帅地位，对明显不当不能作过宽理解，界定为被诉行政行为结果的畸轻畸重为宜。[2] 法院要始终恪守对行政的尊让，坚守司法与行政的界限，对“明显不当”行为的审查只能是一种有限的、低强度的审查，只有明显不当应当属于极端不合理导致不合法的情形，才能予以撤销，防止行政裁量后移转为司法裁量。

综上所述，在对行政行为进行判断其是否属于明显不当的标准范畴时，第一，要考虑其是否为行政处理方式的裁量。第二，行政裁量是否明显与立法目的和精神、基本法治原则、习惯法、一般公平正义观念或常人理性相悖，而不是追究主观过错。综合进行判断，并对明显不当不作过宽理解。

（撰写人：孙嘉琳）

115

行政诉讼的裁判方式有哪些种类？

将判决和裁定进行分别规定，是《行政诉讼法》所明确的，目的在于厘清案件实体问题和程序问题，进而提高行政审判效率。

一、行政诉讼裁定的种类

行政诉讼中的裁定，是人民法院在审理行政案件和审查非诉执行行政行为的过程中，为解决本案的程序问题所作出的对诉讼参加人发生法律效果的司法裁断。

在《行诉解释》中，第一百零一条将裁定的类型作出了明确的划分，裁定适用于：不予立案；驳回起诉；管辖异议；终结诉讼；中止诉讼；移送或者指定管辖；诉讼期间停止行政行为的执行或者驳回停止执行的申请；财产保全；先予执行；准许或者不准许撤诉；补正裁判文书中的笔误；中止或者终结执行；提审、指令再审或者发回重审；准许或者不准许执行行政机关的行政行为以及其他需要裁定的事项。

---

① 沈岿：《行政诉讼确立“裁量明显不当”标准之议》，载《法商研究》2004 年第 4 期。

② 信春鹰主编：《中华人民共和国行政诉讼法释义》，法律出版社 2014 年版，第 190 页。

二、行政诉讼判决的种类

行政诉讼判决，是指人民法院根据当事人的诉讼请求，经过全面审理，就被诉行政行为的合法性及相关争议依法作出的实体性处理决定。[①] 按照不同的标准，可以对行政诉讼判决作出不同的划分。按照审级标准可将判决分为一审判决、二审判决和再审判决；按照判决是否发生法律效力可将判决分为生效判决和未生效判决；等等。本文所划分的判决种类，是根据行政诉讼的审理情况，对被诉行政行为进行实质性审查后作出的判决形式，主要包括驳回判决、撤销判决、给付判决、确认判决、变更判决和履行判决。

第一，驳回判决。

即判决驳回原告的诉讼请求。驳回诉讼请求是人民法院对当事人实体请求权的一种否定评价，是人民法院认为原告请求的内容没有事实根据或者没有法律依据而作出的对其请求不予支持的判决。《行政诉讼法》第六十九条规定，行政行为证据确凿，适用法律、法规正确，符合法定程序的，或者原告申请被告履行法定职责或者给付义务理由不成立的，人民法院判决驳回原告的诉讼请求。

第二，撤销判决。

即人民法院经过审查作出的否定被诉行政行为的判决。撤销判决分为判决全部撤销、判决部分撤销及判决撤销并责令被告重新作出行政行为三种情况。《行政诉讼法》第七十条规定，行政行为有下列情形之一的，人民法院判决撤销或者部分撤销，并可以判决被告重新作出行政行为：（1）主要证据不足的；（2）适用法律、法规错误的；（3）违反法定程序的；（4）超越职权的；（5）滥用职权的；（6）明显不当的。

第三，给付判决。

即人民法院经过审查作出的要求被告履行给付义务的判决。《行政诉讼法》第七十三条规定，人民法院经过审理，查明被告依法负有给付义务的，判决被告履行给付义务。

第四，确认判决。

即人民法院通过对行政行为的审查，确认被诉行政行为违法或者无效的判决。根据《行政诉讼法》第七十四条的规定，在五种情况下，人民法院判决确认行政行为违法，一是行政行为依法应当撤销，但撤销会给国家利益、会公共利益造成重大损害的；二是行政行为程序轻微违法，但对原告权利不产生实际影响的；三是行政

① 应松年主编：《行政法与行政诉讼法》（第二版），中国政法大学出版社2011年版，第311页。

行为违法，但不具有可撤销内容的；四是被告改变原违法行政行为，原告仍要求确认原行政行为违法的；五是被告不履行或者拖延履行法定职责，判决履行没有意义的。同时《行政诉讼法》第七十五条规定，行政行为有实施主体不具有行政主体资格或者没有依据等重大且明显违法情形，原告申请确认行政行为无效的，人民法院判决确认无效。《行政诉讼法》第七十六条规定，人民法院判决确认违法或者无效的，可以同时判决责令被告采取补救措施，给原告造成损失的，依法判决被告承担赔偿责任。

第五，变更判决。

即在行政处罚显失公正时，人民法院作出的改变行政行为的判决。法院判决变更被诉行政行为，必须具备两个条件：一是实施行政处罚或者其他行政行为涉及对款额的确定、认定；二是行政行为显失公正。所谓“显失公正”，是指具有通常法律和道德认识水准的人均可以发现和确认该处罚明显地失去了法律的公正性。《行政诉讼法》第七十七条规定，行政处罚明显不当，或者其他行政行为涉及对款额的确定、认定确有错误的，人民法院可以判决变更。人民法院判决变更，不得加重原告的义务或者减少原告的利益。但利害关系人同为原告，且诉讼请求相反的除外。

第六，履行判决。

即人民法院经过对行政案件的审理，认定被告具有不履行或者拖延履行法定职责的情形，作出的要求被告在一定期限内履行其法定职责的判决。根据《行诉解释》第九十一条至第九十三条的规定，人民法院作出限期履行判决，应具备以下条件：（1）被告对行政相对人依法负有履行职责的义务。（2）须由原告向被告依法提出申请，被告有拒绝履行、拖延履行的行为，或者对原告的申请置之不理，不作答复。（3）原告向被告提出申请，应当符合法定条件。（4）人民法院判决被告履行法定职责，应明确指出所履行职责的内容和履行的期限。《行政诉讼法》第七十二条规定，人民法院经过审理，查明被告不履行法定职责的，判决被告在一定期限内履行。第七十八条规定：“被告不依法履行、未按照约定履行或者违法变更、解除本法第十二条第一款第十一项规定的协议的，人民法院判决被告承担继续履行、采取补救措施或者赔偿损失等责任。被告变更、解除本法第十二条第一款第十一项规定的协议合法，但未依法给予补偿的，人民法院判决给予补偿。”

（撰写人：朱玲）

116

确认无效判决的适用条件是什么?

一、行政诉讼确认无效判决的含义

行政诉讼中的确认判决类型包括确认无效判决和确认违法判决。确认无效判决作为适用于原告胜诉的一种判决类型，是指人民法院根据原告提出的申请确认行政行为无效的诉讼请求或者在申请撤销之诉中依职权审查，认为行政行为存在实施主体不具有行政主体资格或者没有依据等重大且明显违法情形，作出的否认行政行为效力的判决形式。

确认无效判决作为被告败诉的一种判决类型，在出台《行诉解释》之后，适用条件较之前有了一定变化，第一，确认无效判决适用的前提条件除了原告提出确认行政行为无效的申请外，还增加了在原告申请撤销之诉中，法院经审查认为属于确认无效情形的，主动作出确认行政行为无效的判决。第二，无效行政行为的审查判断标准，包括法律规定的行政行为有实施主体不具有行政主体资格或者没有依据等重大且明显违法情形。

二、确认无效判决的适用条件

（一）适用的前提条件

《行政诉讼法》中规定，确认无效诉讼的发起，应以原告提出确认无效的诉讼请求为前提。[①] 新出台的《行政解释》增加了在一般行政诉讼中，法官在撤销之诉中经审理发现行政行为无效，尽管当事人没有提出确认无效的诉讼请求，可以主动以行政行为存在重大且明显违法作出确认无效判决的情形。

（二）适用的起诉期限

在民法中，无效民事行为属于自始无效，不受诉讼时效的限制，相对人可随时请求法院确认民事行为无效。但行政诉讼法未对确认无效诉讼的起诉期限另行规定。对于行政诉讼确认无效之诉是否不受起诉期限限制的问题，理论上有两种不同的处理意见。第一种认为无效之诉仍需遵循行政诉讼法 6 个月起诉期限的规定。当

---

① 潘昌锋、孔令瑗:《行政诉讼确认无效判决的适用》，载《人民司法（应用)》2015 年第 7 期。

事人超过该期限提起诉讼，法院应裁定驳回起诉或不予受理。第二种认为鉴于无效行政行为的自始无效性，在行政诉讼法没有明确规定的情况下，应当参照民事诉讼，赋予行政相对人超过法定起诉期限起诉的权利。

三、无效行政行为的判断标准

行政行为同时存在重大且明显违法情形时，应认定行为无效。行政诉讼法规定无效行政行为的审查判断标准是“重大且明显违法”，但具体到司法实践中，应当从行政行为的外观和实质进行综合考量。

（一）外观考量

因为无效行政行为是行政主体以外的任何人都无法承认其拘束力的行为，其违法性应十分重大且明显，仅仅重大而不明显，或仅仅明显而不重大，都不能认定属于无效行政行为。① 从行政行为的外观看，如果明显违反了信赖保护原则、诚信原则、比例原则，则行政行为属于重大明显违法，如一般许可发放违禁品，对死者颁发驾驶执照的，等等。这些行政行为或者内容直接违法或构成犯罪，或者内容在事实上不可能实现，或者内容在法律上不可能实现。

（二）实质考量

如果行政行为从外观上看无重大瑕疵，则应从内部构成要件上考量是否存在实施主体不具有行政主体资格或者没有依据等明显超越职权、内容明显违法、严重违反法定程序、违反一事不再理原则等重大或明显违法行为。

“重大明显违法”属于不确定法律概念，不同时间、不同案件、不同地位、不同人，对其认识肯定会出现偏差。依照信赖保护原则，“重大”和“明显”违法这两个条件应同时具备，在司法实务中作出确认无效判决的行政诉讼数量上看仍然比较保守。

总之，确认无效判决属于2014年修改后《行政诉讼法》第七十五条正式增设的判决方式，《行诉解释》对确认无效判决的适用又有新的规定。今后对确认无效判决的具体问题有必要在司法实践中深入探讨。

（撰写人：朱玲）

---

① 江西省鄱阳县人民法院：《行政行为无效或违法确认之诉解析》，载《人民法院报》2016年1月20日。

117

确认违法判决的适用条件是什么？

行政诉讼确认违法判决，是指人民法院通过对被诉行政行为的审查，从而确认被诉行政行为违法的一种判决形式。作出确认被诉行政行为违法的判决，是因为被诉行为出于特定的原因不能被撤销，或者不具有撤销的内容或意义。《行政诉讼法》第七十四条、第七十六条，《行诉解释》第一百三十六条对确认违法判决的适用条件进行了详细规定。

根据法律规定，确认违法判决适用的情形可以概括为如下五种。

一、被诉行为违法，但撤销损害公共利益

被告作出的行政行为违法，之所以没有将其撤销，是基于公共利益需要而保留，确认其违法。由于政府是公共利益的代表，行政权是从保护公益出发，行政行为是公益的实现形式。若被诉的某一行政行为经法院审理查明确实违反法律，依法应当予以撤销。但撤销该违法的行政行为会给社会公益造成巨大损害，法院对相对人受损的情况与撤销行为所带来的公益损害进行衡量，如果公益损害大于相对人的损害，法院应该选择确认该行为违法，而不是径直判决撤销该违法的行政行为。[①]

二、被诉行为程序轻微违法，不产生实际影响

行政权作为一种公权力，其行政许可、信息公开、行政处罚等行为会与公众的生活产生千丝万缕的联系。行政权的行使，既要考虑公益性，又要兼顾效率原则。这种行政行为没有被撤销，而最终被确认违法的原因，主要是考虑到未影响到相对人的实体权利、维护行政权的效率性的缘故。

三、被告改变原违法行政行为，原告仍要求确认原行为违法的

有些情形下，行政主体作出行政行为后，有权依法定程序撤销或改变该行为。原行政行为违法，被告作出新的具体行政行为，在这种情况下，如果行政主体的撤销、改变行为发生在相对人起诉之后，法院作出判决之前，而且相对人知晓行为变动后，并不同意撤诉时，由于原行政行为已不存在或者发生改变，原意思表示在法

① 朱中文、刘宗亮：《行政行为无效或违法确认之诉解析》，载《人民法院报》2016 年 1 月 20 日。

律上已经消失，没有可撤销的内容，若原告仍要求法院对原行政行为进行合法性的评价，则需要确认原行政行为违法。

四、被诉行政行为违法，但不具有可撤销的内容

行政机关实施的具体行政行为，有一些实施完毕后并不能被撤销或者改变，以行政处罚中的行政拘留行为为例，被处罚的相对人在处罚执行完毕后才提起行政诉讼。这时，请求法院撤销限制人身自由的处罚已是不可能。此外，在行政诉讼过程中，由于行政诉讼法出于有效达成行政管理目标的目的，特别规定了行政诉讼起诉不停止执行制度，据此除法律另有规定外，被诉行政行为并不会因为行政相对人提起行政诉讼而停止其执行。因此很多被诉行政行为在诉讼中仍然在执行或履行，当法院作出裁判时，一旦行政行为执行完毕并且不具有可以撤销的内容，则不能判决撤销原行为。例如，具有实时性的行政强制措施，如强制拆除房屋案件中，相对人在拆除房屋过程中提起诉讼，法院尚未审理结束时，行政机关已经拆除完毕的，因为执行完结，不再具备可以撤销的对象，只得提起确认之诉，请求法院对强制拆除的违法性予以确认并宣告。

五、被告不履行法定职责，但判决履行已无实际意义的

这种确认违法的判决方式与行政机关的不作为有关。因行政机关不作为引起的诉讼，法院本应判决行政机关履行义务，但如果责令其履行已没有实际意义或履行义务已在事实上不可能时，也应确认不作为违法。例如，相对人要求行政机关履行及时出警保护原告人身权和财产权合法权益的诉讼中，由于行政机关怠于履行行政保护职责，导致相对人合法权益受损，而责令行政机关履行已没有实际意义，应确认不作为违法。

综上可知，确认违法判决实际上是撤销判决的一种变通，既宣告了被诉行为存在违法性，但在法律上又不宜直接撤销被诉行政行为，可以说是一种折中的判决。人民法院判决确认违法的，可以同时判决责令被告采取补救措施，给原告造成损失的，应当依法判决被告承担赔偿责任，因此对行政相对人合法权利的救济力度并没有削弱。

（撰写人：朱玲）

118

给付判决与履行判决有哪些区别？

《行政诉讼法》第七十二条规定："人民法院经过审理，查明被告不履行法定职责的，判决被告在一定期限内履行。"《行政诉讼法》第七十三条规定："人民法院经过审理，查明被告依法负有给付义务的，判决被告履行给付义务。"以上就以基本法的形式确认了行政诉讼判决形式中履行判决和给付判决两种判决的类型。由此可推知，2014 年修改后的《行政诉讼法》在新增给付判决类型的基础上，已作出"课予义务诉讼"（第七十二条）与"一般给付诉讼"（第七十三条）的区分。依此规定，相对人可以请求判决被告依法给付特定的物或行为。《行诉解释》对履行判决和给付判决两种判决类型的适用条件作了更为具体、明确的规定。

一、给付判决的适用条件

对给付判决中行政机关的给付义务的规定，我国采用了列举加兜底的描述方式。《行诉解释》第九十二条规定："原告申请被告依法履行支付抚恤金、最低生活保障待遇或者社会保险待遇等给付义务的理由成立，被告依法负有给付义务而拒绝或者拖延履行义务的，人民法院可以根据行政诉讼法第七十三条的规定，判决被告在一定期限内履行相应的给付义务。"即除申请被告依法履行支付抚恤金、最低生活保障待遇或者社会保险待遇的给付义务外，根据以上解释的内容，给付请求权包括行政相对人基于法律、法规、规章以及规范性文件所产生公法上的给付请求权。例如，纳税人可以依据《税收征收管理办法》的规定，请求税务机关退还多缴的税款；社会上需要救助的人群可以依据《社会救助暂行办法》的规定，享有最低生活保障、住房、医疗、教育所需要的金钱、物资的给付请求权；行政相对人可以根据《政府信息公开条例》请求政府提供信息；行政相对人可以基于《行政许可法》第八条获得损失补偿请求权，等等。①

需要注意的是，根据《行诉解释》第九十三条规定："原告请求被告履行法定

① 杨东升：《论一般给付诉讼之适用范围——〈行政诉讼法〉第 73 条评释》，载《行政法学研究》2015 年第 6 期。

职责或者依法履行支付抚恤金、最低生活保障待遇或者社会保险待遇等给付义务，原告未先向行政机关提出申请的，人民法院裁定驳回起诉。人民法院经审理认为原告所请求履行的法定职责或者给付义务明显不属于行政机关权限范围的，可以裁定驳回起诉。”也就是说行政相对人申请金钱给付，必须先向行政机关提出申请，如果行政机关拒绝申请，申请人才能向法院提起行政给付诉讼，而不能未经行政机关处理直接提起一般给付诉讼。

二、履行判决的适用条件

履行判决是要求行政机关履行法定职责的判决，针对的是行政机关不作为。根据《行政诉讼法》第四十七条规定：“公民、法人或者其他组织申请行政机关履行保护其人身权、财产权等合法权益的法定职责，行政机关在接到申请之日起两个月内不履行的，公民、法人或者其他组织可以向人民法院提起诉讼。法律、法规对行政机关履行职责的期限另有规定的，从其规定。公民、法人或者其他组织在紧急情况下请求行政机关履行保护其人身权、财产权等合法权益的法定职责，行政机关不履行的，提起诉讼不受前款规定期限的限制。”《行政诉讼法》第七十二条规定：“人民法院经过审理，查明被告不履行法定职责的，判决被告在一定期限内履行。”

从以上情况我们可以看出：作出履行判决仅适用于被诉行政行为是不作为方式的案件，且须具体以下条件：（1）被告负有某法定职责；（2）被告没有履行该法定职责；（3）被告没有履行法定职责无正当理由；（4）判决责令其履行法定职责仍有实际意义。法院判决被告履行法定职责，应当指定履行的期限，因情况特殊难以确定期限的除外。例如《行政诉讼法》第十二条第一款第三、六、十项规定的三类案件：公民、法人或者其他组织认为符合法定条件申请行政机关颁发许可证和执照，行政机关拒绝颁发或者不予答复的；公民、法人或者其他组织申请行政机关履行保护人身权、财产权的法定职责，行政机关拒绝履行或者不予答复的；公民认为行政机关没有依法发给抚恤金的。

三、给付判决与履行判决的区别与衔接

《行政诉讼法》第七十二条、第七十三条分别规定了履行判决与给付判决，两个条文的结构非常相似，适用前提均为行政机关应当履行而不履行，判决结果均为要求行政机关履行，不同的是其履行的内容不同，前者为法定职责，后者为给付义务。结合《行政诉讼法》2014 年的修改历程，履行判决的产生先于给付判决，后续新增给付判决，可以理解为给付判决能够在某种程度上弥补履行判决的适用范围。行政履行从广义上来看，包括行政主体作出具体行政行为或特定行政行为的履行和行政主体作出具体行政行为以外的给付行为的履行。相对人请求行政机关作出具体行政行为的，应归入课予义务之诉，针对的是行政不作为设置的诉，履行判决就是对课予义务诉讼的肯定回应。给付性质的判决具有兜底的特性，针对的是具体行政行为以外的给付行为。以上两种判决类型具有相等的地位，各自对应的诉讼范围没有重叠部分，有利于更好地保护行政相对人的合法权益。

（撰写人：朱玲）

119

程序轻微违法类案件的判断标准和裁判方式是什么？

程序轻微违法类案件是指行政机关作出的行政行为违反了法律、法规及规章中的法定程序，但该程序并非所作行政行为的主要、关键程序，且未对相对人的实体权益造成影响，只是造成了行政行为程序上的某种缺陷。

《行政诉讼法》2014 年修改前，法院对于程序审查缺乏统一标准，常常将较低程度的程序违法视为轻微违法。例如，行政法上的听证程序。法律上的规定是应当在听证 7 日前，通知当事人听证的时间和地点。但若行政机关在听证 5 日前才将听证事项告知当事人，那么该行政行为在程序上便存在瑕疵，但这种违法未对当事人的实质权益造成重大影响，这种情形便被认定为程序轻微违法。程序轻微违法主要有以下 5 种类型：形式缺陷、步骤遗漏、顺序颠倒、时限逾越、理由欠缺。通过研究案件，学者们注意到，伴随程序观念和术语在司法裁判中的滥觞①，有些时候程序轻微违法会成为程序违法的一种“文雅的修饰”②，这对于程序的独立价值以及法院的司法监督功能会造成损害和侵蚀。

基于此，现行《行政诉讼法》对程序轻微违法类案件进行了较为细致、明确的规定。首先是立法宗旨的调整。《行政诉讼法》第一条将“维护和监督行政机关依法行使行政职权”改为“监督行政机关依法行使行政职权”，并增加了“解决行政争议”的表述，兼顾了法律价值和行政诉讼解决行政争议的功能定位。这种立法宗旨的变化直接影响着之后对于判决方式的法律条款设计。第七十四条第一款第二项

---

① 于立深：《违反行政程序司法审查汇总的争点问题》，载《中国法学》2010 年第 5 期。

② 刘文静：《程序违法的后果是什么？——〈行政诉讼法怎么改〉（三）》，载《检察日报》2014 年 2 月 19 日。

对程序轻微违法类案件的裁判方式进行了明确，“行政行为有下列情形之一的，人民法院判决确认违法，但不撤销行政行为：……（二）行政行为程序轻微违法，但对原告权利不产生实际影响的”。2018 年 2 月 8 日起施行的《行诉解释》第九十六条对“程序轻微违法”进行了规定，在对原告依法享有的听证、陈述、申辩等重要程序性事项不产生实质损害的情况下，存在处理期限轻微违法，通知、送达等程序轻微违法及其他程序轻微违法的三种情形下可以认为“程序轻微违法”。据此，可以看出，对于程序轻微类案件的处理方式仅为确认该行政行为违法，而不撤销涉及的行政行为。这种裁判方式的采用，一定程度上彰显了程序价值。若法院将程序轻微违法类案件予以撤销，实际并不显著。因为行政机关严格按照程序规定重新作一次行政行为，但原告实际的权利并不会因此得到增减，只会使诉讼成本的增加。故采用确认违法这种裁判方式更为合理，更能维护公民的程序权利。

根据《行政诉讼法》对于程序轻微违法类案件的裁判方式规定，该类案件的判断标准应包含以下几个方面：

一是行政行为违反的法律层级。程序轻微违法的案件，可以确定的是“违背程序作出的行政行为，总是违法的”①，但此处的“法”的具体范畴为何，应在判断范围内。比较一致的看法是，在《立法法》的既定框架下，凡是法律、法规和规章所规定的程序，均可视为该处的“法”的范围。值得注意的是，对于为保护当事人权益而设定的规范性文件，也应纳入法院的判断范围。对于规范性文件，行政机关不能轻易违反，否则也应视为违反了法定程序。但对于设定限制公民权利行使的规范性文件则不在此范围内。

二是对于违法程度的判断。行政程序具有多样性的特点，各种行政程序对于相对人的影响程度具有差异性。例如，内部行政程序与外部程序相比，其对于相对人的影响显然要小得多。授益性行政行为较之侵益性行政行为应采用不同的判断标准。因此，程序轻微违法案件中的“轻微”如何判定，就成为判断该类案件的重要部分。笔者认为，应从以下两个角度进行考量。其一是该违法行政程序是否会影响实体处理结果。如果在因程序瑕疵撤销该行政行为后，行政机关仍作出同样的行政行为，那么就可以认为该程序瑕疵是“轻微”的，这也是符合行政经济原则的。当然，不能单一以这种方式进行判断，仍应结合其他因素进行综合判断。其二是该违法行政程序是否会违背立法目的。现代行政法弱化了控权观念，更关注以正当法律程序调控行政过程。② 程序规则的设计更专注参与、协作等原则，而不再是简单的

---

① ［德］弗里德赫尔穆·胡芬：《行政诉讼法》，莫光华译，法律出版社 2003 年版，第 411 页。

② 章剑生：《现代行政法基本理论》（第二版），法律出版社 2014 年版，第 18 页。

命令与服从。因此，在判断程序轻微违法案件时，要结合具体的行政行为，是否符合相应的立法目的来判断。

三是利益衡量的引入。《行政诉讼法》第七十四条第一款第二项对于程序轻微违法类案件的裁判方式其实是在利益衡量下产生的一种非常态化的情况判决。其根基在于该程序瑕疵并未对原告的权利产生实际影响，且行政机关重作行政行为也并非可以给原告带来更大利益。这种判决方式具有初步的瑕疵治愈功能，是行政效率与法律的正当秩序之间的利益平衡的产物。需要注意的是，这种利益衡量不能成为迁就行政机关违法的借口。法院对此应严格审查，作出合理的判断。

（撰写人：程曼）

120

要求履行法定职责案件的裁判方式如何适用？

要求履行法定职责案件的裁判方式主要是针对行政机关的不作为行为所设置的，其目的在于保障公民的给付请求权，其意义在于“一是确保人民对国家的公法上的给付请求权，使其获得司法救济；另一则是促使行政机关履行其法定作为义务，而间接匡正行政于合法正途”[①]。

《行政诉讼法》第七十二条对要求履行法定职责案件的裁判方式进行了规定，内容为“人民法院经过审理，查明被告不履行法定职责的，判决被告在一定期限内履行”。该裁判方式主要针对的是义务之诉，该诉讼类型作为一种独立的诉讼类型，其实质为行政给付。具有以下特征：一是诉讼目的具有给付性。义务之诉的诉讼目的为通过法院判决督促行政机关履行其法定的作为义务，以助民众实现行政给付的目的。二是诉讼标的的消极性。义务之诉的诉讼标的“就是原告基于一个具体的事实状况提出的如下主张：他的权利由于所请求的行政行为被拒绝或未作出而受到了侵害”[②]。即诉讼标的包括两种形式：拒绝作为和不作为。行政不作为的类型以行政机关单纯不作为最为普遍，但对于相对人产生的法律效果来看，行政机关积极拒绝的做法与单纯不作为并无差异，均没有实现其申请的目的，相对人得到的都是“零”。

---

① 翁岳生：《行政诉讼法逐条释义》，台湾五南图书出版公司2002年版。

② ［德］弗里德赫尔穆·胡芬：《行政诉讼法》，莫光华译，法律出版社2003年版，第283页。

对于要求履行法定职责案件裁判方式的理解和适用，应把握以下几个层面：

（1）先行条件——已经向行政机关提出过申请。原告向法院提起义务之诉时，应在先前时间内已经向行政机关提出过申请。义务之诉产生的前提条件即为行政相对人的给付请求权无法实现。这其中的隐含条件即为行政相对人已经向行政机关提交过申请。若无，那原告便缺乏适格原告资格，自然无法适用该条法律规定。

（2）请求权遭到行政机关的不履行。行政机关针对行政相对人的申请并未履行。这种“不履行”包含以下三种情况：一是拒绝履行，即以明示的方式拒绝履行该请求。二是部分履行，行政机关履行法定职责的，应当遵循全面履行的原则。若行政机关部分履行，损害了行政相对人完全实现其请求权的可能，因此也应属于不履行的范畴。三是拖延履行，拖延履行是指行政机关在法定或者合理的时间内以不作为的方式不履行行政义务，即为单纯的不作为。

（3）行政机关具有申请所指向的法定职责。法定职责为义务之诉中的重点内容，亦是考量行政机关是否为适格被告的重要参考量。胡芬对此指出：“理由具备性的前提是，诉讼针对的是这样一个行政机关的法定主体：该行政机关拒绝作出行政行为，但是这个未作出的行政行为必须由它作出。如果义务之诉针对的是一个没有事务管辖权的机关，那么由于缺乏适格的被告，诉就不具备理由。”[①] 由于在现实情况中，判断行政机关是否具有事务管辖权，复杂情况需要经过庭审调查才能明确，因此最高人民法院在行政不作为十大案例中指出，“在行政主体相互推诿，均否认具有相应法定职责的情况下，可依法将相关行政主体都列为被告，共同参加诉讼，通过庭审举证、质证和辩论，最终确定履责主体”[②]。关于认定“法定职责”的来源，主要应包括法律法规明确规定的履行义务，特定从事某项公共服务的行政机关的履行义务以及行政合同、行政承诺等合意行政产生的履行义务以及先行行为引起的履行义务。

（4）须在法定期限内起诉。义务之诉应在法定期限内提出。我国行政诉讼法及司法解释中对起诉期限具有明确的规定。对于行政机关明确拒绝履行的行政行为，行政相对人可以直接提起义务之诉的起诉期限为6个月；对于单纯不作为的行政行为，根据《行政诉讼法》第四十七条的规定，“公民、法人或者其他组织申请行政机关履行保护其人身权、财产权等合法权益的法定职责，行政机关在接到申请之日起两个月内不履行的，公民、法人或者其他组织可以向人民法院提起诉讼……”，此处的两个月即为行政相对人可以起诉的起算点。

---

① ［德］弗里德赫尔穆·胡芬：《行政诉讼法》，莫光华译，法律出版社2003年版，第438页。

② 《人民法院关于行政不作为十大案例》，载《人民法院报》2015年1月16日。

在适用该裁判方式时还需注意的重要一点为裁判时机是否成熟。最高人民法院《行诉解释》第九十一条对于新《行政诉讼法》第七十二条的适用进一步明确和细分。其规定“原告请求被告履行法定职责的理由成立，被告违法拒绝履行或者无正当理由逾期不予答复的，人民法院可以根据行政诉讼法第七十二条的规定，判决被告在一定期限内依法履行原告请求的法定职责；尚需被告调查或者裁量的，应当判决被告针对原告的请求重新作出处理”。上述两款条文按照行政机关有无裁量余地进行了划分。对于行政机关无裁量余地时的科以义务判决，人民法院经审理认为被告不履行法定职责，如果事实清楚、法律规定明确，被告没有裁量余地的，法院应从司法为民的角度出发，减少当事人的诉累，避免程序空转，尽量做到判决到位，即判决被告在一定期限内履行原告请求的特定职责；对于行政机关具有裁量余地的课予义务判决，就意味着行政机关对于相应的行政事项需要在进一步调查核实的基础上，重新作出处理与裁量。对此，法院应尊重行政权与司法权的划分，尊重行政机关的“首次判断权”，判决行政机关对于原告的请求重新作出处理。

（撰写人：程曼）

第九章 执行程序

121

行政机关申请法院强制执行应当具备哪些条件?

2014 年修订后的《行政诉讼法》第九十五条规定，公民、法人或者其他组织拒绝履行判决、裁定、调解书的，行政机关或者第三人可以向第一审人民法院申请强制执行，或者由行政机关依法强制执行。第九十七条规定，公民、法人或者其他组织对行政行为在法定期限内不提起诉讼又不履行的，行政机关可以申请人民法院强制执行，或者依法强制执行。由此可以看出，行政机关申请法院强制执行分为两种类型。

一种是对被诉行政行为的强制执行。行政相对人对于行政行为不服，经法院裁判，维持行政行为或者确认行政行为合法有效的，如果行政相对人拒绝履行法院的裁判的，被告行政机关可以申请人民法院采取强制措施，确保被诉行政行为的实现。对于被诉行政行为的强制执行，需要满足以下条件：（1）人民法院作出的已经发生法律效力的法律文书。2018 年 2 月 8 日施行的《行诉解释》第一百五十二条规定，对发生法律效力的行政判决书、行政裁定书、行政赔偿判决书和行政调解书，负有义务的一方当事人拒绝履行的，对方当事人可以依法申请人民法院强制执行。这一规定表明，行政机关申请被诉行政行为的强制执行，必须有四种发生法律效力的文书，即行政判决书、行政裁定书、行政赔偿判决书和行政赔偿调解书。（2）行政行为可以由人民法院强制执行。根据司法实践，行政行为的种类大约有 27 种。[①] 但并非行政机关作出的所有的行政行为都具有执行力，只有行政行为的内容规定了作为义务或者不作为义务时才需要执行。（3）属于受理申请执行的人民法院管辖。《行政诉讼法》第九十五条明确规定，对于生效文书的执行由第一审人民法院执行。对于第一审人民法院认为情况特殊需要由第二审人民法院执行的，可以

① 参见《最高人民法院关于规范行政案件案由的通知》（法发〔2004〕2 号）。

报请第二审人民法院执行；第二审人民法院可以决定由其执行，也可以决定由第一审人民法院执行。

另一种是对非诉行政行为的强制执行。行政机关作出行政行为之后，行政相对人在法定期限内既不起诉也不履行的，行政机关可以申请法院强制履行没有起诉的行政行为。依据《行政诉讼法》和《行诉解释》，行政机关申请人民法院强制执行其行政行为应当具备以下条件：

一、申请执行的非诉行政行为符合法律规定

依法由人民法院执行的行政行为，主要是指依法可以对其提起行政诉讼，当事人在法定期限内既不起诉又不履行，法律没有授予行政机关以强制执行权，或者法律虽授予行政机关强制执行权，但又规定可以申请人民法院强制执行的行政行为。法律、法规授予行政机关强制执行权的，行政机关申请人民法院强制执行的，人民法院将不予受理。

二、行政行为已经生效并具有可执行的内容

《行政处罚法》第三条第二款规定，没有法定依据或者不遵守法定程序的，行政处罚无效。可见，生效的行政行为，应当是具有法律依据，依照法定程序作出的行政行为且行政行为需要满足期限等条件。生效的行政行为还包括行政主体资格合法，依法已经穷尽了行政程序（如履行了规定的审批程序、当事人依法申请行政复议或者提起行政诉讼程序已经完结），并已经依法送达当事人等。行政行为具有可以执行的内容，即行政行为确定的被执行人具有给付的内容。可执行的内容可以是财产，包括金钱或者实物；也可以是行为，包括作为或者不作为。

三、申请人符合法律规定

申请人是作出该行政行为的行政机关或者法律、法规、规章授权的组织以及行政裁决中的权利人。① 如果行政机关尚未作出行政行为，申请人申请人民法院强制执行的，人民法院可以裁定不予受理。因此必须是作出行政行为的行政机关或者法律、法规、规章授权的组织才可以提出申请。享有权利的公民、法人或者其他组织申请人民法院强制执行具体行政行为的，依据《行诉解释》第一百五十八条的规定，参照行政机关申请人民法院强制执行具体行政行为的规定。

四、被申请人符合法律规定

申请人申请执行的对象不能是任何人，被申请人必须符合法定的要求。主要包括两个要求：一是被申请人是该行政行为所确定的义务人。二是被申请人在行政行

---

① 江必新、梁凤云：《行政诉讼法理论与实务》，法律出版社2011年版，第1855页。

为确定的期限内或者行政机关另行指定的期限内没有履行义务。在行政程序中，义务人需要在法定期限内履行义务。这里的期限既可能是行政行为确定的期限，也可能是行政机关另行指定的期限。①

五、符合法定的申请期限

这一规定要求申请人在法定期限内提出申请。申请人必须在法定的申请期限内提出申请，否则人民法院将不予受理。“法定的申请期限”主要是《行政强制法》第五十三条的规定，即期限届满之日3个月内。申请执行的期限从法律文书规定的履行期间的最后一日开始计算，如果法律文书规定分期履行的，从规定的每次履行期间的最后一日起算，对于行政机关没有正当事由逾期提出申请的，人民法院裁定不予受理。② 需要注意的是，《行政复议法》中规定，公民、法人或者其他组织对行政机关的具体行政行为不服，申请复议的期限延长至60日，如果行政机关申请强制执行的具体行政行为起诉期限届满，但申请行政复议的期限还没有届满的，人民法院应等到申请复议期限届满，当事人申请复议后才能予以强制执行。

六、属于受理申请执行的人民法院管辖

这一条件要求申请人必须向有管辖权的人民法院提出申请，即必须符合《行政解释》中相关规定。对于一般非诉行政行为，行政机关申请人民法院强制执行的，由申请人所在地的基层人民法院受理。原《最高人民法院关于适用〈中华人民共和国行政诉讼法〉若干问题的解释》修改了原《关于贯彻执行〈中华人民共和国行政诉讼法〉若干问题的意见（试行）》第八十二条规定，受理非诉执行行政行为的法院为被执行人所在地的基层法院，主要目的在于防止被执行人所在地地方保护主义的影响，同时也方便行政机关提出申请，尽快发挥行政效能。最新的《行诉解释》维持了《最高人民法院关于适用〈中华人民共和国行政诉讼法〉若干问题的解释》的规定，对于不动产非诉行政行为的执行管辖规定，执行对象为不动产的，由不动产所在地的基层人民法院受理。在不动产执行管辖方面，《行诉解释》确立的实际上依据的是“被执行的财产所在地”。值得注意的是，“被执行的财产”并非“被执行人的财产”，这是两个不同的概念。对于基层人民法院认为执行确有困难的，《行诉解释》第一百五十七条第二款规定，可以报请上级人民法院执行；上级人民法院可以决定由其执行，也可以决定由下级人民法院执行。这里的“上级人民法院”可以是中级人民法院、高级人民法院，甚至最高人民法院。

此外，最高人民法院《关于审查非诉执行行政案件若干问题的规定》第七条规

① 参见江必新、梁凤云：《行政诉讼法理论与实务》，法律出版社2011年版，第1856页。
② 参见江必新、梁凤云：《行政诉讼法理论与实务》，法律出版社2011年版，第1857页。

定了中级人民法院管辖的案件范围，主要包括以下五种类型：确认发明专利权的案件、海关处理的；行政行为是由国务院部门或者省、自治区、直辖市人民政府作出的；涉外或者涉及港澳台的；有重大社会影响的；其他不宜由基层人民法院执行的。①

（撰写人：王同鑫）

122

在非诉执行案件中是否可以适用“调解”？

法院的调解是以当事人行使诉权为基础，以当事人意思自治为条件，以当事人依法行使处分权为内容的一项诉讼制度。② 调解作为一项法律制度在诉讼法领域中占有不同寻常的地位，常被誉为“东方经验”。在民事领域中，当事人处于平等的地位，能够较为自由地处分自己的诉权，所以，在民事诉讼中，调解亦成为一种实质性化解矛盾纠纷的结案方式。但是，在行政诉讼领域，行政机关行使行政职权的方式比较单一，主要通过行政处罚、行政强制等行政制裁的方式进行管理，且行政诉讼主要定位于客观诉讼，特别是人民法院对行政行为的合法性进行审查，行政机关对于行政行为的合法性是没有处分权的，鉴于行政诉权的特殊性，《行政诉讼法》第六十条规定：“人民法院审理行政案件，不适用调解。但是，行政赔偿、补偿以及行政机关行使法律、法规规定的自由裁量权的案件可以调解。调解应当遵循自愿、合法原则，不得损害国家利益、社会公共利益和他人合法权益。”由此，《行政诉讼法》再次明确了行政诉讼不适用调解的原则。但是，在这一原则性规定之后，又作了例外性的规定，对可以进行调解的内容放宽了限制，这样就不影响人民法院通过撤诉或者和解的方式解决争议。2018 年 2 月 8 日施行的《行诉解释》第八十四条明确了人民法院调解的规定，人民法院审理行政诉讼法第六十条第一款规定的行政案件，认为法律关系明确、事实清楚，在征得当事人双方同意后，可以径行调解。对于《行政诉讼法》第六十条规定以外的情形，不适用调解，但当事人之间达成谅解并且以撤诉的方式结案，实际上是一种和解，而非调解。但因为法院在这个过程中发挥了关键的作用，我们认为应当是特殊的“调解”。

---

① 江必新、梁凤云：《行政诉讼法理论与实务》，法律出版社 2011 年版，第 1846 页。

② 梁凤云：《新行政诉讼法讲义》，人民法院出版社 2015 年版，第 341 页。

非诉执行案件是我国法院受理的一类非常特别的案件，对这类案件的性质，具体执行机关一直存在争议。行政非诉执行实际上是对于行政机关依据法律、法规和具有法律效力的规章作出的具体行政行为，当事人在法定期限内既不起诉又不履行而导致行政机关申请人民法院执行的行为。非诉执行仍旧是法院审判权的一部分，因此应该遵循行政诉讼法这一原则性的规定，一般不应适用调解结案。但对于行政机关能够根据案件具体情况作出裁量的行为，尤其是行政赔偿或者行政补偿类的案件，行政机关可在法律法规允许的范围内作出裁量。

调解是当事人行使处分权的一种方式，《行政诉讼法》规定，调解必须遵循自愿、合法的原则，不得损害国家利益、社会公共利益和他人合法权益。因此非诉执行案件的调解必须满足以上原则。人民法院对行政案件进行调解时必须基于当事人的自由意志，不能采取强迫等方式。当事人对于调解完全出于自身独立的一种意思表示，而且必须是明示行为，不能采取默示的方式。在调解过程中，人民法院只能通过说服等方式引导当事人在自愿协商的基础上达成协商一致的意见，决不能强迫或者变相强迫当事人接受法院的意见。行政诉讼法中对于调解的程序没有作出相关规定，只是在第一百零一条中规定，调解程序，适用民事诉讼法的相关规定。我们认为，对于行政赔偿类的案件，可以参照民事诉讼法的规定，通过审判员主持，经过双方自愿协商，最终达成调解协议。但对于其他案件尤其是羁束类的行政行为，行政诉讼法中对于调解协议的效力能否具有法律效力，现行规定并没有明确的规定。因此，在非诉执行工作中，对当事人非诉执行和解的内容要严格审查，审查执行和解的主体是否适格、执行和解协议的内容是否合法。行政主体行使执行和解的权力必须由法律设定或依法授予，且执行和解协议的内容必须是合法的，不得出现违反法律强制性、禁止性规定或损害国家利益、公共利益或第三人合法权益的内容，这是对行政强制执行和解的基本要求。在实体方面，行政机关不得越权，如果越权则不具有法律效力；在程序方面，进行和解时必须遵守法定的程序，和解的申请、和解的进行过程、救济等都必须符合法律的规定。①

在黑龙江省大庆高新技术产业开发区人民法院受理的一起非诉执行案件中，申请执行人黑龙江省大庆残疾人联合会在对被申请执行人大庆市新绿阳春餐饮公司的日常工作检查中发现，依照法律规定被申请执行人应按照其企业规模安置残疾人就业，如未安置就应缴纳残疾人就业保障金，因此对被申请执行人依法进行了检查，履行相关程序后下达了催缴通知书，要求被申请执行人缴纳残疾人就业保障金共计133686.46元，并处1000元罚款。被申请执行人在法定期间内既未申请复议又未提起诉讼，故申

---

① 马雪涛、庄鑫斌：《行政强制执行和解的司法审查》，载《人民司法（应用）》2013年第17期。

请执行人申请法院强制执行其上述具体行政行为。黑龙江省大庆高新技术产业开发区人民法院依法对申请执行人的申请事项的合法性进行了审查，认为其申请符合法律规定，依照法律规定准予该案强制执行，并向双方当事人送达了执行裁定和执行通知书。在强制执行过程中，因该案件中涉及安置残疾人就业问题，与申请执行人协商，申请执行人同意和解，并且达成了和解方案。经合议庭审查认为，残疾人就业保障金属于被申请执行人应按照法律规定必须缴纳的规费，即使是申请执行的行政机关也无权予以减免，对于其下达的罚款可以依据被申请执行人的整改情况作出相应的减免。在向双方当事人释明上述司法观点后，合议庭结合本案的实际情况，给出了调解意见，对于合议庭给出的调解意见，双方当事人均表示同意并当场履行，本案执结。①

在上述案例中，黑龙江省大庆高新技术开发区人民法院从立法的初衷着眼，认为行政强制法在立法之初征求意见稿，曾在第八条表述过执行和解的概念，但在正式立法后，将这部分表述更改为第四十二条的达成执行协议，分期履行。从这个更改中，可以看出立法者最初对非诉执行案件中可能出现的情况作出了判断，也表达出了如立法“执行和解”可能出现的滥用和解权导致国家利益受到损失的情况。正如前文所述，对于行政诉讼执行案件的特殊性，在原则上是不允许调解的，但是在该案中，因和解可以更好地安置残疾人就业问题，从法律效果和社会效果来讲，显然，调解是最好的解决途径，能够更好地保障群众的利益。该案只是个案，针对其特殊性，法院研究出另一种执行结案的方式。当然，这种方式并不适用于每一个具体案件，在坚持原则的同时，还需国家加强行政非诉执行方面的立法，对其进行规范并加以引导。

（撰写人：王同鑫）

123

行政执行案件中和解的条件和效力是什么？

行政执行和解是指发生于行政强制执行阶段，为顺利实现已生效行政行为的目的，在不违反法律和不损害其他主体合法权益的前提下，行政机关与行政相对人自愿协商，就已生效的行政决定所确定的义务内容达成变更执行协议，从而中止或者

---

① 参见黑龙江省大庆高新技术产业开发区人民法院（2014）庆高新行非诉执字第4号裁定书，载《人民法院报》2014年12月4日。

终结案件执行程序，以提高执行效率、尽快稳定行政法律关系的一项行政法律制度，其法律性质属于行政契约。执行和解是权利人行使处分权的结果，是处分结果在执行程序中的具体体现，是一种特殊的执行方式。

执行和解与诉讼行为有着较为明显的差别，法院允许当事人在执行过程中双方当事人通过执行和解达成协议，而不是由法院调解达成协议。换言之，法院不主动介入到和解的过程中去，同时也不给予强制执行的保障。法律上规定的执行和解经历了一个过程，1982 年的《民事诉讼法（试行）》第一百八十一条首次对执行和解作了规定。现行《民事诉讼法》第二百三十条以及《最高人民法院关于人民法院执行工作若干问题的规定（试行）》第八十六条、第八十七条对执行和解的适用范围、效力、方式和期限作了进一步的明确。《行政诉讼法》中对于执行和解并没有作出明确的规定，但是行政诉讼执行实际上是解决行政纠纷的过程，对于一些不涉及国家利益、社会公共利益，仅仅涉及行政相对人的行政给付权益的，诸如行政赔偿、行政补偿等案件中，可以参照适用民事诉讼法及其司法解释中关于执行和解的规定。

在行政案件中适用执行和解制度有以下需要注意的问题：

首先，需要执行和解适用的阶段，行政执行和解适用于行政强制执行阶段，即行政相对人没有在法定或行政行为所确定的期限内履行特定的义务，已满足行政机关强制执行程序的启动条件，否则不予以适用具体适用执行和解的阶段，不以行政强制执行决定是否作出为条件，不以行政强制执行是否实施为条件。

其次，需要看执行和解适用的主体是否适格，行政执行和解核心需要对原行政义务进行一定的处分，因此参与和解的行政机关必须要有相应的处分权，否则为无效处分行为，该行政执行和解协议无效。具体主体资格的确定，可以参照行政诉讼中被告主体资格的确定规则来确认对于参与和解的相对人一方，当然具有自己权利的处分权。

再次，需要注意执行和解适用的条件。《行政强制法》第四十二条规定："……行政机关可以在不损害公共利益和他人合法权益的情况下，与当事人达成执行协议……"可见行政机关与当事人达成执行协议的前提是"不损害公共利益和他人合法权益"。该前提性条件要求包括两部分：一是不损害公共利益；二是不损害他人合法权益。不损害公共利益的要求为各国行政法所确认，如在日本，具有因和解给优势的公益造成侵害之危险的情况下，和解将被限制，由此签订的和解协议将是非法的。不损害他人合法权益的要求，即行政强制执行机关处分行政权力会带来他人合法权益的减损或者对他人施加了额外的负担时，该行政执行协议的达成亦受到限制，但笔者认为，这种限制若因利害关系人的明确表示接受，可得以解除。由此，在涉及利害关系人的行政和解协商过程中，应通知利害关系人参与到协商程序中，赋予其一定协商权利。总之，最终和解结果不能损及国家和利害关系人应获得的利益，更不能给国家和利害关系人的合法权益带来新的损害。

最后，在行政诉讼中允许执行和解并非绝对，应当限制在一定的范围之内。从作为执行名义的生效法律文书来说，可以适用执行和解的法律文书包括人民法院作出的具有明确给付内容的行政判决书、裁决书等，准予执行非诉行政执行的裁定等。从具体的被诉行政行为而言，在下列情形下可以适用执行和解：

一、行政赔偿调解书

人民法院依照行政诉讼法的规定，在执行当事人自愿协商制作的行政赔偿调解书过程中，双方当事人自愿达成新的和解协议的，该和解协议一般情况下变更了行政赔偿调解书的内容，是一个新的民事权益处分，应得允许。

二、自愿放弃行政赔偿权利

人民法院作出判定行政机关行政行为违法、行政机关赔偿行政相对人财产损失的生效法律文书，在执行过程中，行政机关与行政相对人自愿协商，行政相对人全部放弃或者部分放弃赔偿数额等行政赔偿权利并达成和解协议的，应得允许。

三、行政补偿案件

在行政补偿案件的执行过程中，当事人双方自愿协商达成协议的，对于行政机关应当向行政相对人给付补偿金为内容的生效裁判文书，当事人得执行和解。

四、行政协议案件

行政协议案件大多数情况下仅仅涉及行政相对人的民事权益，而行政机关在缔结合同过程中与行政相对人处于平等地位，而非管理者与被管理者的地位。在此类案件的执行过程中，双方协商一致达成协议的，应得允许。

五、行政机关具有较大行政裁量权的案件

行政机关具有较大的行政裁量权意味着法律允许行政机关对一定的行政事项具有酌处的余地，只要在行政裁量范围之内的，行政机关的取舍都视为合法。在执行过程中，如果行政机关与行政相对人对执行内容达成新的协议的，应得允许，但是要注意不能以侵害国家利益、社会公共利益和他人合法权益作为代价。

六、行政裁决案件

在特定的行政裁决案件中，法院可以代替行政机关居中就行政裁决事项作出裁判，对于此类裁判内容主要涉及民事权益，作为行政裁决行为中的被裁决人可以依据民事诉讼法的规定自愿达成和解协议。[1]

在北京某中院审理的一起行政赔偿案件中，原告和被告在执行阶段达成了和解，

---

① 参见江必新、梁凤云：《行政诉讼法理论与实务》，北京大学出版社2011年版，第1283—1284页。

并且履行完毕，该院经审理认为，在执行过程中，申请执行人以已与被执行人达成和解，并同意执行，且向本院提交行政执行和解书，请求对本案终结执行。现和解协议内容已经履行完毕。经审查，本院认为，申请执行人申请终结执行符合相关法律规定，本院予以准许。依照《行政诉讼法》第一百零一条、最高人民法院印发《关于执行案件立案、结案若干问题的意见》的通知第十七条第一款第一项和第二款的规定，裁定如下：本案终结执行。由此可见，根据现有法律的规定，只能够在当事人提出申请，并且达成和解以协议，并履行完毕的情况下才能适用执行和解制度。

（撰写人：王同鑫）

124

驳回原告诉讼请求判决如何执行?

《行政诉讼法》第六十九条对“驳回原告诉讼请求”的裁判方式作了明确的规定，行政行为证据确凿，适用法律、法规正确，符合法定程序的，或者原告申请被告履行法定职责或者给付义务理由不成立的，人民法院判决驳回原告的诉讼请求。由此可以看出，“判决驳回原告诉讼请求”主要有两种情况：一种是被诉行政行为合法；另一种则是原告请求被告履行义务理由不成立。人民法院驳回原告的诉讼请求是否具有可执行性呢？我们认为，执行的标的应为具体行政行为，这是因为，原告要求撤销或者确认违法的行政行为没有被法院推翻，自始有效，除非法院作出否定性判决，该具体行政行为才会失去其法律效力。从行政诉讼的司法复审性的特征来讲，与民事诉讼有所区别，行政诉讼实质上是对权利义务关系已经明确了的具体行政行为的合法性进行司法的确认，在司法审查之前，行政行为的效力已经存在了。因此，“判决驳回原告诉讼请求”所要执行的为具体行政行为。

针对这一问题，最高人民法院先后作出过两个答复意见：一是〔2008〕行他字第24 号《关于判决驳回原告诉讼请求行政案件执行问题的答复》，答复内容为“被诉具体行政行为具有可执行内容的，人民法院作出驳回原告诉讼请求判决生效后，行政机关申请执行被诉具体行政行为的，人民法院应依法裁定准予执行，并明确执行的具体内容”。二是〔2013〕行他字第 11 号《关于行政机关申请法院强制执行维持或驳回诉讼请求判决应如何处理的答复》，内容为“人民法院判决维持被诉行政行为或者驳回原告诉讼请求后，行政机关申请人民法院强制执行的，人民法院应当依照《中华人民共和国行政强制法》第十三条第二款的规定，作出如下处理：一、法律已授予行政机关强制执行权的，人民法院不予受理，并告知由行政机关强制执行。二、法律未授予行政机关强制执行权的，人民法院对符合法定条件的申请，可以作出准予强制执行的裁定，并应明确强制执行的内容”。从最高人民法院的两份答复可以看出，“驳回原告诉讼请求”的判决并非都具有执行性，需要结合被诉的行政行为是否具有可执行的内容来进行判断。

从驳回原告诉讼请求的原因来看：对于“原告申请被告履行法定职责或者给付义务理由不成立的”，行政机关并未作出过行政行为，判决中也就没有可以执行的内容，申请法院执行并没有任何意义。对于“行政行为证据确凿，适用法律、法规正确，符合法定程序的”，这意味着被诉行政行为的合法性和效力也取得了法院判决的认可，能否直接据此得出此类判决具有执行性呢？答案是否定的。判断行政裁判是否具有“给付内容”或者说“可执行内容”，不能仅仅从判决主文来判断，而应当结合被诉的具体行政行为来判断。[①]《最高人民法院关于人民法院执行工作若干问题的规定（试行）》第十八条第一款第四项规定，只有在申请执行的行政裁判文书“有给付内容，且执行标的和被执行人明确”时，法院才会裁定准予执行。这是目前法院强制执行生效行政裁判的依据。

从被诉的行政行为的内容来看，对于标的明确的，如在国有土地上房屋征收项目中，判决驳回了原告的诉讼请求，法院对于征收决定和征收补偿决定的合法性均予以了确认，此时行政机关要求被征收人腾退被征收房屋这一内容就是明确肯定的，判决驳回诉讼也便具有了执行力。对于行政行为明确的，如果法律已经授予行政机关强制执行权的，由于具体行政行为的合法性已经得到了确认，人民法院对此不再受理，而是告知行政机关依据《行政强制法》的相关规定直接强制执行；如果法律没有授予行政机关强制执行权的，行政机关可以向人民法院申请强制执行，人民法院对符合法定条件的申请，可以作出准予强制执行的裁定，并应明确强制执行的内容。在特殊的情况下，如被诉行政行为的效力予以保留，但因法律、政策变化需要变更或者废止等原因，具体行政行为内容已经明显不公平、不适宜再继续执行的，人民法院可以裁定不予执行。[②]

（撰写人：王同鑫）

① 耿宝建：《行政裁判执行制度的反思与重构》，载江必新主编、最高人民法院行政审判庭编：《行政执法与行政审判》（总第32辑），法律出版社2008年版，第107—109页。

② 参见蔡小雪、耿宝建、金诚轩：《行政机关申请法院强制执行维持或驳回诉讼请求判决应如何处理》，载《法律适用》2014年第9期。

125

非诉行政执行案件的审查标准是什么?

非诉行政执行，法院是否还进行审查？答案是肯定的，理由如下：一是被执行人虽然已经放弃了诉权，但不等于行政机关的行政行为一定是合法的。如果人民法院执行不合法的行政行为，将会导致社会对司法公正的质疑。二是行政诉讼法虽然没有规定人民法院对非诉行政行为进行合法性审查，但是合法性审查原则是《行政诉讼法》的基本原则，而非诉行政执行属于《行政诉讼法》规定的重要内容，亦应该受到该原则的约束。

那法院对于非诉行政执行审查标准是怎样规定的呢？对于非诉行政执行案件，目前学术界有很多执行标准：如无效标准，即大部分学者认为，原《最高人民法院关于适用〈中华人民共和国行政诉讼法〉若干问题的解释》第九十五条确立的不予执行的标准与行政行为无效之标准接近，应作无效解读；适度审查标准，主张以是否明显或严重影响具体行政行为的合法性和被执行人合法权益为标准；“明显违法并损害被执行人合法权益”标准；“卷面无错误”标准，只要行政机关提供的申请材料没有明显的错误即可裁定执行。

司法实践中，《行诉解释》颁布之前，一般认为，对申请执行的行政行为，法院审查重点应该是在判断该行政行为是否有“《行政强制法》第五十八条规定的情形之一”和“具备法定执行效力”。[①] 因为《行政强制法》第五十七条规定，法院通过书面审查后，对符合第五十五条规定的形式要件且具备法定执行效力的行政决定，除第五十八条规定的情形外，人民法院都应当在法定期限内作出执行裁定。《行政强制法》第五十八条规定，人民法院对于明显缺乏事实根据、明显缺乏法律、法规依据的以及其他明显违法并损害被执行人合法权益的，可以在作出裁定前听取被执行人和行政机关的意见。

《行诉解释》颁布之后，第一百六十一条从反面规定了不准予执行的情形，即

① 《行政强制法》第五十五条第一款规定：“行政机关向人民法院申请强制执行，应当提供下列材料：（一）强制执行申请书；（二）行政决定书及作出决定的事实、理由和依据；（三）当事人的意见及行政机关催告情况；（四）申请强制执行标的情况；（五）法律、行政法规规定的其他材料。”

“被申请执行的行政行为有下列情形之一的，人民法院应当裁定不准予执行：（一）实施主体不具有行政主体资格的；（二）明显缺乏事实根据的；（三）明显缺乏法律、法规依据的；（四）其他明显违法并损害被执行人合法权益的情形”。

第一，审查行政机关是否具有行政主体的资格，如果申请执行人不属于行政主体，则不是适格的申请执行人。

第二，要对事实根据进行审查，对于明显缺乏事实根据的，应当裁定不予执行。审查非诉行政行为的证据是否充分可靠，即非诉行政行为是否已经作出相应的行政行为，是否有确凿充分的证据，是否存在证据来源不可靠、证据之间缺乏相应的关联和印证、主要证据不足，听证程序严重违法等情况。行政机关在法院限定期限内不提供事实主要证据的，或者提供的证据不能证明具体行政行为认定基本事实的，法院应当裁定不予执行。审查被执行人是否存在不申请行政复议、不提起行政诉讼又不履行的情况。审查行政相对人在法定期间内不起诉或者不提起行政复议的原因。行政相对人在法定期间内不起诉或者不提起行政复议的原因是多方面的，有的是对于行政行为没有异议，有的是行政相对人对于行政行为存有异议但不知道起诉，因此必须就事实问题进行审查。

第三，要对法律依据进行审查，对于重大且明显违法的，应当裁定不予执行。审查行政机关是否具有法律法规授权的强制执行权，如果属于法律法规以下的规范性文件所授予的，应当审查是否具有法律法规的依据。审查行政机关在适用法律方面是否正确，如存在具体行政行为没有适用任何法律规范，或者具体行政行为所依据的法律规范明显不适用于具体行政行为或者具体行政行为适用法律规范违反法律适用规则等情形的，应当裁定不予执行。审查是否存在超越职权或者滥用职权情形，申请强制执行的行政行为是否属于本院管辖，即行政机关申请人民法院强制执行其具体行政行为的由申请人所在地的基层人民法院受理，执行对象为不动产的，由不动产所在地的基层人民法院受理。

第四，需要审查其他涉及被执行人合法权益的事项。主要包括：（1）被申请执行的行政行为是否已经对行政相对人发生法律效力；（2）被申请执行人是否为行政行为所确定的行政相对人；（3）被申请执行人的合法权益是否受到行政行为的影响；（4）被申请执行人是否对于行政行为提出过质疑；（5）被申请执行人在行政程序中是否受到公平对待；等等。

（撰写人：王同鑫）

126

在行政非诉执行案件中如何适用裁执分离原则?

“裁执分离”是指作出裁决的机关与执行裁决的机关相分离，不能由同一机关既行使裁决权又行使执行实施权。“裁执分离”所体现出的核心思想就是权力之间的制约与监督，从而能够更好地保障相对人的合法权益，具体在行政诉讼中，主要表现为非诉执行案件的裁执分离。

非诉执行案件中的裁执分离，是指由人民法院行使对非诉行政行为的合法性审查权力和是否准予强制执行的权力，人民法院作出准予执行裁定后，由申请强制执行的行政机关具体执行和具体实施的制度①，其分离的不仅仅是审查主体还有实施主体，与之分离的还有由不同主体操作之后产生的相应的法律责任的分离。

“裁执分离”原则并没有在《行政诉讼法》以及《行政强制法》中明确规定，但是在最高人民法院出台的一系列文件中逐步确立了非诉行政执行案件“裁执分离”的原则。最高人民法院在于2011年9月发布的《关于坚决防止土地征收、房屋拆迁强制执行引发恶性事件的紧急通知》中首次明确要“积极探索‘裁执分离’即由法院审查、政府组织实施的模式，以更好地发挥党委、政府的政治、资源和手段优势，共同为有效化解矛盾营造良好环境”。2012年3月26日，最高人民法院出台《关于办理申请人民法院强制执行国有土地上房屋征收补偿决定案件若干问题的规定》，其中第九条规定:“人民法院裁定准予执行的，一般由作出征收补偿决定的市、县级人民政府组织实施，也可以由人民法院执行。”此规定正式确立了国有土地房屋征收补偿领域的“裁执分离”原则，即由政府组织实施为总原则、由法院执行属个别例外情形。2014年，最高人民法院下发了《关于在征收拆迁案件中进一步严格规范司法行为积极推进“裁执分离”的通知》，其中第三部分明确要求“积极推进‘裁执分离’，逐步拓宽适用范围”，此通知的出台，有利于进一步拓宽“裁执分离”原则在行政诉讼中的适用范围，以此确立“裁执分离”原则的适用地位。在各级法院的实际司法操作中，已有地方法院对此项原则进行推广，如浙江省

---

① 江必新、梁凤云:《行政诉讼法理论与实务》(第三版)，法律出版社2016年版，第1882页。

高级人民法院已出台相关规定，明确将“裁执分离”扩大至征收集体土地中的房屋拆迁、建筑物非法占地强制拆除等非诉案件和诉讼案件。

具体到行政诉讼中，涉及国有土地上房屋征收补偿类案件时，“裁执分离”即将征收决定、征补决定是否可执行的审查权与具体的实施权相分离，即法院负责审查其合法性，将具体组织执行实施的权力给予行政机关。正是由于国有土地上房屋征收补偿类案件常常涉及不动产的处分、拆迁问题，有关拆迁人的巨大利益，因此常常成为矛盾的多发点，由法院实行强制执行权，容易使“司法强拆”的矛盾激化，使相对人对司法的权威性产生怀疑。“司法强拆”模式的确定，事实上造成了大部分的拆迁矛盾与风险不断转移给了法院，将本应为中立者的法院推向了剧烈对抗、尖锐矛盾的一线；在多重阻力和冲突下，法院可能或者已经承担了难以想象的拆迁压力。[①] 故此，在此类案件上实现“裁执分离”，一方面可以使司法审查权回归中立，有利于缓解因强制执行产生的冲突，维护司法权威；另一方面，由于涉及国有土地上房屋征收补偿类案件，行政机关在执行过程中也有可能出现实施行为的方式、方法、顺序中的差错，因此也会涉及侵害相对人的合法权益，那么此时，相对人仍然可以就强制执行过程中的不法行为提起诉讼，这是对此类案件相对人的合法权益的另一种保障，也是对行政机关强制执行行为的监督。

而从目前的法律法规规定中可知，尽管目前在行政诉讼中有关“裁执分离”原则在非诉行政执行中的适用已有推广的趋势，但是由于在《行政诉讼法》《行政强制法》等有关行政类法律文件中并没有进行肯定式的规定，除在国有土地上房屋征收补偿领域外，“裁执分离”的原则在其他非诉执行领域的适用并不能够全面地推进。正是由于各个地区的地域操作不一致，对行政机关而言就缺乏足够的服从压力。当法院作出准予执行的裁定后，行政机关可能会以在某些领域实行“裁执分离”没有依据，或者认为法院没有履行其执行职责为由拒绝进行行政强制执行。与此同时，也会存在行政机关选择执法的行为，如对执行效果好、收效较大的某些征地行为，地方政府会积极推进行政机关进行执行，对一些执行实施难、收效甚微、可能会产生不好社会影响的行为如处罚行为，地方政府等行政机关会合法规避执行行为，使得裁执分离难以得到全面的落实推进。除此之外，联合其他各行政机关进行共同执行也会遇到困境。在地方政府不能积极推动落实“裁执分离”的情况下，对于一些执行难度较大的行政决定，显然很难有效调动、整合行政决定的作出机关、其他相关机关（如乡镇）以及配合实施机关（如公安）的力量来组

① 沈福俊：《非诉行政执行裁执分离模式的法律规制》，载《法学》2015 年第 5 期。

织实施。[①]

《行政强制法》肯定了人民法院作为强制执行的主体，因此，在适用“裁执分离”原则时，就不能够一味地扩大其适用范围，不能全面否定人民法院的执行权，而应该在目前所规定的国有土地上房屋征收补偿领域适用的基础上，对相同或相似的案件进行类推使用。

（撰写人：孙嘉琳）

127

处理行政非诉执行案件的流程和注意事项有哪些？[②]

人民法院在处理非诉行政执行案件的过程中，应当遵循一定的流程，其中既包括立案、审查、裁决等常规流程，也包括一些特殊流程，下文的主要内容即对人民法院处理非诉行政执行案件的流程进行梳理，并说明其中各流程的注意事项。

一、受理

非诉行政执行案件由申请人所在地的基层人民法院受理，但是如果申请执行的对象为不动产的，由不动产所在地的基层人民法院受理。

申请人在人民法院进行立案时，应当提交申请执行书、据以执行的行政法律文书、证明该具体行政行为合法的材料和被执行人财产状况以及其他必须提交的材料。申请人为自然人的，应当提交证明其为生效具体行政行为确定的权利人或者其继承人、权利承受人的材料。立案庭对符合立案登记制条件的案件予以立案，立案后，移交该院行政庭进行审理。

需要说明的是，非诉行政执行案件在处理时应当注意以下几个方面：

首先，申请人须符合法律的规定。申请人既应包括行政机关和被授权组织，还应当包括自然人，此类自然人特指行政机关根据法律的授权对平等主体之间民事争

① 危辉星、黄金富：《非诉行政执行“裁执分离”机制研究——以浙江法院推进“裁执分离”机制的实践为基础》，载《法律适用》2015年第1期。

② 本节参考法条：《最高人民法院关于适用〈中华人民共和国行政诉讼法〉的解释》第一百五十二条至第一百六十一条；《行政强制法》第五十三条、第五十六条、第五十八条、第五十九条；《关于执行权合理配置和科学运行的若干意见》第十三条。

议作出裁决后其相应的生效具体行政行为确定的权利人或者其继承人、权利承受人。

其次，非诉行政执行案件的被申请人应当是涉诉行政行为所确定的义务人且其在相应的期限内没有履行义务。

最后，在申请期限上，申请人为行政机关的，应当在被执行人的法定起诉期限届满之日起 3 个月内提出，即行政机关在作出行政行为后，要充分告知相对人其诉权，当相对人在行政行为可诉的期限内未提出复议或诉讼的请求时，行政机关在此期限届满后才能向人民法院申请强制执行。申请人为自然人的，此类自然人主体只有在当事人在法定期限内不起诉又不履行，作出裁决的行政机关在申请执行的期限内（3 个月）未申请人民法院强制执行的情况下，才能向人民法院申请非诉行政执行，其期限限制为行政机关申请强制执行的期限（3 个月）届满之后的 90 日内。

二、审查

人民法院在受理非诉行政执行案件后，案件会由立案庭移交至行政审判庭，行政审判庭应当组成合议庭进行审查，其审查的具体内容即为申请强制执行的具体行政行为的合法性，最大限度地阻却违法具体行政行为进入执行阶段，并在 7 日内作出是否准予执行的裁定。人民法院在作出裁定前发现行政行为明显违法并损害被执行人合法权益的，应当听取被执行人和行政机关的意见，并自受理之日起 30 日内作出是否准予执行的裁定。

需要说明的是，此类案件不能独任审查。审查方式通常为书面审查，包括形式合法审查和内容合法审查，但是在特殊情况下，人民法院认为明显缺乏事实根据的，明显缺乏法律、法规依据的，以及其他明显违法并损害被执行人合法权益的，在作出裁定前可以听取被执行人和行政机关的意见。而合议庭在审查过程中，发现行政行为明显违法并损害被执行人合法权益的，审理期限受 30 日的限制。

此外，非诉行政执行案件的审查标准在前文进行说明，在此不再进行论述。

三、裁决

非诉行政执行案件在行政审判庭进行审查完毕后，合议庭应当在 30 日内对是否准予强制执行作出裁定书。目前规定的裁定审查结果包括三种：裁定不予受理；裁定不予执行；裁定准予执行。由于非诉行政执行与行政诉讼案件的区别，在相关的起诉救济方面除符合一般规定外，也有其特殊规定。

需要说明的是，对于上述三种裁定结果，存在不同的文书送达和救济的情况。

裁定不予受理，即非诉行政执行案件不符合其受理条件，那么在这种情况下，案件则被裁定不予受理，文书需要在 5 日内送达行政机关。在此种情况下，行政机关享有一次上诉的权利，其可以在收到裁定书之日起 15 日内向上一级人民法院申请复议，上一级人民法院应当自收到复议申请之日起 15 日内作出是否受理的裁定。

裁定不予执行，是指非诉行政执行案件在合议庭进行审查之后，认为实施和主体不具有行政主体资格，或明显缺乏事实根据的，或明显缺乏法律依据的，或存在其他明显违法并损害被执行人合法权益的情况作出的裁决，《行政强制法》第五十八条第二款规定，此种情况下裁定书中应当说明理由，并在 5 日内将不予执行的裁定送达行政机关。对于不予执行裁定有异议的，行政机关可以自收到裁定之日 15 日内向上一级人民法院申请复议，上一级人民法院应当自收到复议申请之日起 30 日内作出是否执行的裁定。

裁定准予执行，是指合议庭对符合合法性要求的具体行政行为作出准予强制执行的裁定，再由立案机构办理执行立案登记后移交执行局执行。此种情况下，裁定书的送达应同一般裁定书的规定，送达给申请人与被申请人双方。与此同时，案件进入强制执行程序。

四、执行

人民法院在作出准予强制执行的裁定后，一般由立案机构办理执行立案登记后移交负责强制执行非诉行政行为的机构执行，通常是指执行局，此时进入非诉行政执行案件的执行程序。

非诉行政执行案件遵循一般执行案件的执行程序，但是在因情况紧急，为保障公共安全的情况下，行政机关可以申请人民法院立即执行。经人民法院院长批准，人民法院应当自作出执行裁定之日起 5 日内执行。

在整个非诉执行案件的审理过程中，人民法院应当尽量促使被执行人主动履行行政义务，经告诫教育，行政行为相对人自动履行的，即可结案。但应注意的是，人民法院的告诫应当有一定的期限，因为行政机关在申请人民法院强制执行之前已作出具体行政行为，并告之被执行人履行期限，被执行人在此时就已被先行告诫，因此法院向被执行人的告诫只是辅助手段，且不应作为影响审查非诉行政执行案件的因素。

（撰写人：孙嘉琳）

128

行政机关代履行应当符合哪些条件？

一、代履行的概念和种类

代履行，又称为代执行，是指行政相对人不履行行政行为确定的义务而且该义务又可以由他人代为履行时，行政机关自行或者委托第三人代为履行，并向义务人收取必要费用的行政强制措施。《行政强制法》第十二条第五项规定了代履行制度。《行政强制法》第五十条至第五十二条对代履行的适用条件、主体、程序、方式以及即刻代履行等作出了规定。

代履行本质上是在义务人拒绝履行行政行为确定的义务的情况下，以他人代替履行的方式实现义务的内容。优点在于避免了行政机关在要求行政相对人履行义务时使用直接强制手段，从而减少直接强制的使用，缺点主要是能够代履行的义务只能是可替代的义务，对于不可替代的、专属性较强的作为义务或者不作为义务，无法适用代履行。

代履行根据履行义务的紧迫性，分为即时代履行和一般代履行。

（一）即时代履行

就时间而言，立即性是即时强制与一般强制相区别的重要标准。即时代履行属于即时强制。“即时强制，是指为排除目前紧迫障碍的需要，而不是为了强制履行义务，在没有命令义务的余暇时，或者其性质上通过命令义务难以实现其目的的情况下，直接对人民的身体或财产施加实际力量，以实现行政上必要状态的作用。”① 我国《行政强制法》关于“即时代履行”的规定体现在第五十二条：“需要立即清除道路、河道、航道或者公共场所的遗洒物、障碍物或者污染物，当事人不能清除的，行政机关可以决定立即实施代履行；当事人不在场的，行政机关应当在事后立即通知当事人，并依法作出处理”。

（二）一般代履行

一般代履行是指履行义务存在较强的紧急性，如果处理不当后果已经或者将危害交通安全、造成环境污染或者破坏自然资源的，由行政机关或者适格第三人代为

① ［日］盐野宏：《行政法》，杨建顺译，法律出版社1999年版，第26页。

执行。与即时代履行相比，一般代履行在履行时间上比较缓和，无需立即执行。

二、代履行的适用条件

代履行广泛存在于排除妨害、强制拆迁、强制拆除、恢复原状、强制修理、强制处置等义务的替代履行。

根据《行政强制法》对代履行的适用条件、程序、履行方式的规定，适用代履行应当同时具备以下四个要件：第一，行政相对人逾期不履行行政法上的义务，并且此种不履行因故意或过失引起。第二，该行政法上的义务必须是他人可以代为履行的作为义务。第三，代履行后的效果必须能达到与相对人亲自履行义务相同的效果。第四，必要的费用由行政相对人承担。

代履行的适用程序上，《行政强制法》明确规定了代履行的实施程序，具体来说必须做到以下六点。第一，代履行前送达决定书，载明当事人的姓名或者名称、地址，代履行的理由和依据、方式和时间、标的、费用预算以及代履行人。第二，必须提前3日催告义务人履行义务。第三，代履行时作出决定的行政机关应当派员到场监督。第四，代履行后，行政机关到场监督的工作人员、代履行人和当事人或者见证人应当在执行文书上签名或者盖章。第五，关于代履行费用，在代履行决定书中要事先载明、费用数额要严格按照合理成本计算、费用由义务人承担，除非法律有特别规定。第六，在实施方式上，明确了行政机关和第三人在实施代履行时不能采取暴力、胁迫或者其他的非法手段。

代履行作为一种间接强制措施，该方法广泛存在于排除妨害、强制拆迁、强制拆除、恢复原状、强制修理、强制处置等义务的替代履行。除了《行政强制法》对代履行作了原则规定外，主要是一些单行法律法规对代履行制度作了零散规定。此外，涉及这方面的法律规范还有森林法、土地管理法、电力法、水土保持法等。

（撰写人：朱玲）

129

行政强制执行与司法强制执行如何衔接适用？

《行政强制法》第二条第三款规定，行政强制执行，是指行政机关或者行政机关申请人民法院，对不履行行政决定的公民、法人或者其他组织，依法强制履行义务的行为。因此，我们知道行政强制执行根据执行主体的类型，可以划分为行政机关强制执行与司法强制执行。即行政强制执行既存在由行政机关实施的情况，也存在由司法机关实施的情况，行政机关和法院都可以成为行政强制执行的主体。它们之间的行政强制执行权限的分配，根据我国行政诉讼法及有关司法解释的规定，可以概括为“以申请法院强制执行为原则，以行政机关自行强制执行为例外”。

一、行政机关强制执行的概念和种类

行政机关强制执行，是指具有强制执行权的行政机关为了实现行政目的，对相对人的人身、财产和行为采取的强制性措施。在《行政强制法》实施前，原则上只有五个行政机关（公安、国家安全机关、海关、工商、税务）以及县级以上人民政府具有行政强制执行权。《行政强制法》施行后，第四十四条规定：“对违法的建筑物、构筑物、设施等需要强制拆除的，应当由行政机关予以公告，限期当事人自行拆除。当事人在法定期限内不申请行政复议或者提起行政诉讼，又不拆除的，行政机关可以依法强制拆除”。第四十五条规定：“行政机关依法作出金钱给付义务的行政决定，当事人逾期不履行的，行政机关可以依法加处罚款或者滞纳金。加处罚款或者滞纳金的标准应当告知当事人。加处罚款或者滞纳金的数额不得超出金钱给付义务的数额”。

综上，具有强制执行权的行政机关范围就抽象扩大了，除前述范围外，在遇到违法建筑物、构筑物、设施的强制拆除，以及符合特定条件时对金钱给付义务的强制执行情况并且符合一定条件时，广泛的行政机关都有自行强制执行权，如区政府强制拆除违法建筑，等等。

二、司法强制执行的适用条件和程序

司法强制执行，又称非诉执行，是指公民、法人或者其他组织对行政机关作出的具体行政行为，在法定期限内既不向人民法院提起行政诉讼，又不履行生效行政行为所确定的义务时，由行政机关或者行政行为确定的权利人向人民法院提出申请，由人民法院采取强制措施，使具体行政行为的内容得以实现的行为。《行政诉讼法》第九十七条规定：“公民、法人或者其他组织对行政行为在法定期限内不提起诉讼又不履行的，行政机关可以申请人民法院强制执行，或者依法强制执行。”该条规定确立了司法强制执行制度，《行诉解释》对非诉执行案件的适用条件和执行程序作了更为具体、明确的规定。

（一）适用条件

行政机关根据《行政诉讼法》第九十七条的规定申请执行其行政行为，应当具备以下条件：

1. 行政行为依法可以由人民法院执行；

2. 行政行为已经生效并具有可执行内容；

3. 申请人是作出该行政行为的行政机关或者法律、法规、规章授权的组织；

4. 被申请人是该行政行为所确定的义务人；

5. 被申请人在行政行为确定的期限内或者行政机关催告期限内未履行义务；

6. 申请人在法定期限内提出申请；

7. 被申请执行的行政案件属于受理执行申请的人民法院管辖。

（二）执行程序

《行诉解释》对非诉执行案件的适用程序作了更为具体的规定。总体来看，非诉强制执行可以划分为三个阶段：申请阶段、审查阶段、执行阶段。

非诉强制执行的申请阶段，是指提起非诉强制执行所适用的程序。它主要包括申请主体、管辖法院、申请的具体条件、申请材料要求、申请时间等几个方面。

非诉强制执行的审查阶段，是指在法院受理了申请人的申请之后，法院对行政非诉执行进行审查时所适用的程序。主要包括担保条件、审查标准、审查时间等。人民法院受理行政机关申请执行其行政行为的案件后，应当在7日内由行政审判庭对行政行为的合法性进行审查，并作出是否准予执行的裁定。人民法院在作出裁定前发现行政行为明显违法并损害被执行人合法权益的，应当听取被执行人和行政机关的意见，并自受理之日起30日内作出是否准予执行的裁定。

非诉强制执行的执行阶段，是指在法院对行政非诉执行进行审查后决定强制执行的程序。需要采取强制执行措施的，由被申请法院负责强制执行非诉行政行为的机构执行。被申请执行的行政行为有下列情形之一的，人民法院应当裁定不准予执行：（1）实施主体不具有行政主体资格的；（2）明显缺乏事实根据的；（3）明显缺乏法律、法规依据的；（4）其他明显违法并损害被执行人合法权益的情形。行政机关对不准予执行的裁定有异议，在15日内向上一级人民法院申请复议的，上一级人民法院应当在收到复议申请之日起30日内作出裁定。

三、行政机关强制执行与司法强制执行的衔接

非诉强制执行的设立有利于兼顾保障人权和保证行政效率。一方面除有限的行政机关和事由有权对特定事项由行政机关强制执行外，在行政管理的大部分情况下，非诉强制执行委托司法强制力作为自己权限不足部分的补充，有利于通过阻止违法的行政行为进入执行过程，从而保障行政相对人的合法权益不致因其未提起诉讼而受到违法具体行政行为的侵害。另一方面非诉执行采用非诉讼的形式，也是为了简化程序，确保在较短的时间内，使用较少的成本，完成合法具体行政行为的强制执行。

（撰写人：朱玲）

130

行政机关不执行法院生效裁判有哪些法律后果？

法院裁判文书作为定分止争的载体，它得到有效执行便是将纸面上的公正落实到现实中公正的途径。事实上，会有行政机关不执行法院裁判的情况发生，这无异于是对司法公正落地的阻碍，更是建设法治政府的绊脚石。对此，《行政诉讼法》对行政机关拒绝履行裁判作出了实施强制措施的完善，有助于裁判文书得到有效执行，以发挥其应有效用。

2014 年修改后的《行政诉讼法》第九十六条规定："行政机关拒绝履行判决、裁定、调解书的，第一审人民法院可以采取下列措施：（一）对应当归还的罚款或者应当给付的款额，通知银行从该行政机关的账户内划拨；（二）在规定期限内不履行的，从期满之日起，对该行政机关负责人按日处五十元至一百元的罚款；（三）将行政机关拒绝履行的情况予以公告；（四）向监察机关或者该行政机关的上一级行政机关提出司法建议。接受司法建议的机关，根据有关规定进行处理，并将处理情况告知人民法院；（五）拒不履行判决、裁定、调解书，社会影响恶劣的，可以对该行政机关直接负责的主管人员和其他直接责任人员予以拘留；情节严重，构成犯罪的，依法追究刑事责任。"该条文是对原《行政诉讼法》第六十五条第三款进行修改后独立成条，进一步完善了执行依据，增加了"调解书"一类；另外，强制措施种类更加多元，更具可执行性。

据此条文，法院对于行政机关不执行法院裁判，可以采取以下几种措施：

1. 强制划拨。对应当归还的罚款或者应当给付的款额，通知银行从该行政机关的账户内划拨。这主要是针对行政机关负有金钱给付的情形。针对"罚款"这一类别，行政机关应当及时通知财政部门退还罚款，如果行政机关拒绝履行的，人民法院有权通知从该行政机关的账户内划拨；条文中的"款额"是对原条文"赔偿金"的修改而来，修改后的款额范围大大扩大，不仅仅包括赔偿金，也包括能够以金钱计算的货币、有价证券等。人民法院在采取此种强制措施时，应注意保留行政机关为维护行政管理正常运转所必需的行政经费份额。

2. 罚款。在规定期限内不履行的，从期满之日起，对该行政机关负责人按日处50元至100元的罚款。此种强制措施应为执行罚的范畴。这是一种间接的强制措施，主要起到警示作用，并非真正意义上的强制执行措施。这种措施主要适用于行政机关应当履行行政义务而不履行的情形。例如，行政机关侵犯名誉权时，应当承担消除影响、恢复名誉的责任，行政机关拒绝履行的，人民法院自期满之日起，按日处罚款，以督促其履行义务。人民法院按日处以罚款的目的在于督促行政机关履行判决、裁定规定的义务。①

2014年的修改将《行政诉讼法》将罚款对象由原来的行政机关改为行政机关负责人，使得督促行政机关履行义务的作用更加彰显。主要原因在于行政机关拒绝履行法院裁定的主体并非行政机关本身，而是出于该行政机关内部具有相关职权的主管人员。对行政机关处以罚款的措施并不能使督促作用真正发挥。基于此，该执行罚应由行政机关负责人承担。

3. 公告。将行政拒绝履行的情况予以公告，这种措施是新增加内容。通过向社会公告的方式，可以使行政机关的名誉受到一定的压力，从而促使其自觉履行。另外，公告的方式可以进一步发挥社会监督的作用，对于行政机关做到阳光行政，依法行政具有有力的推动作用。

4. 司法建议。向监察机关或者该行政机关的上一级行政机关提出司法建议。司法建议是一种间接的强制措施，主要是指行政机关拒绝履行法院裁判时，人民法院可以向具有监督职能的监察机关和该行政机关的上一级行政机关提出司法性建议，以起到督促履行的作用。此项措施主要包括以下三方面内容：一是法院具有选择权，可以选择是否向上述机关发送司法建议；二是司法建议的发送对象为监察机关或行政机关的上一级行政机关；三是接受司法建议的机关，应该根据有关规定进行处理，并且将处理情况告知人民法院。

5. 拘留和承担刑事责任。拒不履行判决、裁定、调解书，社会影响恶劣的，可以对行政机关直接负责的主管人员和其他直接责任人员予以拘留；情节严重，构成犯罪的，依法追究刑事责任。此条款为新增条款，进一步展现了人民法院督促行政机关履行法院裁判、解决“执行难”问题的坚定决心和有力举措。

条文中的“拘留”是一种司法拘留，是否使用的决定权在于法院。它属于妨害诉讼的强制措施，其目的在于对干预藐视法庭、藐视法律尊严、藐视法院生效法律文书的人员予以震慑，督促其自觉履行义务②。承担行政责任主要针对的是《刑法》第三百一十三条规定的拒不执行判决、裁定罪。条文内容规定：“对人民法院

① 胡康生主编：《行政诉讼法释义》，北京师范学院出版社1989年版，第107页。
② 江必新、梁凤云：《行政诉讼法理论与实务》，法律出版社2012年版，第1833页。

的判决、裁定有能力执行而拒不执行，情节严重的，处三年以下有期徒刑、拘役或者罚金；情节特别严重的，处三年以下七年以下有期徒刑，并处罚金。单位犯前款罪的，对单位判处罚金，并对其直接负责的主管人员和其他直接责任人员，依照前款的规定处罚。”

（撰写人：程曼）

图书在版编目（CIP）数据

行政审判实务问题解答/程琥主编. —北京：中国法制出版社，2020.4

（行政案件跨区划管辖改革的探索与实践丛书）

ISBN 978－7－5216－0983－7

Ⅰ.①行… Ⅱ.①程… Ⅲ.①行政诉讼－审判－中国－问题解答 Ⅳ.①D925.318.2－44

中国版本图书馆 CIP 数据核字（2020）第 050859 号

策划编辑：李小草（lixiaocao2008@sina.cn） 王熹（wx2015hi@sina.com）

责任编辑：王熹 封面设计：李宁

行政审判实务问题解答

XINGZHENG SHENPAN SHIWU WENTI JIEDA

主编/程琥

经销/新华书店

印刷/三河市国英印务有限公司

开本/730 毫米×1030 毫米 16 开 印张/20 字数/311 千

版次/2020 年 4 月第 1 版 2020 年 4 月第 1 次印刷

中国法制出版社出版

书号 ISBN 978－7－5216－0983－7 定价：76.00 元

北京西单横二条 2 号

邮政编码 100031 传真：010－66031119

网址：http：//www.zgfzs.com **编辑部电话：010－66010493**

市场营销部电话：010－66033393 **邮购部电话：010－66033288**

（如有印装质量问题，请与本社印务部联系调换。电话：010－66032926）